工程总承包（DB/EPC）项目法务指引

李宏远／著

法律出版社 LAW PRESS · CHINA ｜ 北京

图书在版编目（CIP）数据

工程总承包（DB/EPC）项目法务指引 / 李宏远著
. -- 北京：法律出版社，2021
ISBN 978-7-5197-6094-6

Ⅰ.①工… Ⅱ.①李… Ⅲ.①工程项目管理－法律－基本知识－中国 Ⅳ.①D922.297.5

中国版本图书馆CIP数据核字（2021）第217219号

工程总承包（DB/EPC）项目法务指引
GONGCHENG ZONGCHENGBAO（DB/EPC）XIANGMU FAWU ZHIYIN

李宏远 著

策划编辑 朱 峰
责任编辑 朱 峰 苗 婕
装帧设计 汪奇峰

出版发行 法律出版社
编辑统筹 辞书·融出版编辑部
责任校对 王 丰
责任印制 张建伟
经　　销 新华书店

开本 710毫米×1000毫米 1/16
印张 26.5 **字数** 393千
版本 2021年12月第1版
印次 2021年12月第1次印刷
印刷 三河市龙大印装有限公司

地址：北京市丰台区莲花池西里7号（100073）
网址：www.lawpress.com.cn
投稿邮箱：info@lawpress.com.cn
举报盗版邮箱：jbwq@lawpress.com.cn

销售电话：010-83938349
客服电话：010-83938350
咨询电话：010-63939796

书号：ISBN 978-7-5197-6094-6
定价：96.00元

凡购买本社图书，如有印装错误，我社负责退换。电话：010-83938349

序　　言

2003年2月13日，中华人民共和国建设部（以下简称原建设部）[1]发布了《关于培育发展工程总承包和工程项目管理企业的指导意见》（建市〔2003〕30号，以下简称建市〔2003〕30号文件），要求积极推行工程总承包模式，深化我国工程建设项目组织实施方式改革，保证工程质量和投资效益，规范建筑市场秩序，提高工程建设管理水平和我国企业的国际竞争力。此后，我国企业的工程总承包业务迅速发展，也承揽了一大批国际工程总承包项目。

2006年12月10日，中华人民共和国铁道部（以下简称原铁道部）[2]发布了《铁路建设项目工程总承包办法》，为国内铁路工程项目总承包模式指明了方向；2015年6月26日，中华人民共和国交通部（以下简称交通部）发布了《公路工程设计施工总承包管理办法》，规定了国内公路工程总承包的实施办法；2019年12月23日，中华人民共和国住房和城乡建设部（以下简称住建部）和中华人民共和国国家发展和改革委员会（以下简称发改委）发布了《房屋建筑和市政基础设施项目工程总承包管理办法》，为规范房屋建筑和市政基础设施项目工程总承包活动提供了依据，也提出了许多

〔1〕 2008年3月15日，第十一届全国人大第一次会议通过《国务院机构改革方案》，组建中华人民共和国住房和城乡建设部，不再保留中华人民共和国建设部。

〔2〕 2013年3月10日，第十二届全国人大第一次会议通过《国务院关于提请审议国务院机构改革和职能转变方案》的决议，组建中国铁路总公司，不再保留铁道部。

新的制度和要求。但以上三个工程总承包管理办法对工程总承包项目发包条件、承包人资质、承包人联合体、招投标特点和分包等问题的规定并不一致，且目前民航、水利、邮电通信、电力等行业尚没有发布针对自己专业的工程总承包管理办法，给当前工程总承包实践者带来很多困扰，相关基本概念亟须进一步厘清。

同时，《民法典》丰富了建设工程合同的内容，为工程总承包合同管理带来了一些新的思路。但也有学者认为，与《民法典》相配套的司法解释《最高人民法院关于审理建设工程施工合同纠纷案件适用法律问题的解释（一）》（法释〔2020〕25号，以下简称《建设工程施工合同司法解释》）并不直接适用于解决工程总承包合同纠纷，工程总承包项目争议中的管辖问题、工程款优先受偿权问题等也困扰着司法实践者。

笔者以工程总承包项目在我国的演变历史为出发点，结合《标准设计施工总承包招标文件》通用合同条款和《建设项目工程总承包合同（示范文本）》（GF-2020-2016）通用合同条件的内容，总结我国常见的工程总承包模式（DB/EPC）的发包条件、承包人资质、承包人联合体、招投标特点、分包、计价与支付、工程担保、工程保险、工程保理以及融资性工程总承包等常见问题的解决办法，最后结合工程总承包的合同类型论述工程总承包项目诉讼中的疑难问题。鉴于资料有限，一家之言难免挂一漏万，本书许多观点和资料，供对工程总承包项目感兴趣者参考。

李宏远

2021年9月23日

编写说明

一、法律、行政法规、规章和规范性文件名称中的“中华人民共和国”省略。

二、叙述法律、法规、规章和规范性文件，没有特别说明的，一般为最新版本。

三、引用法律条文时，条文的款项之间不另行分行、分段，且以间接引用为主。

四、本书中出现的行政机关名称较多，使用如下简称：

单位全称	简称
中华人民共和国化学工业部	原化工部
中华人民共和国国家计划委员会	原国家计委
国家物资储备局	原国家物资局
国家质量监督检验检疫总局	原质监总局
中华人民共和国教育部	教育部
中华人民共和国科学技术部	科技部
中华人民共和国工业和信息化部	工信部
中华人民共和国自然资源部	自然资源部
中华人民共和国生态环境部	生态环境部
国家市场监督管理总局	市场监管总局
中国银行保险监督管理委员会	中国银保监会
中国民用航空局	民航局

续表

单位全称	简称
国家广播电影电视总局	原广电总局
中华人民共和国人力资源和社会保障部	人社部
中华人民共和国财政部	财政部
中华人民共和国外交部	外交部
中华人民共和国水利部	水利部
中华人民共和国国家工商行政管理总局	原国家工商行政管理总局
中国保险监督管理委员会	原中国保监会

目　录

第一章　国内工程总承包模式的演变与特点

改革开放以后，我国建设工程领域逐步开启了对工程总承包模式的探索，在不同的时期形成了各自的特点。就发展阶段而言，大致经历了试点阶段、规范化发展阶段及标准化发展与创新阶段，各阶段呈现不同的特点。

一、试点阶段的工程总承包模式

1982年6月8日，原化工部发布了《关于改革现行基本建设管理体制，试行以设计为主体的工程总承包制的意见》的通知，明确指出“根据中央关于调整、改革、整顿、提高的方针，我们总结了过去的经验，研究了国外以工程公司的管理体制组织工程建设的具体方法，吸取了我们同国外工程公司进行合作设计的经验，为了探索化工基本建设管理体制改革的途径，部决定进行以设计为主体的工程总承包管理体制的试点”。[1]从此拉开了以设计单位为主导的工程总承包试验的序幕。

为了落实全国人大关于改革建筑业和基本建设管理体制的精神，国务院于1984年9月18日发布了《关于改革建筑业和基本建设管理体制若干问题的暂行规定》(国发〔1984〕3号，以下简称国发〔1984〕3号文件)[2]，明

〔1〕 参见荣世立:《改革开放40年我国工程总承包发展回顾与思考》，载《中国勘察设计》2018年第12期。

〔2〕 本法规已被《国务院关于废止2000年底以前发布的部分行政法规的决定》废止。

确规定工程总承包公司接受建设项目主管部门（或建设单位）的委托，或投标、中标，对项目建设的可行性研究、勘察设计、设备选购、材料订货、工程施工、生产准备直到竣工投产实行全过程的总承包，或部分承包。按照这个规定，工程总承包人可以从工程可行性研究阶段介入项目直至竣工投产，包括的工作范围较为广泛。

为进一步做好试点工作，加快改革进程，1987年4月20日，原国家计委、财政部、中国人民建设银行、原国家物资局在《关于设计单位进行工程建设总承包试点有关问题的通知》中，公布了华东建筑设计院等12家单位为我国第一批工程总承包试点单位。

经过两年的试点，设计单位负责管理整个工程项目的建设，普遍达到了缩短工期、保证质量、控制和节约投资的效果。为了扩大试点，原国家计委、财政部、中国人民建设银行、原国家物资局、原建设部五部门于1989年4月1日又联合发布了《关于扩大设计单位进行工程总承包试点及有关问题的补充通知》，扩大了工程总承包试点单位的范围。但该补充通知规定，设计单位不能辖有施工队伍，也不应与施工单位联合投标总承包工程项目。设计单位在进行工程总承包时，只负责勘探设计、设备采购、施工招标、发包、项目管理、质量监督和试车考核，不直接从事施工，不必领取施工执照。这在一定程度上限制了设计单位向设计施工一体化综合建筑企业发展的可能。同时，该补充通知规定设计单位进行工程总承包，必须有两个以上设计单位参加投标竞争，择优选定总承包人。这对建立有竞争的建筑市场起到了示范作用。

总之，在以勘察设计单位为试验主体的工程总承包试点阶段，总承包人可以对项目建设的可行性研究、勘察设计、设备选购、材料订货、工程施工、生产准备直到竣工投产实行全过程的总承包，工程总承包的工作范围较大。在1989年五部门补充通知之后，设计单位不再直接从事施工，这不利于设计单位向综合性工程企业发展。但补充通知也引进了工程总承包竞标程序，为优化我国建筑市场起到了示范作用。

二、规范化发展阶段的工程总承包模式

为加强对工程总承包企业的资质管理，提高工程建设的社会经济效益，维护建设市场秩序，原建设部于1992年4月3日颁布了《工程总承包企业资质管理暂行规定》(试行)，该文件第2条第1款明确“工程总承包企业，是指对工程从立项到交付使用全过程承包的企业，不包括以设计院为主体的设计工程公司”。这一规定说明工程总承包企业的工作范围与国发〔1984〕3号文件中的工作范围一致。该规定将总承包企业分为三个等级，并规定了每个等级的工程总承包企业可承揽工程的范围，同时对总承包管理提出了要求，这有利于我国工程总承包的规范发展。

为了保障工程总承包的健康发展，提高工程效益，原建设部于1992年11月17日就设计单位从事工程总承包资格问题发布了《设计单位进行工程总承包资料管理的有关规定》〔1〕，规定设计单位进行工程总承包，必须先提出申请，经有关勘察设计管理部门审查批准并取得工程总承包资格证书后，方可承担批准范围内的总承包任务。

为加快我国勘察设计单位深化体制改革的步伐，推进大型工程设计单位国际化转型，原建设部于1999年8月26日发布了《关于推进大型工程设计单位创建国际型工程公司的指导意见》，计划用五年左右的时间将一批有条件的大型工程设计单位创建成为具有设计、采购、建设总承包能力的国际型工程公司，并要求参照执行FIDIC条款的原则，从规范合同管理入手，规范建设活动各方主体的行为，维护各方的利益，这标志着我国工程总承包逐渐与国际接轨。

随着我国改革的深入和对外开放的日益扩大，国际工程承包已超出

〔1〕 2002年国务院发布《国务院关于取消第一批行政审批项目的决定》(国发〔2002〕24号)，废止了工程总承包企业资格核准制度。

单纯的工程施工安装范围，成为货物贸易、技术贸易和服务贸易的综合载体。为了适应大力发展对外工程总承包业务的需要，2000年4月7日，国务院转发外交部、财政部、中国人民银行等部门制定的《关于大力发展对外承包工程的意见》，要求各商业银行、政策性银行应对具备条件的建设—经营—转让（BOT）、建设—拥有—经营（BOO）、建设—拥有—经营—转让（BOOT）等项目的融资予以支持，将其纳入国家境外投资项目统一管理，按规定进行审批。自此，国内工程总承包开始与国际融资接轨。

为了深化我国工程建设项目组织实施方式改革，培育发展专业化的工程总承包和工程项目管理企业，2003年2月13日，原建设部发布建市〔2003〕30号文件，明确工程总承包是指从事工程总承包的企业受业主委托，按照合同约定对工程项目的勘察、设计、采购、施工、试运行（竣工验收）等实行全过程或若干阶段的承包。该文同时规定了工程总承包可采用的四种主要模式：设计—采购—施工（EPC）/交钥匙总承包、设计—施工总承包（DB）、设计—采购总承包（EP）、采购—施工总承包（PC）。鼓励有投融资能力的工程总承包企业，对具备条件的工程项目，根据业主的要求，按照建设—转让（BT）、建设—经营—转让（BOT）、建设—拥有—经营（BOO）、建设—拥有—经营—转让（BOOT）等方式组织实施。随后，原铁道部于2004年4月13日发布《铁路建设项目工程总承包暂行办法》，规定在铁路项目初步设计文件批复后可以进行设计施工总承包（DB）招标。2006年12月10日，原铁道部颁发《铁路建设项目工程总承包办法》，进一步明确了铁路建设项目DB模式实施管理办法，为铁路项目设计施工总承包的规范化发展指明了方向。

经过十多年的积累，我国工程总承包在资质管理、市场管理、国际化等方面均得到长足发展，在参照国际经验的同时结合我国国情，摸索出了一套工程总承包管理的经验。工程总承包人在走出去的同时，也将国际EPC模式以及BT、BOT等投资建设运营一体化模式引进了国内。

三、标准化发展与创新阶段的工程总承包模式

为了加强建设项目工程总承包的标准化管理，原建设部于2005年5月9日发布了《建设项目工程总承包管理规范》（GB/T 50358—2005），作为工程总承包管理的国家标准，可视为我国工程总承包标准化发展的标志。住建部于2017年5月4日发布了《建设项目工程总承包管理规范》（GB/T 50358—2017），颁布了建设项目工程总承包管理的新的国家标准，自2018年1月1日起实施，原国家标准《建设项目工程总承包管理规范》（GB/T 50358—2005）同时废止。

为规范工程总承包合同当事人的合规竞争和诚信履约，住建部、原国家工商行政管理总局于2011年9月7日联合发布了《关于印发〈建设项目工程总承包合同示范文本（试行）〉的通知》，在房屋建筑与市政基础设施工程行业推广试行《建设项目工程总承包合同示范文本（试行）》（GF–2011–0216），[1]该合同示范文本第二部分通用合同条款第1.1.4项明确“工程总承包，指承包人受发包人委托，按照合同约定对工程建设项目的设计、采购、施工（含竣工试验）、试运行等阶段实行全过程或若干阶段的工程承包”，并详细规定了按EPC模式实施的工程总承包各方的权利义务。

为落实中央关于建立工程建设领域突出问题专项治理长效机制的要求，进一步完善招标文件编制规则，提高招标文件编制质量，促进招标投标活动的公开、公平和公正，发改委、工信部、财政部、住建部、交通部、原

〔1〕 2020年11月25日，住建部、市场监管总局发布《关于印发建设项目工程总承包合同（示范文本）的通知》，制定了《建设项目工程总承包合同（示范文本）》（GF–2020–0216），同时废止了《建设项目工程总承包合同示范文本（试行）》（GF–2011–0216）。《建设项目工程总承包合同（示范文本）》（GF–2020–0216）由协议书、通用合同条件、专业条款及附件四部分组成，新版本在2011年版本的基础上，增加了发包人要求、项目清单、价格清单作为工程总承包合同的组成部分，扩充了工程师的概念，依据新规定增加了人工费单独结算条款，区分、细化了勘察设计、设备、施工三类税费、税率，增加了争议评审机制等，更加方便EPC项目的实施。

铁道部、水利部、原广电总局、民航局于2011年12月20日联合发布了《关于印发简明标准施工招标文件和标准设计施工总承包招标文件的通知》，该文附具了《标准设计施工总承包招标文件》，要求招标人对该《标准设计施工总承包招标文件》中的“投标人须知”（投标人须知前附表和其他附表除外）、“评标办法”（评标办法前附表除外）、“通用合同条款”应当不加修改地引用。

为了提升城市建筑水平，深化建设项目组织实施方式改革，国务院于2016年2月6日发布了《关于进一步加强城市规划建设管理工作的若干意见》，要求推广工程总承包制，加强建筑市场监管，严厉查处转包和违法分包等行为，推进建筑市场诚信体系建设。明确实行施工企业银行保函和工程质量责任保险制度。建立大型工程技术风险控制机制，鼓励大型公共建筑、地铁等按市场化原则向保险公司投保重大工程保险。

为落实《关于进一步加强城市规划建设管理工作的若干意见》，推广工程总承包制，提升工程建设质量和效益，住建部于2016年5月20日发布了《关于进一步推进工程总承包发展的若干意见》（建市〔2016〕93号，以下简称建市〔2016〕93号文件），其中明确工程总承包是指从事工程总承包的企业按照与建设单位签订的合同，对工程项目的设计、采购、施工等实行全过程的承包，并对工程的质量、安全、工期和造价等全面负责的承包方式。工程总承包一般采用设计—采购—施工总承包或者设计—施工总承包模式。建设单位也可以根据项目特点和实际需要，按照风险合理分担原则和承包工作的内容采用其他工程总承包模式。

为加强落实《关于进一步加强城市规划建设管理工作的若干意见》，进一步深化建筑业“放管服”改革，加快产业升级，促进建筑业持续健康发展，为新型城镇化提供支撑，国务院办公厅于2017年2月21日发布了《关于促进建筑业持续健康发展的意见》，规定装配式建筑原则上应采用工程总承包模式。政府投资工程应完善建设管理模式，带头推行工程总承包。加快完善工程总承包相关的招标投标、施工许可、竣工验收等制度规定。按照“总承包负总责”的原则，落实工程总承包单位在工程质量安全、进度控制、成本管理等方面的责任。除以暂估价形式包括在工程总承包范围内且依法必须进行招标的项目外，工程总承包单位可以直接发包总承包合同中涵盖的其他专业业务。

为规范房屋建筑和市政基础设施项目工程总承包活动，提升工程建设质量和效益，发改委、住建部于2019年12月23日发布了《房屋建筑和市政基础设施项目工程总承包管理办法》，其中所称工程总承包，是指承包单位按照与建设单位签订的合同，对工程设计、采购、施工或者设计、施工等阶段实行总承包，并对工程的质量、安全、工期和造价等全面负责的工程建设组织实施方式。该管理办法是新时期我国工程总承包管理的规范性文件，其实施将对我国工程总承包模式的发展带来重大影响。

在总结规范化发展经验的基础上，我国推出了工程总承包项目管理的国家标准，即《建设项目工程总承包合同（示范文本）》（GF-2020-0216）、《标准设计施工总承包招标文件》等，为我国标准化实施工程总承包管理指明了方向。同时，国家根据新时期降低建筑对环境污染和提高投资效益的新需求，要求装配式建筑和政府投资项目优先采用工程总承包。《房屋建筑和市政基础设施项目工程总承包管理办法》推出了几项创新，将在房屋建筑与市政基础设施项目中继续试验。

为全面贯彻新发展理念，推动城乡建设绿色发展和高质量发展，以新型建筑工业化带动建筑业全面转型升级，打造具有国际竞争力的“中国建造”品牌，2020年8月28日，住建部、教育部、科技部、工信部、自然资源部、生态环境部、中国人民银行、市场监管总局、中国银保监会九部门联合发布了《关于加快新型建筑工业化发展的若干意见》，要求“新型建筑工业化项目积极推行工程总承包模式，促进设计、生产、施工深度融合”，将工程总承包模式推向新高度。

四、我国法律环境下工程总承包的两种主要模式比较

根据建市〔2003〕30号文件规定，我国工程总承包模式可分为设计—采购—施工（EPC）/交钥匙总承包、设计—施工总承包（DB）、设计—采购总承包（EP）、采购—施工总承包（PC）这四种模式，发包人可以根据项目的特点和自身管理的实际需要选择。2011年国家先后发布了《建设项目工程总承包合同示范文本（试行）》（GF-2011-0216）和《标准设计施工总承包招标文件》，提出EPC和DB两种主要模式，这两种模式逐渐成为我国工程总承包项目的主要形式。2015年6月26日，交通部发布《公路工程设计施工总承包管理办法》，规定了公路工程项目可以在施工图勘察设计及施工阶段采用工程总承包模式。而2019年《房屋建筑和市政基础设施项目工程总承包管理办法》所指的工程总承包模式仅包括EPC和DB这两种，笔者对这两种模式进行对较。

（一）EPC模式和DB模式的区别

实践中，EPC与DB两种模式在承包范围、风险分配上存在较大区别，主要包括如下方面：

1.工作范围上的区别。一方面，对于采购工作，EPC模式包括项目建设的设计、采购、施工等工作内容的全部工作或者部分工作，DB模式包括项目建设的设计、施工，但不包括采购。这里需要说明的是，DB模式中承包人的工作不是简单的设计和包清工模式，还包括施工中全部材料和设备均由建设单位采购（甲供），其施工部分也包括建筑材料、设备的采购；但EPC模式中的采购一般指专业工艺装置、工程设备或者非标准设备系统等的采购，这里的采购也可能包括对非标准设备的工艺设计工作，其采购与DB模式中的材料设备采购范围和特点不同。另一方面，对于设计工作，EPC模式中设计工作（Engineering）包含的范围较广，总承包人根据发

包人的功能性要求负责工程项目的概要设计和详细设计，还要对整个工程的组织实施进行总体策划。而DB模式中的设计工作（Design）仅指项目的详细设计，不包括概要设计。详细设计内容包含对建筑物或构筑物的空间划分、功能的布置、各单元之间的联系以及外形设计和工艺设计的处理等。[1]

2.管理体系的区别。按照国际惯例，EPC合同条件中只有发包人和承包人，没有工程师等第三方机构介入，属于二元管理结构。而DB模式属于三元管理结构，合同中除了发承包两方之外，还有工程师。

3.发承包双方承担的风险范围区别。在EPC模式下，由于承包人介入项目较早，承包人承担了合同价格包含的风险范围之内的全部风险，合同价格一般不允许调整，承包人风险较大。而在DB模式之下，承包人介入项目在详细设计阶段，发包人承担一部分风险，承包人承担一部分风险，承包人承担的风险没有EPC条件下大。

4.发包人的控制程度区别。风险与权利是相对等的，鉴于承包人在EPC模式中承担较多工作和较大风险，承包人对项目的控制程度高，利润也高。DB模式中承包人的风险小，控制程度低，利润也相对低些。

（二）我国法律政策体系下EPC模式与DB模式的差别逐渐缩小

鉴于我国采用法定监理制度，国际上流行的工程总承包模式并不完全适用于我国法律体系，当前国内流行的EPC模式与DB模式是适用于我国法定监理制度的模式。但根据《房屋建筑和市政基础设施项目工程总承包管理办法》，两种模式差别在缩小。

1.监理人的角色使管理结构区别缩小。我国《建筑法》规定，国家推行建筑工程监理制度。根据《建设工程监理范围和规模标准规定》，国家重点建设工程、大中型公用事业工程总投资额3000万元以上，成片开发建

---

〔1〕 参见石林林、丰景春：《DB模式与EPC模式的对比研究》，载《工程管理学报》2014年第6期。

设的住宅小区工程建筑面积在5万平方米以上的工程必须强制施行监理。那么无论项目采用哪种总承包模式，监理人均必须作为总承包项目管理中一个重要角色出现，使EPC与DB均在管理结构上的差别缩小。

2.设计范围差别缩小。根据《关于进一步加强城市规划建设管理工作的若干意见》和《关于促进建筑业持续健康发展的意见》的规定，对于政府投资项目推荐采用工程总承包模式发包。但《房屋建筑和市政基础设施项目工程总承包管理办法》第7条规定，采用工程总承包方式的政府投资项目，原则上应当在初步设计审批完成后进行工程总承包项目发包。所以对于政府投资项目，原则上应在初步设计审批完成后才启动工程总承包招标工作。那么无论采取哪种工程总承包形式，承包人的设计工作均从施工图设计开始，设计范围差别将会缩小。

3.承包人采购自主权范围缩小。在《房屋建筑和市政基础设施项目工程总承包管理办法》的管制下，政府投资项目在完成初步设计审批后，大型工程设备已完成选型，除非配套性、非标准设备外，承包人可主导的设备选型有限，使EPC总承包模式下承包人自主权受限。同时，承包人承担的工程质量风险也降低。

总之，鉴于我国实行一定规模以上建设工程强制监理制度以及企业投资项目核准、政府投资项目审批等限制，使我国法律环境下工程总承包发包的条件越来越严格，EPC与DB这两种主要的工程总承包模式在设计工作上的差别趋小。

第二章　工程总承包项目发包的前提条件

项目采用工程总承包模式发包的前提条件

（一）政府投资项目或装配式建筑应优先选择工程总承包模式

1.发包人有权自主决定是否采用工程总承包模式

工程总承包模式仅是工程发包的可选方式中的一种，是否采用工程总承包发包工程由建设单位根据项目情况和自身管理能力等作出选择。《铁路建设项目工程总承包办法》第2条规定："本办法所称铁路建设项目工程总承包，是指建设单位（或业主，下同）通过招标将建设项目的施工图设计、采购和施工委托给具有相应资质的工程总承包单位（或联合体，下同），工程总承包单位按照合同约定，对施工图设计、物资设备采购、工程实施实行全过程承包，对工程的质量、安全、工期、投资、环保负责的建设组织方式。"第3条规定："本办法适用于采用成熟技术的铁路大中型建设项目。能够在工程总承包合同中明确技术标准、质量标准、交验标准，合理确定工程投资的其他铁路建设项目可参照执行。"明确规定大中型铁路工程项目在初步设计概算批复后可采用工程总承包。《公路工程设计施工总承包管理办法》第2条第2款规定，本办法所称设计施工总承包，是指将公路工程的施工图勘察设计、工程施工等工程内容由总承包单位统一实施的承发包方式。公路工程可将施工图设计和施工等工程内容采用总承包。《房屋建筑和市政基础设施项目工程总承包管理办法》第6条规定，建设单位应当根据项目情况和自身管理能力等，合理选择工程建设组织实施方式。建设内容明确、技术方案成熟的项目，适宜采用工程总承包方式。由此可见，工程建设项目采用何种发包模式，属于建设单位自主决定的事情。鉴于工程建设项目管理比较复杂，对承包人的项目管理能力、投资控制能力等要求较高，该管理办法中仅提倡建设内容明确、技术方案成熟的项目，采用工程总承包方式进行发包。

2.政府投资项目和装配式建筑应当采用工程总承包模式建设

为了提高工程建设的质量和建设效率，国家提倡政府投资项目和装配式建筑应优先采用总承包模式发包。

国务院于2016年2月6日发布的《关于进一步加强城市规划建设管理工作的若干意见》要求推广工程总承包制，加强建筑市场监管，推进建筑市场诚信体系建设。随后建市〔2016〕93号文件进一步规定，发包人在选择建设项目组织实施方式时，应当本着质量可靠、效率优先的原则，优先采用工程总承包模式。政府投资项目和装配式建筑应当积极采用工程总承包模式。国务院办公厅《关于促进建筑业持续健康发展的意见》又进一步规定，装配式建筑原则上应采用工程总承包模式。政府投资工程应完善建设管理模式，带头推行工程总承包。

（二）选择工程总承包模式的前提条件

从工作内容上看，工程总承包是项目设计、施工、货物采购的打包组合，而取得设计成果是施工及采购工作的前提。若要使项目具备工程总承包条件，首先应具备设计发包条件。《建设工程勘察设计管理条例》第25条第1款规定："编制建设工程勘察、设计文件，应当以下列规定为依据：（一）项目批准文件；（二）城乡规划；（三）工程建设强制性标准；（四）国家规定的建设工程勘察、设计深度要求。"所以，工程总承包的承包人应具备编制相应的项目设计文件所需的项目批文和规划条件。由于具体项目中工程总承包涉及的设计内容不同，所需要的项目批文也不尽相同。以房屋建筑与市政工程为例，《房屋建筑和市政基础设施项目工程总承包管理办法》第7条规定，“建设单位应当在发包前完成项目审批、核准或者备案程序。采用工程总承包方式的企业投资项目，应当在核准或者备案后进行工程总承包项目发包。采用工程总承包方式的政府投资项目，原则上应当在初步设计审批完成后进行工程总承包项目发包；其中，按照国家有关规定简化报批文件和审批程序的政府投资项目，应当在完成相应的投资决策审批后进行工程总承包项目发包”。

鉴于投资主管部门对不同类型的项目管控力度不同，《房屋建筑和市政基础设施项目工程总承包管理办法》分别针对不同的项目规定了差异化的发包条件。

1.企业投资项目采用工程总承包模式的条件

对于企业投资项目，按照《企业投资项目核准和备案管理条例》的相关规定履行核准或备案手续后可进行工程总承包项目发包。企业投资项目分为核准类项目和备案类项目。

对于核准类项目，《企业投资项目核准和备案管理条例》第6条第1款规定：“企业办理项目核准手续，应当向核准机关提交项目申请书；由国务院核准的项目，向国务院投资主管部门提交项目申请书。项目申请书应当包括下列内容：（一）企业基本情况；（二）项目情况，包括项目名称、建设地点、建设规模、建设内容等；（三）项目利用资源情况分析以及对生态环境的影响分析；（四）项目对经济和社会的影响分析。”第11条规定，企业拟变更已核准项目的建设地点，或者拟对建设规模、建设内容等作较大变更的，应当向核准机关提出变更申请。否则，根据该条例第18条规定，若企业未依照条例规定办理核准手续开工建设或者未按照核准的建设地点、建设规模、建设内容等进行建设的，由核准机关责令停止建设或者责令停产，对企业处项目总投资额1‰以上5‰以下的罚款；对直接负责的主管人员和其他直接责任人员处2万元以上5万元以下的罚款，属于国家工作人员的，依法给予处分。所以，对于核准立项的项目，发包人应严格按照核准的内容实施建设，延期开工或擅自变更建设内容应承担法律责任。

对于备案类项目，根据《企业投资项目核准和备案管理条例》第13条规定，企业应当在开工建设前通过在线平台将下列信息告知备案机关：（1）企业基本情况；（2）项目名称、建设地点、建设规模、建设内容；（3）项目总投资额；（4）项目符合产业政策的声明。同时，第14条规定，已备案项目信息发生较大变更的，企业应当及时告知备案机关。否则，根据该条例第19条规定，若实行备案管理的项目，企业未依照规定将项目信息或者已备案项目的信息变更情况告知备案机关，或者向备案机关提供虚假信息的，由备案机关责令限期改正；逾期不改正的，处2万元以上5万元以下的罚款。对于备案立项的项目，应按照备案内容实施建设，擅自变更需承担法律责任。

综上企业投资类项目，无论是核准类项目还备案类项目，均应由企业根据《企业投资项目核准和备案管理条例》履行核准或者备案手续后方可进行工程建设，建设过程中应严格按照国家核准或备案的项目建设地点、建设规模、建设内容实施，这是以立项管理的方式控制企业依法有序投资。

2.政府投资项目采用工程总承包模式的条件

政府投资项目采用审批制，根据《政府投资条例》第2条规定，政府投资是指在中国境内使用预算安排的资金进行固定资产投资建设活动，包括新建、扩建、改建、技术改造等。国家规定政府投资项目应优先采用工程总承包模式发包。政府投资项目采用工程总承包模式发包的条件与企业投资项目不同，《房屋建筑和市政基础设施项目工程总承包管理办法》中规定应在初步设计审批完成后才能进行发包，这是基于《政府投资条例》第12条有关“经投资主管部门或者其他有关部门核定的投资概算是控制政府投资项目总投资的依据”的规定。国家为了提高对政府投资项目的投资控制，提高投资效益，对政府投资项目的管控比企业投资项目更为严格，需要在初步设计概算获得审批后才能进行建设。

《政府投资条例》第11条规定，投资主管部门或者其他有关部门根据国民经济和社会发展规划、相关领域专项规划、产业政策等，从下列方面对政府投资项目进行审查，作出是否批准立项的决定：（1）项目建议书提出的项目建设的必要性；（2）可行性研究报告分析的项目的技术经济可行性、社会效益以及项目资金等主要建设条件的落实情况；（3）初步设计及其提出的投资概算是否符合可行性研究报告批复以及国家有关标准和规范的要求；（4）依照法律、行政法规和国家有关规定应当审查的其他事项。《房屋建筑和市政基础设施项目工程总承包管理办法》要求政府投资项目在初步设计概算获得审核后才能进行工程总承包发包，与《政府投资条例》的规定一致。

《政府投资条例》第23条规定，政府投资项目建设投资原则上不得超过经核定的投资概算。但因国家政策调整、价格上涨、地质条件发生重大变化等原因确需增加投资概算的，项目单位应当提出调整方案及资金来源，按照规定的程序报原初步设计审批部门或者投资概算核定部门核定；涉及预算调整或者调剂的，依照有关预算的法律、行政法规和国家有关规定办理。这是政府投资项目进行概算控制的法规依据。根据《政府投资条例》第34条规定，若政府投资项目实施中项目单位"未经批准变更政府投资项目的建设地点或者对建设规模、建设内容等作较大变更"或"擅自增加投资概算"的，责令改正，根据具体情况，暂停、停止拨付资金或者收回已拨付的资金，暂停或者停止建设活动，对负有责任的领导人员和直接责任人员依法给予处分。

但对于按照国家有关规定简化投资手续的政府项目，《房屋建筑和市政基础设施项目工程总承包管理办法》依据《政府投资条例》作出了特殊规定，在完成相应的投资决策审批后进行工程总承包项目发包。根据《政府投资条例》第13条规定，对下列政府投资项目，可以按照国家有关规定简化需要报批的文件和审批程序：（1）相关规划中已经明确的项目；（2）部分扩建、改建项目；（3）建设内容单一、投资规模较小、技术方案简单的项目;（4）为应对自然灾害、事故灾难、公共卫生事件、社会安全事件等突发事件需要紧急建设的项目。例如，武汉市为应对新型冠状病毒肺炎疫情这一公共卫生事件建设的火神山医院和雷神山医院，就可以按照《政府投资条例》第13条的规定简化建设手续，在投资决策审批手续完成后，即可进行工程发包和建设。

另外，其他专业工程项目对工程总承包发包条件也有相关规定。如《铁路建设项目工程总承包办法》第5条规定，建设项目必须按规定完成初步设计，初步设计文件达到要求并按初步设计批复修改、补充后，方可进行工程总承包招标。即铁路工程项目在初步设计文件获批后才能进行工程总承包发包。对于公路工程项目，《公路工程设计施工总承包管理办法》更是规定从施工图勘察设计阶段开始，也就是必须是初步设计问价获得批复。民航局机场司于2020年4月29日公布的《民航专业工程总承包管理办法（征求意见稿）》第7条规定，建设单位应当在发包前完成项目审批、核准或者备案程序。采用工程总承包方式的企业投资项目，应当在核准或者备案后进行工程总承包项目发包。采用工程总承包方式的政府投资项目，原则上应当在初步设计审批完成后进行工程总承包项目发包；按照国家有关规定简化报批文件和审批程序的政府投资项目，应当在完成相应的投资决策审批后进行工程总承包项目发包。

截至目前，国家没有发布适用于全国的水利工程项目工程总承包管理办法，但是个别省级水利行政部门发布了相关管理办法，如《安徽省水利建设项目工程总承包工作意见（试行）》规定，水利工程建设项目总承包可以从可行性研究阶段开始；《江西省水利建设项目推行工程总承包办法（试行）》规定水利工程建设项目实行工程总承包的，可以从项目可行性研究报告批准后开始，也可从项目建议书或项目初步设计报告批准后开始；《广西壮族自治区水利建设项目工程总承包指导意见（试行）》规定工程总承包可以从项目可行性研究报告批复后开始，也可以从初步设计概算批复后开始。对于政府投资的水利工程项目，应受《政府投资条例》约束，一般应在初步设计概算批复后再进行工程总承包发包。但是根据《政府投资条例》规定简化建设手续的工程项目，应在完成投资决策后实施工程总承包发包。

综上所述，根据国家政策，工程项目总承包发包一定需要满足前期审批条件，对于优先采用工程总承包模式发包的政府投资项目，为了提高投资效益，原则上应在初步设计概算获得批复后才能开始工程总承包发包。但对于企业投资项目，在履行完毕核准或备案手续后即可进行工程总承包发包。另外，根据我国对于装配式建筑优先采取工程总承包模式的要求，需要区分项目性质，在履行完毕立项手续或概算批复手续后进行工程总承包发包。

第三章　工程总承包项目招标的特点

《招标投标法实施条例》第29条第1款规定，招标人可以依法对工程以及与工程建设有关的货物、服务全部或者部分实行总承包招标。该条款规定同一工程总承包项目的设计、施工、采购可以合并招标，即工程总承包项目具有“多招合一”的复合性特点。但若一个工程总承包项目中设计、施工或采购有的达到必须招标的数额标准，有的没有达到必须招标的数额标准，其是否属于依法必须招标项目呢？《房屋建筑和市政基础设施项目工程总承包管理办法》第8条规定工程总承包项目范围内的设计、采购或者施工中，有任一项属于依法必须进行招标的项目范围且达到国家规定规模标准的，应当采用招标的方式选择工程总承包单位。这一规定体现了工程总承包项目招标具有“一招多随”的连带性特点。

《招标投标法实施条例》第29条第1款规定的工程总承包中多项合并招标制度为《房屋建筑和市政基础设施项目工程总承包管理办法》第8条规定的工程总承包“一招多随”制度的上位法依据。

一、工程总承包项目招标中“一招多随”的连带性特点

（一）依法必须招标的工程总承包项目的范围

《招标投标法》第3条明确规定，在中华人民共和国境内进行下列工程

建设项目包括项目的勘察、设计、施工、监理以及与工程建设有关的重要设备、材料等的采购，必须进行招标：1.大型基础设施、公用事业等关系社会公共利益、公众安全的项目；2.全部或者部分使用国有资金投资或者国家融资的项目；3.使用国际组织或者外国政府贷款、援助资金的项目。前款所列项目的具体范围和规模标准，由国务院发展计划部门会同国务院有关部门制订，报国务院批准。法律或者国务院对必须进行招标的其他项目的范围有规定的，依照其规定。发改委根据《招标投标法》第3条的授权制定了《必须招标的工程项目规定》（发改委令第16号，以下简称16号令），从项目使用的资金性质上对《招标投标法》第3条进行了细化和限制。

1.使用国有资金的项目。16号令第2条对“全部或者部分使用国有资金投资或者国家融资的项目”细化为两种情况：一是“使用预算资金200万元人民币以上，并且该资金占投资额10%以上的项目”。根据《预算法》第5条的规定，此处“预算资金”指已被政府纳入一般公共预算、政府性基金预算、国有资本经营预算或社会保险基金预算中可用于项目投资的资金。对企业投资项目而言，是指被政府投资管理部门核准的或同意备案的投资估算额（包括经同意的变更），对政府投资项目而言，指政府投资管理部门审核同意的初步设计概算额。16号令在此用资金性质、资金数额和资金占用比例三个条件对依法必须招标的项目进行了限制。二是“使用国有企业事业单位资金，并且该资金占控股或者主导地位的项目”。此处控股地位分为绝对控股和相对控股。根据《公司法》（2018年修订）第216条的规定，绝对控股指国有投资人出资国有资金占有限公司资本总额50%以上或者国有股份占股份有限公司股本总额50%以上；相对控股指国有资金或者国有股份的出资比例不足50%，但根据出资额或者所持股份而拥有的表决权已足以对股东会或者股东大会决议产生重大影响的。此处主导地位指国有企事业单位通过合作协议、管理关系或者上级政府的其他安排，能够实际支配项目投资建设行为的情况。

2.使用国际贷款或援助资金，需要政府提供担保的项目。16号令第3条对“使用国际组织或者外国政府贷款、援助资金的项目”细化为两种情况：一是“使用世界银行、亚洲开发银行等国际组织贷款、援助资金的项目”。根据世界银行、亚洲开发银行等国际组织贷款、援助资金的相关管理办法，使用这类资金建设时应进行招标，同时使用这些资金需要政府提供担保，贷款方、资金提供方和我国政府需要对项目建设情况进行管理。二是“使用外国政府及其机构贷款、援助资金的项目”。使用外国政府及其机构贷款需要我国政府提供担保，贷款方、资金提供方和我国政府同样需要对项目建设情况进行管理。

3.使用民间资金建设的基础设施和公用事业项目。对于不属于16号令第2条、第3条规定的必须招标的工程建设项目，发改委另行制定了《必须招标的基础设施和公用事业项目范围规定》，该法规第2条规定，“不属于《必须招标的工程项目规定》第二条、第三条规定情形的大型基础设施、公用事业等关系社会公共利益、公众安全的项目，必须招标的具体范围包括：（一）煤炭、石油、天然气、电力、新能源等能源基础设施项目；（二）铁路、公路、管道、水运，以及公共航空和A1级通用机场等交通运输基础设施项目；（三）电信枢纽、通信信息网络等通信基础设施项目；（四）防洪、灌溉、排涝、引（供）水等水利基础设施项目；（五）城市轨道交通等城建项目”。这些项目均属于涉及公共利益和公共安全的基础设施或公益事业项目，国家在压缩依法必须招标项目范围的同时，保留了对这类项目依法必须招标的要求。以上第5项“城市轨道交通等城建项目”属于受《房屋建筑和市政基础设施项目工程总承包管理办法》所调整的房屋建筑和市政基础设施项目的范围。

4.暂估价项目。《招标投标法实施条例》第29条中规定，以暂估价形式包括在总承包范围内的工程、货物、服务属于依法必须进行招标的项目范围且达到国家规定规模标准的，应当依法进行招标。这里所称暂估价，是指总承包招标时不能确定价格而由招标人在招标文件中暂时估定的工程、货物、服务的金额。对于包含在总承包范围内的暂估价项目，由于在总承包招标时其价格是未经过竞争的，对于达到依法必须招标的数额标准的，应当依法招标。暂估价项目采用工程总承包的，也应该按照有关总承包项目招标的要求招标。只是暂估价项目的招标组织比较复杂，涉及总承包合同中发包人与承包人的约定或单独授权，此文不再展开论述。

以上是有关依法必须招标的工程建设项目的范围，对于房屋建筑与市政工程而言，根据《房屋建筑和市政基础设施项目工程总承包管理办法》，只要工程总承包中所包含的设计、采购或施工中有任何一项属于依法必须招标的项目，该工程总承包项目就依法必须招标，从项目性质和资金性质的角度体现了工程总承包项目招标"一招多随"的连带性特点。对于其他工程项目，如《铁路建设项目工程总承包办法》第14条第1款规定，建设单位应按照国家和铁道部有关规定，依法公开招标选择工程总承包单位。《公路工程设计施工总承包管理办法》第5条第1款规定，总承包单位由项目法人依法通过招标方式确定。《民航专业工程总承包管理办法（征求意见稿）》第8条规定，建设单位依法采用招标或者直接发包等方式选择工程总承包单位。工程总承包项目范围内的设计、采购或者施工中，有任一项属于依法必须进行招标的项目范围且达到国家规定规模标准的，应当采用招标的方式选择工程总承包单位。但该征求意见稿对项目中勘察设计、施工或者供货等子项目是否属于依法必须招标项目，没有具体要求，仅概括规定工程总承包项目必须招标。部分省份的水利工程总承包管理办法中也有"一招多随"的连带性招标规定，如《广西壮族自治区水利建设项目工程总承包指导意见（试行）》第3点"规范工程总承包项目发包和承包行为"中规定，工程总承包项目范围内的设计、采购或者施工中有任一项属于依法必须招标的，应当采用招标的方式选择工程总承包单位，这与《房屋建筑和市政基础设施项目工程总承包管理办法》规范工程总承包项目发包的要求也是一致的。

（二）依法必须招标的工程总承包项目的数额标准

根据16号令第5条第1款规定，属于《招标投标法》第3条规定的工程项目范围，并且（1）施工单项合同估算价在400万元人民币以上，（2）重要设备、材料等货物采购的单项合同估算价在200万元人民币以上，（3）设计等服务的采购单项合同估算价在100万元人民币以上的，必须招标。这是16号令对依法必须招标项目从数额标准上的规定。为了防止招标人以拆分项目的形式规避招标，16号令第5条同时规定，若同一工程总承包项目中可以合并进行的勘察、设计、施工、监理以及与工程建设有关的重要设备、材料的采购，各类项目的合同估算价合计达到以上规定标准的，工程总承包也必须招标。

所以，只要工程总承包项目中的设计、采购或施工中有任何一项达到16号令规定的数额标准或者工程总承包项目中包括的设计、采购或施工中各项合计达到规定数额标准的，该工程总承包项目即被视为达到依法必须招标的数额。这从数额标准方面体现了工程总承包项目招标中"一招多随"的连带性特点。

综合以上两个方面的论述，判断一个工程总承包项目是否属于依法必须招标项目要从项目的性质（包括资金的性质）和设计、采购或施工中任一类项目的数额标准来判断，只有被纳入招标范围的项目同时达到了16号令规定的数额标准才可以断定该工程总承包项目属于依法必须招标的项目。工程总承包中只要有一项属于依法必须招标的项目，该总承包工程就必须招标，否则建设单位就可以利用未达到必须招标数额标准的小项目捆绑应该招标的项目而规避招标。《房屋建筑和市政基础设施项目工程总承包管理办法》有关工程总承包项目招标中"一招多随"的连带性规定堵住了假借工程总承包的名义规避招标的可能性。

二、工程总承包项目招标中“多招合一”的复合性特点及实施难点

（一）我国已经发布的《标准设计施工总承包招标文件》将设计、施工纳入同一个招标程序

鉴于工程总承包项目中包括勘察设计、施工、货物采购等，如果发包人采用传统施工发包的方式进行建设，则前述三部分是分别招标的。2011年12月20日发布的《关于印发简明标准施工招标文件和标准设计施工总承包招标文件的通知》，要求依法必须进行招标的设计施工一体化的总承包项目（DB）的招标文件应当根据《标准设计施工总承包招标文件》编制。《标准设计施工总承包招标文件》要求在编制招标文件时，招标人应对《标准设计施工总承包招标文件》中的“投标人须知”（投标人须知前附表和其他附表除外）、“评标办法”（评标办法前附表除外）、“通用合同条款”不加修改地引用。根据《标准设计施工总承包招标文件》的规定，投标人应按照招标文件要求就项目的设计和施工进行投标，中标后，按该招标文件要求与招标人签署设计施工一体化承包合同。2020年11月25日，住建部和市场监管总局发布的《关于印发建设项目工程总承包合同（示范文本）的通知》，在房屋建筑与市政基础设施工程行业推广试行《建设项目工程总承包合同（示范文本）》（GF-2020-2016），该示范合同文本可作为编制EPC招标文件的合同条件。当前，我国化工、石油、电力、煤炭等行业也在实行工程总承包模式，在招标时均采取设计、施工、采购多项目合并在一起进行。

工程总承包招标必然将原来分阶段进行的设计、施工和采购程序合并在一起实施，明显具有“多招合一”的复合性特点。这符合《招标投标法实施条例》第29条规定的合并招标制度的要求。

（二）我国工程总承包项目招标标准化尚待提高

长期以来，由于勘察设计和施工（包括采购）的招标与合同备案管理分属不同的行政监督部门，我国许多地方目前还没能形成完全统一的工程招标管理模式。以某市为例，按照该市《关于市政府有关部门实施招标投标活动行政监督有关问题的通知》的规定，由市规划行政主管部门负责建设工程的勘察、设计的招标投标活动的监督执法；由市政建设行政主管部门负责各类房屋建筑项目和市政工程新建项目的招标投标活动的监督执法。在这种监管模式下，勘察、设计招标需要去规划管理部门办理招标备案手续，而施工和设备供货招标需要去建设行政部门办理招标备案手续。虽然《标准设计施工总承包招标文件》已经发布多年，但是由于办理招标手续的要求不同，目前该市还不能将设计与施工合并在一起进行工程总承包招标。

我国自2013年5月1日开始施行《电子招标投标办法》，要求推进电子招投标。2015年8月10日，国务院办公厅印发《整合建立统一的公共资源交易平台工作方案》，要求加快构筑统一的公共资源交易平台体系，着力推进公共资源交易法制化、规范化、透明化，提高公共资源配置的效率和效益。据业界人士介绍，当前我国许多地方进行的工程总承包招标还不能进场交易，也不能实行电子招标。2020年2月8日，发改委办公厅发布的《关于积极应对疫情创新做好招投标工作保障经济平稳运行的通知》第5条规定，“全面推行在线投标、开标。为有效降低现场投标、开标带来的人员聚集风险，同时降低企业交易成本，各地要依托电子招投标交易平台，加快部署在线投标、开标系统，制定明确时间表，年内实现所有依法必须进行招标的项目在线投标、开标”。

综上所述，鉴于工程总承包招标中“多招合一”的复合性特点，以及设计、施工招标不能完全同步实施的矛盾，当前我国工程总承包招标尚不能实现规范化、标准化。

三、可不招标的工程总承包项目范围

任何规则均有例外，我国法律也对可不招标的情形作出了规定。《招标投标法》第66条规定："涉及国家安全、国家秘密、抢险救灾或者属于利用扶贫资金实行以工代赈、需要使用农民工等特殊情况，不适宜进行招标的项目，按照国家有关规定可以不进行招标。"对于涉及国家安全、国家秘密的项目，如国防工程项目，鉴于招标投标的公开性与这类项目的保密性之间存在矛盾，所以这类项目不能进行招标。而对于抢险救灾项目，如地震、火灾、重大疫情等需要立即组织救灾，来不及组织招标。对于利用扶贫资金实行以工代赈、需要使用农民工的项目，如根据国家扶贫政策建设贫困地区乡村开发等小型项目，受赈济的农民通过参加以工代赈工程建设，获取劳务报酬，增加收入，是一种间接救济方式，这需要组织特定区域的农民进行建设，所以不适宜招标。类似这些特殊项目采用工程总承包模式发包的，不宜招标，可由发包人根据项目实际情况选择其他发包方式。

《招标投标法实施条例》第9条第1款规定："除招标投标法第六十六条规定的可以不进行招标的特殊情况外，有下列情形之一的，可以不进行招标：(一)需要采用不可替代的专利或者专有技术；(二)采购人依法能够自行建设、生产或者提供；(三)已通过招标方式选定的特许经营项目投资人依法能够自行建设、生产或者提供；(四)需要向原中标人采购工程、货物或者服务，否则将影响施工或者功能配套要求；(五)国家规定的其他特殊情形。"第1项中，鉴于使用专利或专有技术无可替代，即便进行招标也没有其他单位投标；第2项中，由于采购人自己具备提供拟采购项目的能力无须招标；第3项中，已经通过招标选择的特许经营项目投资人自己具备提供能力，且公共产品或服务的价格等已经竞争确定，不需要再次招标；第4项中，原采购项目附属追加的工程、货物或服务需要满足功能配套要求，不适宜其他单位提供，不适宜招标等，这些特殊项目采用工程总承包模式时也可以不招标。

鉴于工程总承包项目包括设计、施工、采购内容，而《房屋建筑和市政基础设施项目工程总承包管理办法》规定工程总承包项目范围内设计、采购、施工只要有一项属于依法必须招标的项目，该工程总承包项目就必须招标。反之，只有工程总承包项目中所包括的设计、采购、施工全都属于可不招标的项目，才可以不招标。

（一）可不招标的设计项目的范围

《工程建设项目勘察设计招标投标办法》第4条规定，下列情形之一的，经项目审批、核准部门审批、核准，项目的勘察设计可以不进行招标：1.涉及国家安全、国家秘密、抢险救灾或者属于利用扶贫资金实行以工代赈、需要使用农民工等特殊情况；2.主要工艺、技术采用不可替代的专利或者专有技术，或者其建筑艺术造型有特殊要求；3.采购人依法能够自行勘察、设计；4.已通过招标方式选定的特许经营项目投资人依法能够自行勘察、设计；5.技术复杂或专业性强，能够满足条件的勘察设计单位少于三家，不能形成有效竞争；6.已建成项目需要改、扩建或者技术改造，由其他单位进行设计影响项目功能配套性；7.国家规定其他特殊情形。该条规定了需要履行项目审批、核准手续的依法必须进行招标的勘察设计项目可以不招标的特殊情况，但必须事先经项目审批、核准部门审批、核准，发包人不能擅自决定不招标。《建筑工程设计招标投标管理办法》第4条规定，下列情形之一可以不进行招标：1.采用不可替代的专利或者专有技术的；2.对建筑艺术造型有特殊要求，并经有关主管部门批准的；3.发包人依法能够自行设计的；4.建筑工程项目的改建、扩建或者技术改造，需要由原设计单位设计，否则将影响功能配套要求的；5.国家规定的其他特殊情形。该条规定了建筑工程设计项目符合本条规定条件的可不招标，没有附加需要审批的前置条件。

（二）可不招标的施工项目的范围

《工程建设项目施工招标投标办法》第12条规定，依法必须进行施工招标的工程建设项目有下列情形之一的，可以不进行施工招标：1.涉及国家安全、国家秘密、抢险救灾或者属于利用扶贫资金实行以工代赈需要使用农民工等特殊情况，不适宜进行招标；2.施工主要技术采用不可替代的专利或者专有技术；3.已通过招标方式选定的特许经营项目投资人依法能够自行建设；4.采购人依法能够自行建设；5.在建工程追加的附属小型工程或者主体加层工程，原中标人仍具备承包能力，并且其他人承担将影响施工或者功能配套要求；6.国家规定的其他情形。本条规定了施工项目可以不招标的特殊情况，没有直接规定办理不招标事宜的审批要求。《房屋建筑和市政基础设施工程施工招标投标管理办法》第9条规定，工程有下列情形之一的，经县级以上地方人民政府建设行政主管部门批准，可以不进行施工招标：1.停建或者缓建后恢复建设的单位工程，且承包人未发生变更的；2.施工企业自建自用的工程，且该施工企业资质等级符合工程要求的；3.在建工程追加的附属小型工程或者主体加层工程，且承包人未发生变更的；4.法律、法规、规章规定的其他情形。该条明确市政工程施工出现本条规定的特殊情况，经当地住建部门批准后可以不进行招标。其中第4项“法律、法规、规章规定的其他情形”包括《招标投标法》及其实施条例、《工程建设项目施工招标投标办法》对可不进行施工招标项目的规定。但即便满足这些规定，也应经当地建设行政部门批准后方可直接签约，实践中应予以关注。

（三）可不用国际招标的机电产品的范围

《机电产品国际招标投标实施办法（试行）》第7条第1款规定，下列情形之一的，可以不进行国际招标：1.国（境）外赠送或无偿援助的机电产品；2.采购供生产企业及科研机构研究开发用的样品样机；3.单项合同估算价在国务院规定的必须进行招标的标准以下的；4.采购旧机电产品；5.采购供生产配套、维修用零件、部件；6.采购供生产企业生产需要的专用模具；7.根据法律、行政法规的规定，其他不适宜进行国际招标采购的机电产品。该条规定了进口机电产品可不进行国际招标的情况，但没具体规定在采购前是否经过行政审批。

综上所述，以上规章政策对可不招标的勘察设计、施工、设备货物采购项目的授权条件并不完全一致，且有些需要政府部门审批后才能采用招标之外的采购形式。因此，在确定工程总承包项目是否可不招标时应满足该工程总承包范围内设计、采购、施工各个子项目均可不招标的条件，否则会判断错误。同时，由于工程总承包项目一般适用于大中型项目，项目投资额较大，项目的勘察设计、施工、供货一般会满足依法必须招标的条件，所以发包人采用招标方式选择工程总承包人是常态。

四、工程总承包项目的投标准备时间

（一）法定的投标准备时间不少于20日

对于投标文件编制时间长短，《招标投标法》第24条规定，“依法必须进行招标的项目，自招标文件开始发出之日起至投标人提交投标文件截止之日止，最短不得少于二十日”。《招标投标法》规定的投标准备最短20日的时限要求，也在《工程建设项目勘察设计招标投标办法》、《工程建设项目施工招标投标办法》、《工程建设项目货物招标投标办法》及《机电产品国际招标投标实施办法（试行）》等规章中得以明确，这些规章中均按照最短20日的时限要求为投标人编制投标文件的最短时间。

（二）工程总承包项目需要更长的投标准备时间

鉴于采用工程总承包模式实施的项目投资额一般较大，以及工程总承包项目招标具有“多招合一”的复合性特点，工程总承包项目投标人的投标文件准备时间比一般招标项目要长一些。实践中，不同专业的项目，政策要求也不一致。如对于铁路工程项目总承包，《铁路建设项目工程总承包办法》第20条规定，“工程总承包投标文件编制时间不少于45天。工程总承包的招标评标办法，由建设单位提出初步方案，报铁道部建设管理司批准后实施”。对于公路工程项目总承包，《公路工程设计施工总承包管理办法》第10条规定，“招标人应当合理确定投标文件的编制时间，自招标文件开始发售之日起至投标人提交投标文件截止时间止，不得少于60天”。对于房屋建筑与市政工程项目总承包，《房屋建筑和市政基础设施项目工程总承包管理办法》第13条规定，建设单位应当依法确定投标人编制工程总承包项目投标文件所需要的合理时间。虽然并没有像其他两个管理办法明确规定具体的最短时限，仅规定“依法确定”时间，但这里的“依法确定”应指《招标投标法》第24条的规定，即自发售招标文件之日起至投标截止日不得少于20日。但是对于建筑工程方案设计项目，《建筑工程方案设计招标投标管理办法》第24条规定，“建筑工程概念性方案设计投标文件编制一般不少于二十日，其中大型公共建筑工程概念性方案设计投标文件编制一般不少于四十日；建筑工程实施性方案设计投标文件编制一般不少于四十五日。招标文件中规定的编制时间不符合上述要求的，建设主管部门对招标文件不予备案”。所以，若大型公建工程总承包项目中包括方案设计工作的，也应考虑国家对方案设计投标文件编制期限的要求，综合勘察设计、施工、供货等子项目的投标文件编制的实际需要来确定编制工程总承包项目的投标文件的时间。

（三）少于法定最短投标准备时间的后果

若招标人违反《招标投标法》的规定，任意压缩投标人的投标准备时间，根据《招标投标法实施条例》第64条第1款第2项的规定，招标人确定的提交投标文件的时限不符合《招标投标法》及其条例规定的，有关行政监督部门可以对其处10万元以下的罚款。虽然《招标投标实施条例》第64条规定的内容不属于法律法规的强制性规定，但若招标人因此被罚款2万~3万元以上，属于较大数额罚款，而根据《政府采购法》及其实施条例的有关规定，招标人受到较大数额罚款属于“重大违法行为”，所以若招标人受到较大数额罚款的行政处罚，对招标人的影响还是很大的。

同时，若被压缩的投标准备时限的行为被认定为影响了公平竞争或潜在投标人投标或属于不诚信行为的，根据《招标投标法实施条例》第23条规定，招标人编制的招标文件的内容违反公开、公平、公正和诚实信用原则，影响潜在投标人投标的，依法必须进行招标的项目的招标人应当在修改招标文件后重新招标，即可以否决瑕疵招标的中标结果。

五、工程总承包项目评标委员会的特殊要求

对于一般依法必须招标的工程建设评标委员会的组成，《招标投标法》第37条有明确规定，其评标委员会由招标人的代表和有关技术、经济等方面的专家组成，成员人数为5人以上单数，其中技术、经济等方面的专家不得少于成员总数的2/3。一般招标项目可以采取随机抽取方式确定评标专家，特殊招标项目可以由招标人直接确定评标专家。但鉴于工程总承包项目工作内容包括勘察设计、施工和设备供应，评审因素较多，对评标委员会的专业要求也较多。如《公路工程设计施工总承包管理办法》第11条规定，评标委员会应当包含勘察设计、施工等专家，总人数应当不少于9人。《房屋建筑和市政基础设施项目工程总承包管理办法》第14条规定，评标委员会应当依照法律规定和项目特点，由建设单位代表、具有工程总承包项目管理经验的专家，以及从事设计、施工、造价等方面的专家组成。但是没有规定评标委员会的具体人数，但对评标专家的专业提出了要求。《上海市工程总承包招标评标办法》第8条第1款规定，工程总承包招标的评标委员会人数组成为不少于9人的单数，评标委员会由招标人的代表和有关技术、经济等方面的专家组成。技术专家包括设计和施工专业，如有勘察、货物、设备采购招标内容，则专家专业相应增加。该办法对评标委员会人数和评标专家专业均提出了较高要求。

第四章　工程总承包人的资质要求

一、工程总承包人的资质管理制度在我国逐步完善

（一）我国建筑市场实行法定资质审查制度，企业具有相应资质才能承揽相关工程建设项目

《建筑法》第13条规定："从事建筑活动的建筑施工企业、勘察单位、设计单位和工程监理单位，按照其拥有的注册资本、专业技术人员、技术装备和已完成的建筑工程业绩等资质条件，划分为不同的资质等级，经资质审查合格，取得相应等级的资质证书后，方可在其资质等级许可的范围内从事建筑活动。"《建设工程质量管理条例》《建设工程勘察设计管理条例》等法规中进一步规定勘察、设计、施工等单位取得相应的资质后才能从事相关的勘察、设计、施工等业务，否则应承担法律后果。建设工程实行招标发包的，招标文件中应将资质要求作为投标报名的资格条件。《招标投标法》明确要求在勘察、设计、施工、监理等项目的招标中，根据国家对投标人的资格条件要求拟定招标文件。

业界一般认为《建筑法》仅适用于房屋建筑与市政工程，但《建筑法》第81条规定，"本法关于施工许可、建筑施工企业资质审查和建筑工程发包、承包、禁止转包，以及建筑工程监理、建筑工程安全和质量管理的规定，适用于其他专业建筑工程的建筑活动，具体办法由国务院规定"。所以《建筑法》有关市场准入资质的规定不仅适用于房屋建筑行业和市政工

程，还适用于其他行业的建筑工程。

（二）我国工程总承包人资质管理制度在多方试验后逐渐完善

我国工程总承包人的资质管理经历了多次试验。1982年6月8日，原化工部发布了《关于改革现行基本建设管理体制，试行以设计为主体的工程总承包制的意见》，在化工行业开启了由设计单位为主体的工程总承包试点。经历了十年试点，1992年4月3日，原建设部发布了《工程总承包企业资质管理暂行规定》（试行），为工程总承包单位设置了专门的资质（但该试行规定所称工程总承包单位不包括以设计院为主体的设计工程公司），依据企业的人员素质、管理水平、资金数量、承包能力和建设业绩等将工程总承包单位分为三个等级。1992年11月17日，原建设部发布《设计单位进行工程总承包资格管理的有关规定》，规定设计单位可在其设计资质范围内申请工程总承包资格证书，又恢复了设计单位经申请工程总承包资质后可从事工程总承包业务的资格。2003年原建设部发布的建市〔2003〕30号文件，允许勘察、设计、施工单位均可以在其资质许可范围内承揽工程总承包业务，并要求打破行业界限，允许工程勘察、设计、施工、监理等企业，按照有关规定申请取得其他相应资质。2016年5月20日，住建部发布的建市〔2016〕93号文件规定，在可行性研究、方案设计或者初步设计完成后，按照确定的建设规模、建设标准、投资限额、工程质量和进度要求等进行工程总承包项目发包。建市〔2016〕93号文件与建市〔2003〕30号文件相比，仅限制了工程总承包的发包阶段，但重申了工程总承包单位应当具有与工程规模相适应的工程设计资质或者施工资质。

（三）双资质要求的提出及其适用范围

1.双资质要求的提出

为了提高总承包工程质量，防止重大工程安全生产事故，原铁道部《铁路建设项目工程总承包办法》第2条明确，铁路建设项目工程总承包，是指建设单位（或业主）通过招标将建设项目的施工图设计、采购和施工委托给具有相应资质的工程总承包单位（或联合体），工程总承包单位按照合同约定，对施工图设计、物资设备采购、工程实施实行全过程承包，对工程的质量、安全、工期、投资、环保负责的建设组织方式。要求铁路工程总承包应具备施工图设计和施工资质。《公路工程设计施工总承包管理办法》第6条第1项规定，公路工程总承包单位应“同时具备与招标工程相适应的勘察设计和施工资质，或者由具备相应资质的勘察设计和施工单位组成联合体”，强调了公路工程总承包单位应同时具备勘察设计与施工的双资质。《房屋建筑和市政基础设施项目工程总承包管理办法》第10条规定，工程总承包单位应当同时具有与工程规模相适应的工程设计资质和施工资质，或者由具有相应资质的设计单位和施工单位组成联合体，明确对房屋建筑与市政工程总承包单位实行双资质管理。对于民航工程总承包项目，《民航专业工程总承包管理办法（征求意见稿）》第10条规定，工程总承包单位应当同时具有与工程规模相适应的工程设计资质和施工资质，或者由具备相应资质的设计单位和施工单位组成联合体……虽然该文件仅为征求意见稿，但也代表政策发布者的双资质的管理倾向。对于水利工程项目，如《广西壮族自治区水利建设项目工程总承包指导意见（试行）》第11条规定，“工程总承包单位应当具备与工程规模相适应的勘察设计和施工资质，或者由具备相应资质的勘察设计单位和施工企业组成联合体，具有相应的财务、风险承担能力，同时具有相应的组织机构、项目管理体系、项目管理专业人员”。该文强调承揽水利工程总承包项目需要双资质。但《江西省水利建设项目推行工程总承包办法（试行）》第6条规定，“工程总承包单位应当具备与工程规模相适应的设计资质或者施工总承包资质，也可以是由具有相应设计、施工资质单位组成的联合体，联合体协议中应明确成员单位的责任和权利”，该文规定具有设计或者施工的一个资质即可承揽水利工程总承包业务。

双资质更有利于充分发挥总承包单位在设计和施工管理两方面的优

势，加强设计和施工两方面在施工中的配合，提高工程施工质量安全和经济效率。推广工程总承包项目的承包单位应具备双资质的条件这一重大改革措施表明中共中央、国务院关于建筑业与国际接轨以及持续健康发展的指导思想在资质管理制度中正式落地。〔1〕

2.双资质管理的适用范围

由于我国工程建设按照行业划分，不同的行业由不同的主管部门出具管理政策。如《铁路建设项目工程总承包办法》适用于大中型铁路项目总承包；《公路工程设计施工总承包管理办法》适用于公路工程项目总承包；《房屋建筑和市政基础设施项目工程总承包管理办法》适用于房屋建筑与市政工程项目总承包。而对于房屋建筑工程和市政基础设施工程的范围，《房屋建筑和市政基础设施工程施工招标投标管理办法》第2条第2款、3款规定，“本办法所称房屋建筑工程，是指各类房屋建筑及其附属设施和与其配套的线路、管道、设备安装工程及室内外装修工程。本办法所称市政基础设施工程，是指城市道路、公共交通、供水、排水、燃气、热力、园林、环卫、污水处理、垃圾处理、防洪、地下公共设施及附属设施的土建、管道、设备安装工程”。各地发布的水利工程项目总承包管理办法适用于当地的水利工程总承包项目。由于目前我国尚未颁布适用于全国的工程总承包项目资质管理的法律、法规或规章等，因此，不同的行业管理办法适用于不同项目。

另外，根据《建筑业企业资质标准》规定，取得施工总承包资质的企业，可以从事资质证书许可范围内的相应工程总承包、工程项目管理等业务；根据《工程设计资质标准》规定，设计单位可承担与资质证书许可范围相适应的建设工程总承包业务。但已经发布工程总承包资质管理办法的行业，按照同时具备两个资质标准才可以承揽相应行业工程总承包的相关

〔1〕 参见朱树英:《工程总承包“双资质”制度重大变革的现实意义》，载搜狐网博客“工程总承包之家”2020年1月3日，https://www.sohu.com/a/364423044_727724。

规定，《建筑业企业资质标准》和《工程设计资质标准》两份文件中关于工程总承包单位资质的规定不再适用于铁路、公路、房屋建筑和市政基础设施项目以及部分省份的水利项目的工程总承包活动，但单资质目前还可以适用于尚未要求双资质管理的行业或者地区。

二、“放管服”政策指引下设计、施工两大资质互认制度及其实施

（一）设计、施工两大资质互认制度

为了进一步深化建筑业“放管服”改革，加快建筑业产业升级，促进建筑业持续健康发展，《房屋建筑和市政基础设施项目工程总承包管理办法》在对房屋建筑与市政工程领域总承包作出双资质要求的同时，又提出了设计、施工两大资质互认制度。对于不同建筑企业互相申请资质问题，建市〔2003〕30号文件早就要求打破行业界限，允许工程勘察、设计、施工、监理等企业，按照有关规定申请取得其他相应资质。鉴于我国设计单位与施工单位大多分业经营的实际情况，为了鼓励设计、施工单位拥有承揽总承包工程的综合资质，住建部就工程总承包单位资质完善问题作出特殊规定。《房屋建筑和市政基础设施项目工程总承包管理办法》第12条更进一步鼓励设计单位申请取得施工资质，明确已取得工程设计综合资质、行业甲级资质、建筑工程专业甲级资质的单位，可以直接申请相应类别施工总承包一级资质。鼓励施工单位申请取得工程设计资质，具有一级及以上施工总承包资质的单位可以直接申请相应类别的工程设计甲级资质。完成的相应规模工程总承包业绩可以作为设计、施工业绩申报。这一资质互认制度对我国建筑企业完善资质、提高综合竞争能力有重要意义。

（二）资质互认实施的办法

1.有关设计资质管理的规定。《建设工程勘察设计资质管理规定》第6条规定，工程设计资质分为工程设计综合资质、工程设计行业资质、工程设计专业资质和工程设计专项资质。工程设计综合甲级资质涵盖21个行业的设计资质，工程设计综合资质只设甲级；工程设计行业资质、工程设计专业资质、工程设计专项资质设甲级、乙级。取得工程设计综合资质的企业，可以承接各行业、各等级的建设工程设计业务；取得工程设计行业资质的企业，可以承接相应行业相应等级的工程设计业务及本行业范围内同级别的相应专业、专项（设计施工一体化资质除外）工程设计业务；取得工程设计专业资质的企业，可以承接本专业相应等级的专业工程设计业务及同级别的相应专项工程设计业务（设计施工一体化资质除外）；取得工程设计专项资质的企业，可以承接本专项相应等级的专项工程设计业务。

根据《工程设计资质标准》的规定，工程设计分为21个行业类别，分别为煤炭、化工石化医药、石油天然气（海洋石油）、电力、冶金、军工、机械、商物粮、核工业、电子通信广电、轻纺、建材、铁道、公路、水运、民航、市政、农林、水利、海洋、建筑。而每个行业根据需要又分为多个专业，如建筑行业分为建筑、结构、给排水、暖通空调、电气、防护、防化、通信8个专业。

2.有关施工企业资质管理的规定。根据《建筑业企业资质管理规定》和《建筑业企业资质标准》规定，施工总承包序列设有12个类别：建筑工程施工总承包、公路工程施工总承包、铁路工程施工总承包、港口与航道工程施工总承包、水利水电工程施工总承包、电力工程施工总承包、矿山工程施工总承包、冶金工程施工总承包、石油化工工程施工总承包、市政公用工程施工总承包、通信工程施工总承包、机电工程施工总承包。具有这些资质类别的企业可在资质许可范围内承担施工总承包业务。

3.设计与施工企业资质互认办法。根据《房屋建筑和市政基础设施项目工程总承包管理办法》规定，具有工程设计综合资质的企业可以申请21个行业施工总承包一级资质；具有行业甲级资质的设计单位可以申请该行业相对应的施工总承包一级资质；具有建筑工程专业甲级资质的单位可以申请建筑工程施工总承包一级资质。反之，12个类别中具有一级及以上施工总承包资质的单位可以直接申请相应类别的工程设计甲级资质。《建筑业企业资质管理规定》第4条中规定，国务院住房城乡建设主管部门负责全国建筑业企业资质的统一监督管理。国务院交通运输、水利、工业信息化等有关部门配合国务院住房城乡建设主管部门实施相关资质类别建筑业企业资质的管理工作。《建筑法》第81条有关“建筑施工企业资质审查”的规定“适用于其他专业建筑工程的建筑活动”，所以住建部、发改委发布的《房屋建筑和市政基础设施项目工程总承包管理办法》中有关设计、施工两大资质互认的问题，适用于从事所有建筑活动的行业。

《建设工程勘察设计资质管理规定》和《建筑业企业资质管理规定》对于首次申请设计资质和首次申请施工资质有具体的要求，2020年3月5日，住建部对《房屋建筑和市政基础设施项目工程总承包管理办法》有关常用问题的答疑中〔1〕，对工程设计与施工总承包资质互认进行了说明。第一，对于施工企业直接申请工程设计资质的，“具有施工总承包一级及以上的施工企业可以申请相应类别工程设计甲级资质，按照工程设计资质的相同申报渠道申请，按照工程设计甲级资质标准的相同条件进行考核。工程设计甲级资质标准要求的企业业绩可以由涵盖工程设计业务的工程总承包业绩替代。其中，具有建筑工程、市政公用工程施工总承包一级资质的企业，直接申请相应的建筑行业甲级资质、市政行业甲级资质、市政行业（燃气工程、轨道交通工程除外）甲级资质时，企业自行完成或者以联合体形式完成的工程总承包业绩，可以作为企业业绩申报。企业业绩、个人业绩

〔1〕 参见《房屋建筑和市政基础设施项目工程总承包管理办法有关常用问题的答疑》，载搜狐网博客“飞扬建筑法务”2020年3月8日，https：//www.sohu./com/a/378456966_800348。

执行《住房城乡建设部办公厅关于进一步推进勘察设计资质资格电子化管理工作的通知》（建办市2017〔67〕号）第三条的规定，申请建筑行业甲级资质、市政行业甲级资质、市政行业（燃气工程、轨道交通工程除外）甲级资质的企业，未进入全国建筑市场监管公共服务平台的企业业绩和个人业绩，在资质审查时不作为有效业绩认定”。第二，对于具有设计资质的企业申请施工企业资质的，“已取得工程设计综合资质、行业甲级资质的企业，可以直接申请相应类别施工总承包一级资质，企业自行完成或者以联合体形式完成的相应规模工程总承包业绩可以作为其工程业绩申报”。“其中，具有工程设计综合资质、建筑行业甲级资质、建筑工程专业甲级资质、市政行业甲级资质、市政行业（燃气工程、轨道交通工程除外）甲级资质的企业，可以直接申请相应的建筑工程、市政公用工程施工总承包一级资质，企业自行完成或者以联合体形式完成的工程总承包业绩，可以作为其工程业绩申报。除以上两种情形外，工程设计企业应按照《建筑业企业资质实施意见》中首次申请的要求申请建筑业企业资质”。资质互认的行业与专业类别见表1。

表1　工程设计资质与施工总承包资质类别对照

<table>
<tr><th>序号</th><th>工程设计资质</th><th>施工总承包资质</th></tr>
<tr><td>1</td><td>综合资质</td><td>建筑工程、公路工程、铁路工程、港口与航道工程、水利水电工程、电力工程、通信工程、矿山工程、冶金工程、石油化工工程、市政公用工程、机电工程</td></tr>
<tr><td>2</td><td>建筑行业</td><td>建筑工程</td></tr>
<tr><td>3</td><td>公路行业</td><td>公路工程</td></tr>
<tr><td>4</td><td>铁道行业</td><td>铁路工程</td></tr>
<tr><td>5</td><td>水运行业</td><td>港口与航道工程</td></tr>
<tr><td rowspan="2">6</td><td>水利行业</td><td rowspan="2">水利水电工程</td></tr>
<tr><td>电力行业</td></tr>
<tr><td>7</td><td>电力行业</td><td>电力工程</td></tr>
</table>

续表

序号	工程设计资质	施工总承包资质
8	煤炭行业	矿山工程
	冶金行业	
	建材行业	
	核工业行业	
	化工石化医药行业	
9	冶金行业	冶金工程
	建材行业	
10	化工石化医药行业	石油化工工程
	石油天然气（海洋石油）行业	
11	市政公用行业	市政公用工程
12	电子通信广电行业（通信）	通信工程
13	机械行业	机电工程
	电子通信广电行业（电子）	

另外，《房屋建筑和市政基础设施项目工程总承包管理办法》还规定设计单位或施工单位已完成的相应规模的工程总承包业绩在直接申请设计资质甲级资质或施工总承包一级资质时还可以作为设计或施工业绩申报。根据《关于启用全国建筑市场监管公共服务平台的通知》对建筑市场信息管理的要求，申请单位应按照在住建部“全国建筑市场监管公共服务平台”上录入的总承包业绩信息申报设计或施工业绩。

第五章 工程总承包项目对投标人资格的限制

鉴于工程总承包项目中工作范围包括设计和施工等内容，为了避免工程总承包单位与项目前期工作的其他单位存在利害关系，保证项目实施的公平性，相关政策限制了工程总承包人的范围。如《铁路建设项目工程总承包办法》第15条中规定，工程总承包单位不得与建设单位有直接利益关系，也不得与项目施工监理单位有直接利益关系；承担项目初步设计的单位不得参与工程总承包联合体，其下属分公司、子公司及其控股公司也不得参与工程总承包联合体。为了维护发包人的利益及总承包市场公平竞争的环境，保持发包人委托的监管单位、招标代理机构及其他前期参与项目的机构与工程总承包人的身份独立是很有必要的，相关管理办法规定了项目的代建单位、项目管理单位、监理单位、造价咨询单位、招标代理单位不得再成为项目的工程总承包人；同时，对政府投资项目提出了更严格的要求，将项目建议书、可行性研究报告、初设编制及其评审单位也纳入了限制范围之内。

如果属于依法必须招标项目，根据《招标投标法实施条例》第34条第1款规定，与工程总承包项目招标人存在利害关系可能影响招标公正性的法人、其他组织或者个人，不得参加投标。以上有关工程总承包项目管理办法中规定的限制参与工程总承包项目的原因，在于参加项目前期工作的法人、组织或个人若继续参加工程总承包项目竞标，会影响招标的公正性。

一、工程总承包项目的代建单位、项目管理单位、监理单位、造价咨询单位、招标代理单位不得再成为项目的工程总承包人

（一）法律规定项目的监理单位、招标代理单位不得再成为工程总承包人

《建筑法》第34条第3款规定："工程监理单位与被监理工程的承包单位以及建筑材料、建筑构配件和设备供应单位不得有隶属关系或者其他利害关系。"该条法律规定也是出于规避利害关系的考虑，限制监理单位再成为所监理项目的承包人或者材料设备供应商，有利于监理单位独立自主地行使法定监理权。《建设工程质量管理条例》第35条规定："工程监理单位与被监理工程的施工承包单位以及建筑材料、建筑构配件和设备供应单位有隶属关系或者其他利害关系的，不得承担该项建设工程的监理业务。"该条例没有刻意强调限制项目的设计单位继续承揽项目的监理业务，这是因为若设计单位与监理单位合二为一可能更有利于设计理念和设计标准在后续设计、施工、采购或设备监造中落实，也更有利于保证工程质量，所以我国法律、行政法规并没有限制项目的设计单位可以作为监理单位。但是，如果监理单位已经被发包人聘为设计、施工、调试全过程的监理单位，即监理单位已经负有对项目某阶段的设计工作的监督责任，其就不能再承揽本项目该阶段的设计工作了。

发包人采用招标方式进行工程总承包发包的，会委托招标代理机构，直接发包时一般不需要招标代理。《招标投标法实施条例》第13条规定，招标代理机构不得在所代理的招标项目中投标或者代理投标，也不得为所代理的招标项目的投标人提供咨询。所以在工程总承包招标时，法律是禁止招标代理机构参加投标的。

综上所述，项目的监理单位和招标代理单位属于法定的不得成为项目的工程总承包人。

（二）政策规定项目的项目管理单位和代建单位不应成为工程总承包人

根据建市〔2003〕30号文件的规定，工程项目管理是指从事工程项目管理的企业受建设单位委托，按照合同约定，代表建设单位对工程项目的组织实施进行全过程或若干阶段的管理和服务。工程总承包人可以接受发包人的委托，按照合同约定承担工程项目管理业务，但不应在同一个工程项目上同时承担工程总承包和工程项目管理业务，也不应与承担工程总承包或者工程项目管理业务的另一方企业有隶属关系或者其他利害关系。该文件规定项目管理单位不得再承揽项目的工程总承包工作。

关于代建问题，国务院2004年7月16日发布的《关于投资体制改革的决定》（国发〔2004〕20号，以下简称国发〔2004〕20号文件）明确要求对非经营性政府投资项目加快推行“代建制”，选择专业化的“项目管理单位”负责建设实施，严格控制项目投资、质量和工期，竣工验收后移交给使用单位。该文件将代建人定位为项目管理单位的范畴，而项目管理单位受发包人委托负责项目建设管理，主要工作是监督协调工程承包人的履约行为。《北京市政府投资建设项目代建制管理办法（试行）》规定，代建制是指政府通过招标的方式，选择社会专业化的项目管理单位，负责项目的投资管理和建设组织实施工作，项目建成后交付使用单位的制度。《上海市市级建设财力项目代理建设管理办法》规定，代建制是指政府通过招标等方式，选择具有相应资质条件的项目管理单位，负责项目的组织实施和投资管理工作，项目建成后交付项目（法人）单位的制度。青岛市《城市基础设施配套工程项目代建制管理办法（暂行）》规定，配套工程项目代建制，是指管理部门通过招标的方式，选择社会专业化的项目管理单位，负责配套项目建设的组织实施，严格控制项目投资、质量安全和工期，项目建成后交付产权管理部门的制度。有关行政部门对实行代建制的建设项目审批程序不变。这些地方规定也是将代建人定位为项目管理单位。

随着国务院《政府投资条例》的实施，我国许多地方相继对政府投资项目发布了管理办法，如海南省发布《海南省人民政府关于印发〈海南省政府投资项目管理办法〉和〈海南省政府投资项目代建制管理办法〉的通知》，要求在政府投资项目中推行代建制。其中，《海南省政府投资项目代建制管理办法》第2条规定，"本办法所称的政府投资项目代建制，是指项目单位将本部门或本单位政府投资项目的策划、建设等管理行为，委托给专业建设管理机构代理项目单位在一定期限内具体负责项目策划、建设的管理模式"。这里也将代建单位定位为项目管理单位。同时该办法第6条第2款规定，"代建单位不得是工程总承包单位和项目建议书、可行性研究报告、初步设计及概算的评估单位，不得同时在自己代建的项目中承担勘察、设计、施工、供应材料设备，或与以上单位有隶属关系及其他直接利益关系"。这一规定限制了代建单位再成为工程总承包人的可能性。

总之，在建市〔2003〕30号文件和国发〔2004〕20号文件的视野下，项目管理单位以及以项目管理为主要工作的代建单位不可以再成为项目的工程总承包人。

（三）发包人委托的项目造价咨询机构不能再成为工程总承包人

《工程造价咨询企业管理办法》第5条规定，工程造价咨询机构从事工程造价咨询活动，应当遵循独立、客观、公正、诚实信用的原则，不得损害社会公共利益和他人的合法权益。根据该规章的规定，若造价咨询机构受发包人委托已经承担了项目的造价咨询业务，其再承担项目的工程总承包业务，在执业中就不可能独立、公正地代表发包人审核自己提交的造价资料，出具公正的工程款审核结果。所以，从工程造价机构管理政策的角度看，发包人委托的项目造价咨询机构不适合再成为被其监督的工程总承包人。

（四）项目建议书、可行性研究报告或者初步设计文件编制或评估单位，一般不得再成为项目的工程总承包人

《公路工程设计施工总承包管理办法》第6条第4项规定，总承包单位（包括总承包联合体成员单位）不得是总承包项目的初步设计单位、代建单位、监理单位或以上单位的附属单位。《房屋建筑和市政基础设施项目工程总承包管理办法》第11条规定，“工程总承包单位不得是工程总承包项目的代建单位、项目管理单位、监理单位、造价咨询单位、招标代理单位。政府投资项目的项目建议书、可行性研究报告、初步设计文件编制单位及其评估单位，一般不得成为该项目的工程总承包单位。政府投资项目招标人公开已经完成的项目建议书、可行性研究报告、初步设计文件的，上述单位可以参与该工程总承包项目的投标，经依法评标、定标，成为工程总承包单位”。《民航专业工程总承包管理办法（征求意见稿）》第11条规定，“工程总承包单位不得是工程总承包项目的代建单位、项目管理单位、监理单位、造价咨询单位、招标代理单位。政府投资项目的项目建议书、可行性研究报告、初步设计文件编制单位及其评估单位，一般不得成为该项目的工程总承包单位。政府投资项目招标人在招标文件中向投标人公开已经完成的项目建议书、可行性研究报告、初步设计文件的，上述工程项目前期咨询、设计单位可以参与该工程总承包项目的投标，经依法评标、定标，成为工程总承包单位”。

另外，《政府采购法实施条例》第18条第2款规定，“除单一来源采购项目外，为采购项目提供整体设计、规范编制或者项目管理、监理、检测等服务的供应商，不得再参加该采购项目的其他采购活动”。对此条款的理解，财政部办公厅2015年9月7日给深圳市财政委员会《关于〈中华人民共和国政府采购法实施条例〉第十八条第二款法律适用的函》明确“其他采购活动”指为采购项目提供整体设计、规范编制和项目管理、监理、检测等服务之外的采购活动。因此，同一供应商可以同时承担项目的整体设计、规范

编制和项目管理、监理、检测等服务。但综合理解《政府采购法实施条例》第18条第2款及财政部办公厅的复函内容，为政府采购项目提供整体设计、规范编制和项目管理、监理、检测等服务的单位，不能再参加后续项目的其他采购活动。

总之，以上各行业针对工程总承包的管理办法，对前期参与项目建议书、可行性研究报告、初步设计文件编制单位及其评审单位不得再参与项目的工程总承包作出了规定，这也是出于防止这些为项目的前期准备提供咨询、设计、评估（审）的咨询机构利用其有利地位在后续服务过程中做出对发包人不利的行为。

（五）工程总承包项目招标程序中对投标人资格的限制

1.与招标人存在利害关系可能影响招标公正性的单位不可投标。对于工程总承包项目实行招标采购的，为了维持公平竞争，国家政策提出了更严格的要求，如住建部、发改委等九部门2011年联合发布的《标准设计施工总承包招标文件》，在第二章“投标人须知”部分第1.4.3项规定：“投标人不得存在下列情形之一：（1）为招标人不具有独立法人资格的附属机构（单位）；（2）为招标项目前期工作提供咨询服务的；（3）为本招标项目的监理人；（4）为本招标项目的代建人；（5）为本招标项目提供招标代理服务的……（10）与本招标项目的监理人或代建人或招标代理机构同为一个法定代表人的；（11）与本招标项目的监理人或代建人或招标代理机构相互控股或参股的；（12）与本招标项目的监理人或代建人或招标代理机构相互任职或工作的。”这里规定了在设计施工（DB）招标模式下因与招标人存在8种“利害关系”被禁止投标的情形。这些禁止性规定在《标准施工招标资格预审文件》中也有明确体现，在第二章“申请人须知”部分第1.4.3 项规定：“申请人不得存在下列情形之一：（1）为招标人不具有独立法人资格的附属机构（单位）；（2）为本标段前期准备提供设计或咨询服务的，但设计施工总承包的除外；（3）为本标段的监理人；（4）为本标段的代建人；（5）为本标段提供招标代理服务的；（6）与本标段的监理人或代建人或招标代理机构同为一个法定代表人的；（7）与本标段的监理人或代建人或招标代理机构相互控股或参股的；（8）与本标段的监理人或代建人或招标代理机构相互任职或工作的……”《招标投标法实施条例》第34条第1款规定，与招标人存在利害关系可能影响招标公正性的法人、其他组织或者个人，不得参加投标。但对于本条规定的意思，应从“与招标人存在利害关系”和“可能影响招标公正性”两个方面进行判断。即使投标人与招标人存在某种“利害关系”，但如果招投标活动依法进行、程序规范、过程公正，没有影响到“招标的公正性”，这类投标人可以参加投标。反之，即便投标人与招标人没有利害关系，只要其在参加投标过程中存在影响招标公正性的行为，应依据招标文件和《招标投标法》等法律法规承担相应的法律责任。《标准设计施工总承包招标文件》和《标准施工招标资格预审文件》中规定的不得投标的8项“利害关系”均属于潜在投标人参加投标“可能影响招标公正性”而被禁止投标的情形。实践中根据具体情况也可以规避，但国家发布的标准招标文件提出了更高的要求。

2.工程总承包项目“多招合一”的特点，要求投标人需要满足工程总承包范围内的所有子项的资格条件。根据《工程建设项目施工招标投标办法》第35条规定，为招标项目的前期准备或者监理工作提供设计、咨询服务的任何法人及其任何附属机构（单位），都无资格参加该招标项目的投标。这里包括两种情况：一是为招标项目的前期准备工作提供设计、咨询服务的，不得再参加施工投标；二是为招标项目提供监理服务的，也不得再参加施工投标。由前所述，监理单位不得再从事项目的施工工作是《建筑法》的规定；而项目的设计、造价咨询、技术咨询服务单位不得再参与施工投标，是因这些机构与招标人形成了“利害关系”，继续参加施工投标“可能影响招标公正性”。国家有关工程项目勘察设计和货物招标投标管理办法中没有对投标人作出类似施工招标管理办法的专门规定，实践中按照《招标投标法实施条例》处理。《机电产品国际招标投标实施办法（试行)》第32条有关“接受委托参与项目前期咨询和招标文件编制的法人或其他组织不得参加受托项目的投标，也不得为该项目的投标人编制投标文件或者提供咨询”的规定仅限于机电产品国际招标的情况，目前还很难嵌入EPC总承包招标中合并实施。

鉴于工程总承包项目招标中设计、施工或供货“多招合一”的综合性特点，其招标实质上是设计、施工或供货集合招标，那么在投标人的资格限制问题上，需要对设计、施工或供货同时限制，即潜在投标人有一项内容被禁止投标，整个工程总承包项目均不得投标。

二、政府投资项目总承包人资格条件的特殊要求及例外

1.为了维护工程总承包项目招标的公正性，参加政府投资项目的项目建议书、可行性研究报告、初步设计文件编制单位及其评估单位一般不应再承揽工程总承包项目。《工程建设项目施工招标投标办法》及《标准设计施工总承包招标文件》等行政规章和规范性文件对工程总承包项目的前期咨询服务机构进行投标限制，以防止知悉前期更多项目信息的机构继续参加工程总承包项目投标竞争对其他投标人不公平。而基于工程总承包招标“多招合一”的特点，《公路工程设计施工总承包管理办法》《房屋建筑和市政基础设施项目工程总承包管理办法》对参加政府投资项目项目建议书、可行性研究报告、初步设计文件编制单位及其评估单位不得继续参加工程总承包项目竞标的规定，与《工程建设项目施工招标投标办法》中对项目的设计单位参与项目施工投标的限制性规定一致，限制参加政府投资项目的设计单位继续参加政府投资项目的工程总承包投标。

需要说明的是，《工程建设项目施工招标投标办法》《标准施工招标文件》《标准设计施工总承包招标文件》属于住建部、发改委、民航局、原铁道部、水利部、交通部、工信部等九部门发布的规章和规范性文件，不仅适用于房屋建筑与市政基础设施工程项目领域，还适用于铁路、通信、公路、

水利、民航等领域的项目。

2.政府投资项目的例外规定。根据《房屋建筑和市政基础设施项目工程总承包管理办法》第7条的规定，“采用工程总承包方式的政府投资项目，原则上应当在初步设计审批完成后进行工程总承包项目发包”，这一点与企业投资项目不同。《房屋建筑和市政基础设施项目工程总承包管理办法》规定政府投资项目在招标人公开“已经完成的”项目建议书、可行性研究报告、初步设计文件的条件下，项目建议书、可行性研究报告、初步设计文件的编制单位及其评审单位可以参与该工程总承包项目的投标。民航总局《民航专业工程总承包管理办法（征求意见稿）》也规定政府投资项目招标人在招标文件中向投标人公开已经完成的项目建议书、可行性研究报告、初步设计文件的，上述工程项目前期咨询、设计单位可以参与该工程总承包项目的投标，经依法评标、定标，成为工程总承包单位。这是因为虽然投标人已经参加了政府投资项目的项目建议书、可行性研究报告、初步设计文件编制工作或评审工作，但在招标时如果将全部工作成果对所有潜在投标人公开，有资格、有经验的投标人依据被公开的前期工作成果均能编制技术方案并作出合理报价，并不影响招标的公正性。所以在政府投资项目的项目建议书、可行性研究报告、初步设计文件编制工作已经完成并公开后，参加前期工作的单位参加工程总承包项目竞标，不违反《招标投标法实施条例》第34条第1款的规定。《招标投标法实施条例》第34条第1款是《房屋建筑和市政基础设施项目工程总承包管理办法》作例外规定的上位法依据。

但是若项目的项目建议书、可行性研究报告、初步设计文件尚未编制完成，或者不属于政府投资的房屋建筑与市政基础设施项目，承担编制这三种服务的单位参加项目的总承包竞标，并不属于《房屋建筑和市政基础设施项目工程总承包管理办法》规定的例外情况。

第六章　工程总承包合同发承包双方的风险分配

一、工程总承包合同双方风险分配的基本原则

（一）工程总承包合同的风险分担应坚持合法合规原则

工程总承包项目中发包人和承包人在履行各自义务时不得违反国家法律法规，尤其是建设工程技术指标应符合国家规定的强制性标准。要依法办理设计图纸审查和质量安全监管备案；技术方案和价格要经过合理竞争，依法必须招标的项目应当采用招投标方式签约。在工程总承包合同履行过程中要严格按照法律规定和合同约定实施建设活动，依法处理变更、索赔事宜。

（二）工程总承包合同的风险分担应坚持公平合理原则

《民法典》规定，民事主体从事民事活动，应当遵循公平原则，合理确定各方的权利和义务。在工程总承包合同中，各方风险分配应公平合理、责权利相当，这就要求工程总承包项目的发承包双方对于合同风险承担应坚持利益与风险一致，让最有能力控制风险的一方来承担该风险。

（三）工程总承包合同的风险分担应坚持维护公共利益原则

鉴于建设工程产品涉及千家万户和每一个人的安全、利益，我国《建筑法》规定，从事建筑活动应当遵守法律法规，不得损害社会公共利益。

建筑活动应当确保建筑工程质量和安全，符合国家的建筑工程安全标准，同时建筑活动还应节约能源和保护环境，维护公共利益。

（四）工程总承包合同的风险分担应坚持保障农民工权益原则

为全面治理拖欠农民工工资问题，国务院办公厅于2016年1月17日发布了《关于全面治理拖欠农民工工资问题的意见》，提出全面规范企业工资支付行为、健全工资支付监控和保障制度、推进企业工资支付诚信体系建设、改进建设领域工程款支付管理和用工方式的要求。2019年12月30日，国务院颁布了《保障农民工工资支付条例》，该条例明确规定了发包人和承包人在保障农民工工资问题上的义务，规定了违反条例拖欠农民工工资的行为应承担的责任。所以工程总承包活动中应将保障农民工工资按时足额支付作为一项基本原则，否则一旦拖欠农民工工资将面临严重的法律后果。

发包人与工程总承包人应遵守合法、公平、诚实信用的基本原则，以及合理分担风险、保证工程质量和安全、节约能源、保护环境、维护公共利益和不损害农民工的合法权益等要求。

二、工程总承包合同双方风险分配的主要内容

对于如何分配工程总承包合同发包方和承包方各自的责任与风险，我国相关行业已发布的管理办法均有专门规定。如《铁路建设项目工程总承包办法》第7条规定："建设单位对建设全过程实施管理，主要包括：负责征地拆迁及外部协调工作；招标选择工程总承包单位、监理单位，签订工程总承包、施工监理合同；办理工程质量安全监督手续；组织检查初步设计单位提交的勘察资料和初步设计文件，审核施工图，批准施工组织设计，审查变更设计；确定节点工程；组织验工计价并拨付工程款；组织工程交工验收；负责协调既有线改造项目建设、运输关系。"第8条规定："工程

总承包单位对施工图设计、采购、施工全过程负责，主要包括：完成补充定测、施工图设计、采购、施工、工程调试、安全生产等工作；受建设单位委托，具体负责征地拆迁、环保水保、耕地保护、文物保护等外部协调工作，编写工程总结等。”该管理办法规定了发包人和承包人各自的主要责任。而《公路工程设计施工总承包管理办法》直接规定了发包人与承包人的风险范围，如该管理办法第13条规定，“项目法人和总承包单位应当在招标文件或者合同中约定总承包风险的合理分担。风险分担可以参照以下因素约定：项目法人承担的风险一般包括：（一）项目法人提出的工期调整、重大或者较大设计变更、建设标准或者工程规模的调整；（二）因国家税收等政策调整引起的税费变化；（三）钢材、水泥、沥青、燃油等主要工程材料价格与招标时基价相比，波动幅度超过合同约定幅度的部分；（四）施工图勘察设计时发现的在初步设计阶段难以预见的滑坡、泥石流、突泥、涌水、溶洞、采空区、有毒气体等重大地质变化，其损失与处治费用可以约定由项目法人承担，或者约定项目法人和总承包单位的分担比例。工程实施中出现重大地质变化的，其损失与处治费用除保险公司赔付外，可以约定由总承包单位承担，或者约定项目法人与总承包单位的分担比例。因总承包单位施工组织、措施不当造成的上述问题，其损失与处治费用由总承包单位承担；（五）其他不可抗力所造成的工程费用的增加。除项目法人承担的风险外，其他风险可以约定由总承包单位承担”。《房屋建筑和市政基础设施项目工程总承包管理办法》第15条规定了建设单位承担的风险主要包括“（一）主要工程材料、设备、人工价格与招标时基期价相比，波动幅度超过合同约定幅度的部分；（二）因国家法律法规政策变化引起的合同价格的变化；（三）不可预见的地质条件造成的工程费用和工期的变化；（四）因建设单位原因产生的工程费用和工期的变化；（五）不可抗力造成的工程费用和工期的变化”。《民航专业工程总承包管理办法（征求意见稿）》第15条规定：“建设单位和工程总承包单位应当加强风险管理，合理分担风险。建设单位承担的风险主要包括：（一）主要工程材料、设备、人工价格与招标时基期价相比，波动幅度超过合同约定幅度的部分；（二）因国家法律法规政策变化引起的合同价格的变化；（三）不可预见的地质条件造成的工程费用和工期的变化；（四）因建设单位原因产生的工程费用和工期的变化；（五）不可抗力造成的工程费用和工期的变化……”其他风险由工程总承包人承担。

同时，《标准设计施工总承包招标文件》以及《建设项目工程总承包合同（示范文本）》（GF−2020−0216）中均有详细约定。这两个文件涉及工程总承包的合同条款中关于发承包双方风险的分配与以上相关工程总承包管理办法的规定稍有区别，更直接地体现了工程总承包项目中风险分配的公平合理原则。另外，考虑到《保障农民工工资支付条例》对发包人与承包人在保障农民工工资义务中的强制性要求，还应将农民工工资问题列入风险范围之内。

（一）关于价格变化风险分配问题

1.关于价格调整问题，《标准设计施工总承包招标文件》通用合同条款第16条就价格变化调整问题设置了A、B两种模式供选择，A模式约定价格波动可以调整，B模式约定价格波动不予调整。对于A模式，《标准设计施工总承包招标文件》通用合同条款又安排了两种方案供选择：方案一针对投标函附录约定了价格指数和权重的情况，可采用价格指数调整价格差额；方案二针对投标函附录没有约定价格指数和权重的情况，可采用造价信息调整价格差额。

方案一中因人工、材料和设备等价格波动影响合同价格时，根据投标函附录中的价格指数和权重表约定的数据，按给定的公式计算差额并调整合同价格（见《标准设计施工总承包招标文件》通用合同条款第16.1.1.1目）。另外，《标准设计施工总承包招标文件》通用合同条款又规定了四种例外情况：（1）对于在计算调整差额时得不到当期价格指数的，可暂用上一次价格指数计算，并在以后的付款中再按实际价格指数进行调整（见

《标准设计施工总承包招标文件》通用合同条款第16.1.1.2目);(2)对于变更导致原定合同中的权重不合理的,由监理人与承包人和发包人协商后进行调整(见《标准设计施工总承包招标文件》通用合同条款第15.1款和16.1.1.3目);(3)对于由于承包人原因未在约定的工期内竣工的,则对原约定竣工日期后继续施工的工程,在使用第16.1.1.1目价格调整公式时,应采用原约定竣工日期与实际竣工日期的两个价格指数中较低的一个作为当期价格指数(见《标准设计施工总承包招标文件》通用合同条款第16.1.1.4目);(4)对于由于发包人原因未在约定的工期内竣工的,则对原约定竣工日期后继续施工的工程,在使用第16.1.1.1目价格调整公式时,应采用原约定竣工日期与实际竣工日期的两个价格指数中较高的一个作为当期价格指数(见《标准设计施工总承包招标文件》通用合同条款第16.1.1.5目)。

而方案二采用造价信息调整价格差额,规定在合同工期内,因人工、材料、设备和机械台班价格波动影响合同价格时,人工、机械使用费按照国家或省、自治区、直辖市建设行政管理部门、行业建设管理部门或其授权的工程造价管理机构发布的人工成本信息、机械台班单价或机械使用费系数进行调整。需要进行价格调整的材料,其单价和采购数应由监理人复核,监理人确认需调整的材料单价及数量,作为调整合同价格差额的依据。

2.《建设项目工程总承包合同(示范文本)》(GF-2020-0216)中对发承包双方因价格波动如何承担风险问题也作出了约定。《建设项目工程总承包合同(示范文本)》(GF-2020-0216)通用合同条件第13.8.1项约定:"主要工程材料、设备、人工价格与招标时基期价相比,波动幅度超过合同约定幅度的,双方按照合同约定的价格调整方式调整。"第13.8.2项约定:"发包人与承包人在专用合同条件中约定采用《价格指数权重表》的,适用本项约定。"调整后的金额作为合同价格。《建设项目工程总承包合同(示范文本)》(GF-2020-0216)中的规定与《标准设计施工总承包招标文件》通用合同条款A模式方案二中的约定比较相似,即由双方另行协商,经发包人认可后方可调整价格。

总之，有关工程材料、设备、人工价格波动的风险承担原则在两个合同条款中均可解决，两个合同条款的通用条款中均清晰约定了发包人和承包人对价格变化应承担的风险，并可以在专用合同条款中进行详细约定。《房屋建筑和市政基础设施项目工程总承包管理办法》规定主要工程材料、设备、人工价格与招标时基期价相比，波动幅度超过合同约定幅度的部分由发包人承担，限制了发包人在合同条款中的选择权，但禁止发包人不承担价格变化风险的情况，更为公平。这里的“招标时基期价”一般指基准日的价格，即投标截止日前28日的价格。这与《公路工程设计施工总承包管理办法》及《民航专业工程总承包管理办法（征求意见稿）》所规定的价格变化超出一定范围后，风险由发包人承担，以及与两个合同条款规定的精神也是一致的。

（二）关于法律政策变化风险分配问题

《标准设计施工总承包招标文件》通用合同条款第1.3款对“法律”规定为：“适用于合同的法律包括中华人民共和国法律、行政法规、部门规章，以及工程所在地的地方法规、自治条例、单行条例和地方政府规章。”《建设项目工程总承包合同（示范文本）》（GF-2020-0216）通用合同条件第1.3款约定：“合同所称法律是指中华人民共和国法律、行政法规、部门规章，以及工程所在地的地方法规、自治条例、单行条例和地方政府规章等。合同当事人可以在专用合同条件中约定合同适用的其他规范性文件。”两份合同条款规定的法律均不包括政策性文件。若发承包双方希望适用政策，需要在专用条款中明确。

对于法律政策变化，《标准设计施工总承包招标文件》通用合同条款第5.1.2项规定，“除合同另有约定外，承包人完成设计工作所应遵守的法律规定，以及国家、行业和地方的规范和标准，均应视为在基准日适用的版本。基准日之后，前述版本发生重大变化，或者有新的法律，以及国家、行业和地方的规范和标准实施的，承包人应向发包人或发包人委托的监理人提出遵守新规定的建议。发包人或其委托的监理人应在收到建议后7天内发出是否遵守新规定的指示。发包人或其委托的监理人指示遵守新规定的，按照第15条或第16.2款约定执行”。《建设项目工程总承包合同（示范文本）》（GF-2020-0216）通用合同条件第5.1.3项“法律和标准的变化”规定，“除合同另有约定外，承包人完成设计工作所应遵守的法律规定，以及国家、行业和地方的规范和标准，均应视为在基准日期适用的版本。基准日期之后，前述版本发生重大变化，或者有新的法律，以及国家、行业和地方的规范和标准实施的，承包人应向工程师提出遵守新规定的建议。发包人或其委托的工程师应在收到建议后7天内发出是否遵守新规定的指示。如果该项建议构成变更的，按照第13.2款［承包人的合理化建议］的约定执行。在基准日期之后，因国家颁布新的强制性规范、标准导致承包人的费用变化的，发包人应合理调整合同价格；导致工期延误的，发包人应合理延长工期”。

对于法律政策变化引起的费用调整，《标准设计施工总承包招标文件》通用合同条款第16.2 款“法律变化引起的调整”约定为“在基准日后，因法律变化导致承包人在合同履行中所需费用发生除第16.1款约定以外的增减时，监理人应根据法律、国家或省、自治区、直辖市有关部门的规定，按第3.5 款商定或确定需调整的合同价格”。此款主要针对法律变化引起人工、材料和设备价格变化之外的费用，若法律变化同时引起人工、材料和设备价格变化，价格变化部分适用第16.1款的约定处理。《建设项目工程总承包合同（示范文本）》（GF-2020-0216）通用合同条件第13.7.1项约定：“基准日期后，法律变化导致承包人在合同履行过程中所需要的费用发生除第13.8款［市场价格波动引起的调整］约定以外的增加时，由发包人承担由此增加的费用；减少时，应从合同价格中予以扣减。基准日期后，因法律变化造成工期延误时，工期应予以顺延。”第13.7.2项约定：“因法律变化引起的合同价格和工期调整，合同当事人无法达成一致的，由工程师按第3.6款［商定或确定］的约定处理。”第13.7.3项约定：“因承包人原因造成工期延误，在工期延误期间出现法律变化的，由此增加的费用和（或）延误的工期由承包人承担。”第13.7.4项约定：“因法律变化而需要对工程的实施进行任何调整的，承包人应迅速通知发包人，或者发包人应迅速通知承包人，并附上详细的辅助资料。发包人接到通知后，应根据第13.3款［变更程序］发出变更指示。”二者均给予发包人选择权，不经发包人同意，因法律政策变化导致的风险应由承包人承担。但《房屋建筑和市政基础设施项目工程总承包管理办法》及《民航专业工程总承包管理办法（征求意见稿）》规定法律政策变化导致费用增加的风险由建设单位承担，增加了建设单位的风险。

两个合同条件均没有规定法律政策变化导致费用增加由发包人承担，而是由双方在专用条款中约定，没有约定或者约定不明的，双方另行协商；若协商不成均应由承包人承担似乎也不公平。笔者建议将法律变化的风险限定在政府投资项目的范围内；而对于企业投资项目，鉴于发承包双方面对法律政策变化均不具有控制该风险的能力，对于法律政策变化导致的风险应由发承包双方均担更为公平。

（三）关于不可预见物质条件造成的风险分配问题

有关不可预见物质条件导致工程费用增加和工期延误如何处理，在《标准设计施工总承包招标文件》与《建设项目工程总承包合同（示范文本）》（GF-2020-0216）中，发承包双方在合同专用条款中可以对风险承担进行约定，而这两份通用条款中均规定由监理人依据合同进行判断，若监理人认为构成变更，按照变更处理，但并没有规定不可预见的物质条件导致的工期延误和费用增加风险全部由发包人承担。

《标准设计施工总承包招标文件》通用合同条款采用A、B款选择的方式。在A方案下，第4.11.1项约定，“不可预见物质条件，除专用合同条款另有约定外，是指承包人在施工场地遇到的不可预见的自然物质条件、非自然的物质障碍和污染物，包括地下和水文条件，但不包括气候条件”。第

4.11.2项约定："承包人遇到不可预见物质条件时，应采取适应不利物质条件的合理措施继续设计和（或）施工，并及时通知监理人，通知应载明不利物质条件的内容以及承包人认为不可预见的理由。监理人应当及时发出指示，指示构成变更的，按第15条约定执行。监理人没有发出指示的，承包人因采取合理措施而增加的费用和（或）工期延误，由发包人承担。"而在B模式下，第4.11款"不可预见的困难和费用（B）"约定"除合同另有约定外，承包人应视为已取得工程有关风险、意外事件和其他情况的全部必要资料，并预见工程所有困难和费用。承包人遇到不可预见的困难和费用时，合同价格不予调整"。在B方案下，除非专用条款另有约定，不可预见的困难和费用由承包人承担。

而《建设项目工程总承包合同示范文本》（GF-2020-0216）通用合同条件第4.8款第2款约定："承包人遇到不可预见的困难时，应采取克服不可预见的困难的合理措施继续施工，并及时通知工程师并抄送发包人。通知应载明不可预见的困难的内容、承包人认为不可预见的理由以及承包人制定的处理方案。工程师应当及时发出指示，指示构成变更的，按第13条［变更与调整］约定执行。承包人因采取合理措施而增加的费用和（或）延误的工期由发包人承担。"与《标准设计施工总承包招标文件》第4.11项约定意思相近。

《公路工程设计施工总承包管理办法》《房屋建筑和市政基础设施项目工程总承包管理办法》《民航专业工程总承包管理办法（征求意见稿）》均规定不可预见的物质条件导致的工期延误及费用损失风险由发包人承担，这对于政府投资项目可能比较合适，发包人在初设概算获得批复后才能招标，承包商设计内容不包括初步设计阶段，对于不可预见的物质条件风险无法控制，也不用承担该部分风险。但对于包括初步设计工作的企业投资总承包项目，如果在发包人完成核准或者备案手续后即开始招标承包商，承包人负责项目的全部设计工作，其为了完成初步设计应该进行勘察工作，应该对不可预见的物质条件负责。若仅规定不可预见的物质条件导致工期延误及费用损失全部由发包人负责，不符合有能力控制风险的一方承担该风险的公平原则。

（四）关于一方过错时应承担的风险责任

责任由过错方承担，是我国民事立法的一大原则。我国《民法典》第803~807条分别规定了发包人未按照约定提供原材料、设备、场地、资金、技术资料；发包人导致工程中途停建、缓建的；发包人变更计划，提供的资料不准确，或者未按照期限提供必需的勘察、设计工作条件而造成勘察、设计的返工、停工或者修改设计；未按合同约定支出工程款等，承包人可以要求顺延工期、索赔费用、赔偿损失等。《建筑法》也规定发包人应当按照合同的约定，及时拨付工程款项。《标准设计施工总承包招标文件》和《建设项目工程总承包合同（示范文本）》（GF−2020−0216）中均规定了发包人的多项义务，若发包人没有履行义务导致工期延误、费用增加的，应予以顺延工程、补偿费用。

《标准设计施工总承包招标文件》和《建设项目工程总承包合同（示范文本）》（GF−2020−0216）中对发包人的义务和承包人的义务均有详细的规定，因一方不充分履行义务而导致工期延误和费用增加的，应由违约方承担责任。如《标准设计施工总承包招标文件》约定了发包人提供施工场地、按时支付工程款等7项义务，同时也约定了承包人应承担设计、施工、质量、安全等责任，一方因自己过错导致工程延误与费用增加的应承担责任。《房屋建筑和市政基础设施项目工程总承包管理办法》与《民航专业工程总承包管理办法（征求意见稿）》规定因发包人原因产生的工程费用增加和工期延误应由发包人承担责任，符合《民法典》的基本原则。反之，若承包人未按照合同约定履行合同义务，导致工程工期延误和费用损失，也应由其承担责任。

（五）关于不可抗力风险分担问题

1.因不可抗力导致合同不能履行的，不承担违约责任。《民法典》第180条规定，因不可抗力不能履行民事义务的，不承担民事责任。法律另有规定的，依照其规定。不可抗力是不能预见、不能避免且不能克服的客观情况。鉴于不可抗力是承包人不能预见、不能避免、不能克服的，因此不可抗力使承包人不能履行合同时，承包人对发包人不承担违约责任。《标准设计施工总承包招标文件》通用合同条款第21.1.1项规定："不可抗力是指承包人和发包人在订立合同时不可预见，在履行合同过程中不可避免发生并不能克服的自然灾害和社会性突发事件，如地震、海啸、瘟疫、水灾、骚乱、暴动、战争和专用合同条款约定的其他情形。"

2.因不可抗力造成的损失，合同双方各自承担。鉴于建设工程的特殊性，对于不可抗力导致的损失，《标准设计施工总承包招标文件》通用合同条款根据不同情况分别作出了规定。第21.3.1项"不可抗力造成损害的责任"规定："除专用合同条款另有约定外，不可抗力导致的人员伤亡、财产损失、费用增加和（或）工期延误等后果，由合同双方按以下原则承担：（1）永久工程，包括已运至施工场地的材料和工程设备的损害，以及因工程损害造成的第三者人员伤亡和财产损失由发包人承担；（2）承包人设备的损坏由承包人承担；（3）发包人和承包人各自承担其人员伤亡和其他财产损失及其相关费用；（4）承包人的停工损失由承包人承担，但停工期间应监理人要求照管工程和清理、修复工程的金额由发包人承担；（5）不能按期竣工的，应合理延长工期，承包人不需支付逾期竣工违约金。发包人要求赶工的，承包人应采取赶工措施，赶工费用由发包人承担。"而《建设项目工程总承包合同（示范文本）》（GF−2020−0216）通用合同条件第17.4款"不可抗力后果的承担"约定，"不可抗力导致的人员伤亡、财产损失、费用增加和（或）工期延误等后果，由合同当事人按以下原则承担：（1）永久工程，包括已运至施工现场的材料和工程设备的损害，以及因工程损害造成的第三人人员伤亡和财产损失由发包人承担；（2）承包人提供的施工设备的损坏由承包人承担；（3）发包人和承包人各自承担其人员伤亡及其他财产损失；（4）因不可抗力影响承包人履行合同约定的义务，已经引起或将引起工期延误的，应当顺延工期，由此导致承包人停工的费用损失由发包人和承包人合理分担，停工期间必须支付的现场必要的工人工资由发包人承担；（5）因不可抗力引起或将引起工期延误，发包人指示赶工的，由此增加的赶工费用由发包人承担；（6）承包人在停工期间按照工程师或发包人要求照管、清理和修复工程的费用由发包人承担。不可抗力引起的后果及造成的损失由合同当事人按照法律规定及合同约定各自承担。不可抗力发生前已完成的工程应当按照合同约定进行支付”。

3.违约方对不可抗力发生前的过错承担责任。《民法典》规定负有履行义务的当事人迟延履行后发生不可抗力的，不能免除责任。如新型冠状病毒肺炎疫情发生前，由于承包人原因导致工期延误，在新冠肺炎疫情发生后承包人以新冠肺炎疫情为由主张不可抗力免责的，不应得到支持。《标准设计施工总承包招标文件》通用合同条款第21.3.2项“延迟履行期间发生的不可抗力”规定：“合同一方当事人延迟履行，在延迟履行期间发生不可抗力的，不免除其责任。”

所以，对于不可抗力导致的风险一定要区分其对项目造成的影响情况，因不可抗力导致工程工期延误风险由发包人承担，导致的清理费、修复费由发包人承担，但是不可抗力直接造成的各项损失，应依据合同约定各自承担。不可抗力发生后，合同各方应履行通知义务、抢险义务，将不可抗力的影响降到最低。另外，不可抗力发生前的违约导致的责任也不能因不可抗力而免责。《公路工程设计施工总承包管理办法》《房屋建筑和市政基础设施项目工程总承包管理办法》《民航专业工程总承包管理办法（征求意见稿）》均规定不可抗力造成的工程费用增加和工期延误风险由发包人承担，这是符合法律和通用合同条款处理不可抗力事件惯例的。

（六）关于不按时支付农民工工资的风险承担问题

《标准设计施工总承包招标文件》与《建设项目工程总承包合同（示范文本）》（GF-2020-0216）均要求发包人应按时支付承包人工程款，并约定了违约责任。针对实践中出现的由于工程款支付不到位，导致农民工工资不能按时足额发放情形，国务院发布了《保障农民工工资支付条例》对建设工程发承包双方保障农民工工资按时足额发放提出了新的要求。

1.发包人对保证农民工工资的责任。根据《保障农民工工资支付条例》，发包人应保证建设资金及时到位；向承包人提交支付担保；将农民工工资按月足额支付至专用账户并督促工程总承包人及时足额向农民工支付工资，否则若出现工资拖欠，发包人应承担第一位支付责任，且面临严重行政处罚风险。如《保障农民工工资支付条例》第57条规定："有下列情形之一的，由人力资源社会保障行政部门、相关行业工程建设主管部门按照职责责令限期改正；逾期不改正的，责令项目停工，并处5万元以上10万元以下的罚款：（一）建设单位未依法提供工程款支付担保；（二）建设单位未按约定及时足额向农民工工资专用账户拨付工程款中的人工费用；（三）建设单位或者施工总承包单位拒不提供或者无法提供工程施工合同、农民工工资专用账户有关资料。"

2.工程总承包人对保证农民工工资的责任。根据《保障农民工工资支付条例》，工程总承包人要实行劳动用工实名管理；按照要求开立农民工工资专用账户；存储工资保证金；施工总承包人对工资支付负总责；建立工资支付台账；设立劳资专员制度等规范用工制度等，否则若出现拖欠农民工工资现象，需要承担严重的行政、刑事责任等。根据《保障农民工工资支付条例》第30条第2款、3款的规定，"施工总承包单位对分包单位劳动用工和工资发放等情况进行监督。分包单位拖欠农民工工资的，由施工总承包单位先行清偿，再依法进行追偿"。再如，我国《刑法》第276条之一规定，有能力支付而不支付劳动者的劳动报酬，数额较大，经政府有关部门责令支付仍不支付的，构成拒不支付劳动报酬罪，处3年以下有期徒刑或者拘役，并处或者单处罚金；造成严重后果的，处3年以上7年以下有期徒刑，并处罚金。单位犯拒不支付劳动报酬罪的，对单位判处罚金，并对其直接负责的主管人员和其他直接责任人员，依照前述规定处罚。

第七章　工程总承包项目中的分包问题

一、建设工程分包的种类

笼统地讲，建设工程分包是工程总承包人将其所承包的工程中的部分工作内容再发包给具有相应资质的承包人承担，工程总承包人与分包单位就分包工作向发包人承担连带责任。在建设工程勘察设计、施工、材料设备供应等不同阶段，承揽总包的单位均可进行分包，即勘察分包、设计分包、施工分包、设备供应分包以及与业务相伴的劳务分包。

（一）分包的种类

1.勘察分包。根据《工程勘察资质标准》的规定，工程勘察范围包括建设工程项目的岩土工程、水文地质勘察和工程测量。其中，岩土工程专业资质包括：岩土工程勘察、岩土工程设计、岩土工程物探测试检测监测等岩土工程（分项）专业资质。工程勘察劳务资质包括工程钻探和凿井。建设工程勘察总承包人可以按照规定进行专业分包和劳务分包。

2.设计分包。根据《工程设计资质标准》的规定，工程设计分为21个行业，每个行业又可以根据特点分为多个专业，如水利行业设计可分为水库枢纽设计、引调水设计、灌溉排涝设计、河道整治设计、城市防洪设计、围垦设计、水土保持设计、水文设施设计等专业设计。建设工程设计总承包人可以对其所承揽的设计工作中的某些专业或者专项分包。

3.施工分包。根据《建筑业企业资质标准》的规定，建筑业专业承包序列包括36个类别，一般分为三个等级（一级、二级、三级）。施工劳务序列不区分类别和等级，按工种分为木工作业、砌筑作业、抹灰作业、石制作、油漆作业、钢筋作业、混凝土作业、脚手架作业、模板作业、焊接作业、水暖电安装作业、钣金作业、架线作业，共计13个工种。

4.设备供应分包。在特大型工业设备或成套设备供应中存在分包问题，另外大型设备的安装维修工作也经常分包。

综上所述，在工程总承包可能包含的勘察、设计、施工、供货环节中，均存在分包的可能，其中勘察和施工分包中还存在劳务分包。

（二）专业工程分包和劳务作业分包的区别

在资质管理规则中，设计和供货环节中不存在劳务分包，勘察工作中存在工程钻探和凿井两个劳务分包与勘察专业工作较好区分。但在施工分包中，专业工程分包与劳务分包比较容易混淆，这也是建设工程分包管理中的难点问题，笔者做以下区分。

根据《房屋建筑和市政基础设施工程施工分包管理办法》第5条规定，专业工程分包，是指施工总承包企业将其所承包工程中的专业工程发包给具有相应资质的其他建筑业企业完成的活动。劳务作业分包，是指施工总承包企业或者专业承包企业将其承包工程中的劳务作业发包给劳务分包企业完成的活动。《水利建设工程施工分包管理规定》（水建管〔2005〕304号）第5条规定，工程分包是指承包人将其所承包工程中的部分工程发包给具有与分包工程相应资质的其他施工企业完成的活动。劳务作业分包是指承包人将其承包工程中的劳务作业发包给其他企业或组织完成的活动。《公路工程施工分包管理办法》第4条规定，鼓励公路工程施工进行专业化分包，但必须依法进行。禁止承包单位以劳务合作的名义进行施工分包。

专业工程分包与劳务分包二者有如下区别：

1.资质要求不同。施工专业分包具有36个专业类别，每个专业可以分为三个等级；劳务分包分为13个工种，没有专业类别和等级。

2.工作范围不同。施工专业分包单位负责分包工程范围内的材料设备采购、提供施工机械、组织劳动者施工等，就分包工程与总承包人共同向发包人承担连带责任。且专业分包单位可将专业工程中的劳务作业再分包给劳务分包单位。而劳务分包单位只承担劳务作业，依据劳务分包合同只对施工单位负责，不对发包人负责，且劳务分包单位不能再进行劳务分包。

3.分包合同计价标的不同。施工专业分包合同价款为工程款，包含人工费、材料费、施工机械使用费、管理费、税金、利润等；而劳务分包合同价款只有人工费，包括劳动者个人工资、社会保险费、管理费、税金和利润等。

4.管理要求不同。《房屋建筑和市政基础设施工程施工分包管理办法》要求分包工程发包人应当设立项目管理机构，组织管理所承包工程的施工活动。项目管理机构应当具有与承包工程的规模、技术复杂程度相适应的技术、经济管理人员。其中，项目负责人、技术负责人、项目核算负责人、质量管理人员、安全管理人员必须是本单位的人员。《水利建设工程施工分包管理规定》和《公路工程施工分包管理办法》也要求工程分包单位设立项目管理机构，组织管理所分包工程的施工活动。但国家对劳务分包没有这方面的要求。

（三）劳务派遣与劳务分包的区别

劳务派遣是指由劳务派遣机构与劳动者订立劳动合同后，把劳动者派向用工单位，由用工单位向派遣机构支付服务费用，再由派遣机构根据与劳动者的劳动合同约定向劳动者支付工资的用工形式。根据《劳务派遣暂行规定》，用工单位只能在临时性、辅助性或者替代性的工作岗位上使用被派遣劳动者，且使用的派遣人员人数不得超过用人单位人数的10%。派遣方案应当经职工代表大会或者全体职工讨论通过。劳务派遣与施工劳务分包均存在三方主体，但二者有明显区别：

1.用工主体不同。劳务派遣的用工管理主体是用工单位，而劳务分包的用工管理主体是劳务分包单位。

2.法律规制不同。劳务派遣适用《劳动法》和《劳动合同法》，而劳务分包适用《建筑法》和《民法典》，二者的违法后果也不一样。

3.用工人数不同。劳务派遣不能超过用工单位人数的10%，而劳务分包不受这一限制。

二、工程总承包人实施分包中应注意的问题

（一）主要工作不得分包

总承包人不得将承揽的主要工作内容进行分包，只可以将非主体、非关键工作进行分包。《民法典》第791条第3款规定，建设工程主体结构的施工必须由承包人自行完成。《建筑法》第29条规定，施工总承包的，建筑工程主体结构的施工必须由总承包单位自行完成。《招标投标法》第48条第2款规定，中标人按照合同约定或者经招标人同意，可以将中标项目的部分非主体、非关键性工作分包给他人完成。接受分包的人应当具备相应的资格条件，并不得再次分包。《建设工程勘察设计管理条例》也规定，建设工程主体部分的勘察、设计不可以分包。再如《水利建设工程施工分包管理规定》第6条规定，水利建设工程的主要建筑物的主体结构不得进行工程分包。

（二）分包前工程总承包人应获得发包人同意

《建筑法》第29条规定了总承包人进行分包必须经发包人同意。若发

包人没在承包合同中对分包进行授权，总承包人进行工程分包前应经发包人同意。《民法典》第791条第2款规定，总承包人或者勘察、设计、施工承包人经发包人同意，可以将自己承包的部分工作交由第三人完成。第三人就其完成的工作成果与总承包人或者勘察、设计、施工承包人向发包人承担连带责任。承包人不得将其承包的全部建设工程转包给第三人或者将其承包的全部建设工程支解以后以分包的名义分别转包给第三人。《招标投标法》第48条第2款也规定中标人按照合同约定或者经招标人同意，可以将中标项目的部分非主体、非关键性工作分包给他人完成。《建设工程勘察设计管理条例》第19条规定，经发包人书面同意，承包人可以将主体部分之外的勘察、设计再分包给其他具有相应资质等级的建设工程勘察、设计单位。《建设工程质量管理条例》对于不经发包人同意的分包规定为违法分包。

（三）分包的方式

《房屋建筑和市政基础设施项目工程总承包管理办法》第21条规定："工程总承包单位可以采用直接发包的方式进行分包。但以暂估价形式包括在总承包范围内的工程、货物、服务分包时，属于依法必须进行招标的项目范围且达到国家规定规模标准的，应当依法招标。"所谓暂估价是指在工程实施中肯定要发生，只是因为标准不明确或者需要由相关专业承包人完成，暂时又无法确定具体价格时采用的暂估价格形式。对于暂估价项目，若属于依法必须招标的项目，根据《招标投标法实施条例》第29条规定，以暂估价形式包括在总承包范围内的工程、货物、服务属于依法必须进行招标的项目范围且达到国家规定规模标准的，应当依法进行招标。

（四）违法分包的后果

1.违法分包行为的认定

《民法典》第791条第2款、3款中规定，承包人不得将其承包的全部建设工程转包给第三人或者将其承包的全部建设工程支解以后以分包的名义分别转包给第三人。禁止承包人将工程分包给不具备相应资质条件的单位。禁止分包单位将其承包的工程再分包。建设工程主体结构的施工必须由承包人自行完成。《建设工程质量管理条例》第78条同时规定下列行为属于违法分包：总承包人将建设工程分包给不具备相应资质条件的单位的；建设工程总承包合同中未有约定，又未经发包人认可，承包人将其承包的部分建设工程交由其他单位完成的；施工总承包人将建设工程主体结构的施工分包给其他单位的；分包单位将其承包的建设工程再分包的。这一规定适用于判断勘察设计和施工中违法分包的行为。

对于施工分包，住建部发布的《建筑工程施工发包与承包违法行为认定查处管理办法》第12条规定了六种施工违法分包的情况：承包单位将其承包的工程分包给个人的；施工总承包单位或专业承包单位将工程分包给不具备相应资质单位的；施工总承包单位将施工总承包合同范围内工程主体结构的施工分包给其他单位的，钢结构工程除外；专业分包单位将其承包的专业工程中非劳务作业部分再分包的；专业作业承包人将其承包的劳务再分包的；专业作业承包人除计取劳务作业费用外，还计取主要建筑材料款和大中型施工机械设备、主要周转材料费用的。《水利建设工程施工分包管理规定》第17条规定了下列行为属违法分包：承包人将工程分包给不具备相应资质条件的分包人的；将主要建筑物主体结构工程分包的；施工承包合同中未有约定，又未经项目法人书面认可，承包人将工程分包给他人的；分包人将工程再次分包的；法律、法规、规章规定的其他违法分包工程的行为。《公路工程施工分包管理办法》第17条明确，有下列情形之一的，属于违法分包：承包人未在施工现场设立项目管理机构和派驻相应人员对分包工程的施工活动实施有效管理的；承包人将工程分包给不具备相应资格的企业或者个人的；分包人以他人名义承揽分包工程的；承包人将合同文件中明确不得分包的专项工程进行分包的；承包人未与分包人依法签订分包合同或者分包合同未遵循承包合同的各项原则，不满足承包合同中相应要求的；分包合同未报发包人备案的；分包人将分包工程再进行分包的；法律、法规规定的其他违法分包行为。由此可见，住建部、水利部、交通部对施工违法分包的规定更细致一些。

2.违法分包与转包的区别

根据《建设工程质量管理条例》第78条第3款规定，转包是指承包人承包建设工程后，不履行合同约定的责任和义务，将其承包的全部建设工程转给他人或者将其承包的全部建设工程肢解以后以分包的名义分别转给其他单位承包的行为。在施工领域，《建筑工程施工发包与承包违法行为认定查处管理办法》第8条规定了施工转包的十种情形：承包单位将其承包的全部工程转给其他单位（包括母公司承接建筑工程后将所承接工程交由具有独立法人资格的子公司施工的情形）或个人施工的；承包单位将其承包的全部工程肢解以后，以分包的名义分别转给其他单位或个人施工的；施工总承包单位或专业承包单位未派驻项目负责人、技术负责人、质量管理负责人、安全管理负责人等主要管理人员，或派驻的项目负责人、技术负责人、质量管理负责人、安全管理负责人中一人及以上与施工单位没有订立劳动合同且没有建立劳动工资和社会养老保险关系，或派驻的项目负责人未对该工程的施工活动进行组织管理，又不能进行合理解释并提供相应证明的；合同约定由承包单位负责采购的主要建筑材料、构配件及工程设备或租赁的施工机械设备，由其他单位或个人采购、租赁，或施工单位不能提供有关采购、租赁合同及发票等证明，又不能进行合理解释并提供相应证明的；专业作业承包人承包的范围是承包单位承包的全部工程，专业作业承包人计取的是除上缴给承包单位“管理费”之外的全部工程价款的；承包单位通过采取合作、联营、个人承包等形式或名义，直接或变相将其承包的全部工程转给其他单位或个人施工的；专业工程的发包单位不是该工程的施工总承包或专业承包单位的，但建设单位依约作为发包单位的除外；专业作业的发包单位不是该工程承包单位的；施工合同主体之间没有工程款收付关系，或者承包单位收到款项后又将款项转拨给其他单位和个人，又不能进行合理解释并提供材料证明的；两个以上的单位组成联合体承包工程，在联合体分工协议中约定或者在项目实际实施过程中，联合体一方不进行施工也未对施工活动进行组织管理的，并且向联合体其他方收取管理费或者其他类似费用的，视为联合体一方将承包的工程转包给联合体其他方。

从以上有关转包的定义及具体情况不难看出，转包与违法分包有相同之处，即两者都是建筑施工单位以盈利为目的，在承包了工程后将工程转让给其他单位实施，其不对工程承担管理、技术、经济责任，由承接方完成应由自己承担的全部或部分工程内容。尤其是承包人将工程肢解后分包的转包行为，二者极为相似。但在大多数情况下二者存在如下两点区别：一是合同的主体不同。分包合同的主体是总承包人与分包人，分包人在总承包关系中是第三人的位置。而转包中，原承包合同的承包人退出合同关系，受让人取代原承包人成为承包合同的一方当事人。二是合同的权利义务不同。分包合同是总承包人与分包人之间形成的独立承包合同，双方的权利义务在分包合同中约定，总承包人与分包人就分包工程对发包人承担连带责任。而在转包合同中，受让人直接承担原承包合同中承包人的权利义务，原承包人退出合同，二者不承担连带责任。转包也是法律严格禁止的行为。《建筑法》第28条规定，禁止承包单位将其承包的全部建筑工程转包给他人，禁止承包单位将其承包的全部建筑工程肢解以后以分包的名义分别转包给他人。《建设工程质量管理条例》第18条、第25条分别规定了勘察、设计单位和施工单位不得转包工程，否则承担严重的法律后果。

3.工程总承包项目双资质条件下违法分包的确认标准

为了加强工程总承包项目设计与施工的配合，加快施工进度，加强施工质量安全管理，杜绝重大安全生产事故，《铁路建设项目工程总承包办法》《公路工程设计施工总承包管理办法》《房屋建筑和市政基础设施项目工程总承包管理办法》均要求总承包单位应具备设计与施工双资质或者设计单位与施工单位组成的联合体。住建部建市〔2016〕93号文件规定工程总承包项目严禁转包和违法分包。工程总承包企业应当加强对分包的管理，不得将工程总承包项目转包，也不得将工程总承包项目中设计和施工业务一并或者分别分包给其他单位。工程总承包企业自行实施设计的，不得将工程总承包项目工程主体部分的设计业务分包给其他单位。工程总承包企业自行实施施工的，不得将工程总承包项目工程主体结构的施工业务分包给其他单位。

《建筑法》第29条第1款规定，施工总承包的，建筑工程主体结构的施工必须由总承包单位自行完成。即若设计单位实施的工程总承包项目，该设计单位可以将项目中的施工业务分包给其他施工单位，而且该施工单位还可以将承揽的施工业务中的专业工程和劳务进行再次分包。但在工程总承包单位同时具备设计与施工双资质（可以由设计与施工单位组成联合体）的条件下，该工程总承包企业或者总承包联合体因具备设计和施工的双资质或者已经在投标文件中向发包人作出承诺，其不能再将设计和施工业务中的主要工作向外分包，但可以将设计或者施工中专业工程或者劳务进行分包。否则，若负责施工任务的施工单位再将部分非专业工程或者非劳务进行分包就构成违法分包或者转包。

所以在双资质要求条件下，签约的工程总承包人必须负责执行勘察设计工作和施工工作，其不得再按照建市〔2016〕93号文件的要求将全部施工或者全部设计工作分包出去，否则就构成《建筑法》禁止的转包或者违法分包行为。

4.“两招并一招”模式下违法分包或转包行为的确认

在有新建内容的PPP项目或者特许经营项目中，根据《招标投标法实施条例》的授权，具有勘察设计或施工资质的社会资本中标后可以直接实施项目的勘察设计或者施工工作。实践中，由于社会资本招标选择的是社会投资人，社会投资人包括具有相关勘察设计、施工资质的单位，也包括不具有资质的单位，这就使这类项目招标时的联合体组成比较复杂，即资质等级较低或者缺少业绩的勘察设计与施工单位可组成联合体中标。在中标后会出现资质等级较低的勘察设计或者施工单位与资质等级较高的单位共同与项目公司签署工程总承包合同，但实际执行任务的是资质等级较低的单位的情况；或者虽然都具有实施工程的相关业绩，但同一专业的联合体之间分包工程现象。尤其是在施工项目中，均具有相关资质的施工单位联合体一方与项目公司签署总承包合同，再将部分主体工程或者全部工程以分包的形式发包给其他联合体成员，该施工总承包单位收取管理费。这种行为属于违法分包或者转包。

5.违法分包的行政法后果

根据《建筑法》第67条规定，承包单位将承包的工程转包或者违法分包的，责令改正，没收违法所得，并处罚款，可以责令停业整顿，降低资质等级；情节严重的，吊销资质证书。承包人因转包工程不符合规定的质量标准造成的损失，与接受转包或者分包的单位承担连带赔偿责任。根据《建设工程质量管理条例》第62条规定，承包人将承包的工程转包的，责令改正，没收违法所得，对勘察、设计单位处合同约定的勘察费、设计费25%以上50%以下的罚款；对施工单位处工程合同价款0.5%以上1%以下的罚款；可以责令停业整顿，降低资质等级；情节严重的，吊销资质证书。所以，勘察设计或者施工分包活动中若存在以上情形，应受到相应的行政处罚。

6.违法分包的民法后果

因违法分包行为违反《建筑法》《建设工程质量管理条例》的强制性规定，工程总承包人与分包人签署的分包合同应被认定无效。根据《民法典》第157条规定，因无效合同取得的财产，应当予以返还；不能返还或者没有必要返还的，应当折价补偿。有过错的一方应当赔偿对方由此所受到的损失；各方都有过错的，应当各自承担相应的责任。

（1）对于勘察设计分包，根据《建设工程质量管理条例》的规定，如果工程总承包人将勘察设计工作分包给没有资质的单位或者个人，因违反法律的强制性规定而无效。但是对于未经发包人同意而擅自分包的情况，如果没有违反法律的强制性规定，一般应认定为违约，应向发包人承担违约责任。分包合同一般不应被认定为无效。

（2）对于施工分包，根据《建设工程施工合同司法解释》第1条规定，“承包人未取得建筑业企业资质或者超越资质等级的”以及“没有资质的实际施工人借用有资质的建筑施工企业名义的”，签署的建设工程施工合同无效。所以，若工程总承包人将分包工程分包给无相应资质的单位、挂靠单位、超出劳务分包范围或者个人的，或者属于应招标的暂估价项目而未招标的，分包合同无效；对于其他情况的违法分包，应依据工程总承包合同向发包人承担违约责任，但分包合同一般不认定为无效。

三、工程总承包人对分包项目的责任

（一）对分包项目的连带责任

鉴于工程总承包人依据工程总承包合同就工程的质量、工期、投资等向发包人负责，分包单位依据分包合同就分包工程向总承包人负责。为了督促工程总承包人履行对分包的管理责任，以及约束分包单位接受工程总承包人的管理，《建筑法》第29条第2款规定总承包人和分包单位就分包工程对发包人承担连带责任。《建设工程质量管理条例》《水利建设工程施工分包管理规定》《公路工程施工分包管理办法》《房屋建筑和市政基础设施工程施工分包管理办法》均规定了工程总承包人和分包单位就分包项目对发包人承担连带责任。《民法典》第791条也有类似规定，总承包人或者勘察、设计、施工承包人经发包人同意，可以将自己承包的部分工作交由第三人完成。第三人就其完成的工作成果与总承包人或者勘察、设计、施工承包人向发包人承担连带责任。总分包之间连带责任的规定更有利于保护发包人的利益。这些连带责任包括对分包项目的质量、工期等多方面的责任。

鉴于分包单位对分包工程负有直接责任，工程总承包人负有对分包单位管理的义务，而工程总承包人依据工程总承包合同应向发包人承担责任。《建筑法》规定的总承包人和分包单位就分包工程向发包人承担的连带责任，不属于“真正”的连带责任。即若总承包人无过错，在向发包人承担责任之后可以依据分包合同约定向分包单位追偿。反之，若发包人的损失是由于总承包人的过错造成，分包单位在向发包人赔偿后，也可以依据分包合同向总承包人追偿。

1.对分包项目质量的连带责任

根据《建设工程质量管理条例》第27条规定，分包单位应当按照分包合同的约定对其分包工程的质量向总承包单位负责，但总承包单位与分包单位对分包工程的质量承担连带责任。条例对总承包单位与分包单位就工程质量向发包人承担连带责任作出了规定，适用于勘察、设计和施工的分包项目。

2.对分包项目保修的连带责任

建设工程质量保修属于质量问题的延续，《建设工程质量管理条例》第39条规定，建设工程承包单位在向建设单位提交工程竣工验收报告时，应当出具质量保修书。质量保修书中应当明确建设工程的保修范围、保修期限和保修责任等。在工程总承包的条件下，《房屋建筑和市政基础设施项目工程总承包管理办法》第25条规定，工程保修书由建设单位与工程总承包单位签署，保修期内工程总承包单位应当根据法律法规的规定以及合同约定承担保修责任，工程总承包单位不得以其与分包单位之间保修责任划分而拒绝履行保修责任。《公路工程设计施工总承包管理办法》第26条规定，总承包单位应当按照有关规定和合同要求，负责缺陷责任期的工程修复等工作，确保公路技术状况符合规定要求。

鉴于分包单位依据工程施工分包合同向总承包人负责，总承包人接到发包人保修要求后，可依据分包合同约定通知分包单位履行保修责任，分包单位不履行义务的，工程总承包人可以自行维修，同时可以扣留分包单位的质量保证金或者向其另行追偿。

对于保修期，根据《建设工程质量管理条例》第40条规定，建设工程的保修期，自竣工验收合格之日起计算。在正常使用条件下，建设工程的最低保修期限为：（1）基础设施工程、房屋建筑的地基基础工程和主体结构工程，为设计文件规定的该工程的合理使用年限；（2）屋面防水工程，有防水要求的卫生间、房间和外墙面的防渗漏，为5年；（3）供热与供冷系统，为2个采暖期、供冷期；（4）电气管线、给排水管道、设备安装和装修工程，为2年。其他项目的保修期发包人与工程总承包人或其他施工单位可另行约定。

3.对分包项目工期延误的连带责任

鉴于工程总承包人依据相关合同应向发包人承担工期责任，无论是勘察、设计工期还是施工工期，一旦出现工期延误情况，一般合同中均会约定严重的违约处罚责任。若分包项目工期延误不是由于发包人或者不可抗力等其他事件造成的，发包人会依据工程总承包合同向总承包人追究违约责任，那么工程总承包人应首先向发包人负责。如果工期延误是由于分包单位原因造成的，总承包人可以向发包人承担违约责任之后，再依据分包合同向分包单位追偿。

4.对分包项目安全生产的连带责任

《建设工程安全生产管理条例》第24条规定，建设工程实行施工总承包的，由总承包人对施工现场的安全生产负总责。工程总承包人依法将建设工程分包给其他单位的，分包合同中应当明确各自的安全生产方面的权利、义务。总承包人和分包单位对分包工程的安全生产承担连带责任。分包单位应当服从总承包人的安全生产管理，分包单位不服从管理导致生产安全事故的，由分包单位承担主要责任。这里规定了工程总承包人对分包单位在安全生产方面的连带责任。因此，对于分包单位在施工过程中造成的发包人或者其他单位人员伤害或财产损失，总承包人与分包单位应承担连带赔偿责任。

（二）对分包单位支付农民工工资的监管责任

国务院《保障农民工工资支付条例》要求工程总承包人为支付农民工工资设置“农民工工资专用账户”，用于专门发放农民工工资；配备劳资专管员专职监督分包单位建立的用工管理台账；与发包人一起处理分包单位欠薪事件；为分包单位雇佣的农民工代发工资；存储工资保证金；施工现场维权信息公示等责任。根据该条例第30条规定，工程总承包人应对分包单位劳动用工和工资发放等情况进行监督。分包单位拖欠农民工工资的，由总承包人先行清偿，再依法进行追偿。这里对总承包人设置了绝对先行清偿义务，只要出现分包单位拖欠农民工工资的行为，无论分包单位拖欠农民工工资是否合理，总承包人均应当先行清偿。可见，该条例对工程总承包人在保护农民工工资按时足额发放方面提出了更高的要求。

如果工程总承包人未按要求履行对分包单位劳动用工的监督管理，根据《保障农民工工资支付条例》第56条的规定，人力资源社会保障行政部门、相关行业工程建设主管部门按照职责责令限期改正；逾期不改正的，处5万元以上10万元以下的罚款。所以，建议工程总承包人按照该条例的要求对分包单位的农民工工资实行代发制度，即工程总承包人根据与分包单位的分包合同约定，将分包合同项下的人工费（农民工工资）代分包单位支付给农民工，将工资直接从农民工工资专用账户直接按月支付至农民工个人账户。

第八章　融资性工程总承包模式的类型与特点

一、融资性工程总承包模式的概念

为了解决发包人资金问题，以工程总承包业务为基础衍生出了多种“融资”模式。从当前建筑市场操作实践看，部分融资能力较强的建筑公司采用融资性工程总承包模式承揽了大量的建设工程项目。融资性工程总承包模式一般是指发包人在设计施工总承包（DB）合同或设计采购施工总承包（EPC）合同中与工程总承包人约定，在项目建设期间由工程总承包人协助发包人融资，以支付总承包人的应得工程款，在项目竣工后由发包人负责债务偿还或者由工程总承包人为发包人全部或者部分垫资，在工程竣工后发包人再向工程总承包人支付剩余工程款的方式。但是随着工程总承包人融资能力与运营能力的提高，相关工程总承包人应政府或者其他发包人的要求，工程总承包人承揽项目的投资建设运营一体化模式逐渐发展起来。在这种模式中由工程总承包人负责投资建设运营项目，工程总承包人通过运营收益收回建设投资，这种合同模式常见于特许经营模式中，尤其是国内最近几年兴起的PPP模式，大量有实力的工程总承包人积极参与其中，形成了许多经典案例，丰富了融资性工程总承包在我国的实践。

二、融资性工程总承包模式常见类型及其特点

融资性工程总承包模式分为融资型工程总承包模式和垫资型工程总承包模式。融资型工程总承包模式是工程总承包人向发包人提供建设期融资的方式，这种类型在国际工程中比较流行。如中国港湾工程有限责任公司与伊朗Tablis市政下属公司Kish Investment Tirajeh 在德黑兰签署了伊朗Tirajeh城市综合体项目EPC+F合同[1]即属于这种类型。目前我国工程总承包企业大量实施的特许经营项目或者PPP项目中BOT+EPC模式，以及DBO或者EPCO模式，也属于融资型工程总承包模式。融资型工程总承包又可以分为股权型模式和债权类投资模式。对于垫资型工程总承包模式，主要涉及发包人要求工程总承包人违规垫资承包问题，并不是我国政策支持的类型，但是由于长期以来我国建筑市场属于买方市场，垫资承包现象依然存在。所谓垫资型工程总承包模式是指工程总承包人为发包人垫资实施工程建设，在工程竣工后，发包人再结算工程款。在建设期，工程总承包人不向发包人提供融资。

由于DB模式、EPC模式、EP模式或者PC模式均为工程总承包的具体类型，为了迎合业界习惯，笔者在论述融资性工程总承包模式类型时统一称为EPC。

（一）F+EPC模式

所谓F+EPC模式本质上是EPC模式，只不过在发包人与工程总承包人签署的EPC合同条件中引入融资的内容。这种模式通常是指发包人招标选定承包人是以约定承包人方负责筹措部分或全部建设资金作为其获取签署工程总承包合同的条件，待项目建设完成后移交发包人，发包人按合

〔1〕 参见《中国港湾签署伊朗Tirajeh城市综合体项目合同》，载博锐管理在线2014年3月25日，http://www.boraid.cn/company_news/read_245970.html。

同约定的工程款结算原则及融资利率向承包人支付工程款及融资利息的融资建设模式。

在F+EPC模式中，工程总承包人以委托贷款、信托贷款或者借款等方式向发包人提供建设资金，在建设期由建设单位通过EPC合同向承包单位支付工程款。这种模式下，建设单位一般不欠付工程总承包人的工程款。同时，建设单位按照融资合同约定的融资利息向工程总承包人或者其他融资方支付利息。

（二）I+EPC模式

I+EPC模式指的是股权投资型EPC模式，即工程总承包人通过股权投资项目，一般根据招标人要求设立项目公司，承包单位认缴项目公司全部或者部分股权，根据项目特点缴纳项目资本金，并协助项目公司完成贷款融资。项目公司与工程总承包人签署EPC工程总承包合同，项目公司依据收取的资本金和贷款支付承包人工程款。

这种模式最常见于特许经营项目或者PPP项目中，由工程总承包人依法竞标获得政府投资项目的投资人身份，再按照招标文件要求设立项目公司，依据《招标投标法实施条例》对特许经营者“两招并一招”的授权，获取与项目公司签署EPC承包合同的权利。

（三）EPCO模式

最近国内兴起的EPCO模式，直接借鉴于国际DBO（Design-Build-Operate）模式，指的是工程总承包人负责设计并建设项目，并且负责运营项目，在合同期满后，承包人将资产无偿移交给发包人。如北京市超高层建筑“中国尊”项目建设中，中建股份与中建三局组成EPCO联合体。而DBO模式属于FIDIC系列合同条件的一种，被称为“金皮书”。该模式属于特许经营模式的一种，最早在水务工程项目中得到成功的应用，如阿曼、智利、埃及等国家的污水处理厂项目。2007年，法国得利满公司与迪拜棕榈岛水务公司签订了总价值达8亿美元的污水处理及回用水厂的DBO合同。20世纪90年代，DBO模式被引进我国香港和澳门地区，用于运营环保设施。2008年1月30日，天津汉沽营城污水处理厂开工建设，这是中国内地第一个实行DBO模式总体招标的项目。[1]

国际DBO项目合同条件具有如下特点：一方面，对业主而言，DBO项目中承包人可以将设计、施工和运营进行合理搭配，优化了项目周期，业主的建设组织协调责任和投资控制责任（固定价格）全部由承包人承担，即单一责任特点；另一方面，承包人有了更大的创新空间，在设计、施工时可以关注长期运营，在建设单位支付的固定总价条件下，可最大限度地优化项目全生命周期费用，获取更多回报。与BOT模式（或DBFO模式）承包人要承担项目融资的责任不同，在DBO模式下，融资是由发包人负责，承包人没有融资风险。BOT模式下，承包人在运营期结束后将项目资产转让给政府部门或其指定的单位；而DBO模式下，项目所有权始终归公共部门所有，承包人在完成建设之后即移交账目资产，运营期仅保留委托运营权。在BOT（或DBFO）模式下，承包人要收回成本，既可以通过使用者付费，也可以通过使用者付费和政府补贴相结合的方式获取；而DBO模式下，承包人收回成本的唯一途径就是政府在建设期的付款，运营期仅收取委托运营成本及相关利润。

最近几年，国内借鉴国际DBO模式在生态环保领域落地了多个EPCO项目，如2019年6月4日，江门市蓬江区水环境综合治理项目（一期）——黑臭水体治理工程EPCO项目评标结果中标候选人的公示；[2]2020年9月7日，五河县沱湖生态修复与治理EPCO项目（一期）BB2020WHGCZ0851招标公告。[3]但需要说明的是，当前国内的EPCO模式与国际DBO模式中建设

〔1〕 参见吕文学、张水波编著：《FIDIC 设计—建造和运营（DBO）项目合同条件导读与解析》，中国建筑工业出版社2010年版，第1页。

〔2〕 参见《江门蓬江区水环境综合治理项目（一期）——黑臭水体治理工程EPCO项目评标结果候选人的公示》，载江门市公共资源交易网2019年6月4日，http：//zyjy.jiangmen.cn/szqjspbgs/49174.htm。

〔3〕 参见《五河县沱湖生态修复与治理EPCO项目（一期）BB2020WHGCZ0851招标公告》，载蚌埠市人民政府网2020年9月7日，http：//www.bengbu.gov.cn/public/25091/46125871.html。

资金支付条件不完全相同，国内EPCO模式中往往要求承包人在建设期垫资建设或者部分垫资建设，相关工程款在竣工后的运营期分期返还，这与国际DBO模式由业主在建设期支付完毕工程款有所差别。

三、债权类融资性工程总承包模式与工程保理的区别

债权类工程总承包人利用其与发包人签署的工程总承包合同，在金融机构融资后进行工程建设，在项目竣工后若干年内，发包人分期向工程总承包人支付工程款及融资利息。这种工程总承包合同中均附带融资利息条款，发包人为工程总承包人的垫资行为支付工程款之外的融资利息。这与保理模式不同，根据《民法典》第761条规定，保理合同是应收账款债权人将现有的或者将有的应收账款转让给保理人，保理人提供资金融通、应收账款管理或者催收、应收账款债务人付款担保等服务的合同。工程保理是工程总承包人（工程款债权人）将其对发包人（工程款债务人）的应收账款转让给保理人，在承包单位支付保理费用的前提下，保理人为工程总承包人提前支付工程款，这是基于应收账款转让的一种融资方式。对于工程总承包人来说，虽然二者均需要向金融机构或保理人融资，发包人支付工程款的时间均存在滞后情况，但融资性工程总承包模式中存在工程总承包人向发包人直接提供融资（或融资担保）或者垫资的行为；而工程保理中工程总承包人通过保理人及时获得了工程款，不存在工程承包人为发包人融资或者垫资问题。

四、融资性工程总承包模式与 BT 建设模式的区别

原建设部2003年发布的建市〔2003〕30号文件鼓励有投融资能力的工程总承包企业，对具备条件的工程项目，根据业主的要求，按照建设—移交（BT）、建设—运营—移交（BOT）等方式组织实施。该文件提倡的BT建

设模式与融资性工程总承包模式比较相似，但也存在明显区别。通常BT是英文Build（建设）和Transfer（移交）缩写形式，意即“建设—移交”，是政府利用非政府资金来进行基础非经营性设施建设项目的一种融资模式。一般投资人中标后在项目所在地设立项目公司，由项目公司负责项目的投融资、建设，项目公司与承包人签署工程总承包合同，在建设完毕验收合格移交发包人后若干年内，政府（发包人）按照BT合同向项目公司支付投资成本和收益，即回购款。实践中也存在不设立项目公司，具有工程承包资质的中标人自己融资建设完成移交业主的情况。BT模式中投资人或者项目公司不负责项目的运营，且享有固定收益，与BOT或者PPP模式中项目公司负责项目的运营的要求不一致。所以财政部《关于进一步规范地方政府举债融资行为的通知》规定政府不得以任何方式承诺回购社会资本方的投资本金，不得以任何方式承担社会资本方的投资本金损失，不得以任何方式向社会资本方承诺最低收益。这事实上禁止了BT模式在政府投资项目中的运用。

五、垫资型工程总承包工程款支付进度的合规性安排

对于国内垫资型工程总承包模式，往往是发包人在工程总承包人开始工作前支付一定比例的预付款，由工程总承包人垫资施工至工程竣工验收完毕，在移交工程后的一定期限内，发包人再与承包人办理竣工结算及支付工程款。发包人要求承包人垫资是我国法律与政策严格限制的行为。原建设部、发改委、财政部、中国人民银行于2006年1月4日联合发布的《关于严禁政府投资项目使用带资承包方式进行建设的通知》（建市〔2006〕6号，以下简称建市〔2006〕6号文件）第1条规定：政府投资项目一律不得以建筑业企业带资承包的方式进行建设，不得将建筑业企业带资承包作为招投标条件；严禁将此类内容写入工程承包合同及补充条款，同时要对政府投资项目实行告知性合同备案制度。政府投资项目是指使用各类政府投

资资金，包括预算内资金、各类专项建设基金、国际金融组织和外国政府贷款的国家主权外债资金建设的项目。党政机关（包括党的机关、人大机关、行政机关、政协机关、审判机关、检察机关，以及工会、共青团、妇联等人民团体）及财政拨款的事业单位自筹资金建设的项目，视同政府投资项目，采用BOT、BOOT、BOO方式建设的政府投资项目不包括在内。带资承包是指建设单位未全额支付工程预付款或未按工程进度按月支付工程款（不含合同约定的质量保证金），由建筑业企业垫款施工。根据《政府投资条例》第22条规定，政府投资项目所需资金应当按照国家有关规定确保落实到位。政府投资项目不得由施工单位垫资建设。《保障农民工工资支付条例》第23条规定："建设单位应当有满足施工所需要的资金安排。没有满足施工所需要的资金安排的，工程建设项目不得开工建设；依法需要办理施工许可证的，相关行业工程建设主管部门不予颁发施工许可证。政府投资项目所需资金，应当按照国家有关规定落实到位，不得由施工单位垫资建设。"

政策法规对垫资承包持禁止态度，尤其是政府投资项目不得要求承包单位垫资。但对于非政府投资项目，当前尚未有政策禁止垫资承包。但发包人支付的资金应满足支付农民工工资的要求，不得出现农民工工资拖欠现象。实践中对于如何支付工程进度款，《建设工程价款结算暂行办法》（财建〔2004〕369号，以下简称财建〔2004〕369号文件）第13条中规定，根据确定的工程计量结果，承包人向发包人提出支付工程进度款申请，14日内，发包人应按不低于工程价款的60%、不高于工程价款的90%向承包人支付工程进度款。按约定时间发包人应扣回的预付款，与工程进度款同期结算抵扣。根据财建〔2004〕369号文件的规定，低于进度款的60%即属于违规垫资。将建市〔2006〕6号文件与财建〔2004〕369号文件结合起来，就比较容易理解垫资承包行为了。

六、融资性工程总承包模式的适用范围

（一）国家规范地方政府举债的规定限制了融资型工程总承包模式实施的范围

2014年9月21日，国务院发布《国务院关于加强地方政府性债务管理的意见》（国发〔2014〕43号，以下简称国发〔2014〕43号文件）严格要求地方政府规范举借债务以来，财政部连续发布相关配套政策，督促地方政府规范举借债务。如财政部发布的《财政部驻各地财政监察专员办事处实施地方政府债务监督暂行办法》第12条第1项规定："除发行地方政府债券、外债转贷外，地方政府及其所属部门不得以任何方式举借债务，不得为任何单位和个人的债务以任何方式提供担保。"财政部发布的《关于进一步规范地方政府举债融资行为的通知》第4条规定，地方政府应全面贯彻落实依法治国战略，严格执行《预算法》和国发〔2014〕43号文件的规定，健全规范的地方政府举债融资机制，地方政府举债一律采取在国务院批准的限额内发行地方政府债券方式，除此以外地方政府及其所属部门不得以任何方式举借债务。那么，若政府投资项目采用融资型工程总承包模式，就意味着向工程总承包人融资，是违反国家政策的行为。国家有关规范政府举债的政策限制政府投资项目中融资型工程总承包模式的实施。

（二）政府投资项目禁止垫资承包限制了垫资型工程总承包模式的范围

由于垫资承包会导致工程质量、安全隐患以及拖欠农民工工资等一系列问题，我国政府一直对垫资持否定态度。早在1999年6月4日，原建设部、财政部和原国家计委发布的《关于严格禁止在工程建设中带资承包的通知》（建建〔1996〕347号，以下简称建建〔1996〕347号文件）明确禁止垫

资承包行为。建建〔1996〕347号文件第4条规定:“任何建设单位都不得以要求施工单位带资承包作为招标投资条件,更不得强行要求施工单位将此类内容写入工程承包合同。违者取消其工程招标资格,并给予经济处罚。对于在工程建设过程中出现的资金短缺,应由建设单位自行筹集解决,不得要求施工单位垫款施工。建设单位不能按期结算工程款,且后续建设资金到位无望的,施工单位有权按合同中止施工,由此造成的损失均由建设单位按合同承担责任。”建建〔1996〕347号文件第5条同时规定:“施工单位不得以带资承包作为竞争手段承揽工程,也不得用拖欠建材和设备生产厂家贷款的方法转嫁由此造成的资金缺口。违者要给予经济处罚,情节严重的,在一定时期内取消其工程投标资格。今后由于施工单位带资承包而出现的工程款回收困难等问题,由其按合同自行承担有关责任。”建建〔1996〕347号文件对发承包双方垫资承包行为进行了限制。

但鉴于我国建筑市场属于买方市场的实际情况,建市〔2006〕6号文件废止了建建〔1996〕347号文件的规定,仅禁止政府投资项目中的垫资承包行为。建市〔2006〕6号文件第1条第1款规定:“政府投资项目一律不得以建筑业企业带资承包的方式进行建设,不得将建筑业企业带资承包作为招投标条件;严禁将此类内容写入工程承包合同及补充条款,同时要对政府投资项目实行告知性合同备案制度。”且建市〔2006〕6号文件将“党政机关(包括党的机关、人大机关、行政机关、政协机关、审判机关、检察机关,以及工会、共青团、妇联等人民团体)及财政拨款的事业单位自筹资金建设的项目”视同政府投资项目,这类项目也不得要求承包人垫资,但没有再禁止政府投资项目之外的项目垫资承包行为。

根据《政府投资条例》第22条的规定,政府投资项目所需资金应当按照国家有关规定确保落实到位。政府投资项目不得由施工单位垫资建设。否则,根据《政府投资条例》第34条的规定,上级单位将暂停、停止拨付资金或者收回已拨付的资金,暂停或者停止建设活动,对负有责任的领导人员和直接责任人员依法给予处分。为了保证建设领域农民工的工资按时足额发放，国务院发布的《保障农民工工资支付条例》第23条第2款规定，政府投资项目所需资金，应当按照国家有关规定落实到位，不得由施工单位垫资建设。该条例第59条规定："政府投资项目政府投资资金不到位拖欠农民工工资的，由人力资源社会保障行政部门报本级人民政府批准，责令限期足额拨付所拖欠的资金；逾期不拨付的，由上一级人民政府人力资源社会保障行政部门约谈直接责任部门和相关监管部门负责人，必要时进行通报，约谈地方人民政府负责人。情节严重的，对地方人民政府及其有关部门负责人、直接负责的主管人员和其他直接责任人员依法依规给予处分。"《保障农民工工资支付条例》关于禁止政府投资项目垫资承包的规定与《政府投资条例》相关规定一致，而且与治理拖欠农民工工资顽疾的目标相结合，更有针对性。

建市〔2006〕6号文件及《政府投资条例》《保证农民工工资支付条例》均禁止政府投资项目中要求施工单位垫资承包的行为，这更进一步强调了垫资型工程总承包模式不得用于政府投资项目中。

（三）政府投资项目可采用股权融资型工程总承包模式与实施难点

建市〔2006〕6号文件对采用BOT、BOOT、BOO方式建设的政府投资项目，并不禁止采用垫资承包模式。这是由于这几种模式中，社会资本中标后，一般需要出资在项目所在地设立项目公司，由项目公司作为项目法人负责项目的投资建设和运营，这就是业界熟悉的股权类EPC模式。由于项目的建设资金主要源于社会资本的资本金和项目公司的融资款，以及《招标投标法实施条例》第9条第3项对具有工程总承包资质的中标单位可直接与项目公司签约的授权，建市〔2006〕6号文件对这类属于社会资本投资建设一体化模式的政府投资项目作出了例外规定。

另外，最近几年流行的PPP项目涉及新建内容的，一般采取BOT等模式实施。根据《传统基础设施领域实施政府和社会资本合作项目工作导则》（发改投资〔2016〕2231号，以下简称发改投资〔2016〕2231号文件）第

17条规定："PPP项目法人选择确定后，如与审批、核准、备案时的项目法人不一致，应按照有关规定依法办理项目法人变更手续。"鉴于变更后的项目法人为中标社会资本出资设立的项目公司，根据《财政部关于在公共服务领域深入推进政府和社会资本合作工作的通知》规定，对于涉及工程建设、设备采购或服务外包的PPP项目，已经依据《政府采购法》选定社会资本合作方的，合作方依法能够自行建设、生产或者提供服务的，按照《招标投标法实施条例》第9条规定，合作方可以不再进行招标。所以具有工程总承包资质的社会资本可以直接与项目公司签署合同，PPP项目也属于建市〔2006〕6号文件规定的政府投资项目中不视为垫资施工的情况。

（四）慎用EPC+F模式

根据国内当前基本建设领域的实践，在PPP和特许经营之外，又产生了EPC+F模式，说穿了就是垫资承包或者以EPC之名行BT之实。国家政策并没有禁止经营性企业之间采用垫资或者BT模式，只是在政府投资项目领域，垫资承包和BT模式是明令禁止的。但政府可否将政府投资项目的建设管理权授予下属国有企业，由国有企业引进社会资本出资建设呢？

就授权行为本身，政府是可以将基础设施和公益事业项目的投资建设运营权委托给下属国有企业管理的。如参照《国家发展改革委关于开展政府和社会资本合作的指导意见》的规定，地方政府可以将行业运营公司作为政府授权的项目实施机构，在授权范围内负责项目的前期评估论证、实施方案编制、合作伙伴选择、项目合同签订、项目组织实施以及合作期满移交等工作。但被授权的地方国有企业不能为地方政府举债，关于这一点，早在国发〔2014〕43号文件中就明确规定政府和企业的责任，政府债务不得通过企业举借，企业债务不得推给政府偿还，切实做到谁借谁还、风险自担。政府与社会资本合作的，按约定规则依法承担相关责任。明确划清政府与企业界限，政府债务只能通过政府及其部门举借，不得通过企事业单位等举借。2021年3月7日，国务院又发布《关于进一步深化预算管理制度改革的意见》，严禁地方政府以企业债务形式增加隐性债务。这从源头上禁止了政府通过地方国有企业与社会资本合作垫资实施政府投资项目的可能。

同时，从项目可融资性的角度，《关于进一步规范地方政府举债融资行为的通知》规定了地方政府不得将公益性资产、储备土地注入融资平台公司，不得承诺将储备土地预期出让收入作为融资平台公司偿债资金来源，不得利用政府性资源干预金融机构正常经营行为。2018年3月28日，财政部发布的《关于规范金融企业对地方政府和国有企业投融资行为有关问题的通知》规定，国有金融企业不得直接或通过地方国有企事业单位等间接渠道为地方政府及其部门提供任何形式的融资，不得违规新增地方政府融资平台公司贷款。所以，政府将基础设施项目授予地方国有企业投资建设时，还要充分考虑项目的可融资性，以免项目后期缺少资金而成为烂尾工程。

但也应明白，国家并没有禁止社会资本投资基础设施及公益事业项目，特许经营等社会资本与政府合作模式有广泛的概念。《政府投资条例》第3条规定："政府投资资金应当投向市场不能有效配置资源的社会公益服务、公共基础设施、农业农村、生态环境保护、重大科技进步、社会管理、国家安全等公共领域的项目，以非经营性项目为主。国家完善有关政策措施，发挥政府投资资金的引导和带动作用，鼓励社会资金投向前款规定的领域。"所以，社会资本可以投资市场不能有效配置资源的社会公益服务、公共基础设施、农业农村、生态环境保护、重大科技进步、社会管理等项目。至于合作方式，只要不踩法律与政策红线，尤其是不能增加政府隐性债务，是可以大胆探索的。

综合以上分析，在政府投资项目之外，企业投资的工程建设项目可以采用多种类型的融资性工程总承包模式。且政府投资项目若采用特许经营或者PPP等模式引入社会资本实施的，也可以采用股权类融资性工程总承包模式。

第九章　工程保理合同的法律特征及风险防范

一、工程保理合同的概念

保理合同是以转让基础交易项下应收账款为基础，集保理融资、应收账款管理和催收、坏账担保等功能于一体的法律关系的集合。[1]《民法典》第761条规定："保理合同是应收账款债权人将现有的或者将有的应收账款转让给保理人，保理人提供资金融通、应收账款管理或者催收、应收账款债务人付款担保等服务的合同。"工程保理合同是保理合同的一种，一般是指工程总承包人将对发包人的应收工程款债权转让给保理人，保理人向其提供融资、应收账款催收、担保等综合性金融服务的合同。鉴于工程总承包项目结构复杂，计量与结算周期较长，工程总承包人有必要通过保理实现资金融通，所以工程保理在工程总承包项目中应用广泛。

二、工程保理合同的类型

根据《民法典》第762条的规定，保理合同的内容一般包括业务类型、服务范围、服务期限、基础交易合同情况、应收账款信息、保理融资款或者服务报酬及其支付方式等条款。依据不同的分类标准，可以将工程保理合

---

〔1〕 参见关丽、丁俊峰、包晓丽：《保理合同纠纷中基础交易合同债务人拒绝付款的司法认定》，载《法律适用》2019年第23期。

同分为不同的类型。

1.回购型保理合同和买断型保理合同

根据发包人无法偿付应收工程款时保理人是否可以要求工程总承包人回购工程款应收账款，可以将工程保理合同分为回购型保理合同（有追索权的工程保理合同）和买断型工程保理合同（无追索权的工程保理合同）。关于回购型工程保理合同，根据《民法典》第766条的规定，当事人可以在工程保理合同中约定有追索权保理，即保理人可以向工程总承包人主张返还保理融资款本息或者回购应收账款债权，也可以向发包人主张应收账款债权。保理人向发包人主张应收账款债权，在扣除保理融资款本息和相关费用后有剩余的，剩余部分应当返还给工程总承包人。而对于买断型工程保理合同，根据《民法典》第767条的规定，当事人约定无追索权保理的，保理人应当向发包人主张应收账款债权，其不能再向发包人主张回购应收账款债权，保理人取得超过保理融资款本息和相关费用的部分，无须向工程总承包人返还。

2.明保理合同和暗保理合同

根据是否将工程款债权转让的事实通知发包人，可以将工程保理合同分为明保理合同和暗保理合同。所谓明保理是指工程总承包人和保理人在保理合同签订后，将工程款应收账款债权转让的事实通知发包人。在发包人知悉工程总承包人将工程款债权转让给保理人之后，发包人才可以配合保理人将工程款支付给保理人。所谓暗保理是指工程总承包人与保理人签署完毕保理合同后的一定期限内，并不将工程款债权转让的事实通知发包人，只在约定期限或者事由出现之后，保理人才将工程款债权转让的事实通知发包人。很显然，由于发包人对于工程总承包人与保理人签署保理合同的事实不知情，发包人也不会将工程款支付给保理人，而是继续支付给工程总承包人。但鉴于工程项目管理中的实际情况，由工程总承包人依据合同向发包人申请工程款支付更为直接，所以暗保理合同相对于明保理合同而言，更便利工程款的催收。

关于债权转让的通知，《民法典》第546条第1款规定，“债权人转让债权，未通知债务人的，该转让对债务人不发生效力”。但在暗保理机制下，债权人可以暂不通知债务人，在一定的条件发生时再通知债务人，且可以由债权受让方即保理人通知债务人。根据《民法典》第764条的规定，“保理人向应收账款债务人发出应收账款转让通知的，应当表明保理人身份并附有必要凭证”，这是对债权转让通知惯例的一大突破。

3.国际工程保理合同和国内工程保理合同

根据工程总承包合同双方当事人是否均在我国境内，又可以将工程保理分为国内保理和国际保理。国内保理即发包人与工程总承包人均在我国境内的保理，而国际保理是双方至少有一个在国外的保理。

4.银行提供的保理合同和商业保理公司提供的保理合同

当前提供保理业务的机构主要为商业银行或者专业保理公司，由银行提供保理业务并与工程总承包人签署保理合同的为银行保理。由商业保理公司作为保理人，与工程总承包人签署保理合同提供保理服务的为商业保理。

5.单保理合同与多保理合同

按照参与工程保理服务的保理机构个数，可以将保理分为单保理和多保理。单保理是由一家保理机构单独与工程总承包人签署保理合同并提供保理服务。而多保理是由两家以上的保理人与工程总承包人签署保理合同并提供保理服务。根据《商业银行保理业务管理暂行办法》的规定，在银行保理中，保理机构为同一银行不同分支机构的，原则上可视作双保理。商业银行应当在相关业务管理办法中同时明确作为买方保理机构和卖方保理机构的职责。有保险公司承保买方信用风险的银保合作，也视同双保理。

三、工程保理合同的法律特征

1.工程保理合同是一种综合性金融服务合同，法律关系具有复合性

根据《商业银行保理业务管理暂行办法》第6条的规定，保理业务是以

债权人转让其应收账款为前提，集应收账款催收、管理、坏账担保及融资于一体的综合性金融服务。债权人将其应收账款转让给商业银行，由商业银行向其提供下列服务中至少一项的，即为保理业务：(1)应收账款催收：商业银行根据应收账款账期，主动或应债权人要求，采取电话、函件、上门等方式或运用法律手段等对债务人进行催收。(2)应收账款管理：商业银行根据债权人的要求，定期或不定期向其提供关于应收账款的回收情况、逾期账款情况、对账单等财务和统计报表，协助其进行应收账款管理。(3)坏账担保：商业银行与债权人签订保理协议后，为债务人核定信用额度，并在核准额度内，对债权人无商业纠纷的应收账款，提供约定的付款担保。(4)保理融资：以应收账款合法、有效转让为前提的银行融资服务。《最高人民法院关于当前商事审判工作中的若干具体问题》规定保理业务是以债权人转让其应收账款债权为前提，集应收账款催收、管理、坏账担保及融资于一体的综合性金融服务。《民法典》第761条也认为保理合同是保理人提供资金融通、应收账款管理或者催收、应收账款债务人付款担保等服务的合同。通过以上规定可以看出，保理业务实质上是一种综合性金融服务业务。工程保理业务中保理人依据保理合同约定，在受让工程总承包人的债权后也必须至少进行应收工程款催收、管理、坏账担保或融资中的一种行为。

但由于保理合同关系包括基础合同关系和保理合同关系，保理合同结构上具有复合性。同时保理合同本身也形成复合法律关系，表现为应收账款债权转让，加上应收账款管理或催收；或是应收账款债权转让，加上保理人提供资金融通；或是应收账款债权转让，加上应收账款债务人付款担保的服务；或是应收账款债权转让和几种服务叠加。既然不是单一的债权转让关系，而是两种以上的法律关系，就是复合的法律关系。〔1〕

〔1〕 参见崔建远：《保理合同探微》，载微信公众号“法律适用”2021年4月7日，https://mp.weixin.qq.com/s? src=11&timestamp=1634343771&ver=3377&signature=YBdxuJoqkj0K1GnGuhVtKE6S5H4xp2QnTGEn-W8HcGfpwkYCzdKSg3gfbt10zSduXLjs9AELD5sWc35H27O5Q2EZjho-xiut4E-jCYUrKLTbiVmpNjixQ*ZCete-1OTFe&new=1。

2.工程保理合同是以工程总承包合同为基础的独立合同

工程保理合同是保理合同的一种，工程保理合同关系包括保理人、工程总承包人（应收债款债权人）、发包人（债务人）这三方当事人，涉及工程总承包人与发包人之间的工程总承包合同关系以及保理人与工程总承包人、发包人之间的保理合同关系。而工程总承包合同关系是保理关系成立的前提，没有工程总承包合同作为基础交易合同关系，就不会产生应收工程款债权，没有应收工程款债权转让，就没有保理法律关系。所以保理人与工程总承包人之间的债权转让法律关系是工程保理法律关系的核心。

工程总承包合同作为工程保理的基础交易合同，它的存在是保理合同订立的前提，虽然两者有关权利义务的约定存在牵连，但两者并非主从合同关系，二者是相对独立的合同。所以工程总承包合同作为基础交易合同的效力并不影响保理合同的效力。〔1〕但同时需要注意的是，在保理人以工程保理合同为依据向工程总承包合同的债务人主张债权时，如果保理合同中对债权内容即债务的约定与工程总承包合同中的约定不同，除债务人同意或者法律另有规定外，保理合同中关于应收账款债务的约定并不能约束债务人。这就是保理合同的独立性及其限度。但《民法典》第765条规定："应收账款债务人接到应收账款转让通知后，应收账款债权人与债务人无正当理由协商变更或者终止基础交易合同，对保理人产生不利影响的，对保理人不发生效力。"

3.工程款应收债权转让是工程保理合同的核心要素

《商业银行保理业务管理暂行办法》明确规定保理业务是以债权人转让其应收账款为前提，《民法典》也规定保理合同是应收账款债权人将现有的或者将有的应收账款转让给保理人。保理合同必须具备的要素是应收账款债权的转让，没有应收账款的转让就不能构成保理合同。〔2〕对于应

---

〔1〕 参见黄薇主编：《中华人民共和国民法典释义（中）》，法律出版社2020年版，第1406~1407页。

〔2〕 参见黄薇主编：《中华人民共和国民法典释义（中）》，法律出版社2020年版，第1403页。

收账款，有学者认为，是指权利人因提供一定的货物、服务或设施而获得的要求债务人付款的权利以及依法享有的其他付款请求权，包括现有的和未来的金钱债权，但不包括因票据或其他有价证券而产生的付款请求权，以及法律、行政法规禁止转让的付款请求权。[1]工程总承包人基于工程总承包合同享有的工程款给付债权应符合以上定义，对于已完工程部分属于现在的债权比较容易理解，但未完部分工程的工程款属于将来的债权，只要工程总承包合同关系存在，工程总承包人组织工程建设，就应享有对发包人的工程款请求权。所以，该将来应收工程款债权也可视为存在，只不过附有一定的条件。总之，无论是现在的债权还是将来的债权，债权人将应收账款债权转移给保理人是工程保理的核心要素。

4.债务人收到债权转让通知是工程保理合同中的应收债权转让生效的前提

根据《民法典》第546条第1款的规定，债权人转让债权必须通知债务人，否则对债务人不发生效力。具体到工程保理业务中，发包人若没收到工程款债权转让的通知，其依然可以向工程总承包单位支付工程款。所以在保理合同签署后，工程总承包人或者保理人向发包人发出债权转让的通知尤为必要，否则该债权转让行为对发包人不发生效力。但根据《民法典》第764条的规定，保理人可以在工程保理合同签订后主动将债权转让的事实通知债务人。

5.应收账款债权受偿权坚持登记优先主义，均没登记时坚持通知优先主义

对于工程保理债权的受偿顺序，根据《民法典》第768条规定，“应收账款债权人就同一应收账款订立多个保理合同，致使多个保理人主张权利的，已经登记的先于未登记的取得应收账款；均已经登记的，按照登记时间的先后顺序取得应收账款；均未登记的，由最先到达应收账款债务人的

〔1〕 参见黄薇主编：《中华人民共和国民法典释义（中）》，法律出版社2020年版，第1403页。

转让通知中载明的保理人取得应收账款；既未登记也未通知的，按照保理融资款或者服务报酬的比例取得应收账款”。《民法典》的上述规定坚持应收转款转移登记优先主义，均没登记的，坚持通知优先主义，是否登记不是工程保理合同生效的要件。

对于应收账款转让登记，根据《商业保理业务风险管理操作指引》第26条规定，保理业务中商业保理公司应及时在人民银行征信中心设立的“动产融资统一登记系统”（中登网）对受让的应收账款进行登记。应收账款转让登记可以提高应收账款的公示范围，便于为其他商业保理公司或其他类型主体查询该笔应收账款的基本情况提供帮助，降低发生同笔应收账款多次转让给不同主体，有关应收账款并不存在等风险。《应收账款质押登记办法》第5条规定：“中国人民银行对征信中心办理应收账款质押登记有关活动进行管理。”第6条规定：“在同一应收账款上设立多个权利的，质权人按照登记的先后顺序行使质权。”第33条规定：“权利人在登记公示系统办理以融资为目的的应收账款转让登记，参照本办法的规定。”所以，有关保理合同中基础交易应收账款债权转让也适用于《应收账款质押登记办法》的规定。

但保理业务中的应收账款债权转让登记并不能代替通知的效力。根据《商业保理业务风险管理操作指引》第28条规定，商业保理公司将有关应收账款转让事实在人民银行征信中心设立的“动产融资统一登记系统”（中登网）上登记的，并不免除商业保理公司及应收账款原债权人向应收账款债务人履行应收账款转让通知的义务。所以，保理人还应根据《民法典》的规定按时将债权转让的通知及凭证通知债务人。在工程保理实践中，由于保理人转为工程款债权的受让方，其对债权转让通知有更大的利益，以免发包人继续向工程总承包人支付工程款而影响自己的权益，所以《民法典》第764条根据保理惯例作出由保理人通知债务人的规定。若同一个工程款债权存在多个均为登记的保理时，《民法典》规定由最先到达债务人的转让通知载明的保理人取得应收账款，也是督促保理人在签署保理合同之后，及时按照法律和行业惯例尽快向债务人发出通知，维护交易安全。

四、工程保理合同欺诈的行为认定及其法律后果与风险防范

在保理业务实践中，当事人虚构基础交易合同、利用虚假应收账款进行保理欺诈的情况时有发生。实践中，虚构应收账款的情况可能是债务人与债权人串通合谋签署虚假基础交易合同骗取保理人，也可能是债权人单独虚构基础交易合同骗取保理。相关基础债权可能是全部被虚构，也可能是部分虚构。但无论如何虚构，只要保理人不知基础债权为虚构而出于善意信任并签署保理合同，在基础交易合同无效情况之下，应收账款债务人不得以应收账款不存在为由对抗保理人，这得益于保理合同的独立性。根据《民法典》第763条规定，“应收账款债权人与债务人虚构应收账款作为转让标的，与保理人订立保理合同的，应收账款债务人不得以应收账款不存在为由对抗保理人，但是保理人明知虚构的除外”。对于《民法典》这条规定，若属于基础交易合同的债权人与债务人合谋虚构债权骗取保理比较容易理解，因债权转让需要债务人收到通知才对其发生效力，但对于债权人单独虚构债权的情况，就需要结合《民法典》第764条的规定理解。根据该条授权，保理人可以向债务人发出债权转让的通知，且在通知到达债务人时债权转让通知对债务人发生效力，所以在债务人不知情的情况下，依然可以构成保理欺诈。

（一）虚构应收账款的行为判定

1.工程保理合同中虚构应收账款行为的认定

对于如何判断工程保理合同中的应收账款债权为虚构，最高人民法院《民法典》贯彻实施工作领导小组认为保理合同中的通谋行为应满足如下两点：一是应收账款债权人与债务人之间通谋虚伪表示的效果必须是达到了

制造本不存在的权利外观的程度；二是需对保理人是否善意的判断标准有别于通常的善意无过失标准。对于第一点，我国审判实践中较为一致的认识是，外观主义是为保护交易安全设置的例外规定，一般适用于因合理信赖权利外观或意思表示外观的交易行为。在应收账款债权人向保理人转让虚假应收账款债权时，债务人向保理人确认，造成保理人信任债权的存在。由于债权人与债务人通过虚构基础交易合同，形成一定的虚假交易事实，无论这种虚假交易是全部子虚乌有，还是部分虚假如夸大交易金额等，从形式上看都足以使有经验的保理人相信该交易的存在，即虚构债权转让标的的行为必须与保理合同的订立存在因果关系。对于第二点，《民法典》第763条明确规定保理人担责的条件是"保理人明知虚构的除外"，这里的"明知"与《民法典》对表见代理和表见代表中的"知道或应当知道"的要求不同。《民法典》对要求为"应当知道"或者"推定知道"的要求较高；而《民法典》第763条规定将债务人的抗辩事由限定在"保理人明知虚构的"情形，排除了保理人"应当知道应收账款虚假"这一抗辩事由。〔1〕所以债务人只在有证据证明保理人在"明知"基础交易为虚假的情况下，才能对抗保理人。《民法典》第763条对保理人应对保理欺诈行为的保护力度较强。

2.虚构应收账款情形下保理合同效力的认定

根据《民法典》第146条第1款的规定，"行为人与相对人以虚假的意思表示实施的民事法律行为无效"。《民法典》第154条规定："行为人与相对人恶意串通，损害他人合法权益的民事法律行为无效。"在工程保理欺诈中，工程总承包人与发包人合谋虚构工程总承包合同或者故意夸大工程款债权，目的是骗取保理融资款，则工程总承包合同为无效合同或者被夸大部分无效。但由于工程保理合同具有独立性，工程保理合同不因基础合同的无效而无效。同时，在工程总承包人和发包人合谋虚构工程款债权的过

〔1〕 参见最高人民法院民法典贯彻实施领导小组主编：《中华人民共和国民法典合同编理解与适用（三）》，人民法院出版社2020年版，第1774~1776页。

程中，保理人并没参与且在签署保理合同时也不知情，所以保理人无须承担责任。

但如果保理人在“明知”应收账款为虚假的情况下依然签署保理合同，则发包人就能够以应收账款虚假为由对抗保理人。至于此时保理合同是否有效或者究竟构成什么法律关系，还要结合具体情形处理。在保理人与工程总承包人合谋订立虚假保理合同的情况下，根据《民法典》第146条第1款规定，该保理合同应为无效。但根据《民法典》第146条第2款规定，“以虚假的意思表示隐藏的民事法律行为的效力，依照有关法律规定处理”，那么在保理合同无效的情况下，也可以根据保理人与债权人订立合同的本意确定具体法律关系的性质。如根据《最高人民法院关于当前商事审判工作中的若干具体问题》规定，若保理人与交易相对人虚构基础合同，以保理之名行借贷之实，对此应查明事实，从是否存在基础合同、保理人是否明知虚构基础合同、双方当事人之间实际的权利义务关系等方面审查和确定合同性质。如果确实是名为保理、实为借贷的，仍应当按照借款合同确定案由并据此确定当事人之间的权利义务。所以，若保理人在明知应收账款不存在的情况下与债权人签订保理合同、开展保理业务，一般会被法院认定为借贷法律关系。若债权人虚构基础交易合同目的是向保理人借款，则构成借贷合同关系。

（二）保理欺诈行为的法律后果

1.当保理人对应收账款虚假不知情时

由于保理合同不因基础合同的无效（包括部分无效和全部无效）而无效，在保理人发现受到欺诈之后，根据《民法典》第763条的规定，保理人依然可以依据保理合同向债务人和债权人主张应收账款债权转移。

若债权人与债务人虚构基础交易债权骗取保理人签署保理合同后使保理人受到损失，这时债权人与债务人即构成了对保理人的共同侵权。根据《民法典》第1168条规定，“二人以上共同实施侵权行为，造成他人损害的，应当承担连带责任”。所以，若保理人因债权人与债务人的欺诈行为受到损失，保理人可以依据《民法典》向债权人和债务人索赔，要求二者就自己的损失承担连带责任。

2.当保理人对应收账款虚假知情时

若保理人在明知应收账款不存在的情况下与债权人签订保理合同并开展保理业务，一般会被法院认定为借贷法律关系。但同时，根据中国银保监会《关于加强商业保理企业监督管理的通知》规定，商业保理人不得发放贷款或受托发放贷款。根据最高人民法院、最高人民检察院、公安部、司法部联合印发的《关于办理非法放贷刑事案件若干问题的意见》第1条的规定，商业保理人“违反国家规定，未经监管部门批准，或者超越经营范围，以营利为目的，经常性地向社会不特定对象发放贷款，扰乱金融市场秩序，情节严重的，依照刑法第二百二十五条第（四）项的规定，以非法经营罪定罪处罚”。

（三）保理人对工程保理合同虚构债权行为的风险防范措施

为了预防保理欺诈行为，首先，保理人在签署工程保理合同之前应该对工程总承包项目是否真实存在以及合同的真实性与合法性进行尽职调查，以确保基础交易合同合法有效。由于我国工程总承包项目大多通过公开招标方式选择承包单位，保理商可以调取项目招投标资料以及备案材料等，以确定工程总承包合同是否属实。其次，根据《民法典》规定，保理人可以直接将债权转让的信息通知债务人。那么保理人在签署保理合同之后可以直接将保理合同、债权转让合同等进行公证，保理人将经公证后的保理合同和相关凭证递交给发包人，以确保通知的效力。最后，保理人也可以在工程保理合同签署之后，将工程总承包人转让债权的事实向发包人核实，要求发包人出具工程款债权真实存在的证明材料以及同意债权转让的承诺函，这样就可以规避债务人对债权真实性的抗辩。

第十章　工程总承包联合体

一、工程总承包联合体的法律概念

在我国建设工程实践中采用承包联合体形式是比较常见的承包形式，尤其是大型、复杂工程建设项目需要不同承包人发挥各自优势，形成综合实力建造工程。如著名的上海环球金融中心492米超高层建筑项目，由中国建筑工程总公司与上海建工集团组成总承包联合体；北京528米超高层建筑“中国尊”项目，由中建股份与中建三局组成总承包联合体，在工程的如期完工方面体现了联合体的突出优势。

在工程总承包项目中，鉴于承包范围包括勘察、设计与施工这几项对承揽单位专业资质、业绩要求很强的工作，设计单位与施工单位组成投标联合体就比较常见。对于联合体的法律概念，学界从不同的侧面多有论述，如有人认为联合体投标即指两个以上法人或其他组织，按照规定的条件，以协议为基础而组成的项目性的联合体，以一个投标人的身份共同投标的行为。[1]也有人认为承包联合体是为了承包一个工程项目，两个或两个以上的企业之间、企业与事业单位之间，在平等自愿基础上，为追求一定经济目的而实行联合经营的实体。[2]还有人认为联合体承包指的是某承

---

〔1〕 参见叶勇：《我国联合体投标的法律责任分析——从三峡和小浪底水利枢纽联合体招投标案谈起》，西南政法大学2008年硕士学位论文，第4页。

〔2〕 参见高今：《PPP模式下大型市政工程项目联合体合作伙伴选择研究》，重庆交通大学2015年硕士学位论文，第8页。

包单位为了承揽不适于自己单独承包的工程项目而与其他单位联合，以一个承包人的身份去承包的行为，两个以上法人或者其他组织可以组成一个联合体，以一个承包人的身份共同承包。综合三个观点，工程承包联合体是指成员各方之间通过签订联合协议的形式约定各自的责任，共同对招标人或者直接发包项目的发包人承担连带责任的工程总承包形式。

对于工程总承包联合体，根据《建设项目工程总承包合同示范文本（试行）》（GF-2011-0216）通用条款第1.1.7项规定："联合体，指经发包人同意由两个或两个以上法人或者其他组织组成的，作为工程承包人的临时机构，联合体各方向发包人承担连带责任。联合体各方应指定其中一方作为牵头人。"而修改后的《建设项目工程总承包合同（示范文本）》（GF-2020-0216）通用合同条件第1.1.2.4目约定："联合体：是指经发包人同意由两个或两个以上法人或者其他组织组成的，作为承包人的临时机构。"《标准设计施工总承包招标文件》没有对联合体进行专门定义，但其附具的合同通用条款第4.4款对联合体作了具体规定。《铁路建设项目工程总承包办法》第2条规定的铁路建设项目工程总承包，是指发包人或业主，通过招标将建设项目的施工图设计、采购和施工委托给具有相应资质的工程总承包人或联合体，工程总承包人按照合同约定，对施工图设计、物资设备采购、工程实施实行全过程承包，对工程的质量、安全、工期、投资、环保负责的建设组织方式。《公路工程设计施工总承包管理办法》第6条第1项要求总承包人应当同时具备与招标工程相适应的勘察设计和施工资质，或者由具备相应资质的勘察设计和施工单位组成联合体。《房屋建筑和市政基础设施项目工程总承包管理办法》第10条第1款规定，工程总承包人应当同时具有与工程规模相适应的工程设计资质和施工资质，或者由具有相应资质的设计单位和施工单位组成联合体。《民航专业工程总承包管理办法（征求意见稿）》第10条第2款也规定，设计单位和施工单位组成联合体的，应当根据项目的特点和复杂程度，合理确定牵头单位，并在联合体协议中明确联合体成员单位的责任和权利。笔者根据《建设项目工程总承包合同(示范文本)》(GF-2020-0216)有关联合体的定义展开论述。

二、工程总承包联合体的法律特征

联合体各方应当共同与发包人签订工程总承包合同，就工程总承包项目承担连带责任。鉴于工程总承包具有勘察、设计、施工、供货工作的集合性特征，工程总承包联合体既具有勘察、设计、施工承包等单一项目承包联合体的一般法律特征，又具有集合性特点。工程总承包联合体具有如下具体特征：

1.自愿性。在工程总承包联合体组建中，成员之间既可以同一专业进行组合，也可以不同专业进行组合，完全是成员间根据商业合作安排的自愿行为。《招标投标法》第31条第4款规定："招标人不得强制投标人组成联合体共同投标，不得限制投标人之间的竞争。"第51条规定："招标人以不合理的条件限制或者排斥潜在投标人的，对潜在投标人实行歧视待遇的，强制要求投标人组成联合体共同投标的，或者限制投标人之间竞争的，责令改正，可以处一万元以上五万元以下的罚款。"可见，法律规定招标人不得强迫投标人之间必须组建联合体。

2.明确的目的性。不同的单位组成工程总承包联合体是为了完成某一特定的工程总承包项目，离开这个目的，联合体没有存在的价值。

3.阶段性或临时性。工程总承包联合体是临时性组织，联合体是起于投标终于项目完成，具有项目实施的阶段性特征。同时，联合体是临时性组织，不具有法人特征。

4.专业互补性。一般情况下，联合体之间为了完成一个特定的工程总承包项目的勘察、设计、施工、供货等多种需求，利用各方优势承担工程项目中的一项或多项工作，联合体成员之间的业务专长具有明显的互补性。

5.竞标的唯一性。所谓唯一性主要是指一个联合体成员对于一个招标项目只能参加一个联合体，其既不能再参加其他联合体，也不能单独参加本项目（标段）投标。《招标投标法》第31条第1款规定："两个以上法人或者其他组织可以组成一个联合体，以一个投标人的身份共同投标。"《招标投标法实施条例》第37条第3款规定："联合体各方在同一招标项目中以自己名义单独投标或者参加其他联合体投标的，相关投标均无效。"这都是有关联合体投标唯一性的规定。

6.外部责任连带性。《招标投标法》第31条第3款规定："联合体各方应当签订共同投标协议，明确约定各方拟承担的工作和责任，并将共同投标协议连同投标文件一并提交招标人。联合体中标的，联合体各方应当共同与招标人签订合同，就中标项目向招标人承担连带责任。"《政府采购法》第24条第2款规定："以联合体形式进行政府采购的，参加联合体的供应商均应当具备本法第二十二条规定的条件，并应当向采购人提交联合协议，载明联合体各方承担的工作和义务。联合体各方应当共同与采购人签订采购合同，就采购合同约定的事项对采购人承担连带责任。"但由于工程总承包项目集合性特征，这里的连带责任既包括承揽勘察设计、施工某一专业成员对单一专业其他成员的连带责任，又包括不同专业成员对别的专业成员的连带责任。

三、工程总承包联合体的资质组合

在第四章工程总承包人的资质要求中，铁路、公路、民航、房屋建筑与市政工程项目的工程总承包需要同时具备设计与施工资质，一般由设计单位与施工单位组成联合体"强强联合"，共同与发包人签署工程总承包合同。但是，对于同一专业组成的联合体，如两家设计单位或者两家施工单位参与了工程总承包联合体，该如何认定资质？《建筑法》第27条第2款规定："两个以上不同资质等级的单位实行联合共同承包的，应当按照资质等级低的单位的业务许可范围承揽工程。"《招标投标法》第31条第2款规定："联合体各方均应当具备承担招标项目的相应能力；国家有关规定或者招标文件对投标人资格条件有规定的，联合体各方均应当具备规定的相应资格条件。由同一专业的单位组成的联合体，按照资质等级较低的单位确定资质等级。”如两家设计院参加了工程总承包，一家甲级资质、一家乙级资质，如果两家承揽同一子项目的设计工作，应该按照乙级资质认定联合体在该项设计中的资质。

由上可知，对于不同专业组成的工程总承包联合体，工程成员各方均应当具备承担招标项目的相应能力，或勘察设计，或施工；没有相应工程资质的设备供应商或者PPP（BOT）项目的投资人是不可以签署工程总承包合同的。

四、工程总承包联合体的牵头人

（一）联合体牵头人在投标与签约阶段的义务

工程总承包招标是设计、施工招标的集合，《工程建设项目勘察设计招标投标办法》第27条第1款规定：“以联合体形式投标的，联合体各方应签订共同投标协议，连同投标文件一并提交招标人。”第28条规定：“联合体中标的，应指定牵头人或代表，授权其代表所有联合体成员与招标人签订合同，负责整个合同实施阶段的协调工作。但是，需要向招标人提交由所有联合体成员法定代表人签署的授权委托书。”《工程建设项目施工招标投标办法》第44条规定：“联合体各方应当指定牵头人，授权其代表所有联合体成员负责投标和合同实施阶段的主办、协调工作，并应当向招标人提交由所有联合体成员法定代表人签署的授权书。”第45条规定：“联合体投标的，应当以联合体各方或者联合体中牵头人的名义提交投标保证金。以联合体中牵头人名义提交的投标保证金，对联合体各成员具有约束力。”

根据以上规定，在投标与签约阶段，设计单位或施工单位作为牵头人主要取决于牵头人的投标组织能力。

（二）联合体牵头人在施工阶段的义务

对于联合体牵头人的确定，不同行业的管理办法规定不同。如《铁路建设项目工程总承包办法》第16条规定："工程总承包单位为联合体的，原则上以施工单位为牵头人。联合体应成立以牵头人为主的项目实施机构，代表联合体各方对施工设计、工期、投资、质量、安全、环保、验工计价、工程交接、协调配合等进行统一管理。所有联合体成员均应严格遵守联合体协议，并承担各自的直接责任和相关连带责任。"第34条规定："建设项目由联合体中标的，建设单位只对联合体的牵头人验工计价。"《铁路建设项目工程总承包办法》规定应由施工单位作为牵头人，是考虑工程总承包项目是以施工为主的项目管理过程。施工单位直接负责项目的质量安全、工程、投资控制等，对整个项目实施可以起到关键作用。所以《铁路建设项目工程总承包办法》规定发包人只对牵头人验工计价。《公路工程设计施工总承包管理办法》第6条第3项规定："以联合体投标的，应当根据项目的特点和复杂程度，合理确定牵头单位，并在联合体协议中明确联合体成员单位的责任和权利。"《房屋建筑和市政基础设施项目工程总承包管理办法》第10条第2款规定："设计单位和施工单位组成联合体的，应当根据项目的特点和复杂程度，合理确定牵头单位，并在联合体协议中明确联合体成员单位的责任和权利。联合体各方应当共同与建设单位签订工程总承包合同，就工程总承包项目承担连带责任。"《民航专业工程总承包管理办法（征求意见稿）》中也要求合理确定联合体牵头单位。公路、民航、房屋建筑与市政工程的管理办法中没有具体指定牵头人，均规定合理确定牵头人，这就需要工程总承包联合体在投标时根据项目的具体特点和联合体成员的管理能力等因素合理确定牵头人。

在工程施工阶段，需要由较强现场管理能力的施工单位管理控制现场，对现场的施工组织、质量安全、进度等进行全面控制，一般来说施工单位具备现场控制能力。根据《建筑工程施工许可管理办法》第4条第1款规定，发包人领取施工许可证需要已经确定施工企业，且如果按照规定应当招标的工程没有招标，应当公开招标的工程没有公开招标，或者肢解发包工程，以及将工程发包给不具备相应资质条件的企业的，所确定的施工企业无效。该条款同时要求有保证工程质量和安全的具体措施。施工企业编制的施工组织设计中有根据建筑工程特点制定的相应质量、安全技术措施。建立工程质量安全责任制并落实到人。专业性较强的工程项目编制了专项质量、安全施工组织设计，并按照规定办理了工程质量、安全监督手续等。所以，为了施工质量安全、环保等，由施工单位作为牵头人较为合适。

综合以上两个阶段，为了提高工程总承包项目建设周期的管控质量，笔者认为由联合体中现场管理能力强的施工单位作为牵头人负责协调、管理项目较为妥当。

五、工程总承包联合体的协议

（一）联合体协议的概念

对于工程总承包联合体协议，《招标投标法》第31条第3款规定，联合体各方应当签订共同投标协议，明确约定各方拟承担的工作和责任，并将共同投标协议连同投标文件一并提交招标人。联合体中标的，联合体各方应当共同与招标人签订合同，就中标项目向招标人承担连带责任。根据《政府采购法》第24条第2款规定，以联合体形式进行政府采购的，供应商联合体均应当具备《政府采购法》第22条规定的条件，并应当向采购人提交联合协议，载明联合体各方承担的工作和义务。联合体各方应当共同与采购人签订采购合同，就采购合同约定的事项对采购人承担连带责任。《房屋建筑和市政基础设施项目工程总承包管理办法》第10条第2款规定，设计单位和施工单位组成联合体的，应当根据项目的特点和复杂程度，合理确定牵头单位，并在联合体协议中明确联合体成员单位的责任和权利。

联合体各方应当共同与建设单位签订工程总承包合同，就工程总承包项目承担连带责任。根据以上法律与政策规定，工程总承包联合体协议是指设计单位、施工单位或者设备供应单位为了共同承揽工程总承包业务签署的协议，成员各方在该协议中约定各方为实施工程总承包项目的分工与义务，以及约定成员各方就其与发包人签署的工程总承包合同向发包人承担连带责任等内容。

（二）联合体协议的类型

由于工程总承包联合体成员之间商务合作的多样性以及不同单位对组成联合体的诉求不同，联合体协议一般分为标前合作协议、投标联合体协议和中标后分工协议三种类型。工程公司为了开拓市场，往往会就某一个区域或者某一类业务签署战略合作协议、框架协议等合作协议，协议中约定各方优势互补、共同开发业务。还有的为了竞标一个具体的工程总承包项目，在招标开始前或者投标准备中签署标前合作协议，约定各方权利义务。但由于我国大型工程总承包项目通过招标方式采购工程总承包人，发包人在招标文件中一般会设计固定的“投标联合体协议”格式，而这种格式文件无法满足联合体成员的实际需要，投标联合体之间为了确定竞标前后的各项安排，不可避免地会签署其他协议。如果这类协议发生在中标前，可以称其为标前协议；如果发生在中标后，称为标后协议。

（三）联合体协议的性质

《民法通则》[1]第51条规定，企业之间或者企业、事业单位之间联营，组成新的经济实体，独立承担民事责任，具备法人条件的，经主管机关核准登记，取得法人资格。第52条规定，企业之间或者企业、事业单位之间联营，共同经营、不具备法人条件的，由联营各方按照出资比例或者协议

〔1〕《民法通则》已于2021年1月1日失效。

的约定，以各自所有的或者经营管理的财产承担民事责任。依照法律的规定或者协议的约定负连带责任的，承担连带责任。第53条规定，企业之间或者企业、事业单位之间联营，按照合同的约定各自独立经营的，它的权利和义务由合同约定，各自承担民事责任。所以，一般经营性工程总承包联合体协议的法律性质属于协作型联营协议。但是对于采用BOT或PPP模式实施的融资型工程总承包项目中的联合体协议属于法人型联营协议和协作型联合体协议的结合，即综合性联营协议。

（四）联合体协议的效力

我国《民法典》第119条规定："依法成立的合同，对当事人具有法律约束力。"第143条规定："具备下列条件的民事法律行为有效：（一）行为人具有相应的民事行为能力；（二）意思表示真实；（三）不违反法律、行政法规的强制性规定，不违背公序良俗。"第144条规定："无民事行为能力人实施的民事法律行为无效。"第146条第1款规定："行为人与相对人以虚假的意思表示实施的民事法律行为无效。"第153条规定："违反法律、行政法规的强制性规定的民事法律行为无效。但是，该强制性规定不导致该民事法律行为无效的除外。违背公序良俗的民事法律行为无效。"第154条规定："行为人与相对人恶意串通，损害他人合法权益的民事法律行为无效。"所以，只要愿意组成工程总承包联合体的单位具有完全民事行为能力，在联合体协议中约定的事项不违反《民法典》等法律法规的强制性规定，一般均为有效协议。

对于工程总承包联合体协议的签约主体资格问题，根据《最高人民法院关于审理联营合同纠纷案件若干问题的解答》[1]第3条规定：1.联营合同的主体应当是实行独立核算，能够独立承担民事责任的企业法人和事业法

〔1〕 该文件已被最高人民法院2020年12月29日发布的《最高人民法院关于废止部分司法解释及相关规范性文件的决定》废止。

人。个体工商户、农村承包经营户、个人合伙，以及不具备法人资格的私营企业和其他经济组织与企业法人或者事业法人联营的，也可以成为联营合同的主体。2.企业法人、事业法人的分支机构不具备法人条件的，未经法人授权，不得以自己的名义对外签订联营合同；擅自以自己名义对外签订联营合同且未经法人追认的，应当确认无效。但由于投标联合体协议应满足招标文件和《建筑法》等法律法规的要求，如设计、施工单位应依据招标文件对资质能力要求进行分工等，工程总承包联合体协议应满足相应要求。否则，如果联合体协议约定不具备施工资质的单位实施工程施工，不具备设计资质的单位实施设计工作，违反了《建筑法》等法律法规的强制性规定，自然也是无效协议。

对于工程总承包联合体协议权利义务安排问题，根据《最高人民法院关于审理联营合同纠纷案件若干问题的解答》第4条“关于联营合同中的保底条款问题”规定：1.联营合同中的保底条款，通常是指联营一方虽向联营体投资，并参与共同经营，分享联营的盈利，但不承担联营的亏损责任，在联营体亏损时，仍要收回其出资和收取固定利润的条款。保底条款违背了联营活动中应当遵循的共负盈亏、共担风险的原则，损害了其他联营方和联营体的债权人的合法权益，因此，应当确认无效。联营企业发生亏损的，联营一方依保底条款收取的固定利润，应当如数退回，用于补偿联营的亏损，如无亏损，或补偿后仍有剩余的，剩余部分可作为联营的盈余，由双方重新商定合理分配或按联营各方的投资比例重新分配。2.企业法人、事业法人作为联营一方向联营体投资，但不参加共同经营，也不承担联营的风险责任，不论盈亏均按期收回本息，或者按期收取固定利润的，是明为联营，实为借贷，违反了有关金融法规，应当确认合同无效。除本金可以返还外，对出资方已经取得或者约定取得的利息应予收缴，对另一方则应处以相当于银行利息的罚款。3.金融信托投资机构作为联营一方依法向联营体投资的，可以按照合同约定分享固定利润，但亦应承担联营的亏损责任。根据该条规定，工程总承包联合体协议中，若约定成员一方只享有固定收益但不承担任何具体工作任务，也不承担经营风险的，约定无效。BOT项目中非金融信托投资机构利用联合体协议约定股东收益的无效。

另外，根据《建筑工程施工发包与承包违法行为认定查处管理办法》第8条第2款规定，工程总承包联合体协议中若含有非法转包的条款，则因违反《建筑法》和《建设工程质量管理条例》的强制性规定而应被认定无效。

（五）联合体协议的特点

鉴于工程总承包联合体协议分为协作型联营协议和法人型联营协议，每种类型的特点不同。对于协作型工程总承包联营协议，联合体协议中各方不约定共同出资设立项目公司；联合体成员各方完全独立经营；联合体协议约定的组织比较松散；联合体协议有共同的工作目标即承揽发包人的总承包工程，并共同与发包人签署工程总承包合同，承担连带责任，但各成员之间有明确的业务分工，如设计、施工或设备供应等。对于法人型与协作型结合的工程总承包联合体协议，协议内容更为复杂，除了具备协作型联营协议的特征之外，还具有法人型联营协议的特征。即联合体各方约定按照商定的出资比例共同组建项目公司，项目公司独立承担民事责任；联营各方以出资额为限承担有限责任或者依据与政府方的协议约定对项目公司承担协助义务；联营各方为设立新法人制定公司章程或者合资协议，约定各方的出资额、出资时间等事项。

六、工程总承包联合体的责任分担

一般来说，连带责任属于一种民事责任，是指两个或两个以上的连带义务人根据法律规定或当事人的有效约定，对因未适当履行义务而需向债权人承担全部责任的法律制度。对于联合体连带责任的本质属性，首先它具有债务承担的同一性和债权消灭的整体性特点，即工程总承包联合体对发包人的偿付责任可以因一个成员的承担而全部清偿。其次，联合体的连带责任又具有成员地位的平等性和履约主体的多数性特点，即工程总承包联合体成员在对外承担连带责任时的地位平等，不存在隶属关系或主从关系。最后，对发包人而言承担责任的数量是多个，发包人可以自由选择。〔1〕

对于连带责任的性质，一般可以分为法定的连带责任和约定的连带责任。关于法定的连带责任，《民法典》中多有规定，如第67条规定了法人合并分立后的连带责任；第75条规定了法人机构的二人以上设立人的连带责任；第83条第2款规定了营利法人的出资人滥用法人独立地位，损害法人债权人的利益的连带责任；第164条第2款规定了代理人和相对人恶意串通，损害被代理人合法权益的，代理人和相对人应当承担连带责任等。《建筑法》第27条和《招标投标法》第31条均明确规定了联合体成员应对发包人（招标人）承担连带责任。这些均属于法定的连带责任。但如果深入考察工程总承包联合体中连带责任的案例会发现，在法定连带责任之外，联合体之间对于其他民事主体承担的连带责任，这些责任可以依据联合体协议或者其他民商事合同约定是否承担连带责任以及承担的比例。这些通过协议约定的连带责任，可称为约定的连带责任。

无论是法定的连带责任还是约定的连带责任，工程总承包联合体之间对第三方的连带责任均区别于保证担保责任的从属性质，而应属于并存的债务承担。对于并存的债务承担问题，《民法典》第552条规定："第三人与债务人约定加入债务并通知债权人，或者第三人向债权人表示愿意加入债务，债权人未在合理期限内明确拒绝的，债权人可以请求第三人在其愿意承担的债务范围内和债务人承担连带债务。"《民法典》在这里规制了约定

〔1〕 参见李永军：《论连带责任的性质》，载个人图书馆，http://www.360doc.com/content/12/1018/16/7558113_242240644.shtml。

的债务加入行为，适合约定的连带责任。而《建筑法》《招标投标法》等法律法规中规定的投标联合体之间应向招标人或者工程总承包项目发包人承担连带责任属于法定的债务加入行为。

工程总承包联合体共同对发包人承担连带责任，同时联合体还可能存在对分包单位或其他第三方的违约、侵权责任，这都属于联合体的外部责任。但联合体成员之间根据联合体协议约定了各方应承担的责任，这是内部责任。对于联合体的外部责任，主要有如下几个方面：

（一）工程总承包联合体对发包人的连带责任

我国法律明确规定工程承包联合体成员依据工程总承包合同对发包人承担连带责任。如《建筑法》第27条和《招标投标法》第31条均明确规定联合体成员应对发包人（招标人）承担连带责任。同时，《标准设计施工总承包招标文件》通用合同条款第4.4款以及《建设项目工程总承包合同（示范文本）》（GF-2020-0216）通用合同条件第1.1.2.4目中均约定了联合体依据工程总承包合同对发包人承担连带责任。

关于发包人如何依据工程总承包合同追究联合体的连带责任，《民法典》第178条规定："二人以上依法承担连带责任的，权利人有权请求部分或者全部连带责任人承担责任。连带责任人的责任份额根据各自责任大小确定；难以确定责任大小的，平均承担责任。实际承担责任超过自己责任份额的连带责任人，有权向其他连带责任人追偿。连带责任，由法律规定或者当事人约定。"此条既规定了外部连带责任的责任承担，又规定了被追诉承担连带责任后，联合体成员之间内部责任分担问题。根据此条规定，在工程总承包联合体发生违约或侵权责任时，发包人可以请求联合体全部成员承担责任，也可以选择要求部分联合体成员承担责任。

但同时，联合体之间通过联合体协议划分了不同成员间承担的责任，在联合体一方为其他成员应承担的责任部分对发包人履行完义务后，其可依据联合体协议约定向应负责任的成员方追索。

（二）工程总承包联合体对其他第三方的违约责任

鉴于工程总承包联合体需要进行工程分包，若负责施工的联合体成员与其他第三方签署了专业分包合同、劳务合同或者材料供应合同，该施工单位对其下游分包商单位的违约责任或者侵权责任是不是需要联合体其他成员（如设计单位）承担连带责任呢？笔者认为，鉴于合同的相对性，对于分包合同责任，除非分包合同是由全体联合体成员与下游分包单位签署的，一般应由与分包单位签署合同的联合体成员向分包单位承担相应的合同责任。这体现在工程总承包联合体之间的连带责任属于协议约定的连带责任，联合体之间是否对外承担连带责任以及责任多少，均由联合体成员在协议中具体约定。

但是，由于该联合体成员的分包合同违约行为导致联合体其他成员受到损失的，其应该赔偿无过错方的损失。

（三）工程总承包联合体对其他第三方的侵权责任

根据《民法典》第1168条规定，二人以上共同实施侵权行为，造成他人人身或财产损害的，应当承担连带责任。若工程总承包联合体在投标或履约中分别实施了侵权行为造成同一损害，联合体每个成员的侵权行为都足以造成受害人的全部损害的，成员间对被害人承担连带责任。但是鉴于工程总承包联合体由设计单位、施工单位等不同专业的成员组成，实践中很少出现《民法典》第1168条规定的承担连带责任的情况，且由于建设工程的特殊性，实践中较容易出现侵犯知识产权的情况。

例如，在我国三峡工程建设期间发生的一起著名的国际诉讼案。1997年2月14日，三峡工程二期工程混凝土施工主要设备塔带机国际招标中，中标单位为日本三菱公司、美国江申公司、法国波坦公司联合体。在履约中，联合体被美国 Rotec公司以联合体在美国境内“要约销售”了涉案专利要求保护的设备为由，在伊利诺伊州中区法院提起诉讼，称三菱公司联合体侵犯其专利权。1998年12月14日，美国地区法院作出了不利于Rotec公司的判决，认为原告所称的联合体成员之一美国江申公司在美国境内的要约销售行为证据不足。Rotec公司又向美国联邦巡回上诉法院提起上诉。2003年11月，上诉法院以被控侵权人美国江申公司在美国境内的行为并不足以构成“要约销售”了专利保护的整个发明创造为由，作出了不利于上诉人Rotec公司的判决。[1]本案就是关于联合体成员被诉侵犯知识产权的案件，也是联合体成员在履约中最容易出现的侵权案件。虽然该案按照美国法院程序审判，但事实上根据我国法律，联合体也较易因该类侵权行为受诉。为了规避侵权风险，联合体成员在签署联合体协议时应约定清楚联合体成员在联合体投标及中标后的履约中出现一方成员侵权时责任承担问题，以免由于联合体其他成员的技术、产权等存在瑕疵而遭受损失。

（四）工程总承包联合体的行政处罚责任

1.招投标违法导致的行政责任。若联合体全部成员均存在违法违规行为，如在投标中弄虚作假、骗取中标的，行政机关依据《招标投标法》第54条可对联合体全体成员进行罚款。但工程总承包联合体由不同专业成员组建，在项目实施中出现部分成员违反了法律法规，如工程总承包联合体中施工单位在投标中弄虚作假、骗取中标的，一般来说，对于同一个联合体的同一个违法行为，行政机关不能对联合体成员各自立案、分别处理，而应合并立案、分别处理。这是因为联合体违法行为本质上属于一个违法行为，对一个违法行为分别立案是明显违反不得重复评价的行政法律精神的。[2]又因为联合体是临时性组织，联合体成员是由不同的实体公司或组

〔1〕 参见叶勇：《我国联合体投标的法律责任分析——从三峡和小浪底水利枢纽联合体招投标案谈起》，西南政法大学2008年硕士学位论文，第21~22页。

〔2〕 参见李靖：《联合体投标的违法责任该由谁承担——由一起联合体投标违法案件说起》，载《招标采购管理》2018年第4期。

织组成的，行政机关只能针对不同的联合体成员单位实施处罚，不过，对各个联合体成员的处罚程度应该是相同的。

但由于我国实行施工许可制度，在建设行政主管部门备案的项目质量安全责任主体往往是施工单位，对于施工质量和安全文明施工中的违法行为，一般会处罚履行施工现场管理责任的单位。

2.工程总承包联合体的农民工工资支付责任。根据国务院颁布的《保障农民工工资支付条例》的规定，施工总承包人应当开设农民工工资专用账户、存储工资保证金、对总承包范围的工程使用的农民工进行实名管理、建立工资支付台账、存储工资保证金、为分包单位代发农民工工资。对于分包单位拖欠农民工工资，施工总承包人有先行清偿义务，否则根据该支付条例的规定，施工总承包人将面临严重的行政处罚风险。

由于《保障农民工工资支付条例》规定了施工总承包人的责任，没有具体规定施工总承包人应如何承担责任，那么在设计、施工联合体与建设单位签约的情况下，违反该支付条例的违约行为应该被扩大解释为由联合体共同承担。按照“合并立案、分别处理”的原则，人力资源行政管理等部门作出的行政处罚也应该针对工程总承包联合体全体成员实施。

3.安全生产违法行为导致的行政责任。鉴于《建设工程安全生产条例》针对项目的勘察、设计单位和施工单位违反条例的行为分别作出了规定，如第56条规定：“违反本条例的规定，勘察单位、设计单位有下列行为之一的，责令限期改正，处10万元以上30万元以下的罚款；情节严重的，责令停业整顿，降低资质等级，直至吊销资质证书；造成重大安全事故，构成犯罪的，对直接责任人员，依照刑法有关规定追究刑事责任；造成损失的，依法承担赔偿责任：（一）未按照法律、法规和工程建设强制性标准进行勘察、设计的；（二）采用新结构、新材料、新工艺的建设工程和特殊结构的建设工程，设计单位未在设计中提出保障施工作业人员安全和预防生产安全事故的措施建议的。”第62条规定：“违反本条例的规定，施工单位有下列行为之一的，责令限期改正；逾期未改正的，责令停业整顿，依照《中华人民共和国安全生产法》的有关规定处以罚款；造成重大安全事故，构成犯罪的，对直接责任人员，依照刑法有关规定追究刑事责任：（一）未设立安全生产管理机构、配备专职安全生产管理人员或者分部分项工程施工时无专职安全生产管理人员现场监督的；（二）施工单位的主要负责人、项目负责人、专职安全生产管理人员、作业人员或者特种作业人员，未经安全教育培训或者经考核不合格即从事相关工作的；（三）未在施工现场的危险部位设置明显的安全警示标志，或者未按照国家有关规定在施工现场设置消防通道、消防水源、配备消防设施和灭火器材的；（四）未向作业人员提供安全防护用具和安全防护服装的；（五）未按照规定在施工起重机械和整体提升脚手架、模板等自升式架设设施验收合格后登记的；（六）使用国家明令淘汰、禁止使用的危及施工安全的工艺、设备、材料的。”若工程总承包联合体单位违反了安全生产法律法规，造成了安全生产事故，行政机关分别对设计单位和施工单位进行处罚时，也符合“合并立案、分别处理”的原则，只是处罚的程度根据法律规定实施。

（五）工程总承包联合体的刑事责任——以串通投标罪为例

根据《关于禁止串通招标投标行为的暂行规定》规定，串通招标投标，是指招标者与投标者之间或者投标者与投标者之间采用不正当手段，对招标投标事项进行串通，以排挤竞争对手或者损害招标者利益的行为。这里包括投标人之间相互串通投标，也包括投标人与招标人相互串通投标。

《招标投标法实施条例》第67条第1款规定，投标人相互串通投标或者与招标人串通投标的，投标人向招标人或者评标委员会成员行贿谋取中标的，中标无效；构成犯罪的，依法追究刑事责任。而对于具体的串通投标行为，《招标投标法实施条例》第39条、第40条、第41条有专门规定。《刑法》第223条规定：“投标人相互串通投标报价，损害招标人或者其他投标人利益，情节严重的，处三年以下有期徒刑或者拘役，并处或者单处罚金。

投标人与招标人串通投标，损害国家、集体、公民的合法利益的，依照前款的规定处罚。”根据最高人民检察院、公安部《关于公安机关管辖的刑事案件立案追诉标准的规定（二）》第76条规定，投标人相互串通投标报价，或者投标人与招标人串通投标，涉嫌下列情形之一的，应予立案追诉：(1)损害招标人、投标人或者国家、集体、公民的合法利益，造成直接经济损失数额在五十万元以上的；(2)违法所得数额在十万元以上的；(3)中标项目金额在二百万元以上的；(4)采取威胁、欺骗或者贿赂等非法手段的；(5)虽未达到上述数额标准，但两年内因串通投标，受过行政处罚二次以上，又串通投标的；(6)其他情节严重的情形。该规定第88条规定，“虽未达到上述数额标准”，是指接近上述数额标准且已达到该数额的80%以上的。第89条规定，对于预备犯、未遂犯、中止犯，需要追究刑事责任的，应予立案追诉。第90条明确立案追诉标准除法律、司法解释和本规定中另有规定的以外，适用于相应的单位犯罪。可见，我国《刑法》与司法解释对串通投标罪及其认定标准均有明确规定。

但若工程总承包联合体在一个招投标活动中，仅有联合体一方成员实施了串通投标行为，构成了串通投标罪，国家对其他成员是否也应该按照串通投标罪进行刑事处罚？笔者认为，这需要严格依据《关于公安机关管辖的刑事案件立案追诉标准的规定（二）》的内容考量该联合体的具体行为是否能被认定为串通投标罪。刑事处罚的标准比行政处罚的标准要求高，如果部分联合体成员虽然参加了投标，但没有组织本次串标行为，或者虽然参与串标行为，但因违法次数或数额标准不具备《关于公安机关管辖的刑事案件立案追诉标准的规定（二）》的立案条件，按照“合并立案、分别处理”的原则，其行为不构成刑事犯罪，不应承担刑事责任。

另外，在工程总承包招标投标和合同履行过程中还存在各种刑事犯罪行为，如拒不支付劳动报酬罪以及安全生产事故类犯罪等，限于篇幅，本书不再赘述。

由上可知，参考《民法通则》的相关规定，联营各方按照出资比例或者协议的约定，以各自所有的或者经营管理的财产承担民事责任。根据《最高人民法院关于审理联营合同纠纷案件若干问题的解答》第9条规定，联营是协作型的，联营各方按照合同的约定，分别以各自所有或经营管理的财产承担民事责任。联营体是企业法人的，以联营体的全部财产对外承担民事责任。联营各方对联营体的责任则以各自认缴的出资额为限。工程总承包联合体成员各方应该根据联合体协议的约定向发包人履行责任，根据工程总承包合同约定履行义务。

对于联合体在承担了外部责任（尤其是连带责任）之后，联合体成员之间如何确定内部责任，对外承担了外部责任的成员如何向其他成员追索问题，一般都取决于联合体协议约定。根据《民法典》第518条规定，“债权人为二人以上，部分或者全部债权人均可以请求债务人履行债务的，为连带债权；债务人为二人以上，债权人可以请求部分或者全部债务人履行全部债务的，为连带债务。连带债权或者连带债务，由法律规定或者当事人约定”。第519条规定：“连带债务人之间的份额难以确定的，视为份额相同。实际承担债务超过自己份额的连带债务人，有权就超出部分在其他连带债务人未履行的份额范围内向其追偿，并相应地享有债权人的权利，但是不得损害债权人的利益。其他连带债务人对债权人的抗辩，可以向该债务人主张。被追偿的连带债务人不能履行其应分担份额的，其他连带债务人应当在相应范围内按比例分担。”所以，联合体成员在向发包人实际承担责任超过联合体协议约定的自己责任份额的，有权向联合体其他成员追偿。

若联合体成员之间因工程总承包联合体协议履行发生争议且协商不成时，也取决于联合体协议的具体约定。若联合体协议约定诉讼方式解决就应该适用诉讼方式；若约定仲裁方式解决，应适用仲裁委员会仲裁。但在工程总承包项目招标实践中，招标文件附具的投标联合体协议往往没有拟定争议解决方式。《最高人民法院关于审理联营合同纠纷案件若干问题的解答》第2条规定，对于“法人型联营合同纠纷案件，由法人型联营体的主要办事机构所在地人民法院管辖”；对于“协作型联营合同纠纷案件，由被告所在地人民法院管辖”。由联营体主要办事机构所在地或联营体注册登记地人民法院管辖确有困难的，如法人型联营体已经办理了注销手续，合伙型联营体应经工商部门注册登记而未办理注册登记，或者联营期限届满已经解体的，可由被告所在地人民法院管辖。但是BOT类项目中的工程总承包联合体既包括协作型联营又包括法人型联营，《最高人民法院关于审理联营合同纠纷案件若干问题的解答》没有详细规定这种复杂的情况，笔者认为，可以根据联合体成员之间具体争议事项确定管辖法院，若争议事项为联合体有关项目法人设立的问题，可以由法人型联营体的主要办事机构所在地人民法院管辖；若争议事项为联合体成员之间的其他事项，由被告所在地人民法院管辖。

七、工程总承包联合体之间非法转包行为的认定与后果

（一）利用联合体实施转包行为的认定

根据《建设工程质量管理条例》第78条的规定，转包是指承包人承包建设工程后，不履行合同约定的责任和义务，将其承包的全部建设工程转给他人或者将其承包的全部建设工程肢解以后以分包的名义分别转给其他单位承包的行为。工程转包历来是我国法律法规禁止的行为。《建筑法》第28条规定：“禁止承包人将其承包的全部建筑工程转包给他人，禁止承包人将其承包的全部建筑工程肢解以后以分包的名义分别转包给他人。”《建设工程质量管理条例》第18条和第25条分别规定了勘察设计单位和施工单位不得转包工程或者利用分包的名义转包工程。工程总承包人一般为了资质业绩优势互补才组成联合体，共同与发包人签署工程总承包合同，联合体之间按照各自特长进行专业分工，并就整个工程总承包项目共同对发包人承担连带责任。但在实践中，往往存在虚假借助联合体名义

承揽工程的情况，事实上构成非法转包。对于工程总承包联合体成员而言，其应按照联合体协议中的分工承诺，履行工程总承包项目的勘察、设计或者施工管理等任务，否则若部分联合体成员单位签约后不履行其在联合体协议中约定的义务，而是将其承诺实施的工作任务转由其他联合体成员实施，即构成转包。

对于禁止利用联合体承揽工程后再转包的情况，四川省住建厅印发的《四川省房屋建筑和市政基础设施项目工程总承包管理办法》第24条规定，"工程总承包人不得将工程总承包项目转包。采用联合体方式承包工程总承包项目的，在联合体分工协议中约定或者在项目实际实施过程中，联合体一方既不实施工程设计或者施工业务，也不对工程实施组织管理，且向联合体其他成员或者以分包形式收取管理费或者其他类似费用的，属于联合体一方将承包的工程转包给其他方"。《建筑工程施工发包与承包违法行为认定查处管理办法》第8条第2款规定，两个以上的单位组成联合体承包工程，在联合体分工协议中约定或者在项目实际实施过程中，联合体一方不进行施工也未对施工活动进行组织管理的，并且向联合体其他方收取管理费或者其他类似费用的，视为联合体一方将承包的工程转包给联合体其他方。

（二）非法转包的法律后果

根据《建筑法》第67条规定，工程总承包人将承包的工程转包的，责令改正，没收违法所得，并处罚款，可以责令停业整顿，降低资质等级；情节严重的，吊销资质证书。若因转包工程不符合规定的质量标准造成的损失，与接受转包的单位承担连带赔偿责任。《建设工程质量管理条例》第62条进一步规定，承包人将承包的工程转包的，责令改正，没收违法所得，对勘察、设计单位处合同约定的勘察费、设计费25%以上50%以下的罚款；对施工单位处工程合同价款0.5%以上1%以下的罚款；可以责令停业整顿，降低资质等级；情节严重的，吊销资质证书。

对于工程总承包项目中出现转包施工工程的，根据《建筑工程施工发包与承包违法行为认定查处管理办法》第15条规定，对认定有转包行为的施工单位，依据《建筑法》第67条、《建设工程质量管理条例》第62条规定进行处罚。对建设单位、施工单位给予单位罚款处罚的，依据《建设工程质量管理条例》第73条、《招标投标法》第49条、《招标投标法实施条例》第64条规定，对单位直接负责的主管人员和其他直接责任人员进行处罚。对认定有转包违法行为的施工单位，可依法限制其参加工程投标活动、承揽新的工程项目，并对其企业资质是否满足资质标准条件进行核查。对达不到资质标准要求的限期整改，整改后仍达不到要求的，资质审批机关撤回其资质证书。对两年内发生两次及以上转包工程的施工单位，应当依法按照情节严重情形给予处罚；因转包等违法行为导致发生质量安全事故的，应当依法按照情节严重情形给予处罚。对于以上行政处罚的追溯期限，《建筑工程施工发包与承包违法行为认定查处管理办法》第16条规定，应当按照《全国人大法工委对建筑施工企业母公司承接工程后交由子公司实施是否属于转包以及行政处罚两年追诉期认定法律适用问题的意见》文件的规定，从存在违法发包、转包、违法分包、挂靠的建筑工程竣工验收之日起计算；合同工程量未全部完成而解除或终止履行合同的，自合同解除或终止之日起计算。

第十一章　工程总承包合同计价与支付的形式及风险防范

一、工程总承包合同价格的主要形式

工程总承包项目的合同价格代表着发包人选择一个合格的工程总承包人，并要求其按照合同规定的质量和工期目标完成整个项目实施的相对价格，也代表着工程总承包人在综合考虑业主要求、项目特点以及施工组织安排、实施功效、市场竞争、利润预期等所有因素后提交的具有竞争力的投标报价。随着投标价格的报出、受标前谈判的推动，发包人对项目实施的期望与工程总承包人对利润的追求在业主选择最合适投标人并签订合同时交融在一起。发包人和总承包人就合同价款达成一致，双方按照合同约定履行。所签订的合同价格明确、固定，但也会因为合同类型的差异在遭遇条款所规定的情形时发生调整和变化。因此，合同价格从更宽泛的意义上来理解应该包括三个方面的意义：合同价格的确定、合同付款机制和价格调整。这三个方面与合同模式、合同双方的责任义务相互结合在一起，组成项目执行最核心的部分。〔1〕鉴于工程总承包项目中包括设计、施工和设备供应等多种分项，所以工程总承包项目的计价和支付比单一的勘察设计、设备供应或者施工合同更为复杂。当前我国工程总承包模式主要

〔1〕 参见李志永、刘俊颖编著：《国际工程索赔与争端解决》，中国建筑工业出版社2020年版，第148页。

是以《标准设计施工总承包招标文件》为基础的DB模式和以《建设工程项目总承包合同（示范文本）》（GF-2020-0216）为基础的EPC模式。前者没有指出合同中采用哪种价格形式，仅约定由发承包双方在专用条款中约定；后者的协议书中约定合同价格形式为总价合同。

在工程总承包项目中，主要存在三种合同价格形式，即总价合同、单价合同和成本加酬金合同。建市〔2016〕93号文件规定，工程总承包项目可以采用总价合同或者成本加酬金合同，合同价格应当在充分竞争的基础上合理确定，合同的制订可以参照住房城乡建设部、国家质量监督局联合印发的建设项目工程总承包合同示范文本。而在实践中也有采用单价合同的工程总承包项目。

1.总价合同

所谓总价合同是指合同中确定一个完成项目的总价，工程总承包人据此完成项目全部内容。在总价合同中，发包人的风险很小，主要承担不可抗力的风险和合同规定的其他风险。工程总承包人除了承担合同明确规定的风险外，还承担价格风险、工程量风险。对于价格风险，一般包括：（1）价格计算错误的风险，即纯粹是由于计算错误而引起的风险。（2）漏报项目的风险。在总价合同中，工程总承包商所报合同价格应包含完成合同工作所需要的全部费用，任何漏报均属于承包人的风险。（3）不正常的物价上涨和过度通货膨胀的风险。对于工程量的风险，包括：（1）工程量计算错误的风险；（2）合同中工程范围不确定或不明确、表达含糊不清，或者预算时工程项目未列全造成的损失；（3）投标报价设计深度不够造成的误差。[1]

《建设项目工程总承包合同（示范文本）》（GF-2020-0216）的协议书第4条第2款约定，“合同价格形式为总价合同，除根据合同约定的在工程实施过程中需进行增减的款项外，合同价格不予调整，但合同当事人另有约定的除外”。通用合同条件第14.1.1项约定：“除专用合同条件中另有约

〔1〕 参见严玲、尹贻林主编：《工程计价学》，机械工业出版社2014年版，第179页。

定外，本合同为总价合同，除根据第13条［变更与调整］，以及合同中其它相关增减金额的约定进行调整外，合同价格不做调整。”第14.1.2项约定：“除专用合同条件另有约定外：(1)工程款的支付应以合同协议书约定的签约合同价格为基础，按照合同约定进行调整；(2)承包人应支付根据法律规定或合同约定应由其支付的各项税费，除第13.7款［法律变化引起的调整］约定外，合同价格不应因任何这些税费进行调整；(3)价格清单列出的任何数量仅为估算的工作量，不得将其视为要求承包人实施的工程的实际或准确的工作量。在价格清单中列出的任何工作量和价格数据应仅限用于变更和支付的参考资料，而不能用于其他目的。”第14.1.3项约定：“合同约定工程的某部分按照实际完成的工程量进行支付的，应按照专用合同条件的约定进行计量和估价，并据此调整合同价格。”即除合同约定的变更、其他相关增减金额、法律变化影响外，合同总价一般不调整。

《标准设计施工总承包招标文件》通用合同条款第17.1款“合同价格”约定，“除专用合同条款另有约定外，(1)合同价格包括签约合同价以及按照合同约定进行的调整；(2)合同价格包括承包人依据法律规定或合同约定应支付的规费和税金；(3)价格清单列出的任何数量仅为估算的工作量，不得将其视为要求承包人实施的工程的实际或准确的工作量。在价格清单中列出的任何工作量和价格数据应仅限用于变更和支付的参考资料，而不能用于其他目的。合同约定工程的某部分按照实际完成的工程量进行支付的，应按照专用合同条款的约定进行计量和估价，并据此调整合同价格”。但没有具体规定合同的价格形式。

2.单价合同

单价合同是指工程总承包人按照发包人提供的工程量表提交报价表，其特点为根据工程总承包合同中确定的工程项目所有单项的价格和工程量计算总的合同价格。在这种合同类型中，发包人必须对其所提交的资料如工程量清单或者项目清单数量的准确性和充分性负责，承担工程量的风险。工程总承包人承担报价的风险，其必须对一定范围内的材料、机械、人力等市场价格波动、自身管理技术水平的风险以及不可抗力风险负责。单价合同在发承包双方分配比较合理。若采用《标准设计施工总承包招标文件》实施的工程总承包项目，发包人可以采用单价合同的形式，由工程总承包人按照发包人招标时提交的工程量清单等，提交价格清单，签约后根据施工进度结算工程款。

3.成本加酬金合同

与总价合同和单价合同不同的是成本加酬金合同，它是根据工程总承包项目的实际成本加上一个支付给工程总承包人的酬金（管理费和利润）作为工程报价的方式。在这种价格模式下，发包人承担工程量和价格的全部风险，同时工程总承包人对于节约投资没有动力，实践中较少使用。

无论采用哪种计价形式，根据财建〔2004〕369号文件第7条规定，发包人、承包人应当在合同条款中对涉及工程价款结算的下列事项进行约定：（1）预付工程款的数额、支付时限及抵扣方式；（2）工程进度款的支付方式、数额及时限；（3）工程施工中发生变更时，工程价款的调整方法、索赔方式、时限要求及金额支付方式；（4）发生工程价款纠纷的解决方法；（5）约定承担风险的范围及幅度以及超出约定范围和幅度的调整办法；（6）工程竣工价款的结算与支付方式、数额及时限；（7）工程质量保证（保修）金的数额、预扣方式及时限；（8）安全措施和意外伤害保险费用；（9）工期提前或延后的奖惩办法；（10）与履行合同、支付价款相关的担保事项。在工程总承包合同价款结算中，发包人与工程总承包人依据合同约定的款项结算与支付程序实施。

二、工程总承包项目合同价格的组成内容

不同类型的工程总承包项目以及同一类型的项目不同的发包阶段，其所包括的价格范围是不同的。如采用DB模式，合同价格一般包括设计费和建安工程费；如采用EPC模式，合同价格还包括设备购置费等。《建设项

目工程总承包费用项目组成（征求意见稿）》第3条规定，建设项目工程总承包费用项目由建筑安装工程费、设备购置费、总承包其他费、暂列费用构成。而对于“总承包其他费”，按照《建设项目工程总承包费用项目组成（征求意见稿）》第7条规定，总承包其他费指建设单位应当分摊计入工程总承包相关项目的各项费用和税金支出，并按照合同约定支付给总承包单位的费用。主要包括：1.勘察费、设计费、研究试验费。2.土地租用及补偿费。指建设单位按照合同约定支付给总承包单位在建设期间因需要而用于租用土地使用权而发生的费用以及用于土地复垦、植被恢复等的费用。3.税费。指建设单位按照合同约定支付给总承包单位的应由其缴纳的各种税费（如印花税、应纳增值税及其在此基础上计算的附加税等）。4.总承包项目建设管理费。指建设单位按照合同约定支付给总承包单位用于项目建设期间发生的管理性质的费用。包括：工作人员工资及相关费用、办公费、办公场地租用费、差旅交通费、劳动保护费、工具用具使用费、固定资产使用费、招募生产工人费、技术图书资料费（含软件）、业务招待费、施工现场津贴、竣工验收费和其他管理性质的费用。5.临时设施费。指建设单位按照合同约定支付给总承包单位用于未列入建筑安装工程费的临时水、电、路、讯、气等工程和临时仓库、生活设施等建（构）筑物的建造、维修、拆除的摊销或租赁费用，以及铁路码头租赁等费用。6.招标投标费。指建设单位按照合同约定支付给总承包单位用于材料、设备采购以及工程设计、施工分包等招标和总承包投标的费用。7.咨询和审计费。指建设单位按照合同约定支付给总承包单位用于社会中介机构的工程咨询、工程审计等的费用。8.检验检测费。指建设单位按照合同约定支付给总承包单位用于未列入建筑安装工程费的工程检测、设备检验、负荷联合试车费、联合试运转费及其他检验检测的费用。9.系统集成费。指建设单位按照合同约定支付给总承包单位用于系统集成等信息工程的费用（如网络租赁、BIM、系统运行维护等）。10.其他专项费用。指建设单位按照合同约定支付给总承包单位使用的费用（如财务费、专利及专有技术使用费、工程保险费、法律费用等)。财务费是指在建设期内提供履约担保、预付款担保、工程款支付担保以及可能需要的筹集资金等所发生的费用。专利及专有技术使用费是指在建设期内取得专利、专有技术、商标以及特许经营使用权发生的费用。工程保险费是指在建设期内对建筑工程、安装工程、机械设备和人身安全进行投保而发生的费用。包括建筑安装工程一切险、工程质量保险、人身意外伤害险等,不包括已列入建筑安装工程费中的施工企业的财产、车辆保险费。法律费是指在建设期内聘请法律顾问、可能用于仲裁或诉讼以及律师代理等费用。

《建设项目工程总承包合同(示范文本)》(GF-2020-0216)的协议书第4条第1款约定的签约合同价(含税)包括:(1)设计费(含税),即勘察设计费,是指对工程项目进行工程水文地质勘察、工程设计所发生的费用。包括工程勘察费、初步设计费、施工图设计费、设计模型制作费。目前该等费用可以按照《关于发布〈工程勘察设计收费管理规定〉的通知》(计价格〔2002〕10号)的规定计算。〔1〕(2)设备购置费(含税),是指为工程建设项目购置或自制的达到固定资产标准的设备、工具、器具的费用。具体标准由各主管部门规定,新建项目和扩建项目的新建车间购置或自制的全部设备、工具、器具,无论是否达到固定资产标准,均计入设备、工器具购置费中。(3)建筑安装工程费(含税),根据《建设项目工程总承包费用项目组成(征求意见稿)》第5条的规定,指为完成建设项目发生的建筑工程和安装工程所需的费用,不包括应列入设备购置费的被安装设备本身的价值。该费用由建设单位按照合同约定支付给总承包单位。(4)暂估价(含税),根据《建设项目工程总承包合同(示范文本)》(GF-2020-0216)通用合同条件第1.1.5.5目约定,“是指发包人在项目清单中给定的,用于支付必然发生但暂时不能确定价格的专业服务、材料、设备、专业工程的金额”;根据《标准设计施工总承包招标文件》通用合同条款第1.1.5.5目约定,“指

〔1〕 参见严玲、尹贻林主编:《工程计价学》,机械工业出版社2014年版,第40页。

招标文件中给定的，用于支付必然发生但暂时不能确定价格的专业服务、材料、设备专业工程的金额”。（5）暂列金额（含税），根据《建设项目工程总承包合同（示范文本）》（GF–2020–0216）通用合同条件第1.1.5.6目约定，“是指发包人在项目清单中给定的，用于在订立协议书时尚未确定或不可预见变更的设计、施工及其所需材料、工程设备、服务等的金额，包括以计日工方式支付的金额”；根据《标准设计施工总承包招标文件》通用合同条款第1.1.5.4目约定，“指招标文件中给定的，用于在签订协议书时尚未确定或不可预见变更的设计、施工及其所需材料、工程设备、服务等的金额，包括以计日工方式支付的金额”。（6）双方约定的其他费用（含税），一般指发包人委托工程总承包人代为实施的征地拆迁、管线迁移费、审计费等咨询费。但协议书中对这六项价格组成的约定比较笼统，具体项目还需要根据工程总承包单位投标时提交的价格清单确定。

三、导致工程总承包合同价格调整的因素

工程总承包合同价格在现行的工程总承包合同条款中有多重意义，有时表述为“签约合同价”，如《标准设计施工总承包招标文件》通用合同条款第1.1.5.1目的约定，“指中标通知书明确的并在签定合同时于合同协议书中写明的，包括暂列金额、暂估价的合同总金额”；《建设工程项目总承包合同（示范文本）》（GF–2020–0216）通用条款第1.1.5.1目约定，“签约合同价：是指发包人和承包人在合同协议书中确定的总金额，包括暂估价及暂列金额等”。而有时表述为“合同价格”，如《标准设计施工总承包招标文件》通用合同条款第1.1.5.2目约定，“指承包人按合同约定完成了包括缺陷责任期内的全部承包工作后，发包人应付给承包人的金额，包括在履行合同过程中按合同约定进行的变更和调整”；《建设工程项目总承包合同（示范文本）》（GF–2020–0216）通用条款第1.1.5.2目约定，“合同价格：是指发包人用于支付承包人按照合同约定完成承包范围内全部工作的金额，

包括合同履行过程中按合同约定发生的价格变化”。这充分说明，发包人与工程总承包人在合同协议中约定的签约合同价格并不是最终结算价格。工程总承包项目在实际履约中受到的各种内外影响因素较多，如工程变更、索赔、法律政策变化、价格调整、货币汇率、税费变化、不可抗力、情势变更等，这些因素势必会导致合同价格发生变化。

1.变更

（1）变更的定义。根据《标准设计施工总承包招标文件》通用合同条款第1.1.6.3目约定，“变更是指根据第15条的约定，经指示或批准对发包人要求或工程所做的改变”；根据《建设项目工程总承包合同（示范文本）》（GF-2020-0216）通用合同条件第1.1.6.3目约定，“变更：指根据第13条［变更与调整］的约定，经指示或批准对《发包人要求》或工程所做的改变”。

（2）变更权和程序。对于提出工程变更，实践中可以由发包人提出，由工程师或者监理人指示承包人实施；也可以由工程总承包人提出合理化建议经工程师或监理人报经建设单位同意后实施。根据《标准设计施工总承包招标文件》通用合同条款第15.1款的规定，发包人提出变更，经监理人向承包人指示，没有监理人的变更指示，承包人不得擅自变更；第15.2款约定承包人提出的合理化建议，均应以书面形式提交监理人报发包人审核，建议被采纳并构成变更的，由监理人向承包人发出变更指示。《建设项目工程总承包合同（示范文本）》（GF-2020-0216）通用合同条件第13.1款约定了发包人的变更权，经工程师通知承担为实施；第13.2款约定了工程总承包人的变更权，经工程师报经发包人同意后实施。

（3）变更的内容。工程变更的内容分为工程范围变更和工程量变更，前者是变更内容超出了原合同的工程范围，被称为额外工作；后者是指工程量的增减变化。[1]关于变更的范围，参考《建设工程施工合同示范文本》

〔1〕　参见李志永、刘俊颖编著：《国际工程索赔与争端解决》，中国建筑工业出版社2020年版，第156页。

（GF-2017-0201）通用条款第10.1款对“变更的范围”的约定，“除专用合同条款另有约定外，合同履行过程中发生以下情形的，应按照本条约定进行变更：（1）增加或减少合同中任何工作，或追加额外的工作；（2）取消合同中任何工作，但转由他人实施的工作除外；（3）改变合同中任何工作的质量标准或其他特性；（4）改变工程的基线、标高、位置和尺寸；（5）改变工程的时间安排或实施顺序”。《标准设计施工总承包招标文件》通用合同条款中没有变更范围的约定，《建设项目工程总承包合同（示范文本）》（GF-2020-0216）通用合同条件第13.1.1项中约定，“除第11.3.6项［未能修复］约定的情况外，变更不应包括准备将任何工作删减并交由他人或发包人自行实施的情况”；第13.2.3项约定，工程总承包人的合理化建议应为降低合同价格、缩短工期或者提高工程经济效益的目的。

（4）变更的估价原则。财建〔2004〕369号文件第10条规定，变更合同价款按下列方法进行：合同中已有适用于变更工程的价格，按合同已有的价格变更合同价款；合同中只有类似于变更工程的价格，可以参照类似价格变更合同价款；合同中没有适用或类似于变更工程的价格，由承包人或发包人提出适当的变更价格，经对方确认后执行。如双方不能达成一致的，双方可提请工程所在地工程造价管理机构进行咨询或按合同约定的争议或纠纷解决程序办理。《标准设计施工总承包招标文件》通用合同条款第15.3.2项“变更估价”约定：“监理人应按照第3.5款商定或确定变更价格。变更价格应包括合理的利润，并应考虑承包人根据第15.2款提出的合理化建议。”变更估价一般由发承包双方协商确定，协商不成的，由监理人确定或者走争议解决程序决定。《建设项目工程总承包合同（示范文本）》（GF-2020-0216）通用合同条件第13.3.3.1目“变更估价原则”约定：“除专用合同条件另有约定外，变更估价按照本款约定处理：（1）合同中未包含价格清单，合同价格应按照所执行的变更工程的成本加利润调整；（2）合同中包含价格清单，合同价格按照如下规则调整：1）价格清单中有适用于变更工程项目的，应采用该项目的费率和价格；2）价格清单中没有适用但有类似于变更工程项目的，可在合理范围内参照类似项目的费率或价格；3）价格清单中没有适用也没有类似于变更工程项目的，该工程项目应按成本加利润原则调整适用新的费率或价格。”这一约定更为详细。

对于以上托架机制的“有、似、无”三原则如何适用[1]：首先，关于“有适用于变更工程项目”是指项目变更应同时符合以下特点：第一，变更项目与合同中已有项目性质相同，即两者的图纸尺寸、施工工艺和方法、材质完全一致；第二，变更项目与合同中已有项目施工条件一致；第三，变更工程的增减工程量在执行原有单价的合同约定幅度范围内；第四，同已有项目的价格没有明显偏高或偏低；第五，不因变更工作增加关键线路工程的施工时间。具备这些特征才能直接适用价格清单中相同项目的费率和价格。其次，关于“有类似于变更工程项目”主要有两种：第一种为变更项目与合同中已有项目，两者的施工图样改变，但是施工方法、材料、施工条件不变；第二种为变更项目与合同中已有的项目，两者的材质改变，但是人工、材料、机械消耗量不变，施工方法、施工条件不变。对于有类似价格清单的，可在合理范围内参照类似项目的费率或价格。再次，关于“没有适用或类似于变更工程的价格”项目，通常集中在变更项目与已有项目的性质不同，原价格清单无法套用、施工条件与环境不同、变更工作增加了关键线路上的施工时间等。最后，根据《民法典》第510条规定，“合同生效后，当事人就质量、价款或者报酬、履行地点等内容没有约定或者约定不明确的，可以协议补充；不能达成补充协议的，按照合同相关条款或者交易习惯确定”。若发包人与工程总承包人在合同中对变更估价约定不明确，双方可以依据参照工程总承包项目交易习惯，如合同示范文本约定原则，处理变更估价。

（5）变更的风险承担。工程变更是发包人完全承担的风险。[2]一项变

---

〔1〕 参见严玲、尹贻林主编：《工程计价学》，机械工业出版社2014年版，第238~239页。

〔2〕 参见严玲、尹贻林主编：《工程计价学》，机械工业出版社2014年版，第237页。

更一旦按照工程总承包合同约定的程序得以执行，则发包人需要无条件接受变更的后果——费用增加及/或工期顺延。

2.物价变化

（1）物价变化对工程总承包合同结算影响很大，但价格变化对不同的合同计价类型影响不同。在施工承包合同中，在单价合同形式下，物价变化的风险是属于合同约定的发承包双方共担的风险。物价变化风险在合同中明确具体的风险范围，物价变化在约定的范围内时由承包人承担此类风险；物价变化超过约定的范围时，发包人承担超过部分的风险。在总价合同形式下，当物价发生变化时，风险一般都是由承包人来承担。[1]但是在工程总承包合同中，物价变化风险在总价合同形式下也是由发包人和工程总承包人共担。如《房屋建筑和市政基础设施项目工程总承包管理办法》第15条规定，主要工程材料、设备、人工价格与招标时基期价相比，波动幅度超过合同约定幅度的部分，由建设单位承担。再如《民航专业工程总承包管理办法（征求意见稿）》第15条约定，主要工程材料、设备、人工价格与招标时基期价相比，波动幅度超过合同约定幅度的部分，由建设单位承担。而采用总价合同形式的《建设项目工程总承包合同（示范文本）》（GF-2020-0216）通用合同条件第13.8.1项约定："主要工程材料、设备、人工价格与招标时基期价相比，波动幅度超过合同约定幅度的，双方按照合同约定的价格调整方式调整。"如双方可以约定价格增减超出5%的，据实调整。即工程总承包人承担价格变化5%及以内的风险；发包人承担价格变化5%以外的风险，具体调整办法依据合同约定处理。

（2）工程总承包合同中物价变化风险承担原则。对于发承包双方原因导致的延误后的价格调整，两份合同文件均约定由过错方承担延误风险。如《建设项目工程总承包合同（示范文本）》（GF-2020-0216）通用合同条件第13.8.2.1目与《标准设计施工总承包招标文件》通用合同条款第

〔1〕 参见严玲、尹贻林主编：《工程计价学》，机械工业出版社2014年版，第258页。

16.1.1.4目与第16.1.1.5目分别约定，因承包人原因未在约定的工期内竣工的，对原约定竣工日期后继续施工的工程，在使用调价指数时，应采用原约定竣工日期与实际竣工日期的两个价格指数中较低的一个作为当期价格指数；由于发包人原因未在约定的工期内竣工的，则对原约定竣工日期后继续施工的工程，在使用调价指数时，应采用原约定竣工日期与实际竣工日期的两个价格指数中较高的一个作为当期价格指数。

3.法律法规变化

（1）工程总承包合同中法律的范围。对于工程总承包合同中法律的范围，《标准设计施工总承包招标文件》通用合同条款第1.3款约定，“适用于合同的法律包括中华人民共和国法律、行政法规、部门规章，以及工程所在地的地方法规、自治条例、单行条例和地方政府规章”。明确范围为法律、行政法规、部门规章、地方法规、自治条例、单行条例和地方政府规章。《建设项目工程总承包合同（示范文本）》（GF−2020−0216）通用合同条件第1.3款约定：“合同所称法律是指中华人民共和国法律、行政法规、部门规章，以及工程所在地的地方法规、自治条例、单行条例和地方政府规章等。”但同时约定“合同当事人可以在专用合同条件中约定合同适用的其他规范性文件”，授权合同发承包双方可以根据项目需要增加规范性文件为法律。

（2）法律变化风险承担原则。对于法律法规变化导致合同价格调整的风险由谁来承担，《房屋建筑和市政基础设施项目工程总承包管理办法》和《民航专业工程总承包管理办法（征求意见稿）》均规定因国家法律法规政策变化引起的合同价格的变化，由发包人承担，并且这两份合同文件均规定法律的范围包括政策。《标准设计施工总承包招标文件》通用合同条款第16.2款约定：“在基准日后，因法律变化导致承包人在合同履行中所需费用发生除第16.1款约定以外的增减时，监理人应根据法律、国家或省、自治区、直辖市有关部门的规定，按第3.5款商定或确定需调整的合同价格。”《建设项目工程总承包合同（示范文本）》（GF−2020−0216）通用合同条件第13.7.1项约定："基准日期后，法律变化导致承包人在合同履行过程中所需要的费用发生除第13.8款［市场价格波动引起的调整］约定以外的增加时，由发包人承担由此增加的费用；减少时，应从合同价格中予以扣减。基准日期后，因法律变化造成工期延误时，工期应予以顺延。"但第13.7.3项同时约定："因承包人原因造成工期延误，在工期延误期间出现法律变化的，由此增加的费用和（或）延误的工期由承包人承担。"即该合同不支持过错方因过错而获利。

（3）法律法规变化导致的合同价款调整主要反映在规费和税金的调整上。规费是指按照国家法律、法规规定，由省级政府和省级有关权力部门规定必须缴纳或计取的费用，包括社会保险费（五险）、住房公积金和工程排污费等。规费一般在新法规出台时，按照新法规调整。而对于税金是按照税法规定计入勘察设计费、设备购置费和建筑安装工程费中的增值税等。根据《建设工程工程量清单计价规范》（GB50500—2013）规定，税金必须按照国家或者省级、行业建设主管部门的规定计算，不得作为竞争性费用。各种税的税率是按照国家颁布的法规文件计取的。当新出台的法规规定对税率调整时，承发包双方应按照相关的调整方法对合同价款进行调整。[1]

4.暂估价

（1）暂估价的定义。《招标投标法实施条例》第29条第2款规定，暂估价是指总承包招标时不能确定价格而由招标人在招标文件中暂时估定的工程、货物、服务的金额。暂估价一般包括材料暂估价、设备暂估价、专业服务暂估价和专业工程暂估价。《标准设计施工总承包招标文件》通用合同条款第1.1.5.5目和《建设项目工程总承包合同（示范文本）》（GF—2020—0216）通用合同条件第1.1.5.5目均对暂估价作出定义，显然工程总承包合同中的暂估价是没有最终定价的子项目，列入暂估价的子项目最终合同价

〔1〕参见严玲、尹贻林主编：《工程计价学》，机械工业出版社2014年版，第232~233页。

格依据招标结果或者其他方式确定。

（2）暂估价项目风险承担原则。《标准设计施工总承包招标文件》通用合同条款第15.6款“暂估价（A）”约定暂估价格与经发承包双方确定的暂估价子项目最终价格的差额及税金列入合同价格，差额可正可负，其实就是发包人对于暂估价子项目价格采用多退少补的处理方式。《建设项目工程总承包合同（示范文本）》（GF-2020-0216）通用合同条件第13.4款也作出更为详细的约定，核心思想与《标准设计施工总承包招标文件》的规定相似。对于暂估价项目由谁负责采购和确定价格的问题，两份合同文件均约定由发承包双方协商确定。但是要注意工程总承包人是否参与竞标，如果工程总承包人愿意参加专业工程，对于依法必须招标的项目，只能由建设单位作为招标人。

5.暂列金额

（1）暂列金额的定义。暂列金额列入投标总价中，但并不属于承包人所有，也不必然发生，只有按照合同约定实际发生后，才成为承包人的应得金额，纳入合同结算价款中，从而引起合同价款的调整。[1]《标准设计施工总承包招标文件》通用合同条款第1.1.5.4目约定，“暂列金额：指招标文件中给定的，用于在签订协议书时尚未确定或不可预见变更的设计、施工及其所需材料、工程设备、服务等的金额，包括以计日工方式支付的金额”。《建设项目工程总承包合同（示范文本）》（GF-2020-0216）通用合同条件第1.1.5.6目约定，“暂列金额：是指发包人在项目清单中给定的，用于在订立协议书时尚未确定或不可预见变更的设计、施工及其所需材料、工程设备、服务等的金额，包括以计日工方式支付的金额”。

（2）暂列金额风险承担原则。对于暂列金额的使用，一般应经过发包人同意。如《标准设计施工总承包招标文件》通用合同条款第15.4款约定，“经发包人同意，承包人可使用暂列金额，但应按照第15.6款规定的程

〔1〕 参见严玲、尹贻林主编：《工程计价学》，机械工业出版社2014年版，第230页。

序进行，并对合同价格进行相应调整”。《建设项目工程总承包合同（示范文本）》（GF-2020-0216）通用合同条件第13.5款约定，“除专用合同条件另有约定外，每一笔暂列金额只能按照发包人的指示全部或部分使用，并对合同价格进行相应调整。付给承包人的总金额应仅包括发包人已指示的，与暂列金额相关的工作、货物或服务的应付款项”。对于暂列金额的使用方式，《标准设计施工总承包招标文件》约定按照暂估价的方式使用，而《建设项目工程总承包合同（示范文本）》（GF-2020-0216）约定对于专业工程按照变更处理，对于工程设备、材料、工作或服务应支付包括承包人已付（或应付）的实际金额以及相应的管理费等费用和利润[管理费和利润应以实际金额为基数根据合同约定的费率（如有）或百分比计算]。

6.索赔

（1）工程索赔的定义。广义上讲，工程索赔是指合同一方向另一方提出的某一请求或主张，该请求或者主张基于合同条件，或与合同相关，或由合同引起，或由于执行工程而引发的一项权利或救济。[1]《标准设计施工总承包招标文件》与《建设项目工程总承包合同（示范文本）》（GF-2020-0216）均坚持广义索赔原则，即发包人与工程总承包人均可以向对方发出索赔请求。

（2）索赔的分类。按照索赔发出主体不同，可以将索赔分为发包人的索赔和工程总承包人的索赔。按照索赔权利内容不同，可以将索赔分为工期索赔和费用索赔。而引起工程总承包合同价格变化的索赔只有费用索赔。同时只要存在工期延误，一定会存在费用增加问题，工期索赔与费用索赔是紧密联系的。

（3）索赔权利。根据提出的依据不同可以将索赔分为三大类[2]：基于

〔1〕 参见李志永、刘俊颖编著：《国际工程索赔与争端解决》，中国建筑工业出版社2020年版，第2页。

〔2〕 参见李志永、刘俊颖编著：《国际工程索赔与争端解决》，中国建筑工业出版社2020年版，第3~7页。

合同的索赔；基于合同和法律的索赔；基于通融原则而提出的索赔。首先，对于基于合同的索赔是工程总承包合同双方基于合同的约定而可以直接提出的索赔，如合同中约定风险补偿事件。如工程总承包人遇到《标准设计施工总承包招标文件》通用合同条款第4.11款或《建设项目工程总承包合同（示范文本）》（GF－2020－0216）通用合同条件第4.8款约定的有关不可预见的物质条件而发包人不同意变更的，工程总承包人可以依据合同约定向发包人提出索赔；或者由于发包人原因导致延误的试验，工程总承包人均可以向发包人索赔。其次，对于基于合同和法律的索赔，主要是依据合同条款不能直接索赔，需要法律规定作为辅助，由二者共同作用才能构成一项充分的索赔，如工程总承包人依据《标准设计施工总承包招标文件》通用合同条款第22.2.1项及《建设项目工程总承包合同（示范文本）》（GF－2020－0216）通用合同条件第15.1.1项约定，向发包人追索预期付款违约利息，除了需要借助合同条款的直接约定，还需要借助法律有关公平原则的规定。最后，通融赔付，也被称为道义索赔，即出于好意进行的赔付。此类索赔并非依据合同权利提出，但是权益要求方出于自身便利，或者考虑与合同另一方友好的合作关系，进而避开仲裁或诉讼提出此类索赔。通常是业主鉴于承包商实际上承担了一定的项目风险而决定对其进行部分经济补偿，以缓解承包商的费用亏损压力，便于继续开展经营活动。

（4）索赔程序及最后期限。对于工程总承包单位的索赔程序，根据《标准设计施工总承包招标文件》通用合同条款第23.2款约定，“（1）监理人收到承包人提交的索赔通知书后，应及时审查索赔通知书的内容、查验承包人的记录和证明材料，必要时监理人可要求承包人提交全部原始记录副本。（2）监理人应按第3.5 款商定或确定追加的付款和（或）延长的工期，并在收到上述索赔通知书或有关索赔的进一步证明材料后的42天内，将索赔处理结果答复承包人。监理人应当在收到索赔通知书或有关索赔的进一步证明材料后的42天内不予答复的，视为认可索赔。（3）承包人接受索赔处理结果的，发包人应在作出索赔处理结果答复后28天内完成赔付。承包人不接受索赔处理结果的，按第24条的约定执行”。而对于发包人向承包人索赔的程序，结合第23.4.1项中约定，“发包人应在知道或应当知道索赔事件发生后28天内，向承包人发出索赔通知，并说明发包人有权扣减的付款和（或）延长缺陷责任期的细节和依据。发包人未在前述28天内发出索赔通知的，丧失要求扣减付款和（或）延长缺陷责任期的权利”。

对于工程总承包单位索赔的最后期限，根据《标准设计施工总承包招标文件》通用合同条款第23.3款的约定，承包人接受了竣工付款证书后，已无权再提出在合同工程接收证书颁发前所发生的任何索赔。承包人提交的最终结清申请单中，只限于提出工程接收证书颁发后发生的索赔。发包人提出索赔的期限与第23.3款的约定相同，要求延长缺陷责任期的通知应在缺陷责任期届满前发出。《建设项目工程总承包合同（示范文本）》（GF-2020-0216）中关于发包人与承包人索赔程序的约定与《标准设计施工总承包招标文件》类似，二者区别主要体现在合同条款结构上，《建设项目工程总承包合同（示范文本）》（GF-2020-0216）没有按照发包人索赔和工程总承包人索赔进行区分。

（5）索赔的风险承担。索赔的起因是工程总承包合同中一方当事人因非己方的原因导致损失，依据合同约定或者法律规定向对方主张赔偿。《民法典》第577条规定：“当事人一方不履行合同义务或者履行合同义务不符合约定的，应当承担继续履行、采取补救措施或者赔偿损失等违约责任。”对于可区分责任的索赔，如前所述，由工程总承包人提起的索赔应由发包人承担；而由发包人提起的索赔应由工程总承包人承担。但对于共同延误引起的费用承担问题，就不易区分，一般用首发原则划分责任，也可以用比例分摊原则或者主导原因原则划分责任。[1]

7.不可抗力

（1）不可抗力的合同定义。《民法典》第180条第2款规定：“不可抗力

---

〔1〕 参见严玲、尹贻林主编：《工程计价学》，机械工业出版社2014年版，第281~282页。

是不能预见、不能避免且不能克服的客观情况。”《标准设计施工总承包招标文件》通用合同条款第21.1.1项约定，“不可抗力是指承包人和发包人在订立合同时不可预见，在履行合同过程中不可避免发生并不能克服的自然灾害和社会性突发事件，如地震、海啸、瘟疫、水灾、骚乱、暴动、战争和专用合同条款约定的其他情形”。《建设项目工程总承包合同（示范文本）》（GF-2020-0216）通用合同条件第17.1款约定，“不可抗力是指合同当事人在订立合同时不可预见，在合同履行过程中不可避免、不能克服且不能提前防备的自然灾害和社会性突发事件，如地震、海啸、瘟疫、骚乱、戒严、暴动、战争和专用合同条件中约定的其他情形”。由于不可抗力发生，一般会导致经济损失，进而会改变合同价格。

（2）不可抗力的责任分担。《民法典》第180条第1款规定：“因不可抗力不能履行民事义务的，不承担民事责任。法律另有规定的，依照其规定。”对于不可抗力发生之后，工程总承包合同双方如何分担风险，《标准设计施工总承包招标文件》通用合同条款第21.3.1项约定，“（1）永久工程，包括已运至施工场地的材料和工程设备的损害，以及因工程损害造成的第三者人员伤亡和财产损失由发包人承担；（2）承包人设备的损坏由承包人承担；（3）发包人和承包人各自承担其人员伤亡和其他财产损失及其相关费用；（4）承包人的停工损失由承包人承担，但停工期间应监理人要求照管工程和清理、修复工程的金额由发包人承担；（5）不能按期竣工的，应合理延长工期，承包人不需支付逾期竣工违约金。发包人要求赶工的，承包人应采取赶工措施，赶工费用由发包人承担”。《建设项目工程总承包合同（示范文本）》（GF-2020-0216）通用合同条件第17.4款第1款约定，“（1）永久工程，包括已运至施工现场的材料和工程设备的损害，以及因工程损害造成的第三人人员伤亡和财产损失由发包人承担；（2）承包人提供的施工设备的损坏由承包人承担；（3）发包人和承包人各自承担其人员伤亡及其他财产损失；（4）因不可抗力影响承包人履行合同约定的义务，已经引起或将引起工期延误的，应当顺延工期，由此导致承包人停工的费用损失由发包人和承包人合理分担，停工期间必须支付的现场必要的工人工资由发包人承担；（5）因不可抗力引起或将引起工期延误，发包人指示赶工的，由此增加的赶工费用由发包人承担；（6）承包人在停工期间按照工程师或发包人要求照管、清理和修复工程的费用由发包人承担”。

（3）不可抗力的责任边界。《民法典》第590条第2款规定：“当事人迟延履行后发生不可抗力的，不免除其违约责任。”《标准设计施工总承包招标文件》通用合同条款第21.3.2项约定，“合同一方当事人延迟履行，在延迟履行期间发生不可抗力的，不免除其责任”。但《民法典》第590条第1款规定，“因不可抗力不能履行合同的，应当及时通知对方，以减轻可能给对方造成的损失，并应当在合理期限内提供证明”。《建设项目工程总承包合同（示范文本）》（GF-2020-0216）通用合同条件第17.2款第1款约定，“合同一方当事人觉察或发现不可抗力事件发生，使其履行合同义务受到阻碍时，有义务立即通知合同另一方当事人和工程师，书面说明不可抗力和受阻碍的详细情况，并提供必要的证明”。第17.3款约定，“不可抗力发生后，合同当事人均应采取措施尽量避免和减少损失的扩大，使不可抗力对履行合同造成的损失减至最小。另一方全力协助并采取措施，需暂停实施的工作，立即停止。任何一方当事人没有采取有效措施导致损失扩大的，应对扩大的损失承担责任”。另外，对于工程总承包人免责的范围，《建设项目工程总承包合同（示范文本）》（GF-2020-0216）通用合同条件第17.5款约定，“分包人根据分包合同的约定，有权获得更多或者更广的不可抗力而免除某些义务时，承包人不得以分包合同中不可抗力约定向发包人抗辩免除其义务”。

8.情势变更

（1）情势变更的定义。情势变更制度是指合同依法成立后，客观情况发生了无法预见的重大变化，致使原来订立合同的基础丧失或者动摇，如继续履行合同则对一方当事人明显不公平，因此允许变更或者解除合同以维持当事人之间的公平。[1]《民法典》第533条第1款规定："合同成立后，合同的基础条件发生了当事人在订立合同时无法预见的、不属于商业风险的重大变化，继续履行合同对于当事人一方明显不公平的，受不利影响的当事人可以与对方重新协商；在合理期限内协商不成的，当事人可以请求人民法院或者仲裁机构变更或者解除合同。"若工程总承包合同签署之后，发生了合同双方当事人在签署合同时无法预见且不属于商业风险的重大变化，如果继续履行对发包人或者工程总承包人明显不公平，受不利影响的当事人可以要求变更或者解除合同。

（2）情势变更的构成要件。法律对于情势变更的成立要求较高，第一，在情势变更成立的时间上要在合同依法订立之后、履约完毕之前。合同订立之前、执行完毕之后或者合同无效的，不适用情势变更。第二，合同实施的基础条件发生了重大变化。所谓合同的基础条件，笔者认为应该为合同双方据以履行合同义务或享有合同权利的基本条件，离开这些条件或者这些条件发生实质性改变，将导致一方的合同目的无法实现。且该等基础条件的变化程度足以使合同履行的基础丧失或者实质性动摇合同基础。如最高人民法院在〔2018〕最高法民终105号案中认为厦门市人民政府宣布缓建案涉项目、国家相关部委批准案涉项目搬迁，该事件属于各方当事人在订立合同时无法预见、无法防止的情势变更，已经导致合同基础动摇，案涉合同事实上已经无法履行。第三，条件变化是订立合同时无法预见的。如果当事人在订立合同时能够预见，或者应当预见而由于疏忽未预见，或者虽然预见但没写入订立的合同中，甚至早已在订立合同时在合同条件中已经根据可能出现变化的情况约定了一方当事人的义务，则不构成无法预见。第四，变更了的情况不属于商业风险。若情势变更属于正常的商业风险，如一般性价格波动，应由合同一方当事人自行承担。第五，继续履行对一方显失公平。所谓显失公平是指合同继续履行能否致使双方

〔1〕 参见黄薇主编：《中华人民共和国民法典释义（中）》，法律出版社2020年版，第1017页。

的权利与义务明显违反公平、等价有偿的民法原则。第六，受不利影响的当事人可以请求变更或解除合同。这是情势变更的法律后果。《民法典》规定受不利影响的当事人可以请求变更或者要求解除合同，这也充分体现了法律谋求维护交易公平和交易安全的平衡，仅支持受不利影响的一方当时认为继续按照原合同条件履约对自己不利时，请求与对方当事人协商变更合同或者要求解除合同，而不支持不受不利影响的当事人要求变更或者解除合同。

（3）情势变更与不可抗力的区别。〔1〕根据《民法典》对不可抗力与情势变更的定义，二者有相同之处：一是二者均非商业风险，也都是当事人双方在订立合同时无法预见的；二是二者的发生及其影响均不可归责于当事人；三是二者均可能对合同的履行和责任承担造成影响，并产生相应的法律后果；四是二者对于合同的影响均出现于合同订立之后、合同履行完毕之前。

但情势变更与不可抗力二者也有明显区别：一是制度价值不同。不可抗力制度体现的立法精神是法律不强人所难，不让无辜者承担因不能预见、不能避免并不能克服的情形导致的责任，属于绝对的免责事由。而情势变更体现的立法精神是合同当事人之间的公平和权利义务的对等。但在情势变更事由出现之后，受不利影响的当事人要求变更或者解除合同的，需要征得对方的同意，否则只有经过仲裁或者法院裁判之后方可实施，属于相对的免责事由。二是二者适用范围不同。不可抗力作为民事责任的一般免责事由，适用于民事责任领域，尤其是侵权责任领域和合同领域。而情势变更仅作为合同领域的一项特殊制度，不适用于其他民事领域。三是对合同的影响方式和程度不同。不可抗力一般造成当事人对合同履行不能的后果，而情势变更一般并不影响合同继续履行，只是继续履行对合同的一方显失公平。四是法律效果不同。不可抗力不能直接导致合同变

〔1〕 参见黄薇主编：《中华人民共和国民法典释义（中）》，法律出版社2020年版，第1021页。

更或者解除，它导致合同部分不能履行的，不影响其他部分可履行；导致合同履行延误的，延误事由消除后还可以继续履行。而情势变更制度体现为合同的变更或者解除，并不直接具有免责效果。

（4）适用情势变更制度解除合同时与法定解除合同权的区别。当事人在与对方就解除合同协商不成时，适用《民法典》有关情势变更制度要求解除合同的，需要向人民法院提起诉讼或者向仲裁机构申请仲裁，经司法裁判机构裁判支持解除合同的请求后合同才能解除。但这与《民法典》规定的法定解除权不同。《民法典》第562条第2款规定："当事人可以约定一方解除合同的事由。解除合同的事由发生时，解除权人可以解除合同。"《民法典》第563条第1款规定了下列情形当事人可以解除合同：因不可抗力致使不能实现合同目的；在履行期限届满前，当事人一方明确表示或者以自己的行为表明不履行主要债务；当事人一方迟延履行主要债务，经催告后在合理期限内仍未履行；当事人一方迟延履行债务或者有其他违约行为致使不能实现合同目的；法律规定的其他情形。当事人依据《民法典》第562条第2款及第563条第1款的规定解除合同的，只需要向对方当事人发出通知即可；而情势变更与此明显不同，当事人不可依据情势变更直接发函要求解除合同。

（5）情势变更的风险承担。鉴于情势变更制度的特殊性，在工程总承包合同履行中，若发包人或者工程总承包人依据情势变更与对方协商变更合同或者解除合同，对方同意的，不利后果应由双方依据公平原则共担；对方不同意的，受不利影响的一方当事人可以请求人民法院或者仲裁机构变更或者解除合同，司法裁判机构认为情势变更成立的，将会按照等价有偿原则支持合同变更或者解除。总之，合同在情势变更条件下变更或者解除的，后果由合同双方共担，至于共担的比例应依据公平原则处理。

四、工程总承包合同结算与支付问题

以上论述了工程总承包合同的价格确定方式以及价格调整因素，但价格确定之后，发包人和工程总承包人应依据合同约定处理好工程款结算与支付问题。财建〔2004〕369号文件第3条规定，建设工程价款结算“是指对建设工程的发承包合同价款进行约定和依据合同约定进行工程预付款、工程进度款、工程竣工价款结算的活动”。由于工程总承包项目交易结构复杂，在结算与支付阶段涉及设计费、材料设备款、建筑安装工程费以及根据合同约定的其他费用；而工程总承包合同的支付方式一般包括预付款、进度款、质量保证金、竣工结算款、最终结清这几种类型，如《标准设计施工总承包招标文件》通用合同条款第17条与《建设工程项目总承包合同（示范文本）》（GF－2020－0216）通用合同条件第14条中均规定了这五种类型。在融资性工程总承包项目中，可能付款方式少一些，有的项目只有预付款和最终结算款。

1.预付款

预付款俗称备料款，但工程总承包项目中预付款还包括勘察设计费。《标准设计施工总承包招标文件》通用合同条款第17.2.1项约定，“预付款用于承包人为合同工程的设计和工程实施购置材料、工程设备、施工设备、修建临时设施以及组织施工队伍进场等。预付款的额度和支付在专用合同条款中约定。预付款必须专用于合同工作”。《建设工程项目总承包合同（示范文本）》（GF－2020－0216）通用合同条件第14.2.1项也约定，“预付款应当专用于承包人为合同工程的设计和工程实施购置材料、工程设备、施工设备、修建临时设施以及组织施工队伍进场等合同工作”。对于预付款的支付比例，根据财建〔2004〕369号文件第12条规定，包工包料工程的预付款按合同约定拨付，原则上预付比例不低于合同金额的10%，不高于合同金额的30%，对重大工程项目，按年度工程计划逐年预付。

预付款必须专门用于合同约定的工作，不得挪用，否则工程总承包人可能违约。为了防止工程总承包人将预付款挪作他用或者不按照合同关于预付款的约定的方式使用预付款，发包人一般在向工程总承包人支付预付款前提交预付款保函。预付款保函的担保金额应与预付款金额相同。在预付款完全扣回之前，承包人应保证预付款担保持续有效。保函的担保金额可根据预付款扣回的金额相应递减，但剩余的预付款担保金额不得低于未被扣回的预付款金额。

预付款在进度付款中扣回，关于扣回的具体办法，发包人与工程总承包人可以在专用合同条款中约定。《标准设计施工总承包招标文件》与《建设工程项目总承包合同（示范文本）》（GF-2020-0216）两份文件中也约定了在颁发工程接收证书前，由于不可抗力或其他原因解除合同时，预付款尚未扣清的，尚未扣清的预付款余额应作为承包人的到期应付款。

2.进度款

对于工程进度款，一般按月支付或者按照工程进度支付，由于工程总承包价款还包括勘察设计费、设备材料款和建安工程费，所以需要对进度款进行结构分解。

如根据《标准设计施工总承包招标文件》通用合同条款第17.3.2项的约定，工程总承包人应根据价格清单的价格构成、费用性质、计划发生时间和相应工作量等因素，按照勘察设计费、材料和工程设备费、技术服务培训费、其他工程价款的分类，结合合同进度计划，汇总形成月度支付分解报告。

关于进度款的支付申请，根据《标准设计施工总承包招标文件》通用合同条款第17.3.3项约定，工程总承包人应在每笔进度款支付前，按监理人批准的格式和专用合同条款约定的份数，向监理人提交进度付款申请单，并附相应的支持性证明文件。除合同另有约定外，进度付款申请单应包括下列内容：（1）当期应支付金额总额，以及截至当期期末累计应支付金额总额、已支付的进度付款金额总额；（2）当期根据支付分解表应支付金额，以及截至当期期末累计应支付金额；（3）当期根据合同约定计量的已实施工程应支付金额，以及截至当期期末累计应支付金额；（4）当期根据合同应增加和扣减的变更金额，以及截至当期期末累计变更金额；（5）当期根据合同应增加和扣减的索赔金额，以及截至当期期末累计索赔金额；（6）当期根据合同约定应支付的预付款和扣减的返还预付款金额，以及截至当期期末累计返还预付款金额；（7）当期根据合同约定应扣减的质量保证金金额，以及截至当期期末累计扣减的质量保证金金额；（8）当期根据合同应增加和扣减的其他金额，以及截至当期期末累计增加和扣减的金额。

《建设工程项目总承包合同（示范文本）》（GF–2020–0216）又增加了"人工费的申请"，将工程进度款分成了人工费和非人工费部分，根据该示范文本通用合同条件第14.3.1项第1项约定，"人工费应按月支付，工程师应在收到承包人人工费付款申请单以及相关资料后7天内完成审查并报送发包人，发包人应在收到后7天内完成审批并向承包人签发人工费支付证书，发包人应在人工费支付证书签发后7天内完成支付。已支付的人工费部分，发包人支付进度款时予以相应扣除"。即假设单位必须保证按月支付工程款中的人工费，对进度款中非人工费部分可按月支付，也可不按月支付；不按月支付的，在支付时将按月支付的人工费扣除。这是《建设工程项目总承包合同（示范文本）》（GF–2020–0216）区别于其他合同条件之处。根据国务院《保证农民工工资支付条例》的规定，工程款中的人工费必须按月支付，所以按照其他合同版本签署的合同，还需要就人工费支付事宜另行签署补充条款或者补充协议。

对于进度款的支付比例，财建〔2004〕369号文件第13条规定，发包人应按不低于工程价款的60%，不高于工程价款的90%向工程总承包人支付工程进度款。按约定时间发包人应扣回的预付款，与工程进度款同期结算抵扣。另外，在进度款支付进程中，后续支付进度款时，若发现以前支付有错、漏或重复项，发包人、监理单位或工程师、工程总承包人担保有权要求修正之前错、漏项，并在后续支付中扣回或补充。

3.竣工结算

工程总承包项目竣工结算是指项目完工并经竣工验收合格后，发包人和工程总承包人双方按照合同约定对工程项目进行的工程价款的计算、调整和确认。财建〔2004〕369号文件第14条规定，工程竣工结算分为单位工程竣工结算、单项工程竣工结算和建设项目竣工总结算。关于竣工结算的程序，根据《标准设计施工总承包招标文件》通用合同条款第17.5.1项约定，在发包人向工程总承包人颁发工程接收证书后，承包人向监理人提交工程竣工付款申请单，工程竣工付款申请单应包括竣工结算合同总价、发包人已支付承包人的工程价款、应扣留的质量保证金、应支付的竣工付款金额等。监理人审查完毕后提交给发包人，经其审查同意后作为结算的依据。《建设工程项目总承包合同（示范文本）》（GF−2020−0216）通用合同条件在竣工结算审查程序和竣工结算报告内容上与此一致。

需提示发包人注意的是，工程总承包合同中的默示条款，即在一定期限之内不予答复视为认可的条款。《标准设计施工总承包招标文件》与《建设工程项目总承包合同（示范文本）》（GF−2020−0216）关于竣工结算程序审查部分均约定了在工程总承包人向发包人提交了竣工结算报告书后的一定期限内，其未收到发包人的回复的，视为认可竣工结算报告，这对发包人风险很大。发包人在收到工程总承包人提交的符合合同形式要求的工程竣工结算报告后，按时审查并按时回复工程总承包人，或者发包人在专用条款中作出否定默示条款的约定，以防止工程总承包人依据默示条款索偿更高的结算价款。

在竣工结算审查完毕后，发包人应按照合同约定及时支付质量保证金之外的剩余工程款（质保金采用保证担保形式的应退还担保），否则，发包人延期支付质保金的，应向工程总承包人支付违约金。对于违约金的标准，《标准设计施工总承包招标文件》没有具体约定，而《建设工程项目总承包合同（示范文本）》（GF－2020－0216）通用合同条件第14.5.2项约定，发包人逾期支付的，按照贷款市场报价利率（LPR）支付违约金；逾期支付超过56天的，按照贷款市场报价利率（LPR）的两倍支付违约金。

4.质量保证金

工程质量保证金是发包人为了督促工程总承包人在缺陷责任期内履行维修责任的专用资金。《标准设计施工总承包招标文件》通用合同条款第1.1.5.7目约定，“质量保证金：指按第17.4.1项约定用于保证在缺陷责任期内履行缺陷修复义务的金额”。《建设工程项目总承包合同（示范文本）》（GF－2020－0216）通用合同条件第1.1.5.8目约定，“质量保证金：是指按第14.6款［质量保证金］约定承包人用于保证其在缺陷责任期内履行缺陷修复义务的担保”。对质量保证金的形式，鉴于《标准设计施工总承包招标文件》发布较早，其附具的合同条款依然约定发包人在支付工程总承包人进度款时扣留现金作为工程质量保证金。而新发布的《建设工程项目总承包合同（示范文本）》（GF－2020－0216）采取更开放的规定，发包人可以要求工程总承包人提供保证担保、预留工程款或者其他方式的担保。

有关质量保证金的扣留比例，《标准设计施工总承包招标文件》没有具体要求，由发包人与工程总承包人在合同专用条款中具体约定。但《建设工程项目总承包合同（示范文本）》（GF－2020－0216）要求质量保证金的累计金额均不得高于工程价款结算总额的3%。

对于缺陷责任期，《标准设计施工总承包招标文件》通用合同条款第19.1款约定，“缺陷责任期自实际竣工日期起计算。在全部工程竣工验收前，已经发包人提前验收的区段工程或进入施工期运行的工程，其缺陷责任期的起算日期相应提前到相应工程竣工日”。《建设工程项目总承包合同（示范文本）》（GF－2020－0216）通用合同条件第11.2款第1款约定，“缺陷责任期原则上从工程竣工验收合格之日起计算，合同当事人应在专用合同条件约定缺陷责任期的具体期限，但该期限最长不超过24个月”。在缺陷责任期内，因工程总承包人原因产生的质量缺陷，其应承担质量缺陷责任和保修义务。

对于质量保证金的返还，根据《标准设计施工总承包招标文件》通用合同条款第17.4.2项及第17.4.3项约定，缺陷责任期满时，工程总承包人向发包人申请到期应返还承包人剩余的质量保证金，发包人应在14日内会同承包人按照合同约定的内容核实承包人是否完成缺陷责任。如无异议，发包人应当在核实后将剩余质量保证金返还工程总承包人。否则，若工程总承包人没有完成缺陷责任的，发包人有权扣留与未履行责任剩余工作所需金额相应的质量保证金余额，并有权要求延长缺陷责任期，直至完成剩余工作为止。

5.最终结清

发包人应向工程总承包人发出缺陷责任期结束证书后，缺陷责任期结束，发包人应向工程总承包人退还质量保证金，但根据保修约定需要扣留的除外。

五、工程总承包合同计价与支付管理风险防范

鉴于影响工程总承包合同计价的因素较多，发包人与工程总承包人在工程总承包项目的设计、采购与施工全过程加强工程总承包项目计价管理就极为重要。这就需要发承包双方在工程总承包合同履行中，在优化设计方案和施工方案的基础上，采用科学的合同管理方法与措施，保证项目工期，把合同价格变化的发生额限制在一定范围之内，使发承包双方都实现较好的工程效益。

1.重视设计管理，加强设计工作与施工、采购的衔接，发挥设计的集成作用

《标准设计施工总承包招标文件》通用合同条款第5条与《建设工程项目总承包合同（示范文本）》（GF-2020-0216）通用合同条件第5条均约定了工程总承包人的设计责任，工程总承包人的设计文件经发包人批准后执

行。但在工程总承包合同条件下，工程总承包人要负责项目的设计工作，使项目的设计、采购和施工更好地衔接，工程总承包人（或者联合体牵头单位）要重视设计对施工和设备采购的统领工作，对项目进行全生命周期的设计管理，有效降低项目变更和索赔发生的概率。同时，工程总承包人要有意识地将设计工作纳入总承包项目之中，使设计与后续施工、采购工作发生紧密联系，使设计真正起到“领航”与“集成”的作用，工程总承包人应充分发挥设计优势，做好工程总承包项目的造价控制。

所谓设计的集成管理包括纵向集成管理和横向集成管理。设计的纵向集成管理主要表现为接口管理，指设计与上游发包人和下游采购、施工工作之间的管理，将设计与前期建设单位提供的项目目标与后期的采购、施工进行综合考虑。这就要求设计人员一开始就将建设单位期望的工程里程碑目标作为工作的出发点，与发包人保持一致，以免设计工作中出现与发包人目标不吻合的纠纷。同时，设计人员始终将项目的可施工性贯穿设计工作的全过程，让负责施工管理的代表及采购代表参与设计工作对接与讨论，多方协作优选设计方案、确定设备材料规格型号，减少返工导致的工期与费用浪费。设计的横向集成，包括内部设计专业人员之间的集成，即设计团队内部应配备项目所需全专业人员，以及设计人员与造价、施工人员之间协调沟通。设计的外部横向集成是设计团队与发包人规划设计部门、施工管理团队、分包商、设备采购供应商之间的沟通集成。减少设计与上下各单位、各部门之间的冲突，集合各方优势促进设计团队在有限的时间内出具更为优化且具有可施工性的设计成果，加快施工进度，减少不必要的变更、索赔纠纷。〔1〕

2.加强项目采购管理，提高采购质量和效率，降低采购成本

《标准设计施工总承包招标文件》通用合同条款第6条与《建设工程项目总承包合同（示范文本）》（GF−2020−0216）通用合同条件第6条均约定

〔1〕 参见张江波编著：《EPC项目造价管理》，西安交通大学出版社2018年版，第49页。

了工程总承包人的采购工程设备和材料的责任，并根据合同约定的质量标准，对材料、工程设备质量负责。

由工程总承包人负责项目设备材料以及专业分包商的采购和管理，采购过程实际上起到承上启下的作用。一方面，它根据设计阶段的成果采办工程所需的设备、材料以及专业分包商；另一方面，采办回来的材料设备要用到工程中去，选聘的专业分包单位也要负责工程的专业施工，故采办过程监控和管理的好坏能直接体现在整个工程质量上。之所以说采购创造工程项目产品，这是因为：(1)设备材料的质量是工程质量的基础，这就要求合同采办部门能够找到提供合格产品的供应商；(2)设备材料按时运送施工现场是施工进度的保障，这就要求合同采办部门实时监控合同执行的情况，在保证提供合格产品的前提下，按照交货日期及时提供产品；(3)设备材料费用占据工程造价的50%~60%，采购成本直接影响工程的造价。〔1〕

在工程总承包合同执行中，采购阶段的进度管理和接口管理对项目造价影响较大。首先，关于采购进度管理：第一，采购人员应深刻理解、全面研究工程总承包合同以及设计各阶段发出的采购清单，明白相关材料设备的种类、规格、技术要求以及用量等，专业设备的规格、型号、功能要求以及采购量，以制订合理的采购计划方案；第二，基于项目总进度规划和建设单位期望目标前提下制订的采购总进度计划应体现进度保证、质量保证、安全保证、价格合理等原则，避免造成采购的货物早进、多进或迟进，使材料设备积压或供不应求，造成现场、库存管理费用或紧急采购费用增加；第三，采购进度应集成考虑设计和施工的进度要求，即采购进度应起着承接上游设计进度和链接下游施工进度的作用，这样才能保证采购工作与设计、施工形成衔接，而非毫无联系以致相互脱节。其次，关于接口管理：第一，采购与设计的接口管理，工程总承包人要综合考虑采购与设计、采购与施工的内在联系而形成集成管理思维，做好采购与设计、施工之间

〔1〕 参见张江波编著：《EPC项目造价管理》，西安交通大学出版社2018年版，第74页。

的接口工作与信息管理，缩短采购周期、降低采购成本与提高采购质量，使设计融入采购环节；第二，采购与施工的接口管理，鉴于采购环节为施工及试运行环节提供所需的原材料、设备、施工机具以及专业设备等，将二者进行集成考虑，通过采购管理工作的整体优化来降低采购成本。[1]

3.强化施工管理，控制变更和索赔，减少施工生产中的浪费，并按时办理工程款及其他费用的结算与支付

施工阶段是工程总承包项目各种资源集中投入的阶段，涉及管理与协调的补贴利益主体的可变因素最多，管理难度最大。施工阶段是前期设计和采购转化为实体工程成果的阶段，也是检验前期设计与采购执行情况的试金石。如前所述，在施工阶段变更、索赔、法律变化、物价变化等情况均会影响合同价格，这时就需要强化施工阶段对变更、索赔事项的管理，加强施工进度管理，减少施工期间的资源浪费。

（1）变更管控。第一，为了减少施工阶段的变更，建设单位和工程总承包人应按照以上两点要求加强设计管控，提高设计与采购及施工的协调，提高设计的可施工性，减少设计变更。第二，在施工过程，建设单位通过合同加强对工程师（或监理人）变更审批权的限制，减少非必要变更的可能性。第三，建设单位加强施工过程变更的监督与评审，审慎批复变更。第四，建设单位对于必要的变更及时批复，减少批复期限对工期的影响。第五，建设单位加强对工程总承包人提交的变更费用合理性评估，工程总承包人加强对专业分包商提出的变更合理性评估，对工程量有异议时及时提出。

（2）索赔管控。第一，为了减少施工阶段的索赔，建设单位在合同签署阶段，选择与项目相适应的合同版本，并对通用条款针对性地拟写索赔条款，提高索赔的门槛。第二，在施工过程中，建设单位通过合同加强对工程师（或监理人）索赔审批权的限制。第三，建设单位加强施工过程中对

---

〔1〕 参见张江波编著：《EPC项目造价管理》，西安交通大学出版社2018年版，第82~83页。

承包人索赔的监督与审查，及时核减索赔金额。第四，建设单位及时驳回工程总承包人对没有合同直接依据的索赔，降低索赔额。第五，对于有合同依据和证据的索赔，建设单位应及时与工程总承包人谈判与审核，尽早达成一致意见。

同时，在施工阶段也是工程款支付最多的时期，建设单位需要依据合同向工程总承包人支付工程款，而工程总承包人需要向材料设备供应商、专业分包商、劳务分包商支付材料设备款、工程款和人工费以及各种其他费用。

第十二章　人工费分账管理制度对工程总承包合同管理的影响

一、人工费分账管理制度的探索

（一）人工费分账管理制度的探索历程

为保证建筑业农民工工资及时足额发放，国务院和地方政府先后发布了相关监管制度，如广东省人力资源和社会保障厅等多部门于2015年4月27日发布的广东省《建设领域工人工资支付分账管理暂行办法》提出对建设领域的工人工资支付实行专户管理。2016年1月17日，国务院办公厅发布了《关于全面治理拖欠农民工工资问题的意见》，要求在工程建设领域实行人工费用与其他工程款分账管理，实现建筑业农民工工资与工程材料款等其他款项相分离，系统地提出了人工费分账管理的概念。2017年4月25日，《浙江省人民政府办公厅关于全面治理拖欠农民工工资问题的实施意见》提出在工程建设领域推行人工费与其他工程款分账管理制度，推动农民工工资与工程材料款等相分离。2017年7月21日，海南省人大常委会发布的《海南省劳动保障监察若干规定》明确在工程建设领域实行劳动者工资与其他工程款分账管理制度。明确施工总承包企业应当将建设项目工程款中的劳动者工资与其他款项分开银行账户管理。工资支付专用账户内的资金除发放工资外，不得用于其他用途。大连市人社局2018年8月2

日发布的《大连市建设领域农民工工资支付分账管理实施细则》提出农民工工资与工程款实行分账管理。建设单位应当按时足额将工程款中的人工费用或农民工工资暂付款单独拨付到施工总承包企业开立的工资专户，用于支付该项目建设过程中产生的农民工工资，并监督施工总承包企业按月足额支付农民工工资。这些政策探索为我国治理农民工工资拖欠现象提供了宝贵的经验。

（二）人工费分账管理作为一项法定制度的提出

国务院在总结前期探索的基础上于2019年12月30日颁布了《保障农民工工资支付条例》，该条例第24条第2款规定建设单位在与施工总承包单位依法订立书面工程施工合同中，应当约定工程款计量周期、工程款进度结算办法以及人工费用拨付周期，并按照保障农民工工资按时足额支付的要求约定人工费用。人工费用拨付周期不得超过1个月。《保障农民工工资支付条例》还明确要求发包人与施工总承包人在施工合同中将人工费单独拨付，且拨付周期不得超过1个月。同时，发包人应当按照工程合同约定及时拨付工程款，并将人工费用及时足额拨付至农民工工资专用账户。否则，若发包人未按约定及时足额向农民工工资专用账户拨付工程款中的人工费用，按照《保障农民工工资支付条例》第57条的规定，经人力资源社会保障行政部门、相关行业工程建设主管部门按照职责责令限期改正，逾期不改正的，责令项目停工，并对发包人处5万元以上10万元以下的罚款。《保障农民工工资支付条例》的颁布表明建设工程领域人工费分账管理正式成为法定的制度，发包人和施工单位必须遵守，否则将面临严重法律后果。

二、人工费分账管理制度的内涵

根据以上政策和国务院条例，所谓人工费分账管理制度是指发包人和工程总承包人依据承包合同将工程款中的人工费（劳务费）分解出来，由发包人将人工费单独列出，并按月直接支付至工程总承包人开立的人工费专用账户中，再由工程总承包人按月从该专用账户中支付给农民工的制度。这一制度包括人工费单独划拨和建筑工人工资专户发放两个过程。

1.人工费单独划拨。这要求发包人和工程总承包人（含工程总承包人和发包人直接发包的专业承包单位）在签署总承包合同等合同时，将人工费与工程款中的材料费、施工机械使用费等款项区别开来，单独分类。需要说明的是，人工费属于工程款的一部分，但以人工费形式表现的这部分工程款独立于工程款中的其他部分单独核算。

2.农民工工资专户发放。工程总承包人应在分解工程价款中的人工费用的基础上，在工程项目所在地银行开设农民工工资（劳务费）专用账户，专项用于支付农民工工资。发包人按照工程承包合同约定的比例或工程总承包人提供的人工费用数额，将应付工程款中的人工费单独拨付到工程总承包人开设的农民工工资（劳务费）专用账户。农民工工资（劳务费）专用账户应向人力资源社会保障部门和工程建设项目主管部门备案，并委托开户银行负责日常监管，确保专款专用。开户银行发现账户资金不足、被挪用等情况，应及时向人力资源社会保障部门和工程建设项目主管部门等报告。否则，工程总承包人将承担严重法律后果。

三、人工费分账管理的方法

对于如何进行人工费分账支付管理，我国施行多年的《标准设计施工招标文件》通用合同条款的计量与支付条款中没有涉及人工费分账管理问题。鉴于《保障农民工工资支付条例》于2019年发布，还没有具体的实施细则，但个别地方人民政府结合具体情况，发布了地方的人工费分账管理办法。如江西省九江市湖口县人民政府办公室2020年12月25日发布《湖口县政府投资工程人工费用与其他工程款分账管理办法》，对该县行政区域内政府投资工程农民工工资（人工费）与工程款分账支付管理进行了规定。

（一）人工费的概念

根据人力资源社会保障部等十部门2021年7月7日发布的《工程建设领域农民工工资专用账户管理暂行办法》第2条的规定，“人工费用是指发包人向总包单位专用账户拨付的专项用于支付农民工工资的工程款”。《建设工程项目总承包合同（示范文本）》（GF-2020-0216）通用合同条件第1.1.5.4目规定，人工费是指支付给直接从事建筑安装工程施工作业的建筑工人的各项费用。可知，人工费实质是建筑安装工程造价的重要组成部分，其与材料费、施工机械使用费共同构成直接工程费。人工费受地区平均工资水平、地区生活消费指数、地区劳动力市场供需变化、地区社会保障和福利政策、行业人工单价的组成内容等多种因素影响，即人工费是不停变化的。

（二）人工费的分账管理的方法

《工程建设领域农民工工资专用账户管理暂行办法》第5条第1款规定，建设单位与总包单位订立书面工程施工合同时，应当约定以下事项：（1）工程款计量周期和工程款进度结算办法；（2）建设单位拨付人工费用的周期和拨付日期；（3）人工费用的数额或者占工程款的比例等。同时，该条第2款规定人工费用的数额或者占工程款的比例应当满足农民工工资按时足额支付的要求。对于如何实施人工费分账管理，实践中有两种处理方式：一是直接在施工合同条款中将工资性工程款和非工资性工程款约定清晰，由发包人将工资性工程款直接支付至总承包人开立的农民工工资专用账户中，并监督其按时发放农民工工资；二是由发包人和总承包人在施工合同的基础上另行签署分账管理协议，通过分账管理协议将工资性工程款分离出来，并约定由发包人直接支付至农民工工资专用账户中。

☞ 例1:《建设工程项目总承包合同（示范文本）》（GF-2020-0216）的人工费条款

在《建设工程项目总承包合同（示范文本）》（GF-2020-0216）通用合同条件第14.3.1项“工程进度付款申请”部分约定，建设单位应向工程总承包单位按月支付人工费，且对支付审批时限要求较短，合同条款节录如下：

14.3.1　工程进度付款申请

（1）人工费的申请

人工费应按月支付，工程师应在收到承包人人工费付款申请单以及相关资料后7天内完成审查并报送发包人，发包人应在收到后7天内完成审批并向承包人签发人工费支付证书，发包人应在人工费支付证书签发后7天内完成支付。已支付的人工费部分，发包人支付进度款时予以相应扣除。

（2）除专用合同条件另有约定外，承包人应在每月月末向工程师提交进度付款申请单，该进度付款申请单应包括下列内容：

1）截至本次付款周期内已完成工作对应的金额；

2）扣除依据本款第（1）目约定中已扣除的人工费金额；

3）根据第13条[变更与调整]应增加和扣减的变更金额；

4）根据第14.2款[预付款]约定应支付的预付款和扣减的返还预付款；

5）根据第14.6.2项[质量保证金的预留]约定应预留的质量保证金金额；

6）根据第19条[索赔]应增加和扣减的索赔金额；

7）对已签发的进度款支付证书中出现错误的修正，应在本次进度付款中支付或扣除的金额；

8）根据合同约定应增加和扣减的其他金额。

……

14.4.2 付款计划表的编制与审批

(1)除专用合同条件另有约定外,承包人应根据第8.4款[项目进度计划]约定的项目进度计划、签约合同价和工程量等因素对总价合同进行分解,确定付款期数、计划每期达到的主要形象进度和(或)完成的主要计划工程量(含设计、采购、施工、竣工试验和竣工后试验等)等目标任务,编制付款计划表。其中人工费应按月确定付款期和付款计划。承包人应当在收到工程师和发包人批准的项目进度计划后7天内,将付款计划表及编制付款计划表的支持性资料报送工程师。

……

☞ 例2:《山东省建设工程施工合同(示范文本)》(SDF-2019-0002)的人工费条款

2019年6月28日,山东省住房和城乡建设厅与山东省市场监督管理局联合发布《山东省建设工程施工合同(示范文本)》(SDF-2019-0002),其中通用条款第12.5款“人工费(农民工工资)”和12.7款“支付账户”对人工费分账管理进行了规定,建设单位和施工单位可以根据通用条款中对工程款分账管理和专户支付的规定在专用条款中继续约定细节。

《山东省建设工程施工合同(示范文本)》(SDF-2019-0002)通用条款节录如下:

12.5 人工费(农民工工资)

12.5.1 工程款分账管理

实施人工费与其他工程款分账管理。发包人将工程款中的人工费部分预付至承包人在工程所在地银行自主开设的农民工工资专用账户,在拨付进度款时抵扣。

12.5.2 人工费支付方式

发包人支付承包人人工费不得采用转账结算以外的银行承

兑、商业承兑、保理等其他方式。合同当事人可以在专用合同条款中约定选择以下一种方式支付人工费：

（1）一次性预付。在工程开工通知载明的开工日期前一次性将人工费（不低于签约合同价的20%）全部支付至承包人农民工工资专用账户。

（2）按月预付。在合同工期内，每月5日前将本月施工所需人工费（不低于该工程全部人工费按合同工期的月平均额）支付至承包人农民工工资专用账户。

（3）按节点预付。在分部分项工程开始施工前，将该分部分项工程施工所需人工费支付至承包人农民工工资专用账户。

（4）按月支付。发包人根据承包人每月提报的已完成施工产值中的人工费清单，按月将人工费支付至承包人农民工工资专用账户。

12.5.3　人工费（农民工工资）支付责任

（1）发包人逾期支付人工费超过7天的，承包人有权向发包人发出要求支付的催告通知，发包人收到通知后7天内仍未支付的，承包人有权暂停施工，并按第16.1.1项〔发包人违约的情形〕执行。

（2）因发包人原因受到政府行政管理部门处理处罚的，由此增加的费用和（或）延误的工期由发包人承担。因承包人原因受到政府行政管理部门处理处罚的，由此增加的费用和（或）延误的工期由承包人承担。

（3）承包人违反规定，将工程分包给不具备用工主体资格的组织或个人，致使农民工工资被拖欠的，承担欠薪清偿责任；发包人发包行为不规范或不按施工合同约定拨付人工费的，对拖欠农民工工资负连带责任。

……

12.7　支付账户

12.7.1　发包人应将合同价款（人工费除外部分）支付至合同协议书中约定的承包人账户。

12.7.2　发包人应将人工费及时足额支付至农民工工资专用账户。

☞ 例3：杭州市拱墅区住房和城市建设局的做法

杭州市拱墅区住房和城市建设局于2018年3月12日发布《关于落实建设工程领域农民工工资分账管理的通知》，该通知第3条要求建设单位与施工总承包单位签订《建设项目工程款和工资款分账管理协议》，对工资性工程款数额、工资性工程预付款数额和抵扣方式、工资性工程进度款数额和支付方式予以约定。同时规定专业分包和劳务分包委托总承包单位直接发放分包单位农民工工资。

建设项目工程款和工资款分账管理协议

（参考文本）

甲方：<u>　　（建设单位，以下简称甲方）　　</u>

乙方：<u>　　（总承包单位含承包建设单位发包的专业承包企业，以下简称乙方）</u>

工程名称：________________________________

依据《国务院办公厅关于全面治理拖欠农民工工资问题的意见》（国办发〔2016〕1号）、《杭州市人民政府关于印发“杭州无欠薪”行动专项治理方案的通知》（杭政办函〔2017〕143号）、《杭州市城乡建设委员会关于印发杭州建筑业开展“浙江武欠薪”行动实施细则》（杭建市发〔2017〕614号）等文件精神，经甲、乙双方协商一致，达成如下协议：

一、乙方根据规定，在拱墅区__________银行开设本工程项目农民工工资款专用账户，账户号：____________________。

二、乙方保证工资款专款专用，并每月将工资款通过银行打卡形式发放到每位农民工个人银行账户，不挪作他用。

三、乙方每月将审核盖章后委托银行发放的工资清单报甲方备案。

四、新开工项目：甲方根据《通知》规定，在____年____月前将工资性工程款预付款足额拨付至工资专户，并从开工后第二个月开始，于每月20日前拨付农民工工资款____万元，存入乙方开始的农民工工资款专用账户。

五、已开工项目：甲方根据《通知》规定，在____年____月前将应发工资性工程款一次性补足，并自次月开始，于每月20日前，甲方按照双方约定的月度工程款的____%，存入乙方开设的农民工工资款专用账户。

六、甲方按施工合同支付工程进度款时，应扣除已拨付的工资性工程款，待乙方已按时足额支付农民工工资后，再拨付剩余工程进度款。

七、其他

（一）本协议在履行中发生争议，双方自愿向工程项目所在地人民调解委员会申请调解，任何一方也可直接向人民法院诉讼解决。

（二）本协议由甲、乙双方协商订立、双方签字盖章后生效，双方必须严格履行，共同守信。

（三）本协议一式四份，甲、乙双方各执一份，项目所在区、县（市）人力社保部门和建设主管部门各留存一份。

甲方：（公章）　　　　乙方：（公章）

法定代表人：　　　　法定代表人：

年　月　日　　　　年　月　日

另外，福建省厦门市、浙江省湖州市等许多地市也开展人工费分账管理的相关探索并发布征求意见稿。

综上所述，若发包人和工程总承包人不按照《保障农民工工资支付条例》的规定实施人工费分账管理制度，将面临严重的行政处罚后果。鉴于《保障农民工工资支付条例》要求发包人按月支付农民工工资，所以发包人和工程总承包人应在施工合同中约定工资性工程款数额、工资性预付款数额以及抵扣方式。《保障农民工工资支付条例》的实施无疑会带来之前发布的施工合同示范文本、工程总承包合同示范文本及标准文本的再次修订。

四、人工费分账管理制度对工程总承包合同管理的影响

（一）工程总承包合同的计价与结算方式发生改变

由前所述，由于工程款被分割为工资性工程款（人工费）和非工资性工程款（材料费和施工机械使用费等），结算时将人工费独立于其他工程款之外，一定会导致施工合同或工程总承包合同的结算方式发生变化。这要求发包人与工程总承包人在签订工程总承包合同及总承包人与分包单位签订分包合同阶段，需要在合同中约定预付款和进度款中人工费比例；若未约定，工程总承包人可与发包人另行订立分账管理协议，约定各笔款项中人工费支付比例，或者由工程总承包人在每月申请进度款时分离出人工费，并与其他工程款分开列支。

《建设项目工程总承包合同（示范文本）》（GF−2020−0216）通用合同条件第14.3.1项，专门设立了人工费分账管理的安排，需要在专用条款中根据需要个别调整。同时，在工程总承包人与发包人完成分账管理之后，工程总承包人与分包单位专业分包合同和劳务分包合同的结算方式也会随之变化，尤其是劳务分包合同的价款在扣除人工费之后剩余不多，这可

能会对传统劳务分包公司的发展造成影响，但也会催生一大批管理精细的建筑劳务派遣公司。为防范用工风险，工程总承包人至少可以在与其分包的劳务分包单位之间实行分包单位农民工工资代付制度，建立每月农民工工资支付制度，共同组建协调工作组，每月统计、对账当月需代发的农民工工资，形成代付工资支付明细，同时完成当月进度款抵扣工作。由工程总承包人委托银行按照双方共同确认的当月代付工资支付明细通过其设立的农民工工资专用账户，直接将工资划入农民工个人账户。

（二）施工队伍管理更加精细化

在我国工程建设领域，传统建筑施工劳务的用工方式主要有以下三种形式：第一种用工形式是建筑企业直接雇佣企业内部的建筑劳务公司；第二种用工形式是建筑企业雇佣企业外部的成建制劳务分包企业；第三种用工形式是建筑企业接收外部劳务派遣方式雇佣零星劳务人员。无论以上哪种形式，工程总承包人都不需要直接负责向务工人员发放工资。但在人工费分账管理模式下，根据《保障农民工工资支付条例》，工程总承包人与专业分包或劳务分包单位签订分包合同、确定分包工程款和支付方式之后，还应当在工程项目部配备劳资专管员，对分包单位劳动用工实施监督管理，掌握施工现场用工、考勤、工资支付等情况，审核分包单位编制的农民工工资支付表，然后再根据考核情况将农民工工资从专用账户支付至农民工个人账户。虽然分包单位对所招用农民工的实名制管理和工资支付负直接责任没有变化，但在这种情况下，工程总承包人不得不参与分包单位的人员管理和考核确认。

首先，工程总承包人的劳资专管员需要对分包单位的劳动用工情况、出勤情况进行细化管理。劳资专管员应根据《保障农民工工资支付条例》的要求审核分包单位是否建立用工管理台账，台账编制的内容是否完整，尤其是农民工实名制登记是否完整，分包单位是否进行现场考勤或出勤情况是否与实际相符。其次，劳资专管员应审核分包单位编制的工资支付表内容是否准确、完整，同时监督分包单位是否严格按照工资支付表向农民工发放工资。最后，为了防止分包单位虚报工资或者其他弄虚作假行为，劳资专管员还应协调施工管理人员对分包单位用工进行监督管理，审查留存作业资料，协助分包单位对劳动者的违规作业监管和奖惩。由此会对传统的总分包管理体系带来影响。

（三）促进工程总承包管理模式的发展

国务院办公厅《关于促进建筑业持续健康发展的意见》要求未来建筑要坚持标准化设计、工厂化生产、装配化施工、一体化装修、信息化管理、智能化应用，推动建造方式创新，大力发展装配式混凝土和钢结构建筑，在具备条件的地方倡导发展现代木结构建筑，不断提高装配式建筑在新建建筑中的比例，实现建筑舒适安全、节能高效。这就要求我国摒弃传统的粗放建设模式，大力培养熟练建筑工人，根除质量通病，降低由于建筑工人素质低下导致安全事故发生概率。而《保障农民工工资支付条例》所确立的人工费分账管理在发挥促进农民工工资按时足额发放的同时，必然会导致我国建筑业用工形式的改变，进而促进建筑工人综合素质的提高，也必将引领我国建筑工程传统建造方式的变革。

总之，人工费分账管理制度不仅是人工费支付时序的改变，同时还会对各类工程总承包合同、专业分包合同以及劳务分包合同的结算与支付结构带来影响。长期看来这种模式还可能促进施工合同计价方式的根本变革，也预示着以精细化劳动用工管理为纽带的精细化计量与计价时代的到来。

第十三章　工程总承包保证担保制度

第一节　工程总承包合同担保的概念、形式与特征

一、工程总承包合同担保的概念

工程总承包合同属于一种常见的建设工程合同，从工程总承包合同签署到履约过程中涉及一系列担保问题，这些担保事项与建设工程施工合同、勘察设计合同等其他建设工程合同中的担保相似。我国政策意义上的建设工程合同保证担保制度的建立是从规制房地产开发项目开始的。2004年8月6日，原建设部发布的《关于在房地产开发项目中推行工程建设合同担保的若干规定（试行）》（建市〔2004〕137号，以下简称建市〔2004〕137号文件）第3条规定，“本规定所称工程建设合同担保，是指在工程建设活动中，根据法律法规规定或合同约定，由担保人向债权人提供的，保证债务人不履行债务时，由担保人代为履行或承担责任的法律行为”。这是我国定义建设工程合同担保较早的政策文件。2006年12月7日，原建设部发布的《关于在建设工程项目中进一步推行工程担保制度的意见》（建市〔2006〕326号，以下简称建市〔2006〕326号文件）又进一步规定，工程担保是指在工程建设活动中，由保证人向合同一方当事人（受益人）提供的，保证合同另一方当事人（被保证人）履行合同义务的担保行为，在被保证人不履行合同义务时，由保证人代为履行或承担代偿责任，将工程担保定

义为保证担保这种形式。《民法典》合同篇增设的保证合同专章，为处理保证担保问题提供了上位法依据。《民法典》第681条将保证合同定义为“为保障债权的实现，保证人和债权人约定，当债务人不履行到期债务或者发生当事人约定的情形时，保证人履行债务或者承担责任的合同”。《民法典》有关保证合同的规定为处理包括工程总承包工程在内的建设工程保证担保提供了制度基础。

二、工程总承包合同担保的类型与形式

（一）担保的类型

鉴于工程总承包合同签约及履约管理的复杂性，项目中涉及工程担保的种类和方式很多。建市〔2004〕137号文件第5条规定，担保分为投标担保、业主工程款支付担保、承包商履约担保和承包商付款担保。投标担保可采用投标保证金或保证的方式。业主工程款支付担保、承包商履约担保和承包商付款担保应采用保证的方式。当事人对保证方式没有约定或者约定不明确的，按照连带责任承担保证责任。这里规定了工程建设合同中几种类型的担保方式。同时，在我国建设工程合同担保实践中存在投标保证金、预付款担保、质量保证金等担保形式。对于工程总承包项目，这些担保形式均是发包人或者承包人单方面向对方提供的担保。但由于我国建筑活动中大量使用农民工，而拖欠农民工工资问题比较突出，在建设工程领域又出现了保障农民工工资支付担保这一种特殊种类的担保。

为了减轻建筑业企业负担，激发市场活力，建设统一市场，促进公平竞争，加快建筑业转型升级，2016年6月27日发布的《国务院办公厅关于清理规范工程建设领域保证金的通知》（国办发〔2016〕49号，以下简称国办发〔2016〕49号文件）第1条规定，“对建筑业企业在工程建设中需缴纳的保证金，除依法依规设立的投标保证金、履约保证金、工程质量保证

金、农民工工资保证金外，其他保证金一律取消。对取消的保证金，自本通知印发之日起，一律停止收取”，为我国工程担保活动健康发展指明了方向。

（二）担保的形式

国办发〔2016〕49号文件第2条规定，“对保留的投标保证金、履约保证金、工程质量保证金、农民工工资保证金，推行银行保函制度，建筑业企业可以银行保函方式缴纳”。2019年6月20日，住建部发布的《关于加快推进房屋建筑和市政基础设施工程实行工程担保制度的指导意见》（建市〔2019〕68号，以下简称建市〔2019〕68号文件）要求地方住建部门“推行工程保函替代保证金。加快推行银行保函制度，在有条件的地区推行工程担保公司保函和工程保证保险。严格落实国务院清理规范工程建设领域保证金的工作要求，对于投标保证金、履约保证金、工程质量保证金、农民工工资保证金，建筑业企业可以保函的方式缴纳。严禁任何单位和部门将现金保证金挪作他用，保证金到期应当及时予以退还”。同时要求“大力推行投标担保。对于投标人在投标有效期内撤销投标文件、中标后在规定期限内不签订合同或未在规定的期限内提交履约担保等行为，鼓励将其纳入投标保函的保证范围进行索赔。招标人到期不按规定退还投标保证金及银行同期存款利息或投标保函的，应作为不良行为记入信用记录”。

关于工程保函，早在2005年5月11日原建设部就发布了《关于印发〈工程担保合同示范文本〉（试行）的通知》[1]，规定了投标委托保证合同（试行）等5种委托保证合同以及投标保函等5种保函。2021年1月27日发布的《住房和城乡建设部关于印发工程保函示范文本的通知》，制定了包括投

〔1〕 已被《住房和城乡建设部关于印发工程保函示范文本的通知》废止。需要说明的是新版工程保函示范文本与旧版工程保函示范文本均是依据施工承包合同为基础的工程保函，但在工程总承包项目中，发包人与承包人可以参照示范文本的格式修订保函的内容，使保函适用于工程总承包项目。

标保函示范文本(独立保函)、投标保函示范文本(非独立保函)、预付款保函示范文本(独立保函)、预付款保函示范文本(非独立保函)、支付保函示范文本(独立保函)、支付保函示范文本(非独立保函)、履约保函示范文本(独立保函)、履约保函示范文本(非独立保函)在内的工程保函的具体形式。国家推荐投标担保采用保函形式,减少占用投标人的资金。

2018年3月19日,广东省住建厅等多部门联合发布了《关于开展建设工程保证保险有关工作的通知》,该通知第1条规定“建设工程保证保险是指工程建设过程中由保险公司提供的一种工程风险保障机制。保险公司出具的保险合同或保险单作为工程投标、履约、工资支付、施工质量保证的形式之一”。该通知也规定了建设工程保证保险的险种,包括建设工程投标保证保险、建设工程履约保证保险、发包人合同款支付保证保险、建设工程施工质量保证保险、施工企业工人工资支付保证保险。而建市〔2019〕68号文件明确支持保险机构作为工程担保保证人开展工程担保业务。在工程建设领域积极引入商业保险制度,有利于充分发挥保证保险等市场机制的作用,丰富工程保证形式。

综上所述,我国工程总承包项目中存在投标担保、发包人支付担保、承包人履约担保、承包人预付款担保、质量保证金以及农民工工资支付担保这6种担保类型。在具体担保方式上分为第三人保证(保函)担保、现金质押(保证金)担保以及保证保险这3种具体担保形式。

三、工程保证合同担保责任的特征与性质

(一)工程保证合同担保的从属性特征

《民法典》第682条第1款规定:“保证合同是主债权债务合同的从合同。主债权债务合同无效的,保证合同无效,但是法律另有规定的除外。”在工程总承包合同附随的保证担保中,无论采用保证、保函还是保证金形

式，其本质上均为工程总承包合同的从合同，若工程总承包合同无效或者被担保的部分债务条款无效，保证合同也无效。保证债务以工程总承包合同的存在或者将来可能存在为前提，随工程总承包合同中发包人与承包人之间基于工程总承包合同的债权债务的消灭而消灭。保证合同的保证责任范围不得超过工程总承包合同约定的范围，工程保证合同的责任不得与工程总承包合同债务分离而转移，其具体特征表现在以下几个方面〔1〕：

1.工程保证合同成立上的从属性。工程保证合同依托于工程总承包合同的存在而存在，以工程总承包合同的成立为前提，在存续中依附于工程总承包合同约定的债务。

2.工程保证合同担保责任范围和强度上的从属性。工程保证合同担保的责任范围及强度取决于保证合同的目的，原则上应与工程总承包合同相同，不得大于或强于工程总承包合同约定的债务。一般来说，保证债务与主合同债务分属于两个债务，保证债务的范围和强度可以与主合同债务有差别，但保证合同的从属性又决定其不得超过主合同债务的范围和强度。实践中当主合同的债务额度降低时，保证合同担保的额度也降低。

3.工程保证合同担保责任转移上的从属性。实践中，若工程总承包合同的一方债权人在保证期限内将可以转移的主债权转让给第三人，保证人在原担保范围内继续承担责任。但若主债务的债务人在获得债权人同意情况下对外转让债务的，需要经过保证人的书面同意，否则保证人对未经其同意的债务转移，可拒绝承担保证责任。

4.工程保证合同担保责任变更、消灭上的从属性。如果工程总承包合同因解除而导致主债权债务关系消失时，担保合同约定的担保责任自然也消灭。如果工程总承包合同变更时，保证合同的责任范围一般也随之变更，但若因变更导致保证人担保责任范围和强度增加的，需要提前获得保证人的同意。

---

〔1〕 参见黄薇主编：《中华人民共和国民法典释义（中）》，法律出版社2020年版，第1299~1300页。

(二)从属性的例外,对"法律另有规定"的理解

对于担保从属性例外的情况,主要是《民法典》有关最高限额抵押担保的规定以及保证合同中"法律另有规定的"情况。《民法典》第388条第1款规定:"设立担保物权,应当依照本法和其他法律的规定订立担保合同。担保合同包括抵押合同、质押合同和其他具有担保功能的合同。担保合同是主债权债务合同的从合同。主债权债务合同无效的,担保合同无效,但是法律另有规定的除外。"对于此条款中"法律另有规定的"情况,如《民法典》有关物权担保部分的最高额抵押权,所谓最高额抵押权"是指为担保债务的履行,债务人或者第三人对一定期间内将要连续发生的债权提供抵押担保,债务人不履行到期债务或者发生当事人约定的实现抵押权的情形的,抵押权人有权在最高债权额度内就该担保财产优先受偿"。〔1〕

同时《民法典》第682条第1款也有"法律另有规定"的条文,这里主要指独立保函,这涉及独立保证的立法问题。《最高人民法院关于审理独立保函纠纷案件若干问题的规定》(法释〔2016〕24号,以下简称《独立保函纠纷案件司法解释》)第1条规定:"本规定所称的独立保函,是指银行或非银行金融机构作为开立人,以书面形式向受益人出具的,同意在受益人请求付款并提交符合保函要求的单据时,向其支付特定款项或在保函最高金额内付款的承诺。前款所称的单据,是指独立保函载明的受益人应提交的付款请求书、违约声明、第三方签发的文件、法院判决、仲裁裁决、汇票、发票等表明发生付款到期事件的书面文件。"第3条规定:"保函具有下列情形之一,当事人主张保函性质为独立保函的,人民法院应予支持,但保函未载明据以付款的单据和最高金额的除外:(一)保函载明见索即付;(二)保函载明适用国际商会《见索即付保函统一规则》等独立保函交易示范规则;(三)根据保函文本内容,开立人的付款义务独立于基础交易关系

〔1〕 黄薇主编:《中华人民共和国民法典释义(上)》,法律出版社2020年版,第814页。

及保函申请法律关系，其仅承担相符交单的付款责任。当事人以独立保函记载了对应的基础交易为由，主张该保函性质为一般保证或连带保证的，人民法院不予支持。当事人主张独立保函适用担保法关于一般保证或连带保证规定的，人民法院不予支持。”需要强调的是，独立保函仅指具有《独立保函纠纷案件司法解释》规定的特征的保函，如《最高人民法院关于印发〈全国法院民商事审判工作会议纪要〉的通知》（以下简称九民会议纪要）第54条规定，“从属性是担保的基本属性，但由银行或者非银行金融机构开立的独立保函除外。独立保函纠纷案件依据《最高人民法院关于审理独立保函纠纷案件若干问题的规定》处理。需要进一步明确的是：凡是由银行或者非银行金融机构开立的符合该司法解释第1条、第3条规定情形的保函，无论是用于国际商事交易还是用于国内商事交易，均不影响保函的效力。银行或者非银行金融机构之外的当事人开立的独立保函，以及当事人有关排除担保从属性的约定，应当认定无效”。但《独立保函纠纷案件司法解释》并不是全国人大常委会颁布的法律，崔建远教授认为从法律系反映并服务于社会生活关系的经济基础与上层建筑之间辩证关系的原理出发，在典型意义上的法律尚未规定独立保证的背景下，宽泛地理解《民法典》第388条第1款但书所谓法律，把最高人民法院发布的《独立保函纠纷案件司法解释》划入其中。〔1〕崔教授这里对《民法典》担保物权的相关条文进行了分析，指出《民法典》第388条第1款但书所谓法律包括最高人民法院的司法解释等规定。所以应对《民法典》第682条第1款规定的“法律另有规定”中的“法律”作广义的理解，包含法律、行政法规、司法解释等。〔2〕

（三）一般保证责任与连带保证责任

《民法典》第686条规定：“保证的方式包括一般保证和连带责任保证。

---

〔1〕 参见崔建远：《论保证规则的变化》，载微信公众号“民法九人行”2021年2月28日，https://mp.weixin.qq.com/s/sWwvGnidJ_zw1JhWEeGC7Q。

〔2〕 参见黄薇主编：《中华人民共和国民法典释义（中）》，法律出版社2020年版，第1301页。

当事人在保证合同中对保证方式没有约定或者约定不明确的，按照一般保证承担保证责任。”对于工程担保中保证责任的方式，建市〔2004〕137号文件第4条规定，“保证人提供的保证方式为一般保证或连带责任保证”。而建市〔2006〕326号文件第17条规定，“保证人提供的保证方式应当是连带责任保证”，同时第19条规定，“工程担保保函应为不可撤销保函，在保函约定的有效期届满之前，除因主合同终止执行外，保证人、被保证人和受益人都不得以任何理由撤保”。建市〔2006〕326号文件规定工程担保应为不可撤销的连带责任保证，但鉴于建市〔2006〕326号文件为建设行政管理部门的政策，该政策若不明确落实到工程总承包合同及保证合同条款中，对合同双方不具有约束力。所以，在工程总承包合同发承包双方向对方提供担保时，受益人（发包人或者承包人）应要求担保人在担保合同或者保函中清晰明确地列明是否为连带责任保证委托，以方便受益人索赔。

一般保证与连带责任保证对保证人的影响不同，对于受益人保护效果也不同。在一般保证方式下，《民法典》第687条规定，“当事人在保证合同中约定，债务人不能履行债务时，由保证人承担保证责任的，为一般保证。一般保证的保证人在主合同纠纷未经审判或者仲裁，并就债务人财产依法强制执行仍不能履行债务前，有权拒绝向债权人承担保证责任，但是有下列情形之一的除外：（一）债务人下落不明，且无财产可供执行；（二）人民法院已经受理债务人破产案件；（三）债权人有证据证明债务人的财产不足以履行全部债务或者丧失履行债务能力；（四）保证人书面表示放弃本款规定的权利”。在连带责任保证方式下，《民法典》第688条规定，“当事人在保证合同中约定保证人和债务人对债务承担连带责任的，为连带责任保证。连带责任保证的债务人不履行到期债务或者发生当事人约定的情形时，债权人可以请求债务人履行债务，也可以请求保证人在其保证范围内承担保证责任”。《最高人民法院关于适用〈中华人民共和国民法典〉有关担保制度的解释》（法释〔2020〕28号，以下简称《担保制度司法解释》）第

25条第1款规定，“当事人在保证合同中约定了保证人在债务人不能履行债务或者无力偿还债务时才承担保证责任等类似内容，具有债务人应当先承担责任的意思表示的，人民法院应当将其认定为一般保证”。即当事人在保证合同中约定了保证人在债务人不履行债务或者未偿还债务时即承担保证责任、无条件承担保证责任等类似内容，不具有债务人应当先承担责任的意思表示的，人民法院应当将其认定为连带责任保证。

四、现金担保的性质

在工程总承包合同担保实践中还存在投标保证金、质量保证金、农民工工资支付保证金这三种现金担保的形式。由于这三种现金担保均为承包人（或投标人）单方面向发包人（或招标人）等受益人提供的担保义务，在发包人（或招标人）等受益人不履行相应的义务时，承包人（或投标人）无权要求对方双倍返还保证金。所以在工程总承包合同中的这三类保证金与《民法典》第586条、第587条规定的定金性质不同，这三种形式的现金担保应属于现金质押性质。以投标保证金为例，南开大学法学院何红锋教授认为投标保证金是以货币（货币为物的一种特殊形式）或支票等权利凭证为标的的担保，属于物权范畴，是一种质押担保方式，与定金性质不同。[1]但随着国家政策逐步落实，工程建设领域的这三种类别的保证金担保方式也会被保函形式代替。

五、工程总承包保证担保的责任范围

对于保证担保的责任范围，一般限制在主债务范围之内。《民法典》

〔1〕 参见《投标保证金的法律性质分析》，载百度文库2021年6月25日，https://wenku.baidu.com/view/24dedbef81c758f5f61f6714.html。

第691条规定："保证的范围包括主债权及其利息、违约金、损害赔偿金和实现债权的费用。当事人另有约定的，按照其约定。"法律也尊重当事人的合约自由权利，即保证合同担保责任范围也可以超出主债务范围。但《担保制度司法解释》第3条规定："当事人对担保责任的承担约定专门的违约责任，或者约定的担保责任范围超出债务人应当承担的责任范围，担保人主张仅在债务人应当承担的责任范围内承担责任的，人民法院应予支持。担保人承担的责任超出债务人应当承担的责任范围，担保人向债务人追偿，债务人主张仅在其应当承担的责任范围内承担责任的，人民法院应予支持；担保人请求债权人返还超出部分的，人民法院依法予以支持。"最高人民法院司法解释不支持超出主债务的部分。《九民会议纪要》第55条规定："担保人承担的担保责任范围不应当大于主债务，是担保从属性的必然要求。当事人约定的担保责任的范围大于主债务的，如针对担保责任约定专门的违约责任、担保责任的数额高于主债务、担保责任约定的利息高于主债务利息、担保责任的履行期先于主债务履行期届满，等等，均应当认定大于主债务部分的约定无效，从而使担保责任缩减至主债务的范围。"《九民会议纪要》更详细地解释了超出主债务范围的表现。

第二节　工程总承包担保的类别

一、工程总承包项目投标担保

建市〔2004〕137号文件第17条规定："投标担保是指由担保人为投标人向招标人提供的，保证投标人按照招标文件的规定参加招标活动的担保。投标人在投标有效期内撤回投标文件，或中标后不签署工程建设合同的，由担保人按照约定履行担保责任。"《招标投标法实施条例》第26条第1款规定："招标人在招标文件中要求投标人提交投标保证金的，投标保证金不得超过招标项目估算价的2%。投标保证金有效期应当与投标有效期一致。”这里规定了投标保证金的限额、交纳方式以及担保期限。

1.工程总承包项目投标保证金的数额

《招标投标法实施条例》规定投标保证金的数额不得超过招标项目估算价的2%，没有规定最高限额。鉴于工程总承包项目一般包括勘察、设计、施工、设备供应中的两种或两种以上的工作，该等子项目的相关管理办法中均设置了最高限额。因此，如何设置工程总承包项目的投标保证金的最高限额还需要综合考虑相关政策对其子项目投标担保的要求。

对于勘察设计项目，《工程建设项目勘察设计招标投标办法》第24条规定，“招标文件要求投标人提交投标保证金的，保证金数额不得超过勘察设计估算费用的百分之二，最多不超过十万元人民币。依法必须进行招标的项目的境内投标单位，以现金或者支票形式提交的投标保证金应当从其基本账户转出”。这里规定勘察设计项目投标保证金的最高数额为10万元人民币。其他专业工程项目的勘察设计招标管理也有类似的规定，如《水利工程建设项目勘察（测）设计招标投标管理办法》第36条规定，投标人应按招标文件的要求提交投标保证金。保证金数额一般不超过投标报价的2%，最多不超过10万元人民币。在招标人与中标人签订勘察设计合同后5个工作日内，招标人应当向中标、未中标人退还投标保证金。

对施工项目，《工程建设项目施工招标投标办法》规定了最高限额为80万元人民币。该办法第37条规定，招标人可以在招标文件中要求投标人提交投标保证金……投标保证金不得超过项目估算价的2%，但最高不得超过80万元人民币。住建部对于房屋建筑和施工工程的施工项目规定的施工投标保证金最高限额为50万元人民币，如《房屋建筑和市政基础设施工程施工招标投标管理办法》第26条规定，招标人可以在招标文件中要求投标人提交投标担保。投标担保可以采用投标保函或者投标保证金的方式。投标保证金可以使用支票、银行汇票等，一般不得超过投标总价的2%，最高不得超过50万元。投标人应当按照招标文件要求的方式和金额，将投标保函或者投标保证金随投标文件提交招标人。

就货物采购而言，国家也规定投标保证金最高限额为80万元人民币，如《工程建设项目货物招标投标办法》第27条规定，投标保证金不得超过投标总价的2%，但最高不得超过80万元人民币。而《机电产品国际招标投标实施办法（试行）》仅规定比例，没规定最高限额，如该办法第23条规定，招标人在招标文件中要求投标人提交投标保证金的，投标保证金不得超过招标项目估算价的2%。投标保证金有效期应当与投标有效期一致。

综上所述，由于工程总承包项目范围包括勘察设计、施工、设备供应中的两种或者两种以上工作，在工程总承包合同估算价2%的范围内，如何设置投标保证金最高限额需要根据工程总承包项目中各子项的最高限价分别设置。

2.工程总承包项目投标担保的责任范围

关于投标担保的责任范围，主要看招标文件的规定。如《标准设计施工总承包招标文件》第二章“投标人须知”第3.4.4项规定：“有下列情形之一的，投标保证金将不予退还：（1）投标人在规定的投标有效期内撤销或修改其投标文件；（2）中标人在收到中标通知书后，无正当理由拒签合同或未按招标文件规定提交履约担保。”这里规定了招标人不予退还投标保证金（可以是保函）的条件，而投标人投标担保的责任范围一般是投标保证金（或保函）的数额范围内。但若投标保证金数额不足以弥补招标人损失的，招标人也有权要求中标人对超出投标保证金的损失给与补偿。如第7.4.2项规定：“中标人不能按本章第7.4.1项要求提交履约担保的，视为放弃中标，其投标保证金不予退还，给招标人造成的损失超过投标保证金数额的，中标人还应当对超过部分予以赔偿。”第7.5.1项规定：“招标人和中标人应当自中标通知书发出之日起30天内，根据招标文件和中标人的投标文件订立书面合同。中标人无正当理由拒签合同的，招标人取消其中标资格，其投标保证金不予退还；给招标人造成的损失超过投标保证金数额的，中标人还应当对超过部分予以赔偿。”第7.5.2项规定：“发出中标通知书后，招标人无正当理由拒签合同的，招标人向中标人退还投标保证金；给中标人造成损失的，还应当赔偿损失。”对中标人的投保保证金不能覆盖招标人损失的情况，要求追加赔偿。

需要指出的是，对于招标人超出投标保证金损失的部分，《标准设计施工总承包招标文件》规定招标人可以直接向投标人（主要指中标人）追偿，但若投标保证金是由第三人提供的保证担保或者保函形式，招标人是不可以向保证人追偿超过保证金之外的损失的。投标保证金的担保责任范围依然没有超出《民法典》及其司法解释的相关规定。

3.工程总承包项目投标担保的期限

对于投标担保的期限，《招标投标法实施条例》规定，投标保证金的有效期应当与投标有效期一致。《工程建设项目施工招标投标办法》第40条规定，在提交投标文件截止时间后到招标文件规定的投标有效期终止之前，投标人不得撤销其投标文件，否则招标人可以不退还投标保证金。《机电产品国际招标投标实施办法（试行）》第23条也规定，投标保证金的有效期应当与招标文件规定的投标有效期一致。其他施工、供货项目的相关招标投标管理办法中均要求投标保证金的有效期与投标有效期一致，否则若投标保证金的有效期少于投标有效期，剩余的投标有效期没有担保，将会给招标人带来风险。但是由于工程项目招投标是个复杂的过程，在评标、公示、定标过程中经常会出现异议、投诉事件甚至诉讼，使招标人不能在招标文件设置的投标有效期内完成招标任务，这时招标人就需要延长投标有效期，相应也会要求有效标的投标人延长投标保证金的期限。如《标准设计施工总承包招标文件》第二章“投标人须知”第3.3.3项规定：“出现特殊情况需要延长投标有效期的，招标人以书面形式通知所有投标人延长投标有效期。投标人同意延长的，应相应延长其投标保证金的有效期，但不得要求或被允许修改或撤销其投标文件；投标人拒绝延长的，其投标失效，但投标人有权收回其投标保证金。”

4.工程总承包项目投标担保的具体方式

对于投标担保的具体方式,《招标投标法实施条例》第26条第2款规定,“依法必须进行招标的项目的境内投标单位,以现金或者支票形式提交的投标保证金应当从其基本账户转出”。《机电产品国际招标投标实施办法(试行)》第23条针对依法必须进行招标的项目的境内投标人单位,如果以现金或者支票形式提交的投标保证金的,也要求投标人应当从其基本账户转出。投标保证金可以是银行出具的银行保函或不可撤销信用证、转账支票、银行即期汇票,也可以是招标文件要求的其他合法担保形式。联合体投标的,应当以联合体共同投标协议中约定的投标保证金缴纳方式予以提交,可以是联合体中的一方或者共同提交投标保证金,以一方名义提交投标保证金的,对联合体各方均具有约束力。招标人不得挪用投标保证金。建市〔2004〕137号文件第18条规定:“投标担保可采用银行保函、专业担保公司的保证,或定金(保证金)担保方式,具体方式由招标人在招标文件中规定。”《工程建设项目施工招标投标办法》第37条规定,招标人可以在招标文件中要求投标人提交投标保证金。投标保证金除现金外,可以是银行出具的银行保函、保兑支票、银行汇票或现金支票……投标人应当按照招标文件要求的方式和金额,将投标保证金随投标文件提交给招标人或其委托的招标代理机构。依法必须进行施工招标的项目的境内投标单位,以现金或者支票形式提交的投标保证金应当从其基本账户转出。《工程建设项目货物招标投标办法》第27条规定,招标人可以在招标文件中要求投标人以自己的名义提交投标保证金。投标保证金除现金外,可以是银行出具的银行保函、保兑支票、银行汇票或现金支票,也可以是招标人认可的其他合法担保形式。所以,投标人向工程总承包项目招标人提交投标保证金的方式可以是现金、汇票、保证、保函、投标保证保险单等多种形式。但是若选择开具支票或者提交现金的,投标人必须从其基本账户开具或汇出。根据以上论述,目前国家推荐投标担保采用保函形式,减少占用投标人的资金。

二、发包人支付担保

建市〔2004〕137号文件第11条规定："业主工程款支付担保，是指为保证业主履行工程合同约定的工程款支付义务，由担保人为业主向承包商提供的，保证业主支付工程款的担保。业主在签订工程建设合同的同时，应当向承包商提交业主工程款支付担保。未提交业主工程款支付担保的建设工程，视作建设资金未落实。"

此前，受我国建筑市场为买方市场的影响，发包人支付担保落实不到位，发包人拖欠工程款的现象时有发生。为了彻底制止建筑业领域拖欠农民工工资现象，2019年国务院发布的《保障农民工工资支付条例》第24条中明确规定，建设单位应当向施工单位提供工程款支付担保。第49条规定，建设单位未依法提供工程款支付担保或者政府投资项目拖欠工程款，导致拖欠农民工工资的，县级以上地方人民政府应当限制其新建项目，并记入信用记录，纳入国家信用信息系统进行公示。第57条规定，建设单位未依法提供工程款支付担保的，由人力资源社会保障行政部门、相关行业工程建设主管部门按照职责责令限期改正；逾期不改正的，责令项目停工，并处5万元以上10万元以下的罚款。该条例对发包人向承包人提交工程款支付担保的要求是具体明确的，违法后果也是很严重的。自此发包人向承包人提交工程款支付担保属于其法定义务。

建市〔2019〕68号文件规定，招标人要求中标人提供履约担保的，应当同时向中标人提供工程款支付担保。这是工程总承包合同发承包双方平等原则的体现。《标准设计施工总承包招标文件》通用合同条款第2.5款约定："发包人应按合同约定向承包人及时支付合同价款。专用合同条款对发包人工程款支付担保有约定的，从其约定。"《建设项目工程总承包合同（示范文本）》（GF-2020-0216）通用合同条件第2.5.3项约定："发包人应当向承包人提供支付担保。支付担保可以采用银行保函或担保公司担保等形式，具体由合同当事人在专用合同条件中约定。"可见，住建部门的政策和工程总承包合同标准文本及示范文本也都对发包人向承包人提交工程款支付担保作出了要求。

1.发包人支付担保的数额

对于发包人支付担保的数额，目前相关法规和政策没有具体规定，《标准设计施工总承包招标文件》和《建设项目工程总承包合同（示范文本）》（GF-2020-0216）中也未指明发包人支付担保的数额。实践中此项业务担保金额一般为建设工程合同总价款（或中标价格）的20%~25%，担保形式为银行保函或者担保公司保证。

2.发包人支付担保的责任范围

对于发包人支付担保的责任范围，一般理解为发包人依据工程总承包合同应付工程款的义务以及违约责任等。参考2021年发布的支付保函示范文本（独立保函）及支付保函示范文本（非独立保函）对本保函担保范围的约定，发包人未履行基础合同约定的工程款支付义务，应当向承包人承担违约责任并赔偿因此造成的损失、利息、律师费、诉讼费用等实现债权的费用。两份保函约定的担保范围均为发包人以及合同应付的工程款以及违约金等其他费用。

3.发包人支付担保的期限

关于发包人支付担保的期限，目前尚未有相关政策要求，《标准设计施工总承包招标文件》和《建设项目工程总承包合同（示范文本）》（GF-2020-0216）中也没有具体要求和示范。但是从发承包双方合同地位对等的角度考量，发包人支付保函的期限最好与承包人的履约保函期限一致。

4.发包人支付担保的形式

发包人支付担保通常采用保函形式，如2021年发布的工程保函示范文本提供了发包人支付保函示范文本（独立保函）和支付保函示范文本（非独立保函）两种形式，供发承包双方根据项目情况选用，这两种保函均属于保证担保形式。也可以采用发包人合同款支付保证保险形式，由发包人向保险公司申请向承包人开具支付保障保险单。

三、工程总承包人履约担保

建市〔2004〕137号文件第23条规定："承包商履约担保，是指由保证人为承包商向业主提供的，保证承包商履行工程建设合同约定义务的担保。"《招标投标法》第46条第2款规定："招标文件要求中标人提交履约保证金的，中标人应当提交。"第60条第1款规定，中标人不履行与招标人订立的合同的，履约保证金不予退还，给招标人造成的损失超过履约保证金数额的，还应当对超过部分予以赔偿；没有提交履约保证金的，应当对招标人的损失承担赔偿责任。对于以招标方式确定承包人的工程总承包项目，发包人可以在招标文件附具的合同条款中要求承包人提交履约担保。

1.承包人履约担保的数额

建市〔2004〕137号文件第24条规定："承包商履约担保的担保金额不得低于工程建设合同价格（中标价格）的10%。采用经评审的最低投标价法中标的招标工程，担保金额不得低于工程合同价格的15%。"《招标投标法实施条例》第58条规定："招标文件要求中标人提交履约保证金的，中标人应当按照招标文件的要求提交。履约保证金不得超过中标合同金额的10%。"《标准设计施工总承包招标文件》第二章"投标人须知"第7.4.1项约定："在签订合同前，中标人应按投标人须知前附表规定的担保形式和招标文件第四章'合同条款及格式'规定的或者事先经过招标人书面认可的履约担保格式向招标人提交履约担保。除投标人须知前附表另有规定外，履约担保金额为中标合同金额的10%。联合体中标的，其履约担保由联合体各方或者联合体中牵头人的名义提交。"第7.4.2项约定："中标人不能按本章第7.4.1项要求提交履约担保的，视为放弃中标，其投标保证金不予退还，给招标人造成的损失超过投标保证金数额的，中标人还应当对超过部分予以赔偿。"《标准设计施工总承包招标文件》强制性要求承包人在投标文件中承诺提交履约保函。《建设项目工程总承包合同（示范文本）》（GF－2020－0216）通用条款第4.2款推荐发承包双方在合同中约定承包人提交履约担保。

2.承包人履约担保的责任范围

承包人履约担保的责任范围取决于发包人在招标文件或者承包合同中的要求，以及承包人与担保人在担保合同中的约定。参考2021年发布的履约保函示范文本（独立保函）和履约保函示范文本（非独立保函）对保函担保范围均约定，承包人未按照基础合同的约定履行义务，应当向发包人承担的违约责任和赔偿因此造成的损失、利息、律师费、诉讼费用等实现债权的费用。两份履约保函均约定了保证人的最高担保责任限额。

3.承包人履约担保的期限

建市〔2004〕137号文件第26条规定："承包商履约担保的有效期应当在合同中约定。合同约定的有效期截止时间为工程建设合同约定的工程竣工验收合格之日后30天至180天。"这里规定的担保期限较长。

《标准设计施工总承包招标文件》通用合同条款第4.2.1项约定，"承包人应保证其履约担保在发包人颁发工程接收证书前一直有效。发包人应在工程接收证书颁发后28天内将履约担保退还给承包人。需进行竣工后试验的，承包人应保证其履约担保在竣工后试验通过前一直有效，发包人应在通过竣工验收后7天内将履约担保退还给承包人"。第4.2.2项约定，"如工程延期，承包人有义务继续提供履约担保。由于发包人原因导致延期的，继续提供履约担保所需的费用由发包人承担；由于承包人原因导致延期的，继续提供履约担保所需费用由承包人承担"。《建设项目工程总承包合同（示范文本）》（GF－2020－0216）通用合同条件第4.2款、第2.3款约定，"承包人应保证其履约担保在发包人竣工验收前一直有效，发包人应在竣工验收合格后7天内将履约担保款项退还给承包人或者解除履约担保。因承包人原因导致工期延长的，继续提供履约担保所增加的费用由承包人承担；非因承包人原因导致工期延长的，继续提供履约担保所增加的费用由发包人承担”。这两份合同条款约定的承包人履约保函期限截止时间均为竣工验收后7日内。同时对于工期延误时，明确约定根据发承包双方的责任决定履约保函是否延长。

4.承包人履约担保的形式

建市〔2004〕137号文件第25条规定：“承包商履约担保的方式可采用银行保函、专业担保公司的保证。具体方式由招标人在招标文件中作出规定或者在工程建设合同中约定。”建市〔2019〕68号文件要求在房屋建筑与市政工程领域实行履约保函替代保证金。《建设项目工程总承包合同（示范文本）》（GF-2020-0216）通用合同条件第4.2款第1款约定，“发包人需要承包人提供履约担保的，由合同当事人在专用合同条件中约定履约担保的方式、金额及提交的时间等，并应符合第2.5款［支付合同价款］的规定。履约担保可以采用银行保函或担保公司担保等形式，承包人为联合体的，其履约担保由联合体各方或者联合体中牵头人的名义代表联合体提交，具体由合同当事人在专用合同条件中约定”。2021年新发布的履约保函示范文本（独立保函）和履约保函示范文本（非独立保函）两种文本，供发承包双方根据项目特点选用，承包单位也可以向保险公司申请开具保证保险。

四、工程总承包人预付款担保

在工程总承包合同履约实践中，承包人往往需要发包人预先支付一定比例的工程款用于备料或购置施工设备，如《建设项目工程总承包合同（示范文本）》（GF-2020-0216）通用合同条件第14.2.1款约定，“预付款应当专用于承包人为合同工程的设计和工程实施购置材料、工程设备、施工设备、修建临时设施以及组织施工队伍进场等合同工作”。《标准设计施工总承包招标文件》通用合同条款第17.2.1款约定，“预付款用于承包人为合同工程的设计和工程实施购置材料、工程设备、施工设备、修建临时设施以及组织施工队伍进场等。预付款的额度和支付在专用合同条款中约定。预付款必须专用于合同工作”。但为了确保承包人按照合同约定将预付款用于合同项目，发包人需要承包人委托银行或者担保公司向其提供担保，以便承包人未按合同约定使用预付款时，担保人负责返还预付款。以上工程总承包合同示范文本和标准文本中均设置了承包人在收取预付款时提交预付款第三方担保的机制。

1.预付款担保的金额

《建设项目工程总承包合同（示范文本）》（GF−2020−0216）通用合同条件14.2.2项约定，“发包人指示承包人提供预付款担保的，承包人应在发包人支付预付款7天前提供预付款担保，专用合同条件另有约定除外。预付款担保可采用银行保函、担保公司担保等形式，具体由合同当事人在专用合同条件中约定。在预付款完全扣回之前，承包人应保证预付款担保持续有效。发包人在工程款中逐期扣回预付款后，预付款担保额度应相应减少，但剩余的预付款担保金额不得低于未被扣回的预付款金额”。但示范文本没有具体约定预付款担保的金额。《标准设计施工总承包招标文件》通用合同条款第17.2.2项约定，“除专用合同条款另有约定外，承包人应在收到预付款的同时向发包人提交预付款保函，预付款保函的担保金额应与预付款金额相同。保函的担保金额可根据预付款扣回的金额相应递减”。标准招标文件约定了预付款保函金额与预付款金额一致。

2.预付款担保的责任范围

鉴于预付款的性质为发包人预先支付给承包人的暂付款，承包人必须按照承包合同约定将预付款用于合同工程，对于预付款担保责任范围主要看担保合同约定。参考2021年发布的预付款保函示范文本（独立保函）及预付款保函示范文本（非独立保函）对本保函担保范围均约定，担保责任范围为承包人未按照合同约定正确和合理地为合同目的使用预付款，应当向发包人承担的违约责任和赔偿因此造成的损失、利息、律师费、诉讼费用等实现债权的费用。

3.预付款担保的期限

根据《建设项目工程总承包合同（示范文本）》（GF-2020-0216）及《标准设计施工总承包招标文件》的相关约定，预付款保函的担保期限自预付款支付之日起至预付款完全扣回之日止。

4.预付款担保的形式

根据《建设项目工程总承包合同（示范文本）》（GF-2020-0216）及《标准设计施工总承包招标文件》的相关约定，预付款担保采用担保公司保证或者保函形式。根据2021年发布的工程保函示范文本，预付款保函分为独立保函和非独立保函两种形式，承包单位也可以向保险公司申请开具保证保险。

5.预付款担保与履约担保的区别

众所周知，在工程总承包项目中预付款担保与履约担保是最常见的担保形式，一般也是工程总承包招标文件及合同文件中约定的承包人向发包人递交的主要担保形式。二者概念不同，担保作用不同，尤其是在担保范围、担保期限和索赔条件方面存在明显区别。笔者根据2021年工程保函示范文本中预付款保函示范文本（非独立保函）和履约保函示范文本（非独立保函）对二者的特点进行比较。

第一，从担保基础合同范围看，预付款保函示范文本（非独立保函）约定担保人同意就承包人按照合同约定正确和合理地为合同目的使用预付款，不将预付款挪作他用之目的而向发包人提供担保；而履约保函示范文本（非独立保函）约定担保人同意就承包人履行与假设单位签订的主合同项下的义务，向发包人提供保证担保。履约担保的基础合同范围为整个工程总承包合同即主合同项下承包人的工期、质量、安全、投资控制等全部义务范围，而预付款担保基础合同范围仅为工程总承包合同项下预付款对应的义务，承包人只要为履行工程总承包合同之目的使用预付款而没有挪作他用（发承包双方有特殊规定的一招规定用途使用）就不违约，二者担保责任对应的主合同范围不一致。

第二，从担保责任范围看，预付款保函示范文本（非独立保函）约定担保人担保责任范围为承包人未按照合同约定正确和合理地为合同目的使用预付款，应当向发包人承担的违约责任和赔偿因此造成的损失、利息、律师费、诉讼费用等实现债权的费用；而履约保函示范文本（非独立保函）约定担保人就承包人未按照主合同的约定履行义务，应当向发包人承担的违约责任和赔偿因此造成的损失、利息、律师费、诉讼费用等实现债权的费用。履约担保的责任范围更广。

第三，从担保金额看，《标准设计施工总承包招标文件》规定预付款保函的担保金额应与预付款金额相同。对于履约保函的金额，建市〔2004〕137号文件、《标准设计施工总承包招标文件》及《招标投标法》均规定承包商履约担保的担保金额不得低于工程建设合同价格（中标价格）的10%。

第四，从担保期限看，预付款保函示范文本（非独立保函）约定担保人担保期限自出具之日起至发包人全额扣回预付款后一定期限之日止；而履约保函示范文本（非独立保函）约定担保人担保期限自出具之日起至主合同约定的缺陷责任期后一定期限之日止，担保期限长于预付款担保期限。

第五，从担保索赔条件看，虽然预付款保函示范文本（非独立保函）和履约保函示范文本（非独立保函）索赔代偿安排部分均约定发包人要求担保人承担保证责任的，应向担保人发出书面索赔通知及承包人未履行主合同约定义务的证明材料。索赔通知应写明要求索赔的金额，支付款项应到达的账号，并附有说明承包人违反主合同造成损失情况的证明材料。但由于履约保函涵盖承包人履行主合同的全部义务范围，如发包人依据承包人工程质量不合格主张索赔的，根据履约保函示范文本（非独立保函）要求，发包人还需同时提供符合相应条件要求的工程质量检测部门出具的质量说明材料，所以二者在索赔条件上也不一致。

五、工程总承包人工程质量保证金担保

所谓建设工程质量保证金，根据2017年6月20日住建部、财政部联合发布的《建设工程质量保证金管理办法》（建质〔2017〕138号，以下简称建质〔2017〕138号文件）第2条规定，是指发包人与承包人在建设工程承包合同中约定，从应付的工程款中预留，用以保证承包人在缺陷责任期内对建设工程出现的缺陷进行维修的资金。缺陷是指建设工程质量不符合工程建设强制性标准、设计文件，以及承包合同的约定。缺陷责任期一般为1年，最长不超过2年，由发承包双方在合同中约定。对于质量保证金的功能，建质〔2017〕138号文件第9条规定，缺陷责任期内，由承包人原因造成的缺陷，承包人应负责维修，并承担鉴定及维修费用。如承包人不维修也不承担费用，发包人可按合同约定从保证金或银行保函中扣除，费用超出保证金额的，发包人可按合同约定向承包人进行索赔。承包人维修并承担相应费用后，不免除对工程的损失赔偿责任。由他人原因造成的缺陷，发包人负责组织维修，承包人不承担费用，且发包人不得从保证金中扣除费用。

1.质量保证金的扣留数额

关于质量保证金的数额，国办发〔2016〕49号文件第4条规定，工程质量保证金的预留比例上限不得高于工程价款结算总额的5%。在工程项目竣工前，已经缴纳履约保证金的，建设单位不得同时预留工程质量保证金。建质〔2017〕138号文件第7条更进一步规定，发包人应按照合同约定方式预留保证金，保证金总预留比例不得高于工程价款结算总额的3%。合同约定由承包人以银行保函替代预留保证金的，保函金额不得高于工程价款结算总额的3%。鉴于国办发〔2016〕49号文件将统筹清理建筑市场不规范保证金问题交由住建部、财政部办理，两部门依据国务院授权作出更为严格的规定，所以今后建筑市场应执行质量保证金不得高于工程价款结算总额的3%的比例。

需要强调的是，为了避免承包人重复提供担保，在工程项目竣工前，承包人已经缴纳履约保证金的，发包人不得再同时预留工程质量保证金，以免加重承包人的资金负担。

2.质量保证金担保的责任范围

从质量担保的定义可知其担保责任范围取决于建设工程承包合同的约定，用以保证承包人在缺陷责任期内对建设工程出现的缺陷进行维修的费用。2021年住建部发布的工程保函示范文本并不包括质量保证金保函，但根据示范文本中对其他保函担保范围约定，若工程质量保证金采用保函形式，可以推断其担保范围包括缺陷责任期的质量维修费用以及违约金等发包人实现债权的费用。

3.质量保证金的扣留期限

根据以上论述，工程质量保证金的目的是要求承包人在建设工程的竣工验收后的缺陷责任期内承担免费保修责任，缺陷责任期的最长期限自竣工验收之日起不超过2年。那么对工程总承包合同的发承包双方来说，竣工验收日期就比较重要。建质〔2017〕138号文件第8条规定："缺陷责任期从工程通过竣工验收之日起计。由于承包人原因导致工程无法按规定期限进行竣工验收的，缺陷责任期从实际通过竣工验收之日起计。由于发包人原因导致工程无法按规定期限进行竣工验收的，在承包人提交竣工验收报告90天后，工程自动进入缺陷责任期。"《建设工程施工合同司法解释》第17条规定："有下列情形之一，承包人请求发包人返还工程质量保证金的，人民法院应予支持：(一)当事人约定的工程质量保证金返还期限届满；(二)当事人未约定工程质量保证金返还期限的，自建设工程通过竣工验收之日起满二年；(三)因发包人原因建设工程未按约定期限进行竣工验收的，自承包人提交工程竣工验收报告九十日后当事人约定的工程质量保证金返还期限届满；当事人未约定工程质量保证金返还期限的，自承包人提交工程竣工验收报告九十日后起满二年。发包人返还工程质量保证金后，不影响承包人根据合同约定或者法律规定履行工程保修义务。"

可见，建设工程质量保证金的担保期限即相关工程总承包合同约定的缺陷责任期，自工程实际竣工验收之日起最多两年，具体看发承包双方在工程总承包合同中的约定。若没有约定或者约定不明确的，自建设工程通过竣工验收之日起满两年；因发包人原因建设工程未按约定期限进行竣工验收的，自承包人提交工程竣工验收报告90日期满。

4.质量保证金收取的具体方式

若发包人采用扣留承包人工程款的方式收取工程质量保证金，那么就属于采用履约定金方式收取质量保证金。国办发〔2016〕49号文件和建质〔2017〕138号文件均要求推行银行保函制度，承包人可以银行保函替代预留保证金。但鉴于多方原因，目前工程总承包市场上，仍以发包人扣留一定比例的工程款作为质量保证金的形式为主。住建部2021年发布的工程保函示范文本没附具质量保证金保函的示范文本，承包单位也可以向保险公司申请开具质量保证保险。

六、工程总承包人支付担保

关于工程总承包人支付担保，建市〔2004〕137号文件第30条规定，“承包商付款担保，是指担保人为承包商向分包商、材料设备供应商、建设工人提供的，保证承包商履行工程建设合同的约定向分包商、材料设备供应商、建设工人支付各项费用和价款，以及工资等款项的担保”。工程总承包人支付担保的受益人为分包人、材料设备供应商和建设工人。若承包人不能按照合同约定及时支付分包商、材料设备供应商、工人工资等各项费用和价款的，由担保人按照担保函或保证合同的约定承担担保责任。对于工人工资担保，笔者将在农民工工资支付担保部分展开论述。

1.承包人支付担保的数额

与发包人支付担保一样，目前没有相关政策规定承包人支付担保的数额，笔者认为可以参照工程总承包合同的发包人支付担保的比例（如合同总价款的20%~25%）设置承包人支付担保数额。

2.承包人支付担保的责任范围

由于承包人支付担保是承包人向专业分包人、劳务分包人、材料设备供应商支付的专业分包工程款或材料款，属于支付担保，与发包人向总承包人的支付打包类似。参考2021年发布的支付保函示范文本（独立保函）及支付保函示范文本（非独立保函）对本保函担保范围的约定，若承包人未按照基础合同约定履行支付义务，应当向分包人或者材料供应商承担违约责任和赔偿因此造成的损失、利息、律师费、诉讼费用等实现债权的费用。

3.承包人支付担保的期限

建市〔2004〕137号文件第32条规定："承包商付款担保的有效期应当在合同中约定。合同约定的有效期截止时间为自各项相关工程建设分包合同（主合同）约定的付款截止日之后的30天至180天。"这里参照工程总承包人依据分包合同或者供货合同应支付下游分包人或者材料设备供应商的付款时间确定承包人支付担保的期限，笔者认为在此基础上再延长1个月至6个月比较合理。

4.承包人支付担保的形式

关于承包人支付担保的形式，建市〔2004〕137号文件第31条规定，"承包商付款担保可以采用银行保函、专业担保公司的保证"。即银行保函或者专业担保公司保证均可。承包人也可以向保险公司申请开具保证保险。

七、农民工工资支付担保

所谓农民工工资支付担保，是指工程总承包人为了保证其所雇用的或者承接其分包任务的分包人雇用农民工工资按月足额发放而向发包人提交的工程担保。长期以来，我国建筑市场中拖欠农民工工资问题突出，为全面治理这一难题,《国务院办公厅关于全面治理拖欠农民工工资问题的意见》,确立了解决拖欠农民工工资问题的指导思想和目标任务,如明确要求"在建筑市政、交通、水利等工程建设领域全面实行工资保证金制度,逐步将实施范围扩大到其他易发生拖欠工资的行业。建立工资保证金差异化缴存办法,对一定时期内未发生工资拖欠的企业实行减免措施、发生工资拖欠的企业适当提高缴存比例。严格规范工资保证金动用和退还办法。"经过总结既往整治拖欠农民工工资现象的经验,《保障农民工工资支付条例》,从行政法规的层面确立了包括农民工工资支付担保在内的保障农民工工资按时足额发放的多项制度。该条例第32条第1款规定:"施工总承包单位应当按照有关规定存储工资保证金,专项用于支付为所承包工程提供劳动的农民工被拖欠的工资。"此条款规定施工总承包人应为预防拖欠农民工工资存储保证金。2021年8月17日,人社部等七部门联合发布的《工程建设领域农民工工资保证金规定》第2条规定:"本规定所指工资保证金,是指工程建设领域施工总承包单位(包括直接承包建设单位发包工程的专业承包企业)在银行设立账户并按照工程施工合同额的一定比例存储,专项用于支付为所承包工程提供劳动的农民工被拖欠工资的专项资金。"所以,工程总承包项目中承包人的工作内容不仅包括施工,还有勘察设计、设备供应等,虽然勘察设计工作和设备供应一般不会涉及雇佣农民工直接提供服务,但因工程总承包项目中主要合同工作为施工工作,就涉及雇佣农民工了,所以工程总承包人依然需要按照条例的要求缴纳农民工工资支付保证金。

1.农民工工资支付担保的数额

国务院办公厅《关于全面治理拖欠农民工工资问题的意见》和《保障农民工工资支付条例》均没有具体规定农民工工资支付保证金的具体数额或者比例。《保障农民工工资支付条例》第32条第2、3款规定,工资保证金实行差异化存储办法,对一定时期内未发生工资拖欠的单位实行减免措施,对发生工资拖欠的单位适当提高存储比例。工资保证金可以用金融机构保函替代。工资保证金的存储比例、存储形式、减免措施等具体办法，由国务院人力资源社会保障行政部门会同有关部门制定。根据《工程建设领域农民工工资保证金规定》第11条的规定，“工资保证金按工程施工合同额（或年度合同额）的一定比例存储，原则上不低于1%，不超过3%，单个工程合同额较高的，可设定存储上限。施工总承包单位在同一工资保证金管理地区有多个在建工程，存储比例可适当下浮但不得低于施工合同额（或年度合同额）的0.5%。施工合同额低于300万元的工程，且该工程的施工总承包单位在签订施工合同前一年内承建的工程未发生工资拖欠的，各地区可结合行业保障农民工工资支付实际，免除该工程存储工资保证金。前款规定的施工合同额可适当调整，调整范围由省级人力资源社会保障行政部门会同行业工程建设主管部门确定，并报人力资源社会保障部、住房和城乡建设部、交通运输部、水利部、铁路局、民航局备案”。该条具体规定了农民工工资保证金的比例。

目前部分地区发布的地方政策规定了农民工工资支付保证金的数额要求，如《广东省人力资源和社会保障厅、广东省住房和城乡建设厅、广东省交通运输厅、广东省水利厅关于建设工程领域农民工工资支付保证金管理办法》第5条规定，“建设单位应按照规定提取一定比例的工程款存入工资保证金专用账户。该项资金视为建设单位预付给施工单位工程款的一部分。前款规定工资保证金提取比例应在五方协议中以工程项目的承包合同总价、劳动用工规模、工资预算、施工单位资质及其三年内的劳动保障守法诚信档案等为依据，原则上不低于施工合同总价的1.5%，最高不得超过施工合同总价的3%，同一施工单位在同一工资保证金属地管辖区域（地级以上市）内缴存金额上限原则上不超过500万元。具体标准由各地级以上市确定，并报上级主管部门备案”。第6条规定，“对缴存前连续两年未发生拖欠工资行为的施工单位，可降低缴存比例，降幅不低于50%；连续三年未发生拖欠工资行为的，可免于缴存工资保证金；对缴存前两年内发生过拖欠工资行为的施工单位，缴存比例适当提高，增幅不低于50%；对因欠薪被纳入失信黑名单的施工单位，增幅不低于100%，其提高比例后的缴存金额不受缴存金额上限限制”。再如青岛市交通运输委员会发布的《关于建立农民工工资支付保证金制度的通知》第2条规定，“施工企业与建设单位签订施工合同前，应在青岛市辖区内银行存入规定数额的农民工工资保证金，由建设单位、存储银行、施工企业签订三方存管协议，共同监管使用，专门用于应急支付农民工工资，并由建设单位报青岛市交通运输委员会备案。施工企业按中标价的3%缴存农民工工资支付保证金，且缴存数额不低于15万元，不高于100万元。对于山东省交通建设市场从业单位评价信用等级为A级及以上施工企业承建的建设工期少于3个月或者中标价少于500万元的建设项目，由建设单位报青岛市交通运输委员会同意后，可以不办理农民工工资支付保证金缴存手续，由建设单位自行加强农民工工资支付管理。本金及其产生的利息归缴存企业所有”。

2.农民工工资支付担保的责任范围

农民工工资支付保证金的担保责任范围应为承包人拖欠农民工工资的范围及实现债权的费用。《工程建设领域农民工工资保证金规定》第2条对工资保证金的定义也明确是保证金的目的是“专项用于支付为所承包工程提供劳动的农民工被拖欠工资”。同时，若参考住建部2021年发布的工程保函示范文本对担保范围的约定，可以推断农民工工资支付保证金的担保范围包括承包人欠付的农民工工资以及违约金等农民工实现债权的费用。

3.农民工工资支付担保的期限

对农民工工资保证金担保期限问题，《保障农民工工资支付条例》没有具体规定，而《工程建设领域农民工工资保证金规定》第8条第1款规定承包人缴纳农民工工资保证金的时间为“应当自工程取得施工许可证（开工报告批复）之日起20个工作日内（依法不需要办理施工许可证或批准开工报告的工程自签订施工合同之日起20个工作日之内），持营业执照副本、与建设单位签订的施工合同在经办银行开立工资保证金专门账户存储工资保证金”。第8条第2款规定，“行业工程建设主管部门应当在颁发施工许可证或批准开工报告时告知相关单位及时存储工资保证金”。关于工资保证金的退还时间，《工程建设领域农民工工资保证金规定》第22条第1款规定，“工资保证金对应的工程完工，施工总承包单位作出书面承诺该工程不存在未解决的拖欠农民工工资问题，并在施工现场维权信息告示牌及属地人力资源社会保障行政部门门户网站公示30日后，可以申请返还工资保证金或银行保函正本”。鉴于各类工程施工对农民工的使用也不一样，笔者认为支付农民工工资保证金的期限最好从发承包双方签署工程总承包合同之日起至竣工验收之日止。如《广东省人力资源和社会保障厅、广东省住房和城乡建设厅、广东省交通运输厅、广东省水利厅关于建设工程领域农民工工资支付保证金管理办法》第4条规定，“建设工程承包合同签订之日起10个工作日内，施工单位应当按照承包合同的约定在项目所在地商业银行开设工资保证金专户，或提供已开设的工资保证金专户账号，并按自愿原则就工资保证金专户内资金的专款专用与人力资源社会保障行政部门、项目行政主管部门、建设单位、开户银行签订协议（以下简称五方协议），约定保证金的缴存、提取及退回办法、银行的函告义务，明确因欠薪同意提取工资保证金发放农民工工资，以及提取后等额补足相应资金等内容”。第11条规定，“工程完工后，农民工工资已全额支付，施工单位可以向项目所在地的人力资源社会保障行政部门申请按五方协议的约定退回工资保证金。有多个项目的，其中一个项目完工后，对超出其他在建项目按第五条规定应缴数额的部分，可以申请退回。人力资源社会保障行政部门会同项目行政主管部门，自收到工资支付保证金退款申请3个工作日内，在该工程项目施工现场的明显位置进行公示，公示期不超过10个工作日”。青岛市交通运输委员会《关于建立农民工工资支付保证金制度的通知》规定在施工单位与建设单位签署合同前开立保证金账户，项目在交工验收3个月后，由建设单位负责在青岛市交通运输委员会网站发布公告，在30日公告期限内未发现劳务纠纷等相关问题的，由施工单位出具书面承诺书后方可提取全部农民工工资支付保证金，同时解除“三方监管协议”。

4.农民工工资保证金的提交方式

《国务院办公厅关于全面治理拖欠农民工工资问题的意见》要求探索推行业主担保、银行保函等第三方担保制度，积极引入商业保险机制，保障农民工工资支付。《保障农民工工资支付条例》第32条第2款、第3款规定，工资保证金实行差异化存储办法，对一定时期内未发生工资拖欠的单位实行减免措施，对发生工资拖欠的单位适当提高存储比例。担保形式可以用金融机构保函替代工资支付保证金。根据《工程建设领域农民工工资保证金规定》第2条的规定，农民工工资保证金既可以是现金，也可以用银行类金融机构出具的银行保函替代，有条件的地区还可探索引入工程担保公司保函或工程保证保险。目前广东省和青岛市的相关政策依然要求提交现金。笔者认为，为了减轻工程总承包发承包双方负担，建议由工程总承包项目发包人向地方人力资源管理部门提交银行保函，在承包人未按要求支付农民工工资时，由人力资源保障部门直接扣除保函数额支付给农民工比较方便操作。承包人也可以向保险公司申请开具农民工工资支付保证保险。

5.农民工工资支付担保、承包人支付担保、发包人支付担保的区别

在工程总承包项目中，农民工工资支付担保与工程总承包支付担保和发包人支付担保是有明显区别的，三者的区别如下：

第一，由于农民工工资支付担保已经上升到国务院条例及行政法规的层次予以保障，农民工工资支付担保也可以称为法定担保。发包人支付担保也受国务院条例的约束，而承包人支付担保为约定担保，目前尚未上升到法律或者行政法规保护的层次，在《工程建设领域农民工工资保证金规定》实施之后，农民工工资支付担保逐步规范化、法制化管理。

第二，从担保申请人主体区分，农民工工资支付担保的申请人为承包人，这与承包人支付担保中申请人是工程总承包人是一致的。但与发包人支付担保不同，发包人支付担保的申请人为发包人。

第三，担保的受益人不同，农民工工资支付担保的受益人为总承包人为本项目雇用的农民工，包括其分包人雇用的农民工。承包人支付担保的受益人为分包人或者材料设备供应商。而发包人支付担保中的受益人为工程总承包人。

第四，担保赖以存在的主合同不同，农民工工资支付担保赖以存在的主合同比较复杂，可能是工程总承包合同，也可能是分包合同，以及农民工与其雇主签署的劳务合同或者劳动合同。承包人支付担保依存于分包合同或者设备供应合同而存在。而发包人支付担保依附于工程总承包合同而存在。

第五，义务人拒不提交担保的后果不同。工程总承包人不开立农民工工资支付担保，根据《保障农民工工资支付条例》第55条规定，施工总承包单位未按规定存储工资保证金或者未提供金融机构保函，由人力资源社会保障行政部门、相关行业工程建设主管部门按照职责责令限期改正；逾期不改正的，责令项目停工，并处5万元以上10万元以下的罚款；情节严重的，给予施工单位限制承接新工程、降低资质等级、吊销资质证书等处罚。《保障农民工工资支付条例》第57条规定，建设单位未依法提供工程款支付担保，由人力资源社会保障行政部门、相关行业工程建设主管部门按照职责责令限期改正；逾期不改正的，责令项目停工，并处5万元以上10万元以下的罚款。而目前承包人支付担保尚不属于行政法规调整的范畴，承包人拒不向分包人或者设备供应商提交支付担保，仅应承担民法意义上的违约责任。

第十四章　工程总承包项目的保险问题

一、工程保险的起源及在我国的发展

工程保险是舶来品，行业公认的工程保险最初是源于英国的蒸汽锅炉保险，它是财产保险的一种，所以工程保险不可避免地具有财产保险的特征。建筑工程保险源于20世纪30年代的英国保险市场，第一份建筑工程一切险的保单是1929年在伦敦建设跨越泰晤士河的拉姆贝斯桥时签订的，这份保单开创了建筑工程保险的先河。1934年，德国设计了一种专门用于工程保险的保单，并慢慢地流通开来，工程保险也逐步形成自己的特色。〔1〕

工程保险从改革开放初期引入我国，经历了40多年的发展，基本形成了一套规范的工程保险政策体系。早在1979年4月，国务院批转《中国人民银行全国分行行长会议纪要》指出“……今后对引进的成套设备、补偿贸易的财产等，都要办理保险”，随后中国人民银行下发《关于恢复国内保险业务和加强保险机构的通知》。之后中国人民保险公司拟定《建筑工程一切险》和《安装工程一切险》条款和保单格式，开启了我国工程保险业务。

1979年8月1日，中国人民银行、原国家计委、财政部等六个部门发布《关于办理引进成套设备、补偿贸易等财产保险的联合通知》，规定国内进

〔1〕 参见陈国平：《完善我国水电工程保险制度探析》，载中国论文网2021年5月17日，https://www.xzbu.com/2/view-450024.htm。

口设备需要办理保险，将保险费列入设备采购安装概算。1985年8月9日，原国家计委、审计署、中国人民建设银行发出《关于基本建设项目保险问题的通知》，规定从国外引进的成套设备，应按照《关于办理引进成套设备、补偿贸易等财产保险的联合通知》规定的范围，进行保险；其保险费计入设备成本；各地区、部门和企业单位的自筹基本建设项目是否实行保险，可自行决定；其保险费由自有资金解决。1993年12月30日，原建设部、中国人民建设银行印发《关于调整建筑安装工程费用项目组成的若干规定》，明确要求在间接费中增加保险费的内容，为国内工程保险费纳入建安成本提供了法律依据。

1995年6月30日，第八届全国人民代表大会常务委员会第十四次会议通过了《保险法》，该法为我国处理各类保险事务的基本法。同日，通过了《担保法》，为我国发展保证保险等险种提供了依据。

1996年12月24日，国务院发布的《国务院关于印发质量振兴纲要（1996年—2010年）的通知》，要求推行产品质量保险，按照企业自愿投保的原则，推行产品责任保险和产品质量保证保险，实行新型额质量保证和监督机制。

1997年11月1日，全国人大常委会通过《建筑法》，为我国工程保险提供重要支持，特别是该法第48条规定，建筑施工企业必须为从事危险作业的职工办理意外伤害保险，支付保险费。〔1〕

1999年8月，原建设部下发《关于同意北京、上海、深圳市开展工程设计保险试点工作的通知》，正式启动保险试点工作；2003年2月下发《关于积极推进工程设计责任保险工作的指导意见》，设计责任保险在我国逐步展开。

2000年1月10日，国务院通过《建设工程质量管理条例》，成为工程保险

〔1〕 2011年4月22日，《全国人民代表大会常务委员会关于修改〈中华人民共和国建筑法〉的决定》将第48条修改为："建筑施工企业应当依法为职工参加工伤保险缴纳工伤保险费。鼓励企业为从事危险作业的职工办理意外伤害保险，支付保险费。"

的重要依据，尤其是为发展建筑工程质量保险等提供了主要依据。原建设部、原中国保监会2005年8月5日发布的《关于推进建设工程质量保险工作的意见》，要求大型公共建筑和地铁等地下工程的建设单位要高度重视技术风险管理工作，应积极投保建设工程质量保险。商品房的开发单位以及施工单位应积极投保建设工程质量保证保险等关系到工程使用人利益的相关保险。原中国保监会2006年5月批准中国人民保险公司的《建设工程质量保险条款》，至此，我国的工程保险市场初步形成。

2003年5月23日，原建设部发布《关于加强建筑意外伤害保险工作的指导意见》，对意外伤害保险的范围、期限、金额、费率、投保与索赔等作出明确规定。

2008年12月30日，原中国保监会发布《保险专业中介机构分类监管暂行办法》，为监管保险业中介机构分类管理提供了依据。2009年9月25日，原中国保监会发布了《保险专业代理机构监管规定》《保险经纪机构监管规定》《保险公估机构监管规定》三个规定，为保险代理、保险监管、保险公估指明了方向。

2015年8月1日实施的《公路工程设计施工总承包管理办法》规定，工程总承包项目的投标文件中要有以发包人和总承包人联合名义依法投保相关的工程保险的承诺。2020年3月1日实施的《房屋建筑和市政基础设施项目工程总承包管理办法》，鼓励发包人和工程总承包人运用保险手段增强防范风险能力。

二、工程总承包保险的特征和分类

（一）工程总承包保险的特征

根据保险发展历史，工程保险（Engineering Insurance）是从财产保险中派生出来的一个概念，是主要适用于工程领域的保险制度。根据国内工程保险的实践，一般认为工程保险主要是针对各类工程项目在建造过程中可能出现的自然灾害和意外事件而造成的物质损失和依法依约对第三者的人身伤亡和财产损失承担经济赔偿责任提供保障的一种综合性保险。狭义的工程保险概念，从字面含义看，主要是指建筑工程一切险、安装工程一切险、施工机具保险等在施工阶段的保险。鉴于工程总承包项目一般至少包括设计、施工、采购工作中两种工作，那么根据我国规范性文件，工程设计责任保险、工程质量保证保险、货物保险也属于工程总承包项目保险的范围。但与一般工程保险相比，工程总承包保险具有如下特殊性：

1.工程总承包保险的期限具有不确定性。普通财产保险一般有期限（如1年），且有具体的起止日期。但是因为在建工程的特殊性，所以工程总承包保险的期限一般与工期相一致。由于一般在建工程的实际工期与合同计划工期存在差异，所以工程总承包保险的期限也就不确定。

2.工程总承包保险具有综合性。工程总承包保险除了承保被保险人的财产损失风险，还要承保被保险人的责任风险，所以工程保险具有责任风险及财产损失风险的综合性特征。

3.工程总承包保险的保险金额具有变动性。工程总承包保险的物质损失针对的标的的实际价值在保险期内是随着工程建设的进度不断增长的，所以在保险期内，不同时点的实际保险金额是不同的。

4.工程总承包保险的风险具有复合性。工程总承包保险承保的风险标的在保险期内的大部分期间是裸露的在建工程，在建工程自身抵御风险的能力较低，且在建工程始终处于一种动态的过程，风险因素较多且错综复杂。

5.工程总承包保险的保障具有综合性。工程总承包保险的主要责任范围一般由物质损失部分和第三者责任部分构成，同时，工程总承包保险还常常针对工程项目风险的具体情况提供运输过程中、工地外储存过程中、保证期过程中等各类风险的专门保障。

6.工程总承包保险的被保险人较多。与普通财产保险项目被保险人较为单一不同，工程保险项目中因参建的当事人较多，包括发包人、总承包人、各分包商、设备和材料供应商、勘察设计人、技术顾问、监理人、投资者、贷款进入机构等，他们都可能对工程项目拥有保险利益，成为被保险人。

（二）工程总承包保险的分类

根据不同的标准，工程总承包保险有不同的分类：

1.按照承保标的分类，工程总承包保险分为建筑工程（一切）险（CAR）、安装工程（一切）险（EAR）、设计责任保险、施工机具保险（CEP）、机器损坏保险（MB）、预期利益损失保险（ALOP / DSU）。

2.按照投保人分类，工程总承包保险分为项目保险和承包人保险。项目保险是以项目为单位进行投保的，通常项目保险的被保险人包括项目建设的参建各方，如发包人、工程总承包人、分包商、供应商等。而承包人保险是承包人为维护自身利益进行的投保，通常被保险人是承包人自己。

3.按照投保期限分类，工程总承包保险分为工期保险和年度保险。工期保险的保险期限是与项目的工期相吻合的保险。年度保险是以年度为单位进行的保险。

4.按照投保方式分类，工程总承包保险分为确定的保险和约定的保险。确定的保险是以一个确定的项目为对象进行的保险。约定的保险则是以一定的承保条件，针对尚未确定的项目为对象的保险。

5.按照我国官方规范性文件的规定分类，工程总承包保险分为设计责任保险、建筑工程一切险、安装工程一切险、工程质量保证保险、意外伤害保险、工伤保险等。

（三）我国几种常见的工程总承包保险

2005年8月5日发布的《关于推进建设工程质量保险工作的意见》要求

进一步改革和完善工程质量保证机制，在工程建设领域引入工程质量保险制度。该意见第2条明确指出：“建设工程质量保险是一种转移在工程建设和使用期间由可能的质量缺陷引起的经济责任的方式，它由能够转移工程技术风险、落实质量责任的一系列保险产品组成，包括建筑工程一切险、安装工程一切险、工程质量保证保险和相关职业责任保险等。其中，工程质量保证保险主要为工程竣工后一定期限内出现的主体结构问题和渗漏问题等提供风险保障。”这些保险均适用于工程总承包项目。

1.建筑工程一切险。建筑工程一切险，简称建工险，是一种针对自然灾害或意外事故造成在建工程物质标的及／或责任标的损失的综合性保险。在我国工程保险条款下，建工险具有如下特点：(1)建工险的被保险人。建工险的被保险人可以包括发包人、总承包人、分包商、发包人聘用的监理工程师、与工程有密切关系的单位或个人，如贷款银行或投资人等。(2)建工险的赔偿责任范围。对在施工期间工程本身、施工机具、工地设备等所遭受的损失承担赔偿责任，也包括因施工给第三者所造成的物资损失或者人员伤亡承担相应的赔偿责任。(3)建工险的适用范围。建工险适用于所有房屋工程和公共工程，尤其是住宅、商业用房、医院、学校、剧院、工业厂房、电站、公路、铁路、飞机场、桥梁、船闸、大坝、隧道、排灌工程、水渠以及港埠等项目。(4)建工险的损失范围。根据我国工程保险条款的规定，其中物质损失范围指保险期内在保险单列明的工地范围内，因任何自然灾害或意外事故造成的物质损坏或灭失(除保险合同约定的除外责任外)。其中第三者责任的范围是指在工程保险期间，因意外事故造成工地及附近第三者的人身伤亡或财产损失(除保险合同约定的除外责任外)。(5)建工险的保险金额。保险金额是指一个保险合同项下保险公司承担赔偿或给付保险金责任的最高限额，即投保人对保险标的的实际投保金额；同时又是保险公司收取保险费的计算基础。建工险的保险金额包括物质损失的保险金额与第三者责任险的赔偿限额。(6)建工险的保险期。由于在建工程的特殊性，工程保险的期限一般具有不确定性。对于工程保险的起点，一般以实际开工日或保单生效日为准；对于终止点，一般以发包人签发接收证书之日或实际占有之日为准。另外有些工程合同还有试车期与保证期的保险等。（7）建工险的理赔程序与时效。建工险的理赔程序一般包括报案与受理、现场查勘、测算及设立赔款准备金、预付赔款、定损理赔、签订赔偿协议书、赔付与追偿等。对于索赔时效，一般建工险规定从保险事故发生之日起不超过2年。

2.安装工程一切险。安装工程一切险，简称安工险，承保被保险工程项目在安装过程中由于自然灾害、意外事故（不包括保险条款中规定的除外责任），以及机械事故等造成的物质损失和费用，并负责对第三者损害的赔偿责任。在我国工程保险条款下，与建工险比较，安工险具有如下特点：（1）安工险的承保对象为安装工程项目，主要是大型、重型机械设备在安装期内因自然灾害和意外事故遭受的物质损失或第三者责任损失。（2）试车期和保证期风险最大，由于安装工程中待安装的机械设备进入场地时是成品，这时待安装的设备是几乎完整的产品，其风险与一般财产保险无异。在进入安装期后主要面临技术风险，但是只要设备不进行运转，其风险就小，所以只有到试车、试运行阶段风险才暴露出来。（3）安工险主要是人为风险。（4）安工险的被保险人，为工程所有者（订货人）、承包人、供货商、制造商等。（5）安工险主要适用于安装工厂用的机器、钢结构、起重机、设备、储油罐、吊车以及包含机械工程因素的各种安装工程及建筑工程项目。

另外，从保险的意义上看，一个工程项目是选择建工险还是安工险，一般认为当建筑工程与安装工程的比例大于25%时，投保人可以申请建工险；反之，投保安工险。

3.工程质量保证保险。工程质量保证保险在国际上又称“内在缺陷保险”“十年责任保险”，它最早源于法国，1804年《拿破仑法典》规定，建筑师和设计师必须在建筑完工后10年内负有对房屋缺陷进行维修的责任。在10年的保证期后，除非证明建筑师或设计师有欺诈行为，否则建筑工程所有者将对建筑工程负有完全责任。[1]工程质量保证保险是保险人根据投保人／被保证人（一般指承包人）的要求向被保证人（一般指发包人）提供信用担保，在被保证人不履行合同义务而导致发包人遭受损失时，保险人负责赔偿的保险制度。

工程质量保证保险具有如下特点：（1）工程质量保证保险合同当事人涉及三方，即保险人作为保证人，被保险人是保证保险合同的义务人，受益人是发包人。（2）在工程质量保证保险理赔结束后，保险人对于已支付给受益人的经济赔偿款，有权向被保险人追偿，这一点与一般保险不同。

4.工程设计职业责任保险。早在1999年，原建设部就已经开始工程设计责任保险的试点工作。2003年原建设部根据试点经验下发《关于积极推进工程设计责任保险工作的指导意见》进行全国推广。我国《保险法》第65条第4款规定："责任保险是指以被保险人对第三者依法应负的赔偿责任为保险标的的保险。"该条款是我国各类责任保险的法定定义。目前在我国建筑行业已经大力推广的责任保险是工程设计责任保险。建设工程设计责任保险是指以建设工程设计人因设计上的疏忽或过失而引发工程质量事故造成损失或费用应承担的经济赔偿责任为保险标的的职业责任保险。它具有如下特点：（1）保险标的是设计人的职业责任，即设计人的疏忽或过失责任。（2）引起索赔的滞后性，因为设计人的实际工作在前，但涉及缺陷或错误造成的事故在施工期或工程竣工后才会出现，那么保险理赔具有滞后性。（3）责任认定的复杂性，因为工程质量缺陷往往有多种原因造成，且这些原因之间错综复杂，加上责任事故发生在施工期间或完工之后，造成责任认定困难。

5.建筑意外伤害保险。所谓建筑意外伤害保险，是指发包人给承包人购买的，当被保险人在从事建筑活动中遭受意外伤害使其人身残废或死亡时，保险公司依照合同约定给付保险金的人身保险。我国2019年修订《建

〔1〕 参见李晓春：《浅析十年责任保险》，载《国际工程与劳务》2013年第6期。

筑法》时专门增加了意外伤害保险条款，该法第48条规定，“建筑施工企业应当依法为职工参加工伤保险缴纳工伤保险费。鼓励企业为从事危险作业的职工办理意外伤害保险，支付保险费”。从此建筑意外伤害保险成为我国工程保险领域的强制性险种。

建筑意外伤害保险具有如下特征：（1）建筑意外伤害保险承保受外来的、剧烈的、突发的事故对人体造成的伤害，与职业环境密切相关，这一点与人寿保险不同。（2）建筑意外伤害保险在发生保险事故时，保险人按照事先约定的数额给付保险金，与健康保险按照实际花费支付医疗费不同。（3）建筑意外伤害保险具有经济补偿功能与安全服务功能。（4）建筑意外伤害保险的投保人是施工企业，被保险人是从事建筑活动的职工。（5）建筑意外伤害保险的责任范围，是指在保险期内被保险人从事建筑施工及与建筑施工有关的工作，在施工现场或施工期限指定的生活区域内，因遭受意外伤害事故而致身故或残废的赔偿责任（不包括合同除外责任）。保险人承保死亡给付和残废给付。（6）建筑意外伤害保险合同有赔偿责任期的特殊规定，即保险人仅对被保险人遭受意外伤害期之日起一定期限内造成死亡或残疾的才承担赔偿责任。（7）建筑意外伤害保险在我国《建筑法》领域属于强制性保险。目前我国常见的建筑意外伤害保险类型是建筑施工人员团体意外伤害保险。

三、我国工程总承包保险实践，以工程总承包合同条款为例

《公路工程设计施工总承包管理办法》第14条规定，总承包费用或者投标报价应当包括相应工程的施工图勘察设计费、建筑安装工程费、设备购置费、缺陷责任期维修费、保险费等。《房屋建筑和市政基础设施项目工程总承包管理办法》第15条规定，建设单位和工程总承包单位应当加强风险管理，合理分担风险……鼓励建设单位和工程总承包单位运用保险手段增强防范风险能力。而在以上管理办法发布之前，《建设项目工程总承包

合同示范文本（试行）》（GF-2011-0216）和《标准设计施工总承包招标文件》的通用合同条款均设计了保险条款。2020年新发布的《建设项目工程总承包合同（示范文本）》（GF-2020-0216）通用合同条件第18条进一步约定了发承包双方应向双方同意的保险人投保建设工程设计责任险、建筑安装工程一切险等保险。

（一）《建设项目工程总承包合同（示范文本）》（GF-2020-0216）通用合同条件中保险条款

《建设项目工程总承包合同（示范文本）》（GF-2020-0216）通用合同条件第18条设计了“设计和工程保险”“工伤和意外伤害保险”“货物保险”“其他保险”四类保险，主要约定了由发包人或者承包人投保的保险种类和对各类保险的具体要求。对于保险种类、保险范围、投保金额、保险期限和持续有效的时间等在专用条款中约定。

《建设项目工程总承包合同（示范文本）》（GF-2020-0216）同时约定负有投保义务的一方当事人未按合同约定办理保险，或未能使保险持续有效的，则另一方当事人可代为办理，所需费用由负有投保义务的一方当事人承担。有关保险的具体险种和受益人范围，发包人和工程总承包人在专用合同条款中约定。

（二）《标准设计施工总承包招标文件》通用合同条款中保险条款

《标准设计施工总承包招标文件》通用合同条款的第20条“保险”中设计了“设计和工程保险”“工伤保险”“人身意外伤害险”“其他保险”这四类保险，并约定了发承包双方各自的保险责任。

工程总承包人按照专用合同条款的约定向双方同意的保险人投保建设工程设计责任险、建筑工程一切险或安装工程一切险等保险。具体的投保险种、保险范围、保险金额、保险费率、保险期限等有关内容应当在专用合同条款中明确约定。在缺陷责任期终止证书颁发前，承包人应按照专用合同条款的约定投保第三者责任险。承包人应在整个施工期间为其现场机构雇用的全部人员，投保人身意外伤害险，缴纳保险费，并要求其分包人也进行此项保险。发包人应在整个施工期间为其现场机构雇用的全部人员，投保人身意外伤害险，缴纳保险费，并要求其监理人也进行此项保险。有关保险的具体险种和受益人范围，发包人和工程总承包人在专用合同条款中约定。

比较《标准设计施工总承包招标文件》与《建设项目工程总承包合同（示范文本）》（GF-2020-0216）的保险内容，两种合同条款中有关保险的约定均较为详细，也方便操作。在实践中，发包人和工程总承包人可就保险事项进行专门约定。

第十五章　工程总承包项目的合同问题

一、工程总承包合同的类型

工程总承包合同的类型主要取决于工程总承包模式的类型，根据建市〔2003〕30号文件的规定，我国工程总承包主要包括设计采购施工（EPC）/交钥匙总承包、设计施工总承包（DB）、采购施工总承包（PC）和设计采购总承包（EP）这四种模式。另外，随着FIDIC金皮书设计—建造—运营（DBO）合同条件引入我国，最近几年国内又出现了EPCO合同形式。这些合同类型主要区别于工程总承包人与发包人各自的工作范围。

EPC工程总承包合同是指发包人与工程总承包人按照合同约定，由工程总承包人承担工程项目的设计、采购、施工、试运行服务等工作，并对承包工程的质量、安全、工期、造价全面负责，发包人按照合同约定的付款进度支付工程款的总承包合同。这种合同类型还可以延伸为交钥匙总承包，即EPC工总承包人的业务和责任的延伸为最终是向业主提交一个满足使用功能、具备使用条件的工程项目。与EPC工程总承包合同不同，DB工程总承包合同中总承包人承担工程项目的设计和施工工作；PC工程总承包合同中工程总承包人承担工程项目物资采购和施工管理工作；EP工程总承包合同中工程总承包人承担工程项目设计和设备供应安装工作。EPC工程总承包人的工作范围最广、风险责任最大，当然利润也最高。其他几种常见的工程总承包合同模式中，工程总承包的工作范围均比EPC工程总承包合同模式小，利润也低一些。工程总承包模式与特许经营的结合演化出的DBO模式及EPCO合同模式又加入工程总承包人的运营服务，使合同结构更为复杂，承包人的服务期限更长、责任更大。

以上合同类型在我国均有实践，我国政府发布示范文本或标准文本推广的工程总承包合同类型有两种：一是《建设项目工程总承包合同示范文本》（GF-2011-0216），2020年修订为《建设项目工程总承包合同（示范文本）》（GF-2020-0216），这个示范文本主要适用于EPC模式。二是九部门2011年12月20日联合发布的《标准设计施工总承包招标文件》，其中附具的通用合同条款主要适用于DB模式。PC模式在我国化工项目建设中比较普遍，如抚顺石化千万吨炼油项目中百万吨乙烯工程，由惠生工程公司以PC（采购施工）模式总承包了该项目化工部分的龙头装置——乙烯装置的新建工程任务。EP模式和PC模式下的工程总承包合同形式多出现在工业项目中，如河北某市的生物天然气工程总承包项目，某国有建设单位采用EP模式招标选择了某环境能源工程公司作为该项目的生产系统的工程设计（含工艺）、设备供应安装承包单位，而本项目的土建施工由建设单位单独招标选定的施工单位实施。DBO模式属于最近兴起的FIDIC设计—建造—运营合同条件，在我国部分项目上也有试验，如2014年实施的天津逸仙园污水处理厂DBO项目，2019年落地的合肥十五里河流域治理一期优化设计—建设—运营工程一标段项目等。EPCO模式属于EPC模式的延伸，如2019年落地的中山市未达标水体综合整治工程（五乡、大南联围流域）EPC+O（勘察设计、采购、施工+运营）项目，这两种形式不是本文讨论的重点，笔者不再赘述。

二、工程总承包合同的特点与法律关系性质

鉴于工程总承包合同中包括设计、施工、设备采购等两种以上工作内容，这些工作之间具有科学地实施建设管理必然内在联系，形成了技术上

的关联关系，导致工程总承包合同具有集合性特征。又由于工程总承包合同具体合同形式的多样性特点，导致在认定工程总承包合同的性质时需要综合考量多种因素。

我国《民法典》第595条规定，“买卖合同是出卖人转移标的物的所有权于买受人，买受人支付价款的合同”。工程总承包中货物采购行为属于买卖合同关系。《民法典》第788条规定：“建设工程合同是承包人进行工程建设，发包人支付价款的合同。建设工程合同包括工程勘察、设计、施工合同。”建设工程设计合同、建设工程施工合同属于建设工程合同，而单独的买卖合同不属于《民法典》定义的建设工程合同类型。所以工程总承包合同属于买卖合同与建设工程合同的集合合同。在EPC承包模式下，属于设计合同、买卖合同、施工合同的集合，那么发包人与工程总承包人之间存在设计服务法律关系、买卖法律关系、施工发承包法律关系；在DB承包模式下，属于设计合同与施工合同的集合，发包人与工程总承包人存在设计服务法律关系和施工发承包法律关系；在PC承包模式下，属于买卖合同（有时包括承揽合同）与施工合同的集合，发包人与工程总承包人之间存在买卖合同关系和施工发承包合同关系。这三类合同中都嵌套着施工承包合同关系——工程总承包合同中的主要合同关系。但在EP承包模式下，工程总承包合同属于设计合同、买卖合同的集合，发包人与工程总承包人之间没有施工合同关系，仅存在设计服务关系和买卖合同关系，根据《民法典》第770条规定，“承揽合同是承揽人按照定作人的要求完成工作，交付工作成果，定作人支付报酬的合同。承揽包括加工、定作、修理、复制、测试、检验等工作”。《民法典》第808条规定：“本章没有规定的，适用承揽合同的有关规定。”那么这类工程总承包合同中主要法律关系也可以归为承揽合同关系。

通过以上分析，DB模式的工程总承包合同属于《民法典》规定的典型建设工程合同，但由于其中施工属于该模式中的主要工作，所以建设工程施工合同应属于主要法律关系。而EPC、PC、EP这三种模式的工程总承包合同中均嵌套着买卖关系，还不能算纯粹的建设工程合同，但鉴于这些模式中货物是构成工程不可分割的组成部分且为实现工程基本功能所必需的设备、材料等，发包人将这些货物采购与设计或施工一并发包给工程总承包人，是希望总承包人对工程建设的全部工作进行统筹安排，最终得到合格的工程产品目的。这些货物的采购、安装与项目的设计或者施工具有工序上的关联关系，所以可以认为这三类工程总承包合同属于《民法典》上非典型建设工程合同。同时，由于建设工程合同属于特殊的加工承揽合同，所以对合同中主要法律关系的判断取决于合同的具体类型和工作内容，其中对于EP模式，由于没有施工工作，但包括设计和供应工作，根据《民法典》第770条的规定，归类为加工承揽合同比较合适；对于EPC和PC模式，取决于施工工作在整个工程总承包合同关系中的比例，施工工作占比较大或者为合同的主要工作的，应归类为以建设工程施工合同为中心的建设工程合同；否则，若合同中施工内容仅为供货的辅助性安装工作，总承包人的主要工作内容为供货，应归类为承揽合同较为合适。

三、判断工程总承包合同无效的标准

（一）判断工程总承包合同无效的一般标准

如何判定合同的效力，根据《民法典》第143条、第144条、第146条第1款、第153条和第154条的规定，1.行为人具有相应的民事行为能力；2.意思表示真实；3.不违反法律、行政法规的强制性规定；4.不违背公序良俗；5.行为人与相对人不存在恶意串通，损害他人合法权益。以上情况是判断合同效力的依据。而对于什么是"效力性强制规定"，最高人民法院法研所李明老师在其专著《最高人民法院建设工程施工合同纠纷案解》一书中对其从肯定性识别和否定性识别两方面进行了概括。首先，肯定性识别包括:(1)强制性规范规制的是合同行为本身,只要合同行为发生将会绝对地损害国家或者社会公共利益,法院必须认定合同无效;(2)法条明确规定了违反条文的后果是合同无效;(3)损害了国家利益或社会公共利益,即如果使合同继续有效将会损害国家利益或社会公共利益。其次,否定性标识是指如果法律、行政法规的强制性规定仅关系合同当事人的利益或者仅是为了行政管理或纪律管理需要,不属于效力性强制规定。这主要包括:(1)法律或行政法规规制的是当事人的市场准入资格而非某类合同行为,不属于效力性强制规定;(2)强制性规定调整的对象是针对的单纯主体的行为资格,而不是合同行为内容。[1]笔者认为可以参考这个论断作为理论依据,对工程总承包合同是否因违反法律、行政法规的效力性强制规定作出判断,进而判断合同的效力。

对于《民法典》第153条中的"违反法律、行政法规的强制性规定"是否为效力性强制规定的判断方法,上海市第一中级人民法院宋虹法官认为可以采用反向排除法和正向校验法来实施。[2]第一,反向排除时要注意法律、行政法规的原则性条款、纯粹秩序性规定、赋权性规定、行政管理规定、权限性规定,这些属于《民法典》第153条有关"强制性规定不导致该民事法律行为无效的除外"的情况,违反这类管理性强制性规定并不导致合同无效。违反法律原则性规定如在交易中仅违反《招标投标法》及《民法典》规定的诚实信用原则,而若无其他导致合同无效的细节作支撑,违约一方要承担违约责任。违反纯粹秩序性规定如在转让国有资产时没有按照《企业国有资产法》的规定对资产进行评估,与受让方签署了转让合同,属于违反程序性规定,转让合同有效。违反赋权性规定如违反《城市房地产管理法》第38条关于转让房屋的情形的规定,转让合同有效,但由于没获得授权或者权利被限制而无法实现权利转移,违法一方当事人要承

〔1〕 参见李明:《最高人民法院建设工程施工合同纠纷案解》,法律出版社2020年版,第14~15页。

〔2〕 参见宋虹:《〈民法典〉第153条中强制性规定的识别》,载微信公众号"上海一中院"2021年6月15日,https://mp.weixin.qq.com/s/WsVNdqoU02RHiLVLZbN_Bg。

担合同目的无法实现的违约责任。违反行政管理规定如尚未按照《民办教育促进法》取得政府审批的教育培训机构与他人签署的培训协议，因其不违反宏观经济政策，也没破坏市场秩序，并不因违反法律的强制性规定而无效。违反权限性规定如公司法定代表人违反《公司法》第16条的规定与善意第三人签署的经济合同有效。第二，在正向校验时要审慎认定行为无效，以法律、行政法规的直接规定为原则；对于违反规章的民事行为，以有效为原则、无效为例外；通过主体、内容、履行行为的禁止性规定进行再校正。如法律、行政法规、司法解释已明确规定无效的情形，如违反《建筑法》规定非法转包工程的转包合同无效；违反《招标投标法》串通投标签署的工程合同无效；违反《民法典》使用学校、幼儿园、医疗机构等为公益目的成立的非营利法人的教育设施、医疗卫生设施和其他公益设施抵押担保合同无效；证券从业人员违反《证券法》规定与他人签署的证券交易咨询服务协议无效；违反《文物保护法》买卖文物合同无效；违反《食品安全法》买卖超过质保期的食品合同无效等。对于违反行政规章的规定签署的合同，要判断违反规章是否导致违反金融政策、市场秩序、宏观经济政策等公序良俗，违反公序良俗的合同无效。

（二）导致工程总承包合同无效的具体情形及例外

鉴于工程总承包合同的集合性特征，其内部嵌套着设计合同、买卖合同、施工合同以及承揽合同等合同关系，同时，工程总承包项目招标具有“多招合一”综合性特点及“一招多随”的连带性特点，根据《招标投标法》第3条规定，建设工程的设计、施工、设备采购等符合依法必须招标条件的应依法招标。对于设计合同和施工合同，这两类合同属于建设工程合同，还涉及《建筑法》等法律法规规制承包人的主体资格即资质问题。那么鉴于工程总承包的多项目集合性特征，其所包含的诸多合同关系中只要有一项无效，即可认定工程总承包合同无效。

从设计合同方面考量，导致设计合同无效的情况包括：（1）依法必须招标的设计项目而未招标；(2)中标无效的；(3)低于设计成本价格中标的；(4)违背中标合同的实质性条款签署设计合同的；(5)设计单位中标后转包的；(6)设计单位无资质或者超越资质承揽业务的等。从买卖合同方面考量，导致建设工程设备买卖合同无效的情况包括：(1)依法必须招标的设备项目而未招标；(2)中标无效的；(3)低于设备成本价格中标的；(4)违背中标合同的实质性条款签署买卖合同的；(5)供货单位中标后转包的等。从建设工程施工合同方面考量，根据2021年1月1日起施行《建设工程施工合同司法解释》的相关规定，导致建设工程施工合同无效的情形包括：(1)依法必须招标的施工项目而未招标；(2)发包人肢解发包工程的；(3)中标无效的；(4)低于施工成本价格中标的；(5)违背中标合同的实质性条款签署施工合同的；(6)施工单位中标后转包的或违法分包工程的；(7)施工单位无资质或者超越资质承揽业务的；(8)违反工程建设的强制性标准，任意压缩合理工期、降低工程质量标准签署施工合同的；(9)发包人未取得用地规划许可或工程规划许可手续的等。

综上所述，除建设工程规划手续需要讨论之外，导致其他三项无效的因素也是工程总承包合同无效的原因。鉴于工程总承包合同签署前项目没有取得建设工程规划手续是否会导致工程总承包合同无效的问题，需要结合不同类型的项目进行具体分析。对于施工合同效力而言，根据《建设工程施工合同司法解释》第3条规定，“当事人以发包人未取得建设工程规划许可证等规划审批手续为由，请求确认建设工程施工合同无效的，人民法院应予支持，但发包人在起诉前取得建设工程规划许可证等规划审批手续的除外。发包人能够办理审批手续而未办理，并以未办理审批手续为由请求确认建设工程施工合同无效的，人民法院不予支持”。这是因为建设项目没有取得用地规划许可证及建设工程规划许可证擅自开工建设将会损害国家利益及社会公共利益，违反了《城乡规划法》第40条的效力性强制规定而导致施工合同无效。

（三）建设项目规划手续对工程总承包合同效力的影响

对于建设项目规划手续，一般包括建设用地规划手续和建设工程规划手续。关于建设用地规划，主要以办理建设用地规划许可证为标志，而发包人获取国有土地使用权的方式不同，办理建设用地规划许可证的手续也不同。对于以划拨方式取得土地使用权的，根据《城乡规划法》第37条第1款的规定，“在城市、镇规划区内以划拨方式提供国有土地使用权的建设项目，经有关部门批准、核准、备案后，建设单位应当向城市、县人民政府城乡规划主管部门提出建设用地规划许可申请，由城市、县人民政府城乡规划主管部门依据控制性详细规划核定建设用地的位置、面积、允许建设的范围，核发建设用地规划许可证”。对于以出让方式取得土地使用权的，根据《城乡规划法》第38条第1款的规定，“在城市、镇规划区内以出让方式提供国有土地使用权的，在国有土地使用权出让前，城市、县人民政府城乡规划主管部门应当依据控制性详细规划，提出出让地块的位置、使用性质、开发强度等规划条件，作为国有土地使用权出让合同的组成部分。未确定规划条件的地块，不得出让国有土地使用权”。对于建设工程规划许可证，《城乡规划法》第40条第1款规定，“在城市、镇规划区内进行建筑物、构筑物、道路、管线和其他工程建设的，建设单位或者个人应当向城市、县人民政府城乡规划主管部门或者省、自治区、直辖市人民政府确定的镇人民政府申请办理建设工程规划许可证”。而对于没有依法获取建设用地规划许可证、建设工程规划许可证的情况下签订的建设工程合同的行为，属于干扰国家对建设工程的调控和监管，直接影响国家利益和社会公共利益，所以合同无效。《城乡规划法》第40条第2款规定，申请办理建设工程规划许可证，应当提交使用土地的有关证明文件、建设工程设计方案等材料。需要建设单位编制修建性详细规划的建设项目，还应当提交修建性详细规划。对符合控制性详细规划和规划条件的，由城市、县人民政府城乡规划主管部门或者省、自治区、直辖市人民政府确定的镇人民政府核发建设工程规划许可证。所以发包人在项目获得批准手续、企业投资项目获得核准或备案手续后，方可办理建设用地规划许可证；在获得使用土地的证明文件及建设工程设计方案后方可办理建设工程规划许可证。

地方法规中如《江苏省城乡规划条例》规定在建设项目获得批准、核准、备案后，向市、县城乡规划主管部门提出申请用地规划许可证，以划拨方式取得建设用地使用权的，还要提交建设项目总平面图。申请办理建设工程规划许可证应当提交使用土地的有关证明文件、建设工程设计方案、建设工程施工图设计文件等材料。《内蒙古自治区城乡规划条例》规定发包人在取得建设项目的批准、核准、备案文件和签订国有土地使用权出让合同后，向市、旗县人民政府城乡规划主管部门领取建设用地规划许可证。申请办理建设工程规划许可证，应当提交使用土地的有关证明文件、建设工程设计方案、建设工程档案报送责任书等材料。《山西省城乡规划条例》规定发包人或者个人办理建设用地规划许可证，应当提供建设项目审批文件、建设工程初步设计方案等材料。发包人或者个人办理建设工程规划许可证，应当提供使用土地的有关证明文件、建设项目审批文件、建设工程设计方案、建设工程档案报送责任书等材料。需要编制修建性详细规划的，还应当提交修建性详细规划。《贵州省城乡规划条例》规定发包人申请建设用地规划许可证，城乡规划主管部门审批时应当在符合规定要求的地形图上划定建设用地界址点坐标和界址线。申请办理建设工程规划许可证，应当提交建设项目用地批准文件和建设项目批准、核准、备案文件以及建设工程设计方案，重大城乡基础设施项目应当提交建设工程初步设计方案等资料。《天津市城乡规划条例》规定以出让方式取得国有土地使用权的建设项目，在签订国有土地使用权出让合同后，发包人应当持建设项目的批准、核准、备案文件和国有土地使用权出让合同，向城乡规划主管部门领取建设用地规划许可证；以划拨等其他方式取得国有土地使用权的建设项目，发包人或者个人持选址意见书或者规划条件、现势地形图等有关材料，向城乡规划主管部门提出建设用地规划许可申请。申请办理建设工程规划许可证，需要提交使用土地的有关证明文件、审定的修建性详细规划、总平面设计方案或者市政工程规划方案、审定的建设工程设计方案、具有相应测绘资质单位出具的建设工程规划放线测量技术报告、与规划管理相关的施工图等资料。从以上条例来看，各省、市、自治区规定办理建设工程用地规划手续的条件基本一致，即建设项目获准立项；但办理建设工程规划许可证的条件不太一致，大部分需要完成施工图。如果建设项目已经完成了施工图设计，显然没有必要再搞EPC、DB、EP这三者模式的工程总承包了。

再看工程总承包模式在我国的实践。对于铁路项目，《铁路建设项目工程总承包办法》第2条规定铁路建设项目工程总承包，是发包人（或业主）通过招标将建设项目的施工图设计、采购和施工委托给具有相应资质的工程总承包人（或联合体），工程总承包人按照合同约定，对施工图设计、物资设备采购、工程实施实行全过程承包，对工程的质量、安全、工期、投资、环保负责的建设组织方式。第5条规定，建设项目必须按规定完成初步设计，初步设计文件达到要求并按初步设计批复修改、补充后，方可进行工程总承包招标。即铁路工程项目总承包范围包括施工图设计、采购和施工（EPC）模式。对于公路项目，《公路工程设计施工总承包管理办法》第2条第2款规定公路设计施工总承包，是指将公路工程的施工图勘察设计、工程施工等工程内容由总承包单位统一实施的承发包方式。即公路工程的施工总承包包括施工图设计、施工（DB）模式。对于房屋建筑与市政工程项目工程总承包，根据《房屋建筑和市政基础设施项目工程总承包管理办法》第3条的规定，是指承包单位按照与建设单位签订的合同，对工程设计、采购、施工或者设计、施工等阶段实行总承包，并对工程的质量、安全、工期和造价等全面负责的工程建设组织实施方式。第7条规定，建设单位应当在发包前完成项目审批、核准或者备案程序。采用工程总承包方式的企业投资项目，应当在核准或者备案后进行工程总承包项目发包。采用工程总承包方式的政府投资项目，原则上应当在初步设计审批完成后进行工程总承包项目发包；其中，按照国家有关规定简化报批文件和审批程序的政府投资项目，应当在完成相应的投资决策审批后进行工程总承包项目发包。所以，房屋建筑与市政工程项目的工程总承包应分两种情况：一种是政府投资项目，原则上应在初步设计概算审批完成后进行工程总承包发包；另一种是企业投资项目，在项目完成核准或备案手续后即可进行工程总承包发包。对于水利项目，至今没有全国性的管理办法，但部分省级政府发布了地方政策，如《安徽省水利建设项目工程总承包工作意见（试行）》第4条规定，水利工程建设项目实行工程总承包一般从项目可行性研究阶段开始，也可以从项目初步设计或者施工图阶段开始，采用设计—采购—施工（EPC）或设计—施工（DB）等方式。《江西省水利建设项目推行工程总承包办法（试行）》第3条规定，本办法所称水利建设项目工程总承包，是指从事水利工程总承包的企业按照与建设单位签订的合同，对工程项目的设计、采购、施工等实行全过程的承包，并对工程的质量、安全、工期和造价等全面负责的承包方式。水利工程建设项目实行总承包可以从项目可行性研究报告批准后开始，也可从项目建议书或项目初步设计报告批准后开始，可以采用设计—采购—施工（EPC）或设计—施工总承包（DB）等方式。《广西壮族自治区水利建设项目工程总承包指导意见（试行）》规定，水利建设项目工程总承包，是指从事工程总承包的企业（或者联合体）按照与发包人签订的合同，对工程项目的设计、采购、施工等实行全过程或者若干阶段承包，并对工程的质量、安全、工期和造价等全面负责的工程建设组织实施方式。实行工程总承包的建设项目，可以从项目可行性研究报告、环境影响评价文件等批准后发包，也可以从初步设计报告（或者实施方案）批准后发包。各地规定的水利工程总承包发包阶段都比较早，有的从项目建议书阶段即可开始，有的从施工图设计阶段开始。

综合以上论述，鉴于采用EPC、DB、EP这三种模式实施的工程总承包的发包阶段比较早，均涉及设计工作，一般在初步设计完成之前，在工程总承包发包之时，根本无法完成施工图设计，所以无法办理建设工程规划许可证。对于用地规划许可手续，要区分工程项目类型，若属于铁路、公路、房屋建筑与市政工程项目，项目发包时已经完成了项目立项手续，对于需要办理用地规划手续的，应该完成办理用地规划许可证。而对于采用PC模式实施的工程总承包项目，因为工程总承包范围并不涉及设计工作，工程总承包的工作范围主要体现为设备采购和施工等。根据《工程建设项目施工招标投标办法》第8条规定，依法必须招标的工程建设项目，应当具备下列条件才能进行施工招标：1.招标人已经依法成立；2.初步设计及概算应当履行审批手续的，已经批准；3.有相应资金或资金来源已经落实；4.有招标所需的设计图纸及技术资料。《房屋建筑和市政基础设施工程施工招标投标管理办法》第7条规定，工程施工招标应当具备下列条件：1.按照国家有关规定需要履行项目审批手续的，已经履行审批手续；2.工程资金或者资金来源已经落实；3.有满足施工招标需要的设计文件及其他技术资料；4.法律、法规、规章规定的其他条件。《水利工程建设项目招标投标管理规定》第16条规定，施工招标应当具备的条件包括：1.初步设计已经批准；2.建设资金来源已落实，年度投资计划已经安排；3.监理单位已确定；4.具有能满足招标要求的设计文件，已与设计单位签订适应施工进度要求的图纸交付合同或协议。《公路工程建设项目招标投标管理办法》规定，施工图设计文件批准后，方可开展施工招标。所以，PC模式的总承包合同签署之前，建设单位必须按照国家要求办理建设用地规划和建设工程规划手续，否则可适用《建设工程施工合同司法解释》的相关规定认定合同无效。

第十六章　工程总承包合同纠纷的法律适用及管辖

一、《建设工程施工合同司法解释》不直接调整工程总承包合同纠纷

鉴于工程总承包合同具有多专业集合性以及类型多样性特征（常见EPC、DB、PC、EP模式），工程总承包合同不是单一的建设工程施工合同，而是以建设工程合同为中心的多类型合同的集合。根据最高人民法院《关于修改〈民事案件案由规定〉的决定》规定，建设工程总承包合同纠纷不属于建设工程施工合同纠纷。那么《建设工程施工合同司法解释》是否适用于处理工程总承包合同纠纷呢？

对这个问题，最高人民法院应用法学研究所李明老师在其专著《最高人民法院建设工程施工合同纠纷案解》一书中指出："《合同法》第269条规定，建设工程合同是承包人进行工程建设，发包人支付价款的合同，建设工程合同包括勘察、设计、施工合同。对于建设工程施工合同来说'本解释只调整建设工程施工合同纠纷案件，不调整建设工程总承包合同，本条所称的总承包合同是指建设工程施工总承包合同，而不是指建设工程总承包合同。'由此，《建设工程司法解释一》和《建设工程司法解释二》仅调整建设工程施工合同，不调整建设工程总承包合同。"[1]依据最高人民法院民一庭

---

〔1〕 李明：《最高人民法院建设工程施工合同纠纷案解》，法律出版社2020年版，第4页。书中将《最高人民法院关于审理建设工程施工合同纠纷案件适用法律问题的解释》简称为《建设工程司法解释一》，将《最高人民法院关于审理建设工程施工合同纠纷案件适用法律问题的解释（二）》简称为《建设工程司法解释二》。下文沿用简称。

编著的《最高人民法院建设工程施工合同司法解释的理解与适用》中的观点，解决建设工程施工合同纠纷的两个司法解释不直接调整工程总承包合同纠纷。在《民法典》实施后，《合同法》不再适用；《建设工程施工合同司法解释》施行后，《建设工程司法解释一》和《建设工程司法解释二》被其取代，根据最高人民法院相关司法解释的法律适用延续性，笔者认为《建设工程施工合同司法解释》也应被理解为不适用于处理工程总承包合同纠纷。

但在司法审判实践中，依然存在依据建设工程司法解释判决的案例。经查询威科现行法律信息库案例，在中冶京诚工程技术有限公司与中国庆华能源集团有限公司建设工程施工合同纠纷案［新疆维吾尔自治区高级人民法院判决书，（2019）新40民初22号（2019年12月23日）］中，新疆维吾尔自治区高级人民法院经审理后认为新疆庆华煤炭分质综合利用多联产项目备煤系统圆形贮煤场EPC工程合同为建设工程施工合同，并依据《建设工程司法解释（二）》支持承包单位的工程款优先受偿权。再如抚顺矿业中机热力有限责任公司与中机国能电力工程有限公司合同纠纷案［辽宁省高级人民法院判决书，（2019）辽民终1660号（2019年12月30日）］中，辽宁省高级人民法院依据《建设工程司法解释（二）》对热电厂供热改造项目EPC工程抚顺矿业集团有限责任公司热电厂供热改造项目总承包合同文件的效力以及质保金作出终审判决。笔者研究（2019）新40民初22号案与（2019）辽民终1660号案这两份生效判决书事实部分，原、被告之间争议的核心问题是施工部分的工程款问题，审判法院将EPC总承包合同中建设工程施工合同关系作为核心法律关系并依据相关规则进行裁判。但在河南中瑞环保技术有限公司与浙江德创环保科技股份有限公司承揽合同纠纷案［河南省郑州市中级人民法院判决书，（2020）豫01民终2648号（2020年4月23日）］中，郑州市中级人民法院认为河南龙宇煤化工有限公司5#、6#锅炉超低排放改造工程的脱硫、脱硝项目EPC承包合同为承揽合同，并可能基于“原告负责合同设备供货、设计，调试、试运行及性能验收试验（包括参加机组168小时试运），培训、协调；本合同价格为人民币1120万元，其中设备费（部件制作费、电气仪控设备费）910万元，项目施工费210万元”这一事实，认为施工部分不是EPC工程合同的核心工作，依据承揽合同作出判决也有其合理性。

总之，在最高人民法院关于工程总承包合同纠纷专门司法政策出台前，应依据具体工程总承包合同的类型确定合同中的核心法律关系，并以该核心法律关系确定是否参照最高人民法院关于建设工程施工合同纠纷的司法解释处理案件，但直接适用建设工程司法解释处理工程总承包合同纠纷可能不符合该司法解释的立法本意。

二、工程总承包人是否享有工程价款优先受偿权

（一）工程价款优先受偿权的法律性质及特点

《民法典》第807条规定：“发包人未按照约定支付价款的，承包人可以催告发包人在合理期限内支付价款。发包人逾期不支付的，除根据建设工程的性质不宜折价、拍卖外，承包人可以与发包人协议将该工程折价，也可以请求人民法院将该工程依法拍卖。建设工程的价款就该工程折价或者拍卖的价款优先受偿。”《建设工程施工合同司法解释》第36条规定：“承包人根据民法典第八百零七条规定享有的建设工程价款优先受偿权优于抵押权和其他债权。”可见建设工程价款优先权是一种法定优先权利，这种权利是承包人直接支配建筑物的交换价值，并优先于发包人的其他债权或担保物权（如抵押权等），属于物权的范畴，具有物上代位性。同时，这种权利又依附于工程价款这种债权而存在，承包人对发包人享有财产折价返还请求权，而非工程款支付请求权，即工程价款优先受偿权与工程款请求权不可分割。〔1〕

〔1〕　参见李明：《最高人民法院建设工程施工合同纠纷案解》，法律出版社2020年版，第252~258页。

（二）我国法律环境下工程价款优先受偿权的适用范围

《民法典》第807条规定建设工程合同价款享有优先受偿权，那么工程总承包合同价款是否享有优先受偿权主要取决于具体工程总承包合同是否可归类为建设工程合同。实践中，大部分工程总承包合同可定性为建设工程合同，其价款适用于工程价款优先受偿权；小部分不被归类为建设工程合同的工程总承包合同价款则不享有优先受偿权。

由于工程总承包合同的价款包括勘察费、设计费、购货款、施工工程款，即以建设工程施工合同为核心法律关系的工程总承包合同价款能否全部主张优先权需要深入探讨。根据《建设工程施工合同司法解释》第40条规定，“承包人建设工程价款优先受偿的范围依照国务院有关行政主管部门关于建设工程价款范围的规定确定。承包人就逾期支付建设工程价款的利息、违约金、损害赔偿金等主张优先受偿的，人民法院不予支持”，但对于是否包括勘察设计费以及货物材料款等工程总承包人实际支付的费用需要进一步明确。《广东省高级人民法院关于在审判工作中如何适用〈合同法〉第286条的指导意见》第3条明确，“《合同法》第286条所规定的建设工程价款优先受偿权适用于建设工程施工合同。建设工程幕墙装修、装饰合同属于建设工程施工合同”。即建设工程施工合同价款适用工程款优先受偿权，但并没有明文排斥勘察设计费和材料设备费的优先受偿权。《浙江省高级人民法院执行局关于印发〈执行中处理建设工程价款优先受偿权有关问题的解答〉的通知》规定，建设工程价款优先受偿权的范围为建设工程的工程价款，包括承包人应当支付的工作人员报酬、材料款和用于建设工程的垫资款等。工程价款的利息不在优先受偿范围内。但同时规定工程勘察人或设计人就工程勘察或设计费主张优先受偿权的，不予支持。《安徽省高级人民法院关于审理建设工程施工合同纠纷案件适用法律问题的指导意见》第16项规定，“装饰装修工程承包人主张工程价款优先受偿权，可予支持；工程勘察人或设计人就工程勘察或设计费主张优先受偿权，不予支持”。浙江省高级人民法院和安徽省高级人民法院的规定明文排斥勘察设计费适用优先受偿权。

鉴于立法者设计工程价款优先受偿权制度的目的是保护农民工的利益。“《合同法》第286条中所称的工程价款，如指已竣工工程，应指竣工结算价。未竣工工程则应以施工预算价为基础进行评估确定工程价款。《合同法》第286条的立法精神是保护建筑施工企业被拖欠的工程款，主要是工人的工资、承包人的管理费和正常的利润。利润是工程价款的重要组成部分，应享有优先受偿权。”〔1〕参照《建设工程施工合同司法解释》第40条规定的“国务院有关行政主管部门关于建设工程价款范围的规定”，一般指《建筑工程施工发包与承包计价管理办法》、《建设工程工程量清单计价规范》(GB50500−2013)、《建筑安装工程费用项目组成》等文件，根据《建筑安装工程费用项目组成》的规定，建筑安装工程费用项目按费用构成要素组成划分为人工费、材料费、施工机具使用费、企业管理费、利润、规费和税金。实践中，发承包双方依据各专业工程量计量规范确定的工程价款应属于优先受偿权的范围。从目前司法规则来看，工程款优先受偿权的范围还主要集中在施工费用这一部分，没有考虑勘察费、设计费和设备价款等。

（三）工程总承包合同价款适用优先受偿权的建议

参考以上部分地方高级人民法院的规定和理论界的指引，似乎工程款优先受偿权只适用于建设工程施工合同中的工程款。根据建市〔2016〕93号文件规定，大力推进工程总承包，有利于提升项目可行性研究和初步设计深度，实现设计、采购、施工等各阶段工作的深度融合，提高工程建设水平；有利于发挥工程总承包企业的技术和管理优势，促进企业做优做强，推动产业转型升级。工程总承包人的设计、施工、采购一体化行

〔1〕 李明：《最高人民法院建设工程施工合同纠纷案解》，法律出版社2020年版，第270页。

为，多专业在工程实施中紧密结合、资源合理配置，对工程实施的投资、安全、质量、工期的综合效益突出。虽然勘察设计费能从总承包合同价款剥离出来，但设计施工一体化对整个建设工程实施的价值是难以计量的。〔1〕2020年5月1日实施的《保障农民工工资支付条例》，对发包人和承包人如何保障农民工工资按时足额支付的义务进行了详细的规定，形成了农民工用工实名制、人工费分账管理制度、人工费专户管理制度、农民工工资代付制度、拖欠农民工工资时的代（清）偿制度、施工现场维权公示制度、工资支付监控预警制度、工程款支付担保制度、工资支付保证金制度、联合惩戒制度等一系列法定制度。这些制度对保护建筑行业农民工工资按时足额发放会起到积极作用。如果农民工工资支付难题解决了，就不需要以工程款优先受偿权制度专门保护农民工的权益了。那么工程价款优先受偿权保护的范围应该扩大到建设工程合同价款的全部范围，包括勘察设计费、货物款、施工工程款等工程总承包合同价款的全部内容。

三、诉讼解决工程总承包合同纠纷的管辖问题

工程总承包合同的集合性特征，使合同中发包人与工程总承包人的合同关系复杂，法律性质多样，包括设计合同、买卖合同、施工合同等法律关系。这就导致在处理工程总承包合同纠纷时，判断管辖法院会存在争议。

（一）诉的合并

对于工程总承包合同纠纷按照哪种案由立案问题，根据最高人民法院《关于修改〈民事案件案由规定〉的决定》第5条第3款规定，同一诉讼中

〔1〕 参见朱树英主编：《工程总承包（EPC/DB）诉讼实务》，法律出版社2020年版，第329页。

涉及两个以上的法律关系的，应当根据当事人诉争的法律关系的性质确定个案案由；均为诉争的法律关系的，则按诉争的两个以上法律关系并列确定相应的案由。以DB合同模式为例，若设计、施工承包联合体单位分别向同一人民法院提起诉讼的，这涉及建设工程设计合同纠纷（三级案由）和建设工程施工合同纠纷（四级案由）合并审理的问题。根据《最高人民法院关于适用〈中华人民共和国民事诉讼法〉的解释》（法释〔2015〕5号，以下简称《民诉法司法解释》）第221条规定，基于同一事实发生的纠纷，当事人分别向同一人民法院起诉的，人民法院可以合并审理。鉴于DB合同模式下设计与施工属于同一个建设工程总承包项目这一事实，在联合体各方向同一个人民法院起诉的，可以合并立案、审理。这样可以节约司法资源，实现诉讼经济。但是如果联合体成员向不同的法院起诉，如联合体中设计单位按照建设工程设计合同纠纷向被告所在地基层人民法院起诉，而联合体中施工单位按照建设工程施工合同纠纷向项目所在地中级人民法院起诉，该如何确定管辖？根据人民法院出版社编著的《最高人民法院民事案件案由适用要点与请求权规范指引》中载明："根据《最高人民法院关于适用〈中华人民共和国民事诉讼法〉的解释》第二十八条规定，建设工程合同纠纷案件，按照不动产纠纷确定管辖，即由不动产所在地人民法院管辖。"〔1〕所以，从工程总承包合同中多个法律关系集合于一个工程总承包项目的事实来看，多个法律关系必须合并审理，否则将违背诉的经济性原则。

（二）管辖问题

诉的合并必然导致管辖的合并。那么工程总承包合同是合并为建设工程施工合同纠纷，还是建设工程设计合同纠纷，或者买卖合同纠纷？先

〔1〕 朱永超：《建设工程总承包合同的性质、法律适用及管辖》，载微信公众号"马鞍山仲裁委员会"2020年4月30日，https://mp.weixin.qq.com/s/D3aPOBSG26d_GwI7NxGqyA。

看几个案例。

☞ **案例1**：在机械工业第四设计研究院有限公司与陕西通家汽车股份有限公司建设工程施工合同纠纷案［陕西省高级人民法院民事裁定书，（2019）陕民终1103号（2019年12月12日）］中，陕西省高级人民法院经审查认为，从上诉人与被上诉人之间工程总承包合同约定内容看，合同性质为建设工程施工合同。上诉人主张总承包合同中设备采购安装占合同额70%以上，合同是EPC性质的合同，认为属于承揽合同不能成立，本案应依据施工合同纠纷适用专属管辖。

☞ **案例2**：在上海鹏瞻粉体工程有限公司与翔鹭石化（漳州）有限公司建设工程施工合同纠纷案［福建省高级人民法院民事裁定书，（2014）闽民终字第976号（2014年9月2日）］中，上诉人认为PTA装置气力输送系统EPC工程承包合同应由被告所在地（上海市）人民法院管辖（适用一般管辖），福建省高级人民法院经审理后认为系争合同约定了由发包人所在地（项目所在地）人民法院管辖，不违反建设工程施工合同纠纷适用专属管辖的规定，驳回了上诉。

☞ **案例3**：在石家庄新世纪煤化实业集团有限公司与世纪华扬环境工程有限公司建设工程合同纠纷案［河北省高级人民法院民事裁定书，（2019）冀民辖终110号（2019年8月9日）］中，上诉人认为本案应根据EPC合同约定在井陉矿区人民法院起诉，河北省高级人民法院经审理后认为本案为建设工程施工合同纠纷，涉案诉讼标的额为2279万元，且一方当事人不在河北省辖区内，其诉讼标的额符合《最高人民法院关于调整高级人民法院和中级人民法院管辖第一审民事案件标准的通知》规定的中级人民法院管辖标准，故河北省石家庄市中级人民法院对本案具有管辖权。

☞ **案例4：**在四川石达能源发展有限公司、华盛汇丰燃气输配有限公司与华盛汇丰燃气输配有限公司山西分公司建设工程施工合同纠纷案［山西省高级人民法院裁定书，(2019)晋民辖终108号(2019年12月16日)］中，上诉人认为应根据管道工程EPC总承包合同中约定的“向合同签订地的人民法院起诉”，不适用专属管辖。山西省高级人民法院经审理后认为，本案系建设工程施工合同纠纷，应当适用专属管辖的规定，按照不动产纠纷确定管辖。

☞ **案例5：**在新疆大黄山鸿基焦化有限责任公司、新疆大黄山鸿基焦化有限责任公司阜康焦化分公司与北京蓝图工程设计有限公司建设工程施工合同纠纷案［新疆维吾尔自治区高级人民法院裁定书，(2017)新民辖终13号(2017年3月1日)］中，上诉人认为本案既不属于建设工程合同纠纷，也不属于建设工程施工合同纠纷，不应当适用不动产纠纷专属管辖的规定。新疆维吾尔自治区高级人民法院经审理后认为，本案系被上诉人北京蓝图工程设计有限公司依据新疆大黄山鸿基焦化有限责任公司煤气综合利用项目填平补齐技术改造工程总承包合同，为索要位于新疆昌吉回族自治州阜康市重化工园区内的煤气综合利用项目填平补齐技术改造工程的工程款而提起的诉讼，符合建设工程施工合同纠纷案件的特征。《民事诉讼法》第33条规定，因不动产纠纷提起的诉讼，由不动产所在地人民法院管辖，《民诉法司法解释》第28条规定，农村土地承包经营合同纠纷、房屋租赁合同纠纷、建设工程施工合同纠纷、政策性房屋买卖合同纠纷，按照不动产纠纷确定管辖。故本案应由建设工程所在地人民法院专属管辖。

案例6：在中航国际新能源发展有限公司与博耳能源江苏有限公司建设工程合同纠纷案［安徽省高级人民法院裁定书，（2019）皖民辖终5号（2019年2月18日）］中，上诉人依据EPC总承包合同特点认为本案涉及两个并列的法律关系与案由，涉及对人格混同的请求确认，应当另诉且适用原告就被告的一般管辖原则，应由中航国际新能源发展有限公司所在的北京市朝阳区人民法院管辖。安徽省高级人民法院经审理后认为，本案系建设工程施工合同纠纷，根据《民诉法司法解释》第28条规定，建设工程施工合同纠纷按照不动产纠纷确定管辖，故应由不动产所在地人民法院管辖。

以上六个高级人民法院对工程总承包合同纠纷中管辖权异议的裁决书，均认定工程总承包合同纠纷应按照建设工程施工合同纠纷处理管辖。可见，当前法院在处理工程总承包合同纠纷时，仍主要将其按照建设工程施工合同纠纷案件来进行处理。理由则主要从合同内容、合同目的、诉请主张等角度出发来进行阐释。法院在生效判决书中认为诉请目的是索要工程款，符合建设工程施工合同纠纷案件的特征，或者从工程总承包合同的承包范围、合同标的物、承包方式、合同价格、工程质量管理与竣工验收等多角度出发，论证了其属于建设工程施工合同，有别于一般承揽合同的特殊性。〔1〕

根据《民诉法司法解释》第28条第2款规定，农村土地承包经营合同纠纷、房屋租赁合同纠纷、建设工程施工合同纠纷、政策性房屋买卖合同纠

〔1〕 参见朱树英主编：《工程总承包（EPC/DB）诉讼实务》，法律出版社2020年版，第61页。

纷，按照不动产纠纷确定管辖。若工程总承包合同纠纷合并为建设工程施工合同纠纷，应由工程所在地人民法院专属管辖。但若确定为建设工程设计合同纠纷或者买卖合同纠纷，应适用一般管辖。根据最高人民法院《关于修改〈民事案件案由规定〉的决定》规定的与“建设工程施工合同纠纷”相关的案件，仅包括建设工程施工合同纠纷、建设工程价款优先受偿权纠纷、建设工程分包合同纠纷、建设工程监理合同纠纷、装饰装修合同纠纷、铁路修建合同纠纷、农村建房施工合同纠纷，并不包括建设工程设计合同纠纷和买卖合同纠纷。但工程总承包合同属于多种类型法律关系的集合合同，不是单纯的建设工程施工合同，尤其是对于EP模式下工程总承包合同，虽然名义上为工程总承包合同，但实质上承包单位不实施任何施工内容。根据《最高人民法院关于经济合同的名称与内容不一致时如何确定管辖权问题的批复》第1条规定，“当事人签订的经济合同虽具有明确、规范的名称，但合同约定的权利义务内容与名称不一致的，应当以该合同约定的权利义务内容确定合同的性质，从而确定合同的履行地和法院的管辖权”。所以不能简单地把建设工程设计采购（EP）合同纠纷认定为建设工程合同与建设工程施工合同纠纷合并管辖，因为EP合同不具备适用专属管辖的条件，应适用一般管辖。

但是对于EPC、DB、PC这三者模式下的工程总承包合同，虽然包括设计或采购工作，但无论从投资额还是主要工作内容，施工工作均为主要方面。根据《民诉法司法解释》第39条规定，人民法院对管辖异议审查后确定有管辖权的，不因当事人提起反诉、增加或者变更诉讼请求等改变管辖，但违反级别管辖、专属管辖规定的除外。所以“基于同一事实所发生的诉的合并亦不能对抗其中某一法律关系专属管辖的规定，但该法律关系的专属管辖可以导致其他被合并管辖的法律关系改变管辖法院”。〔1〕即在多个

〔1〕 朱永超：《建设工程总承包合同的性质、法律适用及管辖》，载微信公众号“马鞍山仲裁委员会”2020年4月30日，https://mp.weixin.qq.com/s/D3aPOBSG26d_GwI7NxGqyA。

法律关系需要合并立案审理而涉及需要确定管辖时，具有专属管辖的法律关系优先。

所以，笔者认为，在我国法律环境下，DB模式以及EPC模式、PC模式中以建设工程施工合同关系为核心的工程总承包合同纠纷应合并为建设工程施工合同纠纷，适用项目所在地专属管辖。而对于没有施工内容的EP模式以及非以建设工程施工合同法律关系为中心的EPC、PC模式下的工程总承包合同纠纷，可合并为承揽合同纠纷，适用于一般管辖。

第十七章　工程总承包模式在TOD项目中的运用

一、当前政策支持社会资本参与TOD（transit-oriented development）项目投资

（一）全国性政策

2014年5月22日，原国土资源部发布的《节约集约利用土地规定》第13条规定："鼓励建设项目用地优化设计、分层布局，鼓励充分利用地上、地下空间。建设用地使用权在地上、地下分层设立的，其取得方式和使用年期参照在地表设立的建设用地使用权的相关规定。出让分层设立的建设用地使用权，应当根据当地基准地价和不动产实际交易情况，评估确定分层出让的建设用地最低价标准。"这为轨道交通场站上盖物业综合开发分层分权指明了方向。

2014年8月11日，国务院办公厅发布《关于支持铁路建设实施土地综合开发的意见》（国办发〔2014〕37号，以下简称国办发〔2014〕37号文件），要求地方政府应主动与铁路运输企业协商，统筹编制既有铁路站场及毗邻地区相关规划，加强功能调整和空间优化，完善交通组织、用地布局和设施条件，增强铁路站场和周边地区的承载能力和服务功能，指导站场改建及周边地区土地综合开发，促进地上、地下统一规划、统筹开发建设，实现对外交通与城市道路、公共交通一体化。土地综合开发可分期供应，分期供应的土地可成片提供，成片供应的土地应根据城市规划和实际情况

进行分宗，按宗地用途和有关规定，核发划拨决定书或签订有偿使用合同。铁路建设项目配套安排的土地综合开发所需新增建设用地指标，经省级人民政府严格审核后，暂由国土资源部予以计划单列。为轨道交通项目周边开发中土地供应指明了方向。

2014年11月26日，国务院发布《关于创新重点领域投融资机制鼓励社会投资的指导意见》，明确鼓励按照“多式衔接、立体开发、功能融合、节约集约”的原则，对城市轨道交通站点周边、车辆段上盖进行土地综合开发，吸引社会资本参与城市轨道交通建设。

为了促进城市轨道交通规范有序发展，2018年7月13日，国务院办公厅发布《关于进一步加强城市轨道交通规划建设管理的意见》（国办发〔2018〕52号，以下简称国办发〔2018〕52号文件）规定，支持各地区依法依规深化投融资体制改革，积极吸引民间投资参与城市轨道交通项目，鼓励开展多元化经营，加大站场综合开发力度。

（二）地方性政策

为了保证地铁项目顺利建设，早在2001年7月22日，深圳市人民政府颁布的《深圳市地下铁道建设管理暂行规定》第34条规定，“市政府支持地铁公司多渠道筹集地铁建设资金，保证地铁建设资金的落实，保障地铁建设可持续发展。地铁公司可根据实际情况通过银行贷款、发行债券、上市融资、利用外资、吸纳社会投资股东、接受捐赠等渠道筹集地铁建设资金。地铁公司对自筹地铁建设资金的运用、增值、还贷承担法人有限责任”，支持社会资本加入投资地铁项目。同时规定“地铁公司对经批准取得的地铁沿线规划用地享有土地综合开发权和物业管理权。综合开发的土地地价，按未建地铁时的地价核定出让给地铁公司开发。综合开发的土地地价款，按先开发后上缴原则，根据开发进度分期缴纳。地铁公司进行地铁沿线土地综合开发所获得的收益应全部用于地铁建设”。对地铁沿线土地综合开发给予特殊政策。

2015年10月20日，南京市人民政府发布的《关于推进南京市轨道交通场站及周边土地综合开发利用的实施意见》（宁政发〔2015〕215号，以下简称宁政发〔2015〕215号文件）规定，鼓励社会资本参与轨道交通场站综合开发利用，土地使用权以招拍挂或股权转让方式公开出让。为支持轨道交通建设和可持续发展，鼓励地铁集团直接开发核心区土地和持有（或部分持有）上盖物业；地铁集团可参与其他规划区商业设施开发建设，经营收益优先用于轨道交通项目建设和弥补运营亏损。

2017年3月14日，广州市人民政府办公厅关于印发《广州市轨道交通场站综合体建设及周边土地综合开发实施细则（试行）》，明确规定对于“具备较好开发条件的站点或车辆基地”，采取带轨道交通站场综合体概念方案公开出让给社会资本，同时提出出让方案需包括轨道交通设施建设，且对该类土地提出的开发时序、技术措施等涉及轨道交通设施保护和施工影响的要求作为出让条件。

为深入贯彻国办发〔2018〕52号文件精神，落实各项重点任务，加快推进城市轨道交通高质量发展，2018年12月13日，天津市人民政府办公厅印发《关于落实进一步加强城市轨道交通规划建设管理重点任务工作方案》，要求有关区人民政府结合城市轨道交通建设安排，优先研究落实城市轨道交通沿线区域土地整理、出让及场站周边土地综合开发，加快推进“轨道交通+综合开发+实体经济”发展模式，着力促进产业、人口、岗位等向城市轨道交通沿线聚集，打造城市轨道交通经济带。积极吸引有实力的民营企业、社会保险、私募基金等机构投资者以及有经验、有实力的管理团队参与城市轨道交通建设运营。研究利用可计入权益的可持续债券、项目收益债券等创新形式推进城市轨道交通项目市场化融资。2019年12月31日，天津市住建委、发改委等七部门联合发布《市住房城乡建设委等七部门关于印发推进天津市轨道交通场站及周边土地综合开发利用实施意见（试行）的通知》，明确规定，在保证公共交通功能的前提下，采取公共交通引导城市发展（TOD）的模式，推进轨道交通场站及周边土地综合开发利用，最大化发挥城市轨道交通综合效应。并要求积极引导参与轨道建设的社会资本方参与轨道交通场站及周边土地综合开发，实现开发收益反哺轨道建设和运营，将场站及周边土地出让收益等财政性资金反哺轨道建设和运营。社会资本参与开发的，开发收益根据合同约定，反哺轨道交通建设和运营。

综上所述，社会资本参与城市轨道交通综合开发符合国家政策要求，且部分地区因地制宜地提出相应的实施方案。

二、当前支持大型复杂项目采用“多招合一”方式采购的政策及落地案例

（一）当前支持大型复杂项目采用“多招合一”方式采购的政策

由于国有土地使用权出让招拍挂程序、投资人招商程序、股权转让程序、工程总承包招标程序属于不同的程序，实践中一般各自独立实施，但法律也并没有禁止合并实施。

为了促进铁路项目TOD模式实施，国务院办公厅《关于支持铁路建设实施土地综合开发的意见》明确规定可将新建铁路项目投资主体招标与土地综合开发权一并招标，新建铁路项目中标人同时取得土地综合开发权，相应用地可按开发分期约定一次或分期提供，供地价格按出让时的市场价确定。

为了解决PPP项目国有土地使用权问题，2016年10月11日，财政部发布的《关于联合公布第三批政府和社会资本合作示范项目加快推动示范项目建设的通知》（财金〔2016〕91号，以下简称财金〔2016〕91号文件）规定，PPP项目在依据区域控制性详细规划确定宗地范围、用途和规划建设等条件后，国土资源主管部门可将通过招标拍卖挂牌方式供应土地使用权的宗地或地块与政府方确定项目投资方和用地者的环节合并实施。国家发改委2016年10月24日又发布了《传统基础设施领域实施政府和社会资

本合作项目工作导则》，要求各地积极创造条件，采用多种方式保障PPP项目建设用地。如果项目建设用地涉及土地招拍挂，鼓励相关工作与社会资本方招标、评标等工作同时开展。

另外，2015年10月20日，南京市人民政府发布的《南京市人民政府关于推进南京市轨道交通场站及周边土地综合开发利用的实施意见》中规定社会资本参与轨道交通场站综合开发利用，土地使用权可以股权转让方式公开出让，又为实施TOD项目合并招标提示了一条新思路。

（二）当前复杂投资项目中采用"多招合一"的案例

☞ **案例7：**大连市202路轨道延伸线及快轨三号线PPP项目（存量）"两招合一"。经查询财政部PPP中心项目管理库，在大连市202路轨道延伸线及快轨三号线PPP项目实施中，政府方出资代表大连市建设投资集团有限公司已经先期成立了两个项目公司（即大连金石快轨管理有限公司和大连和顺轻轨管理有限公司），政府方将社会资本采购与大连市建设投资集团有限公司转让项目公司股权合并实施，社会资本中标后与项目公司原股东签署股权转让协议，将控股权转移给中标社会资本；大连市交通局代表大连市政府与改组后的PPP项目公司签署特许经营协议，授予PPP项目公司特许经营权。经公开竞争程序，社会资本中标后于2017年3月完成PPP项目公司改组，PPP项目公司成为实施本项目的主体。

☞ **案例8：**北京市延庆区2022年冬奥会延庆赛区PPP项目（新建）"三招合一"。经查询财政部PPP中心项目管理库，在北京市延庆区2022年冬奥会延庆赛区PPP项目实施中，政府方将社会资本招标、国有土地使用权出让招标及工程总承包招标"三招合一"。中标社会资本为北京住总集团有限责任公司、万科企业股份有限公司、中国建筑一局（集团）有限公司联合体，PPP项目公司北京国嘉高山滑雪有限公司已于2018年10月17日成立。延庆区政府作为实施机构已于2018年10月18日与PPP项目公司签署PPP项目合同，授予PPP项目公司投资建设运营本项目的权利。

三、TOD项目中采用“多招合一”采购社会资本的方式及前提条件

（一）国有土地使用权出让招标与轨道交通项目工程总承包招标“两招合一”

虽然《招标拍卖挂牌出让国有建设用地使用权规定》有关土地使用权的招标程序要求与工程建设项目的招标程序要求不完全一致，但是参照国办发〔2014〕37号文件、财金〔2016〕91号文件、发改投资〔2016〕2231号文件中的有关项目所需土地使用权与社会资本招标合并实施的规定，以及北京市延庆区2022年冬奥会延庆赛区PPP项目中土地使用权出让、社会资本招标及工程总承包招标三招合并实施的案例，若城市轨道交通场站及周边物业开发项目具备国有土地使用权出让条件，由政府投资的轨道交通建设项目具备EPC发包的条件，那么国有土地使用权出让与轨道交通项目EPC招标可以合并实施。但采用这种模式需要具备如下基本条件：

1.政府对拟出让的场站商业部分的土地及周边商业项目土地已经完成收储，具备规划和出让条件。根据《节约集约利用土地规定》第22条规定，经营性用地应当以招标拍卖挂牌的方式确定土地使用者和土地价格。各类有偿使用的土地供应不得低于国家规定的用地最低价标准。禁止以土地换项目、先征后返、补贴、奖励等形式变相减免土地出让价款。根据《招标拍卖挂牌出让国有建设用地使用权规定》第6条第1款规定，市、县人民政府国土资源行政主管部门应当按照出让年度计划，会同城市规划等有关

部门共同拟订拟招标拍卖挂牌出让地块的出让方案，报经市、县人民政府批准后，由市、县人民政府国土资源行政主管部门组织实施。所以拟出让的场站商业部分的土地及周边项目用地应按照人民政府批准的国有建设用地使用权出让年度计划并制定切实可行的出让方案。

2.属于政府投资部分的轨道交通项目的初步设计概算已经完成审查，且建设资金来源已经落实并已纳入政府预算。资金来源需要从合并出让的地块国有土地出让金安排，资金平衡方案已经政府批准。由于轨道交通项目建设属于政府投资项目，根据《政府投资条例》第12条第1款规定，经投资主管部门或者其他有关部门核定的投资概算是控制政府投资项目总投资的依据。第22条规定，政府投资项目所需资金应当按照国家有关规定确保落实到位。政府投资项目不得由施工单位垫资建设。所以，在合并招标前，轨道交通项目应完成初步设计概算审查，拟出让的相邻地块的土地出让资金反哺轨道交通项目建设的，应根据评估值做好资金平衡测算。

3.若与轨道交通项目毗连的上盖物业开发项目或者场站附属商业项目需要与轨道交通项目一并施工，相关初步设计文件也应一并通过审查且需要社会资本承诺落实建设资金。根据《节约集约利用土地规定》第13条规定，鼓励建设项目用地优化设计、分层布局，鼓励充分利用地上、地下空间。建设用地使用权在地上、地下分层设立的，其取得方式和使用年期参照在地表设立的建设用地使用权的相关规定。出让分层设立的建设用地使用权，应当根据当地基准地价和不动产实际交易情况，评估确定分层出让的建设用地最低价标准。所以政府方应依法完成轨道交通场站上层国有土地使用权分层设立方案，使上盖物业开发具有可融资性，开发成果具有迅速变现性。

4.政府对拟出让的商业部分地块已完成业态规划，能将产业、商业开发和经营条件作为合作条件确定在招标文件中。

以上仅是实施国有土地使用权出让招标与政府投资项目EPC招标的原则性条件，在具体操作中还需要结合项目的具体情况具体分析。尤其是需要解决政府对合并出让地块的土地收储资金问题，在当前土地收储政策之下不得使用财政性资金之外的资金，是困扰TOD项目实施的一大难点。

（二）国有股权转让与轨道交通EPC招标两个程序合并实施

参照宁政发〔2015〕215号文件有关土地使用权可以股权转让方式公开出让的规定，以及大连市202路轨道延伸线及快轨三号线PPP项目中项目公司股权转让程序与社会资本采购程序两个程序合一的案例，若政府方将轨道交通项目场站及上盖物业或车辆段的国有土地使用权以协议方式出让给其下属国有企业（项目公司），并且轨道交通项目部分已完成初步设计概算审查，那么项目公司国有股权转让与轨道交通项目EPC招标可以合并实施。但采用这种模式需要具备如下条件：

1.鉴于轨道交通项目场站及车辆段的公益性，政府可以不经招拍挂程序，经评估后直接协议出让给国有企业（项目公司）。

2.需要使用财政性资金的轨道交通项目的初步设计概算已经完成审查；且建设资金来源需要从股权转让金安排，资金平衡方案已经政府批准，具备EPC招标条件。

3.国有项目公司资产（含国有土地使用权）已经完成资产的审计、评估，具备股权转让招标的条件。

4.场站上盖物业一并引进社会资本的，已经为上盖物业土地使用权设置了分层分权标准。

5.政府对拟出让的商业部分地块已完成规划，并已完成产业规划，能将TOD商业开发和运营条件作为应标条件和合作条件写进合同里。

以上条件中涉及政府将轨道交通项目场站及周边商业地块土地使用权协议出让给国有企业（项目公司）的法律可行性问题，根据《城镇国有土地使用权出让和转让暂行条例》第13条规定，土地使用权出让可以采取下列方式：协议；招标；拍卖；依照前款规定方式出让土地使用权的具体程序和步骤，由省、自治区、直辖市人民政府规定。《招标拍卖挂牌出让国有建设用地使用权规定》第4条规定，工业、商业、旅游、娱乐和商品住宅等经营性用地以及同一宗地有两个以上意向用地者的，应当以招标、拍卖或者挂牌方式出让。《协议出让国有土地使用权规定》第3条规定，出让国有土地使用权，除依照法律、法规和规章的规定应当采用招标、拍卖或者挂牌方式外，方可采取协议方式。所以，一般国有土地使用权出让应经过招拍挂程序，但是鉴于轨道交通项目场站、车辆段等项目的公益性，商业开发仅属于其附带开发内容，经市、县人民政府批准，可以采用协议转让的形式出让给国有企业。由于项目公司取得国有土地使用权需要交纳国有土地使用权出让金，需要政府支付一笔资金给项目公司获取国有土地使用权。

另外，在非PPP模式下，对于轨道交通项目的非商业部分建设和运营资金，需要使用股权转让款，以及上盖商业物业和场站商业物业开发收益中政府方的分成部分，资金平衡测算难度较大。

四、TOD项目投资主体招标与工程总承包招标合并实施方式可更好地满足政府与社会资本的利益诉求

鉴于地方政府开发TOD项目需要筹措大量资金，社会资本参与TOD项目又存在土地开发权、施工利润回流等多种利益诉求，但地铁场站及周边物业商业开发又与当前推广的PPP政策不能合并实施，而轨道交通项目场站及周边物业开发又对城市规划提出更高要求，这些原因导致TOD项目难以落地。但是，只要项目前期工作准备到位，在当前法律框架下还是能找到政府与实力社会资本的利益平衡点。

首先，站在政府的角度，城市轨道交通项目投资额巨大，短期内财政无法承受巨额投资压力，为了建设轨道交通项目，政府必须对外融资。但鉴于国家对地方政府债务限额的控制，地方政府融资渠道比较狭窄。又鉴于当前PPP政策规定房地产开发项目不能与PPP项目捆绑实施，导致政府

在轨道交通PPP项目中对TOD望而却步。同时，土地开发政策不允许社会资本介入土地收储投资。

其次，目前对轨道交通感兴趣的社会资本多为“巨无霸”施工企业，这些企业更在意轨道交通项目巨大工程施工项目合同期的施工利润。对于轨道交通周边开发房地产等业态的投资与收益，高价竞标周边土地与他们按照市场化模式竞拍其他优质地块没有区别，吸引力不大。

最后，虽然地方出台了鼓励TOD模式开发的政策，但鉴于政府与社会资本的各自利益诉求不同，目前国内尚没有轨道交通整线TOD项目落地。为了打破政府与社会资本合作的政策障碍，有必要研究同时满足政府及社会资本各方利益诉求的方案。尤其是需要满足社会资本施工利润偏好与轨道周边商业开发投资的收益平衡，这样才能吸引实力企业投资TOD项目。

综上所述，在国家支持TOD模式的政策环境下，政府方可以参照铁路项目以及当前流行的PPP项目中“多招合一”的实践，将土地使用权出让、国有股权转让、社会资本选聘及工程总承包招标结合起来，依法实现政府与社会资本的多项利益诉求，推进“以交通引领城市发展”的理念落地开花。

附　　录

1. 铁路建设项目工程总承包办法

第一条　为提高铁路建设水平，规范铁路建设项目工程总承包工作，依据国家和铁道部有关规定，制定本办法。

第二条　本办法所称铁路建设项目工程总承包，是指建设单位（或业主，下同）通过招标将建设项目的施工图设计、采购和施工委托给具有相应资质的工程总承包单位（或联合体，下同），工程总承包单位按照合同约定，对施工图设计、物资设备采购、工程实施实行全过程承包，对工程的质量、安全、工期、投资、环保负责的建设组织方式。

第三条　本办法适用于采用成熟技术的铁路大中型建设项目。能够在工程总承包合同中明确技术标准、质量标准、交验标准，合理确定工程投资的其他铁路建设项目可参照执行。

第四条　建设项目可以整体实行工程总承包，也可以对其中相对完整独立的综合工程区段、专业或单项工程实行工程总承包。综合工程区段长度一般不小于50公里，专业工程标段长度一般不小于100公里。

第五条　建设项目必须按规定完成初步设计，初步设计文件达到要求并按初步设计批复修改、补充后，方可进行工程总承包招标。

第六条　实施工程总承包的建设项目，采用建设单位负责建设管理、监理单位实施监理、工程总承包单位实行总承包的建设管理方式。

第七条　建设单位对建设全过程实施管理，主要包括：负责征地拆迁及外部协调工作；招标选择工程总承包单位、监理单位，签订工程总承包、施工监理合同；办理工程质量安全监督手续；组织检查初步设计单位提交的勘察资料和初步设计文件，审核施工图，批准施工组织设计，审查变更设计；确定节点工程；组织验工计价并拨付工程款；组织工程交工验收；负责协调既有线改造项目建设、运输关系。

第八条 工程总承包单位对施工图设计、采购、施工全过程负责，主要包括：完成补充定测、施工图设计、采购、施工、工程调试、安全生产等工作；受建设单位委托，具体负责征地拆迁、环保水保、耕地保护、文物保护等外部协调工作，编写工程总结等。

第九条 监理单位对施工监理负责，主要包括：审查工程总承包单位编制的施工组织设计，督促工程总承包单位按照批准的施工组织设计实施；对建设项目工程质量和施工安全实施监理，对物资设备（包括地材）进行检查；协助建设单位合理确定计价的节点，提出节点计价意见。

第十条 承担建设项目初步设计的单位应向建设单位提交按初步设计批复修改和完善后的初步设计文件，主要包括：

1.初步设计文件的纸质文件和可编辑的电子文件；

2.初步设计的总体设计原则和专业设计原则；

3.大型和特殊结构设计的计算资料，特殊平面布置的计算资料；

4.定测资料（含完整的工程地质勘察资料）。

第十一条 承担初步设计的单位对初步设计文件质量负责，对定测阶段的勘察资料的完整性和勘察质量负责，对初步设计中因勘察设计单位原因导致的重大失误承担责任并按规定予以赔偿。提供资料份数由建设单位与承担项目初步设计的单位商定。

第十二条 建设单位应对初步设计总体设计原则和专业设计原则、设计文件以及资料进行审查，因勘察设计单位原因未完成钻探、勘察设计深度不够或资料不完整的，应责成初步设计单位补充完善。

第十三条 因拆迁等非勘察设计单位原因未完成定测钻探工作的，承担初步设计的单位应提交未完定测钻探的资料和完成上述定测钻探所需费用的计算资料等。建设单位必须对初步设计单位应提交的未完定测钻探资料和完成上述定测钻探所需费用的计算资料等进行审查，确定钻探工作量并从初步设计勘察设计费中扣除完成上述定测钻探工作所需的费用。

第十四条　建设单位应按照国家和铁道部有关规定，依法公开招标选择工程总承包单位。

建设单位应根据铁道部有关规定招标选择监理单位。

第十五条　工程总承包单位的基本条件

一、工程总承包单位必须具有与工程总承包建设项目相适应的资质；

二、工程总承包单位不得与建设单位有直接利益关系，也不得与项目施工监理单位有直接利益关系；

三、承担项目初步设计的单位不得参与工程总承包联合体，其下属分公司、子公司及其控股公司也不得参与工程总承包联合体；

四、招标文件规定的其他条件。

第十六条　工程总承包单位为联合体的，原则上以施工单位为牵头人。联合体应成立以牵头人为主的项目实施机构，代表联合体各方对施工设计、工期、投资、质量、安全、环保、验工计价、工程交接、协调配合等进行统一管理。所有联合体成员均应严格遵守联合体协议，并承担各自的直接责任和相关连带责任。

第十七条　监理单位的基本条件

一、监理单位必须具有与建设项目相适应的工程监理资质；

二、监理单位不得与工程总承包单位有直接利益关系；

三、招标文件规定的其他条件。

第十八条　实施工程总承包招标时，建设单位应将按初步设计鉴定意见修改完善并经审查后的初步设计纸质文件、相关勘察资料、未完定测钻探工作量等作为招标文件的组成部分，随招标文件一并提交给工程总承包的投标单位。

工程总承包投标单位在递交标书时应返还建设单位招标时提供的初

步设计文件及相关资料，不按时返还的，没收工程总承包投标单位的投标保证金。

第十九条 建设单位应在工程总承包招标文件中明确甲供物资设备的品名、供货地点，甲控物资设备的品名、数量、技术参数，以及物资设备的供应商资格等。

第二十条 工程总承包投标文件编制时间不少于45天。工程总承包的招标评标办法，由建设单位提出初步方案，报铁道部建设管理司批准后实施。

第二十一条 建设单位应在招标文件售出10个工作日内，组织项目初步设计单位向工程总承包投标单位介绍建设项目以及初步设计的有关情况。

第二十二条 工程总承包投标单位应认真研究和理解初步设计原则、勘察资料、初步设计文件，对初步设计文件中存在的问题应及时提出质疑，建设单位应抓紧研究并按规定对质疑进行解答。

第二十三条 工程总承包投标单位应在初步设计文件的基础上编制施工图设计大纲。施工图设计大纲作为投标文件的组成部分。

第二十四条 工程总承包投标单位应在现场调查和优化施工图设计的基础上，研究工程措施，拟订施工方案，核实主要工程数量，自主报价，并提出甲供物资设备的供应时间。

第二十五条 工程总承包投标单位提交的施工图设计大纲与初步设计鉴定意见有较大差异时，如评标委员会认为施工图设计大纲符合项目实际的，建设单位应及时向初步设计审批单位报告批准。

第二十六条 工程总承包合同总价中包括相关工程费、施工图设计阶段的勘察设计费和总承包风险费，除建设单位对建设标准、建设规模、建设工期作重大调整和不可抗力等原因造成重大损失外，合同总价不予调整。

因上述原因需要增加或调减费用的，按工程总承包合同约定的计费原则增加或调减费用，签订补充协议。

第二十七条　建设单位应及时向中标的工程总承包单位提交初步设计文件（包括电子文件）以及其他资料，同时组织项目初步设计单位向中标的工程总承包单位交接水准基点、中线桩、控制桩等，并会同中标单位进行复测。

第二十八条　工程总承包单位应尽快熟悉定测资料，完成定测剩余钻探工作和补充定测工作，全面系统掌握建设项目的工程地质资料，开展施工图设计。

工程总承包单位认为勘察资料不能满足施工图设计和施工需要的，应及时进行补充勘察工作。

第二十九条　工程总承包单位必须按初步设计批复、勘察资料、规程规范和相关规定进行施工图设计。

工程总承包单位在补充定测和施工图设计工作中，不得降低工程建设标准。

第三十条　工程总承包单位应在合同规定的时间内完成施工图设计，报建设单位审核，并按施工图审核意见补充勘察资料，修改设计文件。补充修改后的施工图重新送建设单位审核。

工程总承包单位必须按审核合格的施工图组织施工。施工图未经建设单位审核或审核不合格的，不得使用。

第三十一条　施工图审核不免除工程总承包单位应对施工图设计所承担的责任。工程总承包单位对审核意见有异议时，可以提请建设单位复议，建设单位应及时组织专家复议。工程总承包单位认为复议意见与国家技术政策或工程建设强制性标准不一致的，可以向铁道部申诉。

第三十二条　工程总承包单位应在合同规定的时间内完成施工组织设计，报建设单位审查，并按审查意见修改、实施。施工组织设计未经建设单位审查的，不得开工。

建设单位对施工组织设计审查，不免除工程总承包单位对施工组织设计所承担的责任。

第三十三条 工程总承包采用总价下的节点计价方式。计价节点一般按工点和工程类别设置，根据工点和工程类别的工作内容和工作量将总费用分劈到各节点，节点工程验收合格后，计价支付工程费。具体节点设定和相应费用根据项目实际在工程总承包合同中约定。

第三十四条 建设项目由联合体中标的，建设单位只对联合体的牵头人验工计价。

第三十五条 工程总承包单位应妥善保管建设单位提交的初步设计文件、勘察资料及其他资料，建设单位提供的上述资料只能用于本建设项目施工图设计，不得提供给第三方或用于其他建设项目。

建设单位应妥善保管工程总承包单位提供的施工图，不得提供给第三方或用于其他建设项目。

第三十六条 建设实施过程中发生变更设计的，依据铁道部规定的变更设计程序进行变更。涉及初步设计批复变更的，由建设单位组织初审后报铁道部批准；其他变更设计由建设单位组织审定；变更设计费用执行本办法第二十五条。

第三十七条 工程总承包单位必须独立完成补充定测和施工图设计等工作，除特殊勘察业务经建设单位批准外，不得分包勘察设计业务。

施工分包按铁道部有关规定办理。

第三十八条 铁路建设项目工程总承包执行《建设项目工程总承包管理规范》(GB/T50358-2005，简称《规范》)，建设单位应将工程总承包单位执行《规范》的内容纳入工程总承包合同，并监督实施。

第三十九条 建设项目遇有不可抗力影响工程总承包合同继续执行的，由建设单位与工程总承包单位另行签订补充协议。

第四十条 本办法未尽事宜执行国家和铁道部有关规定。

第四十一条 本办法由铁道部建设管理司负责解释。

第四十二条 本办法自2007年1月1日起施行。《铁路建设项目工程总承包暂行办法》(铁建设〔2004〕45号)同时废止。

2. 公路工程设计施工总承包管理办法

第一章　总　　则

第一条　为促进公路工程设计与施工相融合，提高公路工程设计施工质量，推进现代工程管理，依据有关法律、行政法规，制定本办法。

第二条　公路新建、改建、扩建工程和独立桥梁、隧道（以下简称公路工程）的设计施工总承包，适用本办法。

本办法所称设计施工总承包（以下简称总承包），是指将公路工程的施工图勘察设计、工程施工等工程内容由总承包单位统一实施的承发包方式。

第三条　国家鼓励具备条件的公路工程实行总承包。

总承包可以实行项目整体总承包，也可以分路段实行总承包，或者对交通机电、房建及绿化工程等实行专业总承包。

项目法人可以根据项目实际情况，确定采用总承包的范围。

第四条　各级交通运输主管部门依据职责负责对公路工程总承包的监督管理。

交通运输主管部门应当对总承包合同相关当事方执行法律、法规、规章和强制性标准等情况进行督查，对初步设计、施工图设计、设计变更等进行管理。按照有关规定对总承包单位进行信用评价。

第二章　总承包单位选择及合同要求

第五条　总承包单位由项目法人依法通过招标方式确定。

项目法人负责组织公路工程总承包招标。

公路工程总承包招标应当在初步设计文件获得批准并落实建设资金后进行。

第六条 总承包单位应当具备以下要求：

（一）同时具备与招标工程相适应的勘察设计和施工资质，或者由具备相应资质的勘察设计和施工单位组成联合体；

（二）具有与招标工程相适应的财务能力，满足招标文件中提出的关于勘察设计、施工能力、业绩等方面的条件要求；

（三）以联合体投标的，应当根据项目的特点和复杂程度，合理确定牵头单位，并在联合体协议中明确联合体成员单位的责任和权利；

（四）总承包单位（包括总承包联合体成员单位，下同）不得是总承包项目的初步设计单位、代建单位、监理单位或以上单位的附属单位。

第七条 总承包招标文件的编制应当使用交通运输部统一制定的标准招标文件。

在总承包招标文件中，应当对招标内容、投标人的资格条件、报价组成、合同工期、分包的相关要求、勘察设计与施工技术要求、质量等级、缺陷责任期工程修复要求、保险要求、费用支付办法等作出明确规定。

第八条 总承包招标应当向投标人提供初步设计文件和相应的勘察资料，以及项目有关批复文件和前期咨询意见。

第九条 总承包投标文件应当结合工程地质条件和技术特点，按照招标文件要求编制。投标文件应当包括以下内容：

（一）初步设计的优化建议；

（二）项目实施与设计施工进度计划；

（三）拟分包专项工程；

（四）报价清单及说明；

（五）按招标人要求提供的施工图设计技术方案；

（六）以联合体投标的，还应当提交联合体协议；

（七）以项目法人和总承包单位的联合名义依法投保相关的工程保险的承诺。

第十条　招标人应当合理确定投标文件的编制时间，自招标文件开始发售之日起至投标人提交投标文件截止时间止，不得少于60天。

招标人应当根据项目实际情况，提出投标人在投标文件中提供施工图设计技术方案的具体要求。招标人在招标文件中明确中标人有权使用未中标人的技术方案的，一般应当同时明确给予相应的费用补偿。

第十一条　招标人应当根据工程地质条件、技术特点和施工难度确定评标方法。

评标专家抽取应当符合有关法律法规的规定。评标委员会应当包含勘察设计、施工等专家，总人数应当不少于9人。

第十二条　项目法人应当与中标单位签订总承包合同。

第十三条　项目法人和总承包单位应当在招标文件或者合同中约定总承包风险的合理分担。风险分担可以参照以下因素约定：

项目法人承担的风险一般包括：

（一）项目法人提出的工期调整、重大或者较大设计变更、建设标准或者工程规模的调整；

（二）因国家税收等政策调整引起的税费变化；

（三）钢材、水泥、沥青、燃油等主要工程材料价格与招标时基价相比，波动幅度超过合同约定幅度的部分；

（四）施工图勘察设计时发现的在初步设计阶段难以预见的滑坡、泥石流、突泥、涌水、溶洞、采空区、有毒气体等重大地质变化，其损失与处治费用可以约定由项目法人承担，或者约定项目法人和总承包单位的分担比例。工程实施中出现重大地质变化的，其损失与处治费用除保险公司赔付外，可以约定由总承包单位承担，或者约定项目法人与总承包单位的分担比例。因总承包单位施工组织、措施不当造成的上述问题，其损失与处治费用由总承包单位承担；

（五）其他不可抗力所造成的工程费用的增加。

除项目法人承担的风险外，其他风险可以约定由总承包单位承担。

第十四条 总承包费用或者投标报价应当包括相应工程的施工图勘察设计费、建筑安装工程费、设备购置费、缺陷责任期维修费、保险费等。总承包采用总价合同，除应当由项目法人承担的风险费用外，总承包合同总价一般不予调整。

项目法人应当在初步设计批准概算范围内确定最高投标限价。

第三章 总承包管理

第十五条 项目法人应当依据合同加强总承包管理，督促总承包单位履行合同义务，加强工程勘察设计管理和地质勘察验收，严格对工程质量、安全、进度、投资和环保等环节进行把关。

项目法人对总承包单位在合同履行中存在过失或偏差行为，可能造成重大损失或者严重影响合同目标实现的，应当对总承包单位法人代表进行约谈，必要时可以依据合同约定，终止总承包合同。

第十六条 采用总承包的项目，初步设计应当加大设计深度，加强地质勘察，明确重大技术方案，严格核定工程量和概算。

初步设计单位负责总承包项目初步设计阶段的勘察设计，按照项目法人要求对施工图设计或者设计变更进行咨询核查。

第十七条 总承包单位应当按照合同规定和工程施工需要，分阶段提交详勘资料和施工图设计文件，并按照审查意见进行修改完善。施工图设计应当符合经审批的初步设计文件要求，满足工程质量、耐久和安全的强制性标准和相关规定，经项目法人同意后，按照相关规定报交通运输主管部门审批。施工图设计经批准后方可组织实施。

第十八条 总承包单位依据总承包合同，对施工图设计及工程质量、安全、进度负总责。负责施工图勘察设计、工程施工和缺陷责任期工程修复工作，配合项目法人完成征地拆迁、地方协调、项目审计及交竣工验收等工作。

第十九条　项目法人根据建设项目的规模、技术复杂程度等要素，依据有关规定程序选择社会化的监理开展工程监理工作。监理单位应当依据有关规定和合同，对总承包施工图勘察设计、工程质量、施工安全、进度、环保、计量支付和缺陷责任期工程修复等进行监理，对总承包单位编制的勘察设计计划、采购与施工的组织实施计划、施工图设计文件、专项技术方案、项目实施进度计划、质量安全保障措施、计量支付、工程变更等进行审核。

第二十条　总承包工程应当按照批准的施工图设计组织施工。总承包单位应当根据工程特点和合同约定，细化设计施工组织计划，拟定设计施工进度安排、工程质量和施工安全目标、环境保护措施、投资完成计划。

第二十一条　总承包单位应当加强设计与施工的协调，建立工程管理与协调制度，根据工程实际及时完善、优化设计，改进施工方案，合理调配设计和施工力量，完善质量保证体系。

第二十二条　工程永久使用的大宗材料、关键设备和主要构件可由项目法人依法招标采购，也可由总承包单位按规定采购。招标人在招标文件中应当明确采购责任。由总承包单位采购的，应当采取集中采购的方式，采购方案应当经项目法人同意，并接受项目法人的监督。

第二十三条　总承包单位应当加强对分包工程的管理。选择的分包单位应当具备相应资格条件，并经项目法人同意，分包合同应当送项目法人。

第二十四条　总承包工程应当按照招标文件明确的计量支付办法与程序进行计量支付。

当采用工程量清单方式进行管理时，总承包单位应当依据交通运输主管部门批准的施工图设计文件，按照各分项工程合计总价与合同总价一致的原则，调整工程量清单，经项目法人审定后作为支付依据；工程实施中，按照清单及合同条款约定进行计量支付；项目完成后，总承包单位应当根据调整后最终的工程量清单编制竣工文件和工程决算。

第二十五条 总承包工程实施过程中需要设计变更的，较大变更或者重大变更应当依据有关规定报交通运输主管部门审批。一般变更应当在实施前告知监理单位和项目法人，项目法人认为变更不合理的有权予以否定。任何设计变更不得降低初步设计批复的质量安全标准，不得降低工程质量、耐久性和安全度。

设计变更引起的工程费用变化，按照风险划分原则处理。其中，属于总承包单位风险范围的设计变更（含完善设计），超出原报价部分由总承包单位自付，低于原报价部分，按第二十四条规定支付。属于项目法人风险范围的设计变更，工程量清单与合同总价均调整，按规定报批后执行。

项目法人应当根据设计变更管理规定，制定鼓励总承包单位优化设计、节省造价的管理制度。

第二十六条 总承包单位应当按照有关规定和合同要求，负责缺陷责任期的工程修复等工作，确保公路技术状况符合规定要求。

第二十七条 总承包单位完成合同约定的全部工程，符合质量安全标准，在缺陷责任期内履行规定义务后，项目法人应当按照合同完成全部支付。

第二十八条 总承包单位应当按照交、竣工验收的有关规定，编制和提交竣工图纸和相关文件资料。

第四章　附　　则

第二十九条 本办法自2015年8月1日起施行。

3. 房屋建筑和市政基础设施项目工程总承包管理办法

第一章 总 则

第一条 为规范房屋建筑和市政基础设施项目工程总承包活动，提升工程建设质量和效益，根据相关法律法规，制定本办法。

第二条 从事房屋建筑和市政基础设施项目工程总承包活动，实施对房屋建筑和市政基础设施项目工程总承包活动的监督管理，适用本办法。

第三条 本办法所称工程总承包，是指承包单位按照与建设单位签订的合同，对工程设计、采购、施工或者设计、施工等阶段实行总承包，并对工程的质量、安全、工期和造价等全面负责的工程建设组织实施方式。

第四条 工程总承包活动应当遵循合法、公平、诚实守信的原则，合理分担风险，保证工程质量和安全，节约能源，保护生态环境，不得损害社会公共利益和他人的合法权益。

第五条 国务院住房和城乡建设主管部门对全国房屋建筑和市政基础设施项目工程总承包活动实施监督管理。国务院发展改革部门依据固定资产投资建设管理的相关法律法规履行相应的管理职责。

县级以上地方人民政府住房和城乡建设主管部门负责本行政区域内房屋建筑和市政基础设施项目工程总承包（以下简称工程总承包）活动的监督管理。县级以上地方人民政府发展改革部门依据固定资产投资建设管理的相关法律法规在本行政区域内履行相应的管理职责。

第二章　工程总承包项目的发包和承包

第六条　建设单位应当根据项目情况和自身管理能力等，合理选择工程建设组织实施方式。

建设内容明确、技术方案成熟的项目，适宜采用工程总承包方式。

第七条　建设单位应当在发包前完成项目审批、核准或者备案程序。采用工程总承包方式的企业投资项目，应当在核准或者备案后进行工程总承包项目发包。采用工程总承包方式的政府投资项目，原则上应当在初步设计审批完成后进行工程总承包项目发包；其中，按照国家有关规定简化报批文件和审批程序的政府投资项目，应当在完成相应的投资决策审批后进行工程总承包项目发包。

第八条　建设单位依法采用招标或者直接发包等方式选择工程总承包单位。

工程总承包项目范围内的设计、采购或者施工中，有任一项属于依法必须进行招标的项目范围且达到国家规定规模标准的，应当采用招标的方式选择工程总承包单位。

第九条　建设单位应当根据招标项目的特点和需要编制工程总承包项目招标文件，主要包括以下内容：

（一）投标人须知；

（二）评标办法和标准；

（三）拟签订合同的主要条款；

（四）发包人要求，列明项目的目标、范围、设计和其他技术标准，包括对项目的内容、范围、规模、标准、功能、质量、安全、节约能源、生态环境保护、工期、验收等的明确要求；

（五）建设单位提供的资料和条件，包括发包前完成的水文地质、工程地质、地形等勘察资料，以及可行性研究报告、方案设计文件或者初步设计文件等；

（六）投标文件格式；

（七）要求投标人提交的其他材料。

建设单位可以在招标文件中提出对履约担保的要求，依法要求投标文件载明拟分包的内容；对于设有最高投标限价的，应当明确最高投标限价或者最高投标限价的计算方法。

推荐使用由住房和城乡建设部会同有关部门制定的工程总承包合同示范文本。

第十条　工程总承包单位应当同时具有与工程规模相适应的工程设计资质和施工资质，或者由具有相应资质的设计单位和施工单位组成联合体。工程总承包单位应当具有相应的项目管理体系和项目管理能力、财务和风险承担能力，以及与发包工程相类似的设计、施工或者工程总承包业绩。

设计单位和施工单位组成联合体的，应当根据项目的特点和复杂程度，合理确定牵头单位，并在联合体协议中明确联合体成员单位的责任和权利。联合体各方应当共同与建设单位签订工程总承包合同，就工程总承包项目承担连带责任。

第十一条　工程总承包单位不得是工程总承包项目的代建单位、项目管理单位、监理单位、造价咨询单位、招标代理单位。

政府投资项目的项目建议书、可行性研究报告、初步设计文件编制单位及其评估单位，一般不得成为该项目的工程总承包单位。政府投资项目招标人公开已经完成的项目建议书、可行性研究报告、初步设计文件的，上述单位可以参与该工程总承包项目的投标，经依法评标、定标，成为工程总承包单位。

第十二条　鼓励设计单位申请取得施工资质，已取得工程设计综合资质、行业甲级资质、建筑工程专业甲级资质的单位，可以直接申请相应类别施工总承包一级资质。鼓励施工单位申请取得工程设计资质，具有一级及以上施工总承包资质的单位可以直接申请相应类别的工程设计甲级资质。完成的相应规模工程总承包业绩可以作为设计、施工业绩申报。

第十三条 建设单位应当依法确定投标人编制工程总承包项目投标文件所需要的合理时间。

第十四条 评标委员会应当依照法律规定和项目特点，由建设单位代表、具有工程总承包项目管理经验的专家，以及从事设计、施工、造价等方面的专家组成。

第十五条 建设单位和工程总承包单位应当加强风险管理，合理分担风险。

建设单位承担的风险主要包括：

（一）主要工程材料、设备、人工价格与招标时基期价相比，波动幅度超过合同约定幅度的部分；

（二）因国家法律法规政策变化引起的合同价格的变化；

（三）不可预见的地质条件造成的工程费用和工期的变化；

（四）因建设单位原因产生的工程费用和工期的变化；

（五）不可抗力造成的工程费用和工期的变化。

具体风险分担内容由双方在合同中约定。

鼓励建设单位和工程总承包单位运用保险手段增强防范风险能力。

第十六条 企业投资项目的工程总承包宜采用总价合同，政府投资项目的工程总承包应当合理确定合同价格形式。采用总价合同的，除合同约定可以调整的情形外，合同总价一般不予调整。

建设单位和工程总承包单位可以在合同中约定工程总承包计量规则和计价方法。

依法必须进行招标的项目，合同价格应当在充分竞争的基础上合理确定。

第三章 工程总承包项目实施

第十七条 建设单位根据自身资源和能力，可以自行对工程总承包项目进行管理，也可以委托勘察设计单位、代建单位等项目管理单位，赋予相应权利，依照合同对工程总承包项目进行管理。

第十八条　工程总承包单位应当建立与工程总承包相适应的组织机构和管理制度，形成项目设计、采购、施工、试运行管理以及质量、安全、工期、造价、节约能源和生态环境保护管理等工程总承包综合管理能力。

第十九条　工程总承包单位应当设立项目管理机构，设置项目经理，配备相应管理人员，加强设计、采购与施工的协调，完善和优化设计，改进施工方案，实现对工程总承包项目的有效管理控制。

第二十条　工程总承包项目经理应当具备下列条件：

（一）取得相应工程建设类注册执业资格，包括注册建筑师、勘察设计注册工程师、注册建造师或者注册监理工程师等；未实施注册执业资格的，取得高级专业技术职称；

（二）担任过与拟建项目相类似的工程总承包项目经理、设计项目负责人、施工项目负责人或者项目总监理工程师；

（三）熟悉工程技术和工程总承包项目管理知识以及相关法律法规、标准规范；

（四）具有较强的组织协调能力和良好的职业道德。

工程总承包项目经理不得同时在两个或者两个以上工程项目担任工程总承包项目经理、施工项目负责人。

第二十一条　工程总承包单位可以采用直接发包的方式进行分包。但以暂估价形式包括在总承包范围内的工程、货物、服务分包时，属于依法必须进行招标的项目范围且达到国家规定规模标准的，应当依法招标。

第二十二条　建设单位不得迫使工程总承包单位以低于成本的价格竞标，不得明示或者暗示工程总承包单位违反工程建设强制性标准、降低建设工程质量，不得明示或者暗示工程总承包单位使用不合格的建筑材料、建筑构配件和设备。

工程总承包单位应当对其承包的全部建设工程质量负责，分包单位对其分包工程的质量负责，分包不免除工程总承包单位对其承包的全部建设工程所负的质量责任。

工程总承包单位、工程总承包项目经理依法承担质量终身责任。

第二十三条 建设单位不得对工程总承包单位提出不符合建设工程安全生产法律、法规和强制性标准规定的要求，不得明示或者暗示工程总承包单位购买、租赁、使用不符合安全施工要求的安全防护用具、机械设备、施工机具及配件、消防设施和器材。

工程总承包单位对承包范围内工程的安全生产负总责。分包单位应当服从工程总承包单位的安全生产管理，分包单位不服从管理导致生产安全事故的，由分包单位承担主要责任，分包不免除工程总承包单位的安全责任。

第二十四条 建设单位不得设置不合理工期，不得任意压缩合理工期。

工程总承包单位应当依据合同对工期全面负责，对项目总进度和各阶段的进度进行控制管理，确保工程按期竣工。

第二十五条 工程保修书由建设单位与工程总承包单位签署，保修期内工程总承包单位应当根据法律法规规定以及合同约定承担保修责任，工程总承包单位不得以其与分包单位之间保修责任划分而拒绝履行保修责任。

第二十六条 建设单位和工程总承包单位应当加强设计、施工等环节管理，确保建设地点、建设规模、建设内容等符合项目审批、核准、备案要求。

政府投资项目所需资金应当按照国家有关规定确保落实到位，不得由工程总承包单位或者分包单位垫资建设。政府投资项目建设投资原则上不得超过经核定的投资概算。

第二十七条 工程总承包单位和工程总承包项目经理在设计、施工活动中有转包违法分包等违法违规行为或者造成工程质量安全事故的，按照法律法规对设计、施工单位及其项目负责人相同违法违规行为的规定追究责任。

第四章 附 则

第二十八条 本办法自2020年3月1日起施行。

4. 中华人民共和国标准设计施工总承包招标文件（2012年版）

第四章　合同条款及格式

1.　一般约定

1.1　词语定义

通用合同条款、专用合同条款中的下列词语应具有本款所赋予的含义。

1.1.1　合同

1.1.1.1　合同文件（或称合同）：指合同协议书、中标通知书、投标函及投标函附录、专用合同条款、通用合同条款、发包人要求、价格清单、承包人建议书，以及其他构成合同组成部分的文件。

1.1.1.2　合同协议书：指第1.5款所指的合同协议书。

1.1.1.3　中标通知书：指发包人通知承包人中标的函件。中标通知书随附的澄清、说明、补正事项纪要等，是中标通知书的组成部分。

1.1.1.4　投标函：指构成合同文件组成部分的由承包人填写并签署的投标函。

1.1.1.5　投标函附录：指附在投标函后构成合同文件的投标函附录。

1.1.1.6　发包人要求：指构成合同文件组成部分的名为发包人要求的文件，包括招标项目的目的、范围、设计与其他技术标准和要求，以及合同双方当事人约定对其所作的修改或补充。

1.1.1.7　价格清单：指构成合同文件组成部分的由承包人按规定的格式和要求填写并标明价格的清单。

1.1.1.8　承包人建议书：指构成合同文件组成部分的名为承包人建议书的文件。承包人建议书由承包人随投标函一起提交。承包人建议书应包括承包人的设计图纸及相应说明等设计文件。

1.1.1.9　其他合同文件：指经合同双方当事人确认构成合同文件的其他文件。

1.1.2　合同当事人和人员

1.1.2.1　合同当事人：指发包人和(或)承包人。

1.1.2.2　发包人：指专用合同条款中指明并与承包人在合同协议书中签字的当事人。

1.1.2.3　承包人：指与发包人签订合同协议书的当事人。

1.1.2.4　承包人项目经理：指承包人指定代表承包人履行义务的负责人。

1.1.2.5　设计负责人：指承包人指定负责组织指导协调设计工作并具有相应资格的人员。

1.1.2.6　施工负责人：指承包人指定负责组织指导协调施工工作并具有相应资格的人员。

1.1.2.7　采购负责人：指承包人指定负责组织指导协调采购工作的人员。

1.1.2.8　分包人：指从承包人处分包合同中某一部分工作，并与其签订分包合同的分包人。

1.1.2.9　监理人：指在专用合同条款中指明的，受发包人委托对合同履行实施管理的法人或其他组织。属于国家强制监理的，监理人应当具有相应的监理资质。

1.1.2.10　总监理工程师：指由监理人委派对合同履行实施管理的全权负责人。

1.1.3　工程和设备

1.1.3.1　工程：指永久工程和（或）临时工程。

1.1.3.2　永久工程：指按合同约定建造并移交给发包人的工程，包括工程设备。

1.1.3.3　临时工程：指为完成合同约定的永久工程所修建的各类临时性工程，不包括施工设备。

1.1.3.4　区段工程：指专用合同条款中指明特定范围的能单独接收并使用的永久工程。

1.1.3.5　工程设备：指构成或计划构成永久工程的机电设备、仪器装置、运载工具及其他类似的设备和装置。

1.1.3.6　施工设备：指为完成合同约定的各项工作所需的设备、器具和其他物品，不包括临时工程和材料。

1.1.3.7　临时设施：指为完成合同约定的各项工作所服务的临时性生产和生活设施。

1.1.3.8　承包人设备：指承包人为工程实施提供的施工设备。

1.1.3.9　施工场地（或称工地、现场）：指用于合同工程施工的场所，以及在合同中指定作为施工场地组成部分的其他场所，包括永久占地和临时占地。

1.1.3.10　永久占地：指专用合同条款中指明为实施合同工程需永久占用的土地。

1.1.3.11　临时占地：指专用合同条款中指明为实施合同工程需临时占用的土地。

1.1.4　日期、检验和竣工

1.1.4.1　开始工作通知：指监理人按第11.1款通知承包人开始工作的函件。

1.1.4.2　开始工作日期：指监理人按第11.1款发出的开始工作通知中写明的开始工作日期。

1.1.4.3　工期：指承包人在投标函中承诺的完成合同工作所需的期限，包括按第11.3款、第11.4款和第11.6款约定所作的变更。

1.1.4.4　竣工日期：指第1.1.4.3目约定工期届满时的日期。实际竣工日期以工程接收证书中写明的日期为准。

1.1.4.5　缺陷责任期：指履行第19.2款约定的缺陷责任的期限，具体期限在发包人要求中明确的包括根据第19.3款约定所作的延长。

1.1.4.6　基准日期：指投标截止之日前28天的日期。

1.1.4.7　天：除特别指明外，指日历天。合同中按天计算时间的，开始当天不计入，从次日开始计算。期限最后一天的截止时间为当天24：00。

1.1.4.8　竣工试验：是指在工程竣工验收前，根据第18.1款要求进行的试验。

1.1.4.9　竣工验收：是指承包人完成了全部合同工作后，发包人按合同要求进行的验收。

1.1.4.10　竣工后试验：是指在工程竣工验收后，根据第18.9款约定进行的试验。

1.1.4.11　国家验收：是指政府有关部门根据法律、规范、规程和政策要求，针对发包人全面组织实施的整个工程正式交付投运前的验收。

1.1.5　合同价格和费用

1.1.5.1　签约合同价：指中标通知书明确的并在签定合同时于合同协议书中写明的，包括了暂列金额、暂估价的合同总金额。

1.1.5.2　合同价格：指承包人按合同约定完成了包括缺陷责任期内的全部承包工作后，发包人应付给承包人的金额，包括在履行合同过程中按合同约定进行的变更和调整。

1.1.5.3　费用：指为履行合同所发生的或将要发生的所有合理开支，包括管理费和应分摊的其他费用，但不包括利润。

1.1.5.4　暂列金额：指招标文件中给定的，用于在签订协议书时尚未确定或不可预见变更的设计、施工及其所需材料、工程设备、服务等的金额，包括以计日工方式支付的金额。

1.1.5.5　暂估价：指招标文件中给定的，用于支付必然发生但暂时不能确定价格的专业服务、材料、设备专业工程的金额。

1.1.5.6　计日工：指对零星工作采取的一种计价方式，按合同中的计日工子目及其单价计价付款。

1.1.5.7　质量保证金：指按第17.4.1项约定用于保证在缺陷责任期内履行缺陷修复义务的金额。

1.1.6　其他

1.1.6.1　书面形式：指合同文件、信函、电报、传真、数据电文、电子邮件、会议纪要等可以有形地表现所载内容的形式。

1.1.6.2　承包人文件：指由承包人根据合同应提交的所有图纸、手册、模型、计算书、软件和其他文件。

1.1.6.3　变更是指根据第15条的约定，经指示或批准对发包人要求或工程所做的改变。

1.2　语言文字

合同使用的语言文字为中文。专用术语使用外文的，应附有中文注释。

1.3　法律

适用于合同的法律包括中华人民共和国法律、行政法规、部门规章，以及工程所在地的地方法规、自治条例、单行条例和地方政府规章。

1.4　合同文件的优先顺序

组成合同的各项文件应互相解释，互为说明。除专用合同条款另有约定外，解释合同文件的优先顺序如下：

（1）合同协议书；

（2）中标通知书；

（3）投标函及投标函附录；

（4）专用合同条款；

（5）通用合同条款；

（6）发包人要求；

（7）承包人建议书；

（8）价格清单；

（9）其他合同文件。

1.5　合同协议书

承包人按中标通知书规定的时间与发包人签订合同协议书。除法律另有规定或合同另有约定外，发包人和承包人的法定代表人或其委托代理人在合同协议书上签字并盖单位章后，合同生效。

1.6　文件的提供和照管

1.6.1　承包人文件的提供

除专用合同条款另有约定外，承包人应在合理的期限内按照合同约定的数量向监理人提供承包人文件。合同约定承包人文件应批准的，监理人应当在合同约定的期限内批复。承包人的设计文件的提供和审查按第5.3款和第5.5款的约定执行。

1.6.2　发包人提供的文件

按专用合同条款约定由发包人提供的文件，包括前期工作相关文件、环境保护、气象水文、地质条件等，发包人应按约定的数量和期限交给承包人。由于发包人未按时提供文件造成工期延误的，按第11.3款约定执行。

1.6.3　文件错误的通知

任何一方发现了文件中存在的明显错误或疏忽，应及时通知另一方。

1.6.4　文件的照管

承包人应在现场保留一份合同、发包人要求中列出的所有文件、承包人文件、变更以及其它根据合同收发的往来信函。发包人有权在任何合理的时间查阅和使用上述所有文件。

1.7　联络

1.7.1　与合同有关的通知、批准、证明、证书、指示、要求、请求、同意、意见、确定和决定等，均应采用书面形式。

1.7.2　第1.7.1项中的通知、批准、证明、证书、指示、要求、请求、同意、意见、确定和决定等来往函件，均应在合同约定的期限内送达指定的地点和指定的接收人，并办理签收手续。

1.8　转让

除合同另有约定外，未经承包人同意，发包人不得将合同权利全部或部分转让给第三人，也不得全部或部分转让合同义务。承包人不得将合同权利和义务全部转让给第三人，也不得将合同的义务全部或部分转让给第三人，法律另有规定的除外。

1.9　严禁贿赂

合同双方当事人不得以贿赂或变相贿赂的方式，谋取不当利益或损害对方权益。因贿赂造成对方损失的，行为人应赔偿损失，并承担相应的法律责任。

1.10　化石、文物

1.10.1　在施工场地发掘的所有文物、古迹以及具有地质研究或考古价值的其他遗迹、化石、钱币或物品属于国家所有。一旦发现上述文物，承包人应采取有效合理的保护措施，防止任何人员移动或损坏上述物品，并立即报告当地文物行政部门，同时通知监理人和发包人。发包人、监理人和承包人应按文物行政部门要求采取妥善保护措施，由此导致费用增加和（或）工期延误由发包人承担。

1.10.2　承包人发现文物后不及时报告或隐瞒不报，致使文物丢失或损坏的，应赔偿损失，并承担相应的法律责任。

1.11　知识产权

1.11.1　除专用合同条款另有约定外，承包人完成的设计工作成果和建造完成的建筑物，除署名权以外的著作权以及建筑物形象使用收益等其他知识产权均归发包人享有。

1.11.2　承包人在进行设计，以及使用任何材料、承包人设备、工程设备或采用施工工艺时，因侵犯专利权或其他知识产权所引起的责任，由承包人承担。

1.11.3 承包人在投标文件中采用专利技术的，专利技术的使用费包含在投标报价内。

1.12 文件及信息的保密

未经对方同意，任何一方当事人不得将有关文件、技术秘密、需要保密的资料和信息泄露给他人或公开发表与引用。

1.13 发包人要求中的错误（A）

1.13.1 承包人应认真阅读、复核发包人要求，发现错误的，应及时书面通知发包人。

1.13.2 发包人要求中的错误导致承包人增加费用和（或）工期延误的，发包人应承担由此增加的费用和（或）工期延误，并向承包人支付合理利润。

1.13 发包人要求中的错误（B）

1.13.1 承包人应认真阅读、复核发包人要求，发现错误的，应及时书面通知发包人。发包人作相应修改的，按照第15条约定处理。对确实存在的错误，发包人坚持不作修改的，应承担由此导致承包人增加的费用和（或）延误的工期。

1.13.2 承包人未发现发包人要求中存在错误的，承包人自行承担由此导致的费用增加和（或）工期延误，但专用合同条款另有约定的除外。

1.13.3 无论承包人发现与否，在任何情况下，发包人要求中的下列错误导致承包人增加的费用和（或）延误的工期，由发包人承担，并向承包人支付合理利润。

（1）发包人要求中引用的原始数据和资料；

（2）对工程或其任何部分的功能要求；

（3）对工程的工艺安排或要求；

（4）试验和检验标准；

（5）除合同另有约定外，承包人无法核实的数据和资料。

1.14　发包人要求违法

发包人要求违反法律规定的，承包人发现后应书面通知发包人，并要求其改正。发包人收到通知书后不予改正或不予答复的，承包人有权拒绝履行合同义务，直至解除合同。发包人应承担由此引起的承包人全部损失。

2.　发包人义务

2.1　遵守法律

发包人在履行合同过程中应遵守法律，并保证承包人免于承担因发包人违反法律而引起的任何责任。

2.2　发出承包人开始工作通知

发包人应委托监理人按第11.1款的约定向承包人发出开始工作通知。

2.3　提供施工场地

发包人应按专用合同条款约定向承包人提供施工场地及进场施工条件，并明确与承包人的交接界面。

2.4　办理证件和批件

法律规定和（或）合同约定由发包人负责办理的工程建设项目必须履行的各类审批、核准或备案手续，发包人应按时办理。

法律规定和（或）合同约定由承包人负责的有关设计、施工证件和批件，发包人应给予必要的协助。

2.5　支付合同价款

发包人应按合同约定向承包人及时支付合同价款。专用合同条款对发包人工程款支付担保有约定的，从其约定。

2.6　组织竣工验收

发包人应按合同约定及时组织竣工验收。

2.7　其他义务

发包人应履行合同约定的其他义务。

3. 监理人

3.1 监理人的职责和权力

3.1.1 监理人受发包人委托，享有合同约定的权力，其所发出的任何指示应视为已得到发包人的批准。监理人在行使某项权力前需要经发包人事先批准而通用合同条款没有指明的，应在专用合同条款中指明。未经发包人批准，监理人无权修改合同。

3.1.2 合同约定应由承包人承担的义务和责任，不因监理人对承包人文件的审查或批准，对工程、材料和工程设备的检查和检验，以及为实施监理作出的指示等职务行为而减轻或解除。

3.2 总监理工程师

发包人应在发出开始工作通知前将总监理工程师的任命通知承包人。总监理工程师更换时，应提前14天通知承包人。总监理工程师超过2天不能履行职责的，应委派代表代行其职责，并通知承包人。

3.3 监理人员

3.3.1 总监理工程师可以授权其他监理人员负责执行其指派的一项或多项监理工作。总监理工程师应将被授权监理人员的姓名及其授权范围通知承包人。被授权的监理人员在授权范围内发出的指示视为已得到总监理工程师的同意，与总监理工程师发出的指示具有同等效力。总监理工程师撤销某项授权时，应将撤销授权的决定及时通知发包人和承包人。

3.3.2 总监理工程师授权的监理人员对承包人文件、工程或其采用的材料和工程设备未在约定的或合理的期限内提出否定意见的，视为已获批准，但不影响监理人在以后拒绝该项工作、工程、材料或工程设备的权利，监理人的拒绝应当符合法律规定和合同约定。

3.3.3 承包人对总监理工程师授权的监理人员发出的指示有疑问的，可在该指示发出的48小时内向总监理工程师提出书面异议，总监理工程师应在48小时内对该指示予以确认、更改或撤销。

3.3.4　除专用合同条款另有约定外，总监理工程师不应将第3.5款约定应由总监理工程师作出确定的权力授权或委托给其他监理人员。

3.4　监理人的指示

3.4.1　监理人应按第3.1款的约定向承包人发出指示，监理人的指示应盖有监理人授权的项目管理机构章，并由总监理工程师或总监理工程师约定授权的监理人员签字。

3.4.2　承包人收到监理人作出的指示后应遵照执行。指示构成变更的，应按第15条执行。

3.4.3　在紧急情况下，总监理工程师或其授权的监理人员可以当场签发临时书面指示，承包人应遵照执行。监理应在临时书面指示发出后24小时内发出书面确认函，监理人在24小时内未发出书面确认函的，该临时书面指示应被视为监理人的正式指示。

3.4.4　除合同另有约定外，承包人只从总监理工程师或按第3.3.1项被授权的监理人员处取得指示。

3.4.5　由于监理人未能按合同约定发出指示、指示延误或指示错误而导致承包人费用增加和（或）工期延误的，发包人应承担由此增加的费用和（或）工期延误，并向承包人支付合理利润。

3.5　商定或确定

3.5.1　合同约定总监理工程师应按照本款对任何事项进行商定或确定时，总监理工程师应与合同当事人协商，尽量达成一致。不能达成一致的，总监理工程师应认真研究后审慎确定。

3.5.2　总监理工程师应将商定或确定的事项通知合同当事人，并附详细依据。对总监理工程师的确定有异议的，构成争议，按照第24条的约定处理。在争议解决前，双方应暂按总监理工程师的确定执行，按照第24条的约定对总监理工程师的确定作出修改的，按修改后的结果执行，由此导致承包人增加的费用和（或）延误的工期由发包人承担。

4. 承包人

4.1 承包人的一般义务

4.1.1 遵守法律

承包人在履行合同过程中应遵守法律，并保证发包人免于承担因承包人违反法律而引起的任何责任。

4.1.2 依法纳税

承包人应按有关法律规定纳税，应缴纳的税金包括在合同价格内。

4.1.3 完成各项承包工作

承包人应按合同约定以及监理人根据第3.4款作出的指示，完成合同约定的全部工作，并对工作中的任何缺陷进行整改、完善和修补，使其满足合同约定的目的。除专用合同条款另有约定外，承包人应提供合同约定的工程设备和承包人文件，以及为完成合同工作所需的劳务、材料、施工设备和其他物品，并按合同约定负责临时设施的设计、施工、运行、维护、管理和拆除。

4.1.4 对设计、施工作业和施工方法，以及工程的完备性负责

承包人应按合同约定的工作内容和进度要求，编制设计、施工的组织和实施计划，并对所有设计、施工作业和施工方法，以及全部工程的完备性和安全可靠性负责。

4.1.5 保证工程施工和人员的安全

承包人应按第10.2款约定采取施工安全措施，确保工程及其人员、材料、设备和设施的安全，防止因工程施工造成的人身伤害和财产损失。

4.1.6 负责施工场地及其周边环境与生态的保护工作

承包人应按照第10.4款约定负责施工场地及其周边环境与生态的保护工作。

4.1.7 避免施工对公众与他人的利益造成损害

承包人在进行合同约定的各项工作时，不得侵害发包人与他人使用公用道路、水源、市政管网等公共设施的权利，避免对邻近的公共设施产生

干扰。承包人占用或使用他人的施工场地，影响他人作业或生活的，应承担相应责任。

4.1.8　为他人提供方便

承包人应按监理人的指示为他人在施工场地或附近实施与工程有关的其他各项工作提供可能的条件。除合同另有约定外，提供有关条件的内容和可能发生的费用，由监理人按第3.5款商定或确定。

4.1.9　工程的维护和照管

工程接收证书颁发前，承包人应负责照管和维护工程。工程接收证书颁发时尚有部分未竣工工程的，承包人还应负责该未竣工工程的照管和维护工作，直至竣工后移交给发包人。

4.1.10　其他义务

承包人应履行合同约定的其他义务。

4.2　履约担保

4.2.1　承包人应保证其履约担保在发包人颁发工程接收证书前一直有效。发包人应在工程接收证书颁发后28天内将履约担保退还给承包人。需进行竣工后试验的，承包人应保证其履约担保在竣工后试验通过前一直有效，发包人应在通过竣工验收后7天内将履约担保退还给承包人。

4.2.2　如工程延期，承包人有义务继续提供履约担保。由于发包人原因导致延期的，继续提供履约担保所需的费用由发包人承担；由于承包人原因导致延期的，继续提供履约担保所需费用由承包人承担。

4.3　分包和不得转包

4.3.1　承包人不得将其承包的全部工程转包给第三人，也不得将其承包的全部工程肢解后以分包的名义分别转包给第三人。

4.3.2　承包人不得将设计和施工的主体、关键性工作分包给第三人。除专用合同条款另有约定外，未经发包人同意，承包人也不得将非主体、非关键性工作分包给第三人。

4.3.3　分包人的资格能力应与其分包工作的标准和规模相适应。

4.3.4 发包人同意承包人分包工作的，承包人应向发包人和监理人提交分包合同副本。

4.4 联合体

4.4.1 联合体各方应共同与发包人签订合同。联合体各方应为履行合同承担连带责任。

4.4.2 联合体协议经发包人确认后作为合同附件。在履行合同过程中，未经发包人同意，不得修改联合体协议。

4.4.3 联合体牵头人或联合体授权的代表负责与发包人和监理人联系，并接受指示，负责组织联合体各成员全面履行合同。

4.5 承包人项目经理

4.5.1 承包人应按合同协议书的约定指派项目经理，并在约定的期限内到职。承包人更换项目经理应事先征得发包人同意，并应在更换14天前将拟更换的项目经理的姓名和详细资料提交发包人和监理人。承包人项目经理2天内不能履行职责的，应事先征得监理人同意，并委派代表代行其职责。

4.5.2 承包人项目经理应按合同约定以及监理人按第3.4款作出的指示，负责组织合同工作的实施。在情况紧急且无法与监理人取得联系时，可采取保证工程和人员生命财产安全的紧急措施，并在采取措施后24小时内向监理人提交书面报告。

4.5.3 承包人为履行合同发出的一切函件均应盖有承包人单位章或由承包人项目经理签字。

4.5.4 承包人项目经理可以授权其下属人员履行其某项职责，但事先应将这些人员的姓名和授权范围书面通知发包人和监理人。

4.6 承包人人员的管理

4.6.1 承包人应在接到开始工作通知之日起28天内，向监理人提交承包人的项目管理机构以及人员安排的报告，其内容应包括项目管理机构的设置、各主要岗位的技术和管理人员名单及其资格，以及设计人员和各工种技术工人的安排状况。承包人安排的主要管理人员和技术人员应相对稳定，更换主要管理人员和技术人员的，应取得监理人的同意，并向监理人提交继任人员的资格、管理经验等资料。项目经理的更换，应按照本章第4.5款规定执行。

4.6.2 承包人安排的主要管理人员包括项目经理、设计负责人、施工负责人、采购负责人以及专职质量、安全生产管理人员等；技术人员包括设计师、建筑师、土木工程师、设备工程师、建造师等。

4.6.3 承包人的设计人员应由具有国家规定和发包人要求中约定的资格，并具有从事设计所必需的经验与能力。

承包人应保证其设计人员（包括分包人的设计人员）在合同期限内的任何时候，都能按时参加发包人或其委托的监理人组织的工作会议。

4.6.4 国家规定应当持证上岗的工作人员均应持有相应的资格证明，监理人有权随时检查。监理人认为有必要时，可进行现场考核。

4.6.5 除专用合同条款另有约定外，承包人的主要施工管理人员离开施工现场连续超过3天的，应事先征得监理人同意。承包人擅自更换项目经理或主要施工管理人员，或前述人员未经监理人许可擅自离开施工现场连续超过3天的，应按照专用合同条款约定承担违约责任。

4.7 撤换承包人项目经理和其他人员

承包人应对其项目经理和其他人员进行有效管理。监理人要求撤换不能胜任本职工作、行为不端或玩忽职守的承包人项目经理和其他人员的，承包人应予以撤换。

4.8 保障承包人人员的合法权益

4.8.1 承包人应与其雇佣的人员签订劳动合同，并按时发放工资。

4.8.2 承包人应按劳动法的规定安排工作时间，保证其雇佣人员享有休息和休假的权利。因设计、施工的特殊需要占用休假日或延长工作时间的，应不超过法律规定的限度，并按法律规定给予补休或付酬。

4.8.3 承包人应为其雇佣人员提供必要的食宿条件，以及符合环境保护和卫生要求的生活环境，在远离城镇的施工场地，还应配备必要的伤病防治和急救的医务人员与医疗设施。

4.8.4 承包人应按国家有关劳动保护的规定，采取有效的防止粉尘、降低噪声、控制有害气体和保障高温、高寒、高空作业安全等劳动保护措施。其雇佣人员在施工中受到伤害的，承包人应立即采取有效措施进行抢救和治疗。

4.8.5 承包人应按有关法律规定和合同约定，为其雇佣人员办理保险。

4.8.6 承包人应负责处理其雇佣人员因工伤亡事故的善后事宜。

4.9 工程价款应专款专用

发包人按合同约定支付给承包人的各项价款应专用于合同工作。

4.10 承包人现场查勘

4.10.1 发包人应向承包人提供施工场地及毗邻区域内的供水、排水、供电、供气、供热、通信、广播电视等地下管线资料、气象和水文观测资料，相邻建筑物和构筑物、地下工程的有关资料，以及其他与建设工程有关的原始资料，并承担原始资料错误造成的全部责任，但承包人应对其阅读上述有关资料后所作出的解释和推断负责。

4.10.2 承包人应对施工场地和周围环境进行查勘，并收集除发包人提供外为完成合同工作有关的当地资料。在全部合同工作中，视为承包人已充分估计了应承担的责任和风险。

4.11 不可预见物质条件（A）

4.11.1 不可预见物质条件，除专用合同条款另有约定外，是指承包人在施工场地遇到的不可预见的自然物质条件、非自然的物质障碍和污染物，包括地下和水文条件，但不包括气候条件。

4.11.2 承包人遇到不可预见物质条件时，应采取适应不利物质条件的合理措施继续设计和（或）施工，并及时通知监理人，通知应载明不利物质条件的内容以及承包人认为不可预见的理由。监理人应当及时发出指示，指示构成变更的，按第15条约定执行。监理人没有发出指示的，承包人因采取合理措施而增加的费用和（或）工期延误，由发包人承担。

4.11　不可预见的困难和费用（B）

除合同另有约定外，承包人应视为已取得工程有关风险、意外事件和其他情况的全部必要资料，并预见工程所有困难和费用。承包人遇到不可预见的困难和费用时，合同价格不予调整。

4.12　进度计划

4.12.1　合同进度计划

承包人应按合同约定的内容和期限，编制详细的进度计划，包括设计、承包人文件提交、采购、制造、检验、运达现场、施工、安装、试验的各个阶段的预期时间以及设计和施工组织方案说明等报送监理人。监理人应在专用合同条款约定的期限内批复或提出修改意见，否则该进度计划视为已得到批准。经监理人批准的进度计划称合同进度计划，是控制合同工程进度的依据。承包人还应根据合同进度计划，编制更为详细的分阶段或分项进度计划，报监理人批准。

4.12.2　合同进度计划的修订

不论何种原因造成工程的实际进度与第4.12.1项的合同进度计划不符时，承包人可以在专用合同条款约定的期限内向监理人提交修订合同进度计划的申请报告，并附有关措施和相关资料，报监理人批准；监理人也可以直接向承包人作出修订合同进度计划的指示，承包人应按该指示修订合同进度计划，报监理人批准。监理人应在专用合同条款约定的期限内批复。监理人在批复前应获得发包人同意。

4.13　质量保证

4.13.1　为保证工程质量，承包人应按照合同要求建立质量保证体系。监理人有权对承包人的质量保证体系进行审查。

4.13.2　承包人应在各设计和实施阶段开始前，向监理人提交其具体的质量保证细则和工作程序。

4.13.3　遵守质量保证体系，不应免除合同约定的承包人的义务和责任。

5. 设计

5.1　承包人的设计义务

5.1.1　设计义务的一般要求

承包人应按照法律规定，以及国家、行业和地方的规范和标准完成设计工作，并符合发包人要求。

5.1.2　法律和标准的变化

除合同另有约定外，承包人完成设计工作所应遵守的法律规定，以及国家、行业和地方的规范和标准，均应视为在基准日适用的版本。基准日之后，前述版本发生重大变化，或者有新的法律，以及国家、行业和地方的规范和标准实施的，承包人应向发包人或发包人委托的监理人提出遵守新规定的建议。发包人或其委托的监理人应在收到建议后7天内发出是否遵守新规定的指示。发包人或其委托的监理人指示遵守新规定的，按照第15条或第16.2款约定执行。

5.2　承包人设计进度计划

承包人应按照发包人要求，在合同进度计划中专门列出设计进度计划，报发包人批准后执行。承包人需按照经批准后的计划开展设计工作。

因承包人原因影响设计进度的，按第11.5款的约定执行。因发包人原因影响设计进度的，按第15条变更处理。

发包人或其委托的监理人有权要求承包人根据第11.5款提交修正的进度计划、增加投入资源并加快设计进度。

5.3　设计审查

5.3.1　承包人的设计文件应报发包人审查同意。审查的范围和内容在发包人要求中约定。

除合同另有约定外，自监理人收到承包人的设计文件以及承包人的通知之日起，发包人对承包人的设计文件审查期不超过21天。承包人的设计文件对于合同约定有偏离的，应在通知中说明。承包人需要修改已提交的承包人文件的，应立即通知监理人，并向监理人提交修改后的承包人的设计文件，审查期重新起算。

发包人不同意设计文件的，应通过监理人以书面形式通知承包人，并说明不符合合同要求的具体内容。承包人应根据监理人的书面说明，对承包人文件进行修改后重新报送发包人审查，审查期重新起算。

合同约定的审查期满，发包人没有做出审查结论也没有提出异议的，视为承包人的设计文件已获发包人同意。

5.3.2　承包人的设计文件不需要政府有关部门审查或批准的，承包人应当严格按照经发包人审查同意的设计文件设计和实施工程。

5.3.3　设计文件需政府有关部门审查或批准的，发包人应在审查同意承包人的设计文件后7天内，向政府有关部门报送设计文件，承包人应予以协助。

对于政府有关部门的审查意见，不需要修改发包人要求的，承包人需按该审查意见修改承包人的设计文件；需要修改发包人要求的，发包人应重新提出发包人要求，承包人应根据新提出的发包人要求修改承包人文件。上述情形还应适用第15条、第1.13款的有关约定。

政府有关部门审查批准的，承包人应当严格按照批准后的承包人的设计文件设计和实施工程。

5.4　培训

承包人应按照发包人要求，对发包人的人员进行工程操作和维修方面的培训。合同约定接收之前进行培训的，应在第18.3款约定的竣工验收前完成培训。

5.5　竣工文件

5.5.1　承包人应编制并及时更新反映工程实施结果的竣工记录，如实记载竣工工程的确切位置、尺寸和已实施工作的详细说明。竣工记录应保存在施工场地，并在竣工试验开始前，按照专用合同条款约定的份数提交给监理人。

5.5.2　在颁发工程接收证书之前，承包人应按照发包人要求的份数和形式向监理人提交相应竣工图纸，并取得监理人对尺寸、参照系统及其他有关细节的认可。监理人应按照第5.3款的约定进行审查。

5.5.3　在监理人收到上述文件前，不应认为工程已根据第18.3款和第18.5款约定完成验收。

5.6　操作和维修手册

5.6.1　在竣工试验开始前，承包人应向监理人提交暂行的操作和维修手册，该手册应足够详细，以便发包人能够对生产设备进行操作、维修、拆卸、重新安装、调整及修理。

5.6.2　承包人应提交足够详细的最终操作和维修手册，以及在发包人要求中明确的相关操作和维修手册。在监理人收到上述文件前，不应认为工程已根据第18.3款和第18.5款约定完成验收。

5.7　承包人文件错误

承包人文件存在错误、遗漏、含混、矛盾、不充分之处或其他缺陷，无论承包人是否根据本款获得了批准，承包人均应自费对前述问题带来的缺陷和工程问题进行改正。第1.13款发包人要求的错误导致承包人文件错误、遗漏、含混、矛盾、不充分或其他缺陷的除外。

6.　材料和工程设备

6.1　承包人提供的材料和工程设备

6.1.1　除专用合同条款另有约定外，承包人提供的材料和工程设备均由承包人负责采购、运输和保管。承包人应对其采购的材料和工程设备负责。

6.1.2　承包人应按专用合同条款的约定，将各项材料和工程设备的供货人及品种、技术要求、规格、数量和供货时间等报送监理人批准。承包人应向监理人提交其负责提供的材料和工程设备的质量证明文件，并满足合同约定的质量标准。

6.1.3　对承包人提供的材料和工程设备，承包人应会同监理人进行检验和交货验收，查验材料合格证明和产品合格证书，并按合同约定和监理人指示，进行材料的抽样检验和工程设备的检验测试，检验和测试结果应提交监理人，所需费用由承包人承担。

6.2　发包人提供的材料和工程设备（A）

6.2.1　专用合同条款约定发包人提供部分材料和工程设备的，应写明材料和工程设备的名称、规格、数量、价格、交货方式、交货地点等。

6.2.2　承包人应根据合同进度计划的安排，向监理人报送要求发包人交货的日期计划。发包人应按照监理人与合同双方当事人商定的交货日期，向承包人提交材料和工程设备。

6.2.3　发包人应在材料和工程设备到货7天前通知承包人，承包人应会同监理人在约定的时间内，赴交货地点共同进行验收。除专用合同条款另有约定外，发包人提供的材料和工程设备验收后，由承包人负责接收、运输和保管。

6.2.4　发包人要求向承包人提前交货的，承包人不得拒绝，但发包人应承担承包人由此增加的费用。

6.2.5　承包人要求更改交货日期或地点的，应事先报请监理人批准。由于承包人要求更改交货时间或地点所增加的费用和（或）工期延误由承包人承担。

6.2.6　发包人提供的材料和工程设备的规格、数量或质量不符合合同要求，或由于发包人原因发生交货日期延误及交货地点变更等情况的，发包人应承担由此增加的费用和（或）工期延误，并向承包人支付合理利润。

6.2　发包人提供的材料和工程设备（B）

发包人不提供材料和工程设备。

6.3　专用于工程的材料和工程设备

6.3.1　运入施工场地的材料、工程设备，包括备品备件、安装专用工器具与随机资料，必须专用于合同约定范围内的工程，未经监理人同意，承包人不得运出施工场地或挪作他用。

6.3.2　随同工程设备运入施工场地的备品备件、专用工器具与随机资料，应由承包人会同监理人按供货人的装箱单清点后共同封存，未经监理人同意不得启用。承包人因合同工作需要使用上述物品时，应向监理人提出申请。

6.4　实施方法

承包人对材料的加工、工程设备的采购、制造、安装应当按照法律规定、合同约定以及行业习惯来实施。

6.5　禁止使用不合格的材料和工程设备

6.5.1　监理人有权拒绝承包人提供的不合格材料或工程设备，并要求承包人立即进行更换。监理人应在更换后再次进行检查和检验，由此增加的费用和（或）工期延误由承包人承担。

6.5.2　监理人发现承包人使用了不合格的材料和工程设备，应即时发出指示要求承包人立即改正，并禁止在工程中继续使用不合格的材料和工程设备。

6.5.3　发包人提供的材料或工程设备不符合合同要求的，承包人有权拒绝，并可要求发包人更换，由此增加的费用和（或）工期延误由发包人承担。

7.　施工设备和临时设施

7.1　承包人提供的施工设备和临时设施

7.1.1　承包人应按合同进度计划的要求，及时配置施工设备和修建临时设施。进入施工场地的承包人设备需经监理人核查后才能投入使用。承包人更换合同约定的承包人设备的，应报监理人批准。

7.1.2　除专用合同条款另有约定外，承包人应自行承担修建临时设施的费用。需要临时占地的，应由发包人办理申请手续并承担相应费用。

7.2　发包人提供的施工设备和临时设施（A）

发包人提供的施工设备或临时设施在专用合同条款中约定。

7.2　发包人提供的施工设备和临时设施（B）

发包人不提供施工设备或临时设施。

7.3　要求承包人增加或更换施工设备

承包人使用的施工设备不能满足合同进度计划和（或）质量标准时，监理人有权要求承包人增加或更换施工设备，承包人应及时增加或更换，由此增加的费用和（或）工期延误由承包人承担。

7.4　施工设备和临时设施专用于合同工程

7.4.1　除合同另有约定外，运入施工场地的所有施工设备以及在施工场地建设的临时设施应专用于合同工程。未经监理人同意，不得将上述施工设备和临时设施中的任何部分运出施工场地或挪作他用。

7.4.2　经监理人同意，承包人可根据合同进度计划撤走闲置的施工设备。

8.　交通运输

8.1　道路通行权和场外设施（A）

发包人应根据工程的施工需要，负责办理取得出入施工场地的专用和临时道路的通行权，以及取得为工程建设所需修建场外设施的权利，并承担有关费用。承包人应协助发包人办理上述手续。

8.1　道路通行权和场外设施（B）

承包人应根据工程的施工需要，负责办理取得出入施工场地的专用和临时道路的通行权，以及取得为工程建设所需修建场外设施的权利，并承担有关费用。发包人应协助承包人办理上述手续。

8.2　场内施工道路

8.2.1　除专用合同条款另有约定外，承包人应负责修建、维修、养护和管理施工所需的临时道路和交通设施，包括维修、养护和管理发包人提供的道路和交通设施，并承担相应费用。

8.2.2　除专用合同条款另有约定外，承包人修建的临时道路和交通设施应免费提供发包人和监理人为实现合同目的使用。

8.3 场外交通

8.3.1 承包人车辆外出行驶所需的场外公共道路的通行费、养路费和税款等由承包人承担。

8.3.2 承包人应遵守有关交通法规，严格按照道路和桥梁的限制荷重安全行驶，并服从交通管理部门的检查和监督。

8.4 超大件和超重件的运输

由承包人负责运输的超大件或超重件，应由承包人负责向交通管理部门办理申请手续，发包人给予协助。运输超大件或超重件所需的道路和桥梁临时加固改造费用和其他有关费用，由承包人承担，但专用合同条款另有约定除外。

8.5 道路和桥梁的损坏责任

因承包人运输造成施工场地内外公共道路和桥梁损坏的，由承包人承担修复损坏的全部费用和可能引起的赔偿。

8.6 水路和航空运输

本条上述各款的内容适用于水路运输和航空运输，其中"道路"一词的涵义包括河道、航线、船闸、机场、码头、堤防以及水路或航空运输中其他相似结构物；"车辆"一词的涵义包括船舶和飞机等。

9. 测量放线

9.1 施工控制网

9.1.1 发包人应在专用合同条款约定的期限内，通过监理人向承包人提供测量基准点、基准线和水准点及其书面资料。除专用合同条款另有约定外，承包人应根据国家测绘基准、测绘系统和工程测量技术规范，按上述基准点（线）以及合同工程精度要求，测设施工控制网，并在专用合同条款约定的期限内，将施工控制网资料报送监理人批准。

9.1.2 承包人应负责管理施工控制网点。施工控制网点丢失或损坏的，承包人应及时修复。承包人应承担施工控制网点的管理与修复费用，并在工程竣工后将施工控制网点移交发包人。

9.2　施工测量

9.2.1　承包人应负责施工过程中的全部施工测量放线工作，并配置合格的人员、仪器、设备和其他物品。

9.2.2　监理人可以指示承包人进行抽样复测，当复测中发现错误或出现超过合同约定的误差时，承包人应按监理人指示进行修正或补测，并承担相应的复测费用。

9.3　基准资料错误的责任

发包人应对其提供的测量基准点、基准线和水准点及其书面资料的真实性、准确性和完整性负责，对其提供上述基准资料错误导致承包人损失的，发包人应当承担由此增加的费用和（或）工期延误，并向承包人支付合理利润。承包人应在设计或施工中对上述资料的准确性进行核实，发现存在明显错误或疏忽的，应及时通知监理人。

9.4　监理人使用施工控制网

监理人需要使用施工控制网的，承包人应提供必要的协助，发包人不再为此支付费用。

10.　安全、治安保卫和环境保护

10.1　发包人的安全责任

10.1.1　发包人应按合同约定履行安全职责，授权监理人按合同约定的安全工作内容监督、检查承包人安全工作的实施，组织承包人和有关单位进行安全检查。

10.1.2　发包人应对其现场机构雇佣的全部人员的工伤事故承担责任，但由于承包人原因造成发包人人员工伤的，应由承包人承担责任。

10.1.3　发包人应负责赔偿以下各种情况造成的第三者人身伤亡和财产损失：

（1）工程或工程的任何部分对土地的占用所造成的第三者财产损失；

（2）由于发包人原因在施工场地及其毗邻地带、履行合同工作中造成的第三者人身伤亡和财产损失。

10.2　承包人的安全责任

10.2.1　承包人应按合同约定履行安全职责，执行监理人有关安全工作的指示，并在专用合同条款约定的期限内，按合同约定的安全工作内容，编制安全措施计划报送监理人批准。

10.2.2　承包人按照合同约定需要进行勘察的，应严格执行操作规程，采取措施保证各类管线、设施和周边建筑物、构筑物的安全。

10.2.3　承包人应当按照法律、法规和工程建设强制性标准进行设计，在设计文件中注明涉及施工安全的重点部位和环节，提出保障施工作业人员和预防安全事故的措施建议，防止因设计不合理导致生产安全事故的发生。

10.2.4　承包人应加强施工作业安全管理，特别应加强易燃、易爆材料、火工器材、有毒与腐蚀性材料和其他危险品的管理，以及对爆破作业和地下工程施工等危险作业的管理。

10.2.5　承包人应严格按照国家安全标准制定施工安全操作规程，配备必要的安全生产和劳动保护设施，加强对承包人人员的安全教育，并发放安全工作手册和劳动保护用具。

10.2.6　承包人应按监理人的指示制定应对灾害的紧急预案，报送监理人批准。承包人还应按预案做好安全检查，配置必要的救助物资和器材，切实保护好有关人员的人身和财产安全。

10.2.7　合同约定的安全作业环境及安全施工措施所需费用应遵守有关规定，并包括在相关工作的合同价格中。因采取合同未约定的安全作业环境及安全施工措施增加的费用，由监理人按第3.5款商定或确定。

10.2.8　承包人应对其履行合同所雇佣的全部人员，包括分包人人员的工伤事故承担责任，但由于发包人原因造成承包人人员工伤事故的，应由发包人承担责任。

10.2.9　由于承包人原因在施工场地内及其毗邻地带造成的第三者人员伤亡和财产损失，由承包人负责赔偿。

10.3　治安保卫

10.3.1　除合同另有约定外，承包人应与当地公安部门协商，在现场建立治安管理机构或联防组织，统一管理施工场地的治安保卫事项，履行合同工程的治安保卫职责。

10.3.2　发包人和承包人除应协助现场治安管理机构或联防组织维护施工场地的社会治安外，还应做好包括生活区在内的各自管辖区的治安保卫工作。

10.3.3　除合同另有约定外，承包人应编制施工场地治安管理计划，并制定应对突发治安事件的紧急预案，报监理人批准。自承包人进入施工现场，至发包人接收工程的期间，施工现场发生暴乱、爆炸等恐怖事件，以及群殴、械斗等群体性突发治安事件的，发包人和承包人应立即向当地政府报告。发包人和承包人应积极协助当地有关部门采取措施平息事态，防止事态扩大，尽量减少财产损失和避免人员伤亡。

10.4　环境保护

10.4.1　承包人在履行合同过程中，应遵守有关环境保护的法律，履行合同约定的环境保护义务，并对违反法律和合同约定义务所造成的环境破坏、人身伤害和财产损失负责。

10.4.2　承包人应按合同约定的环保工作内容，编制环保措施计划，报送监理人批准。

10.4.3　承包人应确保施工过程中产生的气体排放物、粉尘、噪声、地面排水及排污等，符合法律规定和发包人要求。

10.5　事故处理

合同履行过程中发生事故的，承包人应立即通知监理人，监理人应立即通知发包人。发包人和承包人应立即组织人员和设备进行紧急抢救和抢修，减少人员伤亡和财产损失，防止事故扩大，并保护事故现场。需要移动现场物品时，应作出标记和书面记录，妥善保管有关证据。发包人和承包人应按国家有关规定，及时如实地向有关部门报告事故发生的情况，以及正在采取的紧急措施等。

11. 开始工作和竣工

11.1 开始工作

符合专用合同条款约定的开始工作的条件的，监理人应提前7天向承包人发出开始工作通知。监理人在发出开始工作通知前应获得发包人同意。工期自开始工作通知中载明的开始工作日期起计算。除专用合同条款另有约定外，因发包人原因造成监理人未能在合同签订之日起90天内发出开始工作通知的，承包人有权提出价格调整要求，或者解除合同。发包人应当承担由此增加的费用和（或）工期延误，并向承包人支付合理利润。

11.2 竣工

承包人应在第1.1.4.3目约定的期限内完成合同工作。实际竣工日期按第18.3款约定确定，并在工程接收证书中载明。

11.3 发包人引起的工期延误

在履行合同过程中，由于发包人的下列原因造成工期延误的，承包人有权要求发包人延长工期和（或）增加费用，并支付合理利润。需要修订合同进度计划的，按照第4.12.2项的约定执行。

（1）变更；

（2）未能按照合同要求的期限对承包人文件进行审查；

（3）因发包人原因导致的暂停施工；

（4）未按合同约定及时支付预付款、进度款；

（5）发包人按第9.3款提供的基准资料错误；

（6）发包人按第6.2款迟延提供材料、工程设备或变更交货地点的；

（7）发包人未及时按照“发包人要求”履行相关义务；

（8）发包人造成工期延误的其他原因。

11.4 异常恶劣的气候条件

由于出现专用合同条款规定的异常恶劣气候的条件导致工期延误的，

承包人有权要求发包人延长工期和（或）增加费用。

11.5　承包人引起的工期延误

由于承包人原因，未能按合同进度计划完成工作，或监理人认为承包人工作进度不能满足合同工期要求的，承包人应采取措施加快进度，并承担加快进度所增加的费用。由于承包人原因造成工期延误，承包人应支付逾期竣工违约金。逾期竣工违约金的计算方法和最高限额在专用合同条款中约定。承包人支付逾期竣工违约金，不免除承包人完成工作及修补缺陷的义务。

11.6　工期提前

发包人要求承包人提前竣工，或承包人提出提前竣工的建议能够给发包人带来效益的，应由监理人与承包人共同协商采取加快工程进度的措施和修订合同进度计划。发包人应承担承包人由此增加的费用，并向承包人支付专用合同条款约定的相应奖金。

11.7　行政审批迟延

合同约定范围内的工作需国家有关部门审批的，发包人和（或）承包人应按照合同约定的职责分工完成行政审批报送。因国家有关部门审批迟延造成费用增加和（或）工期延误的，由发包人承担。

12.　暂停工作

12.1　由发包人暂停工作

12.1.1　发包人认为必要时，可通过监理人向承包人发出暂停工作的指示，承包人应按监理人指示暂停工作。由于发包人原因引起的暂停工作造成工期延误的，承包人有权要求发包人延长工期和（或）增加费用，并支付合理利润。

12.1.2　由于承包人下列原因造成发包人暂停工作的，由此造成费用的增加和（或）工期延误由承包人承担：

（1）承包人违约；

（2）承包人擅自暂停工作；

（3）合同约定由承包人承担责任的其他暂停工作。

12.2 由承包人暂停工作

12.2.1 合同履行过程中发生下列情形之一的，承包人可向发包人发出通知，要求发包人采取有效措施予以纠正。发包人收到承包人通知后的28天内仍不履行合同义务，承包人有权暂停施工，并通知监理人，发包人应承担由此增加的费用和（或）工期延误责任，并支付承包人合理利润。

（1）发包人未能按合同约定支付价款，或拖延、拒绝批准付款申请和支付证书，导致付款延误的；

（2）监理人无正当理由没有在约定期限内发出复工指示，导致承包人无法复工的；

（3）发包人无法继续履行或明确表示不履行或实质上已停止履行合同的；

（4）发包人不履行合同约定其他义务的。

12.2.2 由于发包人的原因发生暂停施工的紧急情况，且监理人未及时下达暂停工作指示的，承包人可先暂停施工，并及时向监理人提出暂停工作的书面请求。监理人应在收到书面请求后的24小时内予以答复，逾期未答复的，视为同意承包人的暂停工作请求。

12.3 暂停工作后的照管

不论由于何种原因引起暂停工作的，暂停工作期间，承包人应负责妥善保护工程并提供安全保障，由此增加的费用由责任方承担。

12.4 暂停工作后的复工

12.4.1 暂停工作后，监理人应与发包人和承包人协商，采取有效措施积极消除暂停工作的影响。当工程具备复工条件时，监理人应立即向承包人发出复工通知。承包人收到复工通知后，应在监理人指定的期限内复工。

12.4.2 承包人无故拖延和拒绝复工的，由此增加的费用和工期延误由承包人承担；因发包人原因无法按时复工的，承包人有权要求发包人延长工期和(或)增加费用,并支付合理利润。

12.5　暂停工作56天以上

12.5.1　监理人发出暂停工作指示后56天内未向承包人发出复工通知的,除该项暂停由于承包人违约造成之外,承包人可向监理人提交书面通知,要求监理人在收到书面通知后28天内准许已暂停工作的全部或部分继续工作。如监理人逾期不予批准,则承包人可以通知监理人,将工程受影响的部分按第15条的约定作为可取消工作的变更处理。暂停工作影响到整个工程的,视为发包人违约,应按第12.2.1项的约定执行,同时承包人有权解除合同。

12.5.2　由于承包人原因引起暂停工作的,如承包人在收到监理人暂停工作指示后56天内不采取有效的复工措施,造成工期延误的,视为承包人违约,应按第12.1.2项的约定执行。

13.　工程质量

13.1　工程质量要求

13.1.1　工程质量验收按法律规定和合同约定的验收标准执行。

13.1.2　因承包人原因造成工程质量不符合法律的规定和合同约定的,监理人有权要求承包人返工直至符合合同要求为止,由此造成的费用增加和(或)工期延误由承包人承担。

13.1.3　因发包人原因造成工程质量达不到合同约定验收标准的,发包人应承担由于承包人返工造成的费用增加和(或)工期延误,并支付承包人合理利润。

13.2　承包人的质量检查

承包人应按合同约定对设计、材料、工程设备以及全部工程内容及其施工工艺进行全过程的质量检查和检验,并作详细记录,编制工程质量报表,报送监理人审查。

13.3　监理人的质量检查

监理人有权对全部工程内容及其施工工艺、材料和工程设备进行检查和检验。承包人应为监理人的检查和检验提供方便，包括监理人到施工场地，或制造、加工地点，或合同约定的其他地方进行察看和查阅施工原始记录。承包人还应按监理人指示，进行施工场地取样试验、工程复核测量和设备性能检测，提供试验样品、提交试验报告和测量成果以及监理人要求进行的其他工作。监理人的检查和检验，不免除承包人按合同约定应负的责任。

13.4　工程隐蔽部位覆盖前的检查

13.4.1　通知监理人检查

经承包人自检确认的工程隐蔽部位具备覆盖条件后，承包人应通知监理人在约定的期限内检查。承包人的通知应附有自检记录和必要的检查资料。监理人应按时到场检查。经监理人检查确认质量符合隐蔽要求，并在检查记录上签字后，承包人才能进行覆盖。监理人检查确认质量不合格的，承包人应在监理人指示的时间内修整返工后，由监理人重新检查。

13.4.2　监理人未到场检查

监理人未按第13.4.1项约定的时间进行检查的，除监理人另有指示外，承包人可自行完成覆盖工作，并作相应记录报送监理人，监理人应签字确认。监理人事后对检查记录有疑问的，可按第13.4.3项的约定重新检查。

13.4.3　监理人重新检查

承包人按第13.4.1项或第13.4.2项覆盖工程隐蔽部位后，监理人对质量有疑问的，可要求承包人对已覆盖的部位进行钻孔探测或揭开重新检验，承包人应遵照执行，并在检验后重新覆盖恢复原状。经检验证明工程质量符合合同要求的，由发包人承担由此增加的费用和（或）工期延误，并支付承包人合理利润；经检验证明工程质量不符合合同要求的，由此增加的费用和（或）工期延误由承包人承担。

13.4.4　承包人私自覆盖

承包人未通知监理人到场检查，私自将工程隐蔽部位覆盖的，监理人有权指示承包人钻孔探测或揭开检查，由此增加的费用和（或）工期延误由承包人承担。

13.5　清除不合格工程

13.5.1　因承包人设计失误，使用不合格材料、工程设备，或采用不适当的施工工艺，或施工不当，造成工程不合格的，监理人可以随时发出指示，要求承包人立即采取措施进行补救，直至达到合同要求的质量标准，由此增加的费用和（或）工期延误由承包人承担。

13.5.2　由于发包人提供的材料或工程设备不合格造成的工程不合格，需要承包人采取措施补救的，发包人应承担由此增加的费用和（或）工期延误，并支付承包人合理利润。

14.　试验和检验

14.1　材料、工程设备和工程的试验和检验

14.1.1　本款适用于竣工试验之前的试验和检验。

14.1.2　承包人应按合同约定进行材料、工程设备和工程的试验和检验，并为监理人对上述材料、工程设备和工程的质量检查提供必要的试验资料和原始记录。按合同约定应由监理人与承包人共同进行试验和检验的，由承包人负责提供必要的试验资料和原始记录。

14.1.3　监理人未按合同约定派员参加试验和检验的，除监理人另有指示外，承包人可自行试验和检验，并应立即将试验和检验结果报送监理人，监理人应签字确认。

14.1.4　监理人对承包人的试验和检验结果有疑问的，或为查清承包人试验和检验成果的可靠性要求承包人重新试验和检验的，可按合同约定由监理人与承包人共同进行。重新试验和检验的结果证明该项材料、工程设备或工程的质量不符合合同要求的，由此增加的费用和（或）工期延误由承包人承担；重新试验和检验结果证明该项材料、工程设备和工程符合合同要求，由发包人承担由此增加的费用和（或）工期延误，并支付承包人合理利润。

14.2　现场材料试验

14.2.1　承包人根据合同约定或监理人指示进行的现场材料试验，应由承包人提供试验场所、试验人员、试验设备器材以及其他必要的试验条件。

14.2.2　监理人在必要时可以使用承包人的试验场所、试验设备器材以及其他试验条件，进行以工程质量检查为目的的复核性材料试验，承包人应予以协助。

14.3　现场工艺试验

承包人应按合同约定或监理人指示进行现场工艺试验。对大型的现场工艺试验，监理人认为必要时，应由承包人根据监理人提出的工艺试验要求，编制工艺试验措施计划，报送监理人批准。

15.　变更

15.1　变更权

在履行合同过程中，经发包人同意，监理人可按第15.3款约定的变更程序向承包人作出有关发包人要求改变的变更指示，承包人应遵照执行。变更应在相应内容实施前提出，否则发包人应承担承包人损失。没有监理人的变更指示，承包人不得擅自变更。

15.2　承包人的合理化建议

15.2.1　在履行合同过程中，承包人对发包人要求的合理化建议，均应以书面形式提交监理人。合理化建议书的内容应包括建议工作的详细说明、进度计划和效益以及与其他工作的协调等，并附必要的设计文件。监理人应与发包人协商是否采纳建议。建议被采纳并构成变更的，应按第15.3款约定向承包人发出变更指示。

15.2.2　承包人提出的合理化建议降低了合同价格、缩短了工期或者提高了工程经济效益的，发包人可按国家有关规定在专用合同条款中约定给予奖励。

15.3　变更程序

15.3.1　变更的提出

（1）在合同履行过程中，监理人可向承包人发出变更意向书。变更意向书应说明变更的具体内容和发包人对变更的时间要求，并附必要的相关资料。变更意向书应要求承包人提交包括拟实施变更工作的设计和计划、措施和竣工时间等内容的实施方案。发包人同意承包人根据变更意向书要求提交的变更实施方案的，由监理人按第15.3.3项约定发出变更指示。

（2）承包人收到监理人按合同约定发出的文件，经检查认为其中存在对发包人要求变更情形的，可向监理人提出书面变更建议。变更建议应阐明要求变更的依据，以及实施该变更工作对合同价款和工期的影响，并附必要的图纸和说明。监理人收到承包人书面建议后，应与发包人共同研究，确认存在变更的，应在收到承包人书面建议后的14天内作出变更指示。经研究后不同意作为变更的，应由监理人书面答复承包人。

（3）承包人收到监理人的变更意向书后认为难以实施此项变更的，应立即通知监理人，说明原因并附详细依据。监理人与承包人和发包人协商后确定撤销、改变或不改变原变更意向书。

15.3.2　变更估价

监理人应按照第3.5款商定或确定变更价格。变更价格应包括合理的利润，并应考虑承包人根据第15.2款提出的合理化建议。

15.3.3　变更指示

（1）变更指示只能由监理人发出。

（2）变更指示应说明变更的目的、范围、变更内容以及变更的工程量及其进度和技术要求，并附有关图纸和文件。承包人收到变更指示后，应按变更指示进行变更工作。

15.4　暂列金额

经发包人同意，承包人可使用暂列金额，但应按照第15.6款规定的程序进行，并对合同价格进行相应调整。

15.5 计日工（A）

15.5.1 发包人认为有必要时，由监理人通知承包人以计日工方式实施变更的零星工作。其价款按列入合同中的计日工计价子目及其单价进行计算。

15.5.2 采用计日工计价的任何一项变更工作，应从暂列金额中支付，承包人应在该项变更的实施过程中，每天提交以下报表和有关凭证报送监理人批准：

（1）工作名称、内容和数量；

（2）投入该工作所有人员的姓名、专业/工种、级别和耗用工时；

（3）投入该工作的材料类别和数量；

（4）投入该工作的施工设备型号、台数和耗用台时；

（5）监理人要求提交的其他资料和凭证。

15.5.3 计日工由承包人汇总后，按第17.3.3项的约定列入进度付款申请单，由监理人复核并经发包人同意后列入进度付款。

15.5 计日工（B）

签约合同价包括计日工的，按合同约定进行支付。

15.6 暂估价（A）

15.6.1 发包人在价格清单中给定暂估价的专业服务、材料、工程设备和专业工程属于依法必须招标的范围并达到规定的规模标准的，由发包人和承包人以招标的方式选择供应商或分包人。发包人和承包人的权利义务关系在专用合同条款中约定。中标金额与价格清单中所列的暂估价的金额差以及相应的税金等其他费用列入合同价格。

15.6.2 发包人在价格清单中给定暂估价的专业服务、材料和工程设备不属于依法必须招标的范围或未达到规定的规模标准的，应由承包人按第6.1款的约定提供。经监理人确认的专业服务、材料、工程设备的价格与价格清单中所列的暂估价的金额差以及相应的税金等其他费用列入合同价格。

15.6.3　发包人在价格清单中给定暂估价的专业工程不属于依法必须招标的范围或未达到规定的规模标准的，由监理人按照第15.3.2项进行估价，但专用合同条款另有约定的除外。经估价的专业工程与价格清单中所列的暂估价的金额差以及相应的税金等其他费用列入合同价格。

15.6　暂估价（B）

签约合同价包括暂估价的，按合同约定进行支付。

16.　价格调整

16.1　物价波动引起的调整（A）

除专用合同条款另有约定外，因物价波动引起的价格调整按照本款约定处理。

16.1.1　采用价格指数调整价格差额（适用于投标函附录约定了价格指数和权重的）

16.1.1.1　价格调整公式

因人工、材料和设备等价格波动影响合同价格时，根据投标函附录中的价格指数和权重表约定的数据，按以下公式计算差额并调整合同价格。

$$\Delta P = P_0\left[A + \left(B_1 \times \frac{F_{t1}}{F_{01}} + B_2 \times \frac{F_{t2}}{F_{02}} + B_3 \times \frac{F_{t3}}{F_{03}} + \cdots + B_n \times \frac{F_{tn}}{F_{0n}}\right) - 1\right]$$

式中：ΔP——需调整的价格差额；

P_0——第17.3.4项、第17.5.2项和第17.6.2项约定的付款证书中承包人应得到的已完成工作量的金额。此项金额应不包括价格调整、不计质量保证金的扣留和支付、预付款的支付和扣回。第15条约定的变更及其他金额已按当期价格计价的，也不计在内；

A——定值权重（即不调部分的权重）；

B_1；B_2；B_3；……B_n——各可调因子的变值权重（即可调部分的权重）为各可调因子在投标函投标总报价中所占的比例；

F_{t1}；F_{t2}；F_{t3}；……F_{tn}——各可调因子的当期价格指数，指第17.3.3项、第17.5.2项和第17.6.2项约定的付款证书相关周期最后一天的前42天的各可调因子的价格指数；

F_{01}；F_{02}；F_{03}；……F_{0n}——各可调因子的基本价格指数，指基准日期的各可调因子的价格指数。

以上价格调整公式中的各可调因子、定值和变值权重，以及基本价格指数及其来源在投标函附录价格指数和权重表中约定。价格指数应首先采用投标函附录中载明的有关部门提供的价格指数，缺乏上述价格指数时，可采用有关部门提供的价格代替。

16.1.1.2　暂时确定调整差额

在计算调整差额时得不到当期价格指数的，可暂用上一次价格指数计算，并在以后的付款中再按实际价格指数进行调整。

16.1.1.3　权重的调整

按第15.1款约定的变更导致原定合同中的权重不合理的，由监理人与承包人和发包人协商后进行调整。

16.1.1.4　承包人引起的工期延误后的价格调整

由于承包人原因未在约定的工期内竣工的，则对原约定竣工日期后继续施工的工程，在使用第16.1.1.1目价格调整公式时，应采用原约定竣工日期与实际竣工日期的两个价格指数中较低的一个作为当期价格指数。

16.1.1.5　发包人引起的工期延误后的价格调整

由于发包人原因未在约定的工期内竣工的，则对原约定竣工日期后继续施工的工程，在使用第16.1.1.1目价格调整公式时，应采用原约定竣工日期与实际竣工日期的两个价格指数中较高的一个作为当期价格指数。

16.1.1　采用造价信息调整价格差额（适用于投标函附录没有约定价格指数和权重的）

合同工期内，因人工、材料、设备和机械台班价格波动影响合同价格时，人工、机械使用费按照国家或省、自治区、直辖市建设行政管理部门、行业建设管理部门或其授权的工程造价管理机构发布的人工成本信息、机械台班单价或机械使用费系数进行调整；需要进行价格调整的材料，其单价和采购数应由监理人复核，监理人确认需调整的材料单价及数量，作为调整合同价格差额的依据。

16.1　物价波动引起的调整（B）

除法律规定或专用合同条款另有约定外，合同价格不因物价波动进行调整。

16.2　法律变化引起的调整

在基准日后，因法律变化导致承包人在合同履行中所需费用发生除第16.1款约定以外的增减时，监理人应根据法律、国家或省、自治区、直辖市有关部门的规定，按第3.5款商定或确定需调整的合同价格。

17.　合同价格与支付

17.1　合同价格

除专用合同条款另有约定外，

（1）合同价格包括签约合同价以及按照合同约定进行的调整；

（2）合同价格包括承包人依据法律规定或合同约定应支付的规费和税金；

（3）价格清单列出的任何数量仅为估算的工作量，不得将其视为要求承包人实施的工程的实际或准确的工作量。在价格清单中列出的任何工作量和价格数据应仅限用于变更和支付的参考资料，而不能用于其他目的。

合同约定工程的某部分按照实际完成的工程量进行支付的，应按照专用合同条款的约定进行计量和估价，并据此调整合同价格。

17.2　预付款

17.2.1　预付款

预付款用于承包人为合同工程的设计和工程实施购置材料、工程设备、施工设备、修建临时设施以及组织施工队伍进场等。预付款的额度和支付在专用合同条款中约定。预付款必须专用于合同工作。

17.2.2 预付款保函

除专用合同条款另有约定外，承包人应在收到预付款的同时向发包人提交预付款保函，预付款保函的担保金额应与预付款金额相同。保函的担保金额可根据预付款扣回的金额相应递减。

17.2.3 预付款的扣回与还清

预付款在进度付款中扣回，扣回办法在专用合同条款中约定。在颁发工程接收证书前，由于不可抗力或其他原因解除合同时，预付款尚未扣清的，尚未扣清的预付款余额应作为承包人的到期应付款。

17.3 工程进度付款

17.3.1 付款时间

除专用合同条款另有约定外，工程进度付款按月支付。

17.3.2 支付分解表

除专用合同条款另有约定外，承包人应根据价格清单的价格构成、费用性质、计划发生时间和相应工作量等因素，按照以下分类和分解原则，结合第4.12.1项约定的合同进度计划，汇总形成月度支付分解报告。

（1）勘察设计费。按照提供勘察设计阶段性成果文件的时间、对应的工作量进行分解。

（2）材料和工程设备费。分别按订立采购合同、进场验收合格、安装就位、工程竣工等阶段和专用条款约定的比例进行分解。

（3）技术服务培训费。按照价格清单中的单价，结合第4.12.1项约定的合同进度计划对应的工作量进行分解。

（4）其他工程价款。除第17.1款约定按已完成工程量计量支付的工程价款外，按照价格清单中的价格，结合第4.12.1项约定的合同进度计划拟完成的工程量或者比例进行分解。

承包人应当在收到经监理人批复的合同进度计划后7天内，将支付分解报告以及形成支付分解报告的支持性资料报监理人审批，监理人应当在收到承包人报送的支付分解报告后7天内给予批复或提出修改意见，经监理人批准的支付分解报告为有合同约束力的支付分解表。合同进度计划进行了修订的，应相应修改支付分解表，并按本目规定报监理人批复。

17.3.3　进度付款申请单

承包人应在每笔进度款支付前，按监理人批准的格式和专用合同条款约定的份数，向监理人提交进度付款申请单，并附相应的支持性证明文件。除合同另有约定外，进度付款申请单应包括下列内容：

（1）当期应支付金额总额，以及截至当期期末累计应支付金额总额、已支付的进度付款金额总额；

（2）当期根据支付分解表应支付金额，以及截至当期期末累计应支付金额；

（3）当期根据第17.1款约定计量的已实施工程应支付金额，以及截至当期期末累计应支付金额；

（4）当期根据第15条应增加和扣减的变更金额，以及截至当期期末累计变更金额；

（5）当期根据第23条应增加和扣减的索赔金额，以及截至当期期末累计索赔金额；

（6）当期根据第17.2款约定应支付的预付款和扣减的返还预付款金额，以及截至当期期末累计返还预付款金额；

（7）当期根据第17.4.1项约定应扣减的质量保证金金额，以及截至当期期末累计扣减的质量保证金金额；

（8）当期根据合同应增加和扣减的其他金额，以及截至当期期末累计增加和扣减的金额。

17.3.4　进度付款证书和支付时间

（1）监理人在收到承包人进度付款申请单以及相应的支持性证明文件后的14天内完成审核，提出发包人到期应支付给承包人的金额以及相应的支持性材料，经发包人审批同意后，由监理人向承包人出具经发包人签认的进度付款证书。监理人未能在前述时间完成审核的，视为监理人同意承包人进度付款申请。监理人有权核减承包人未能按照合同要求履行任何工作或义务的相应金额。

（2）发包人最迟应在监理人收到进度付款申请单后的28天内，将进度应付款支付给承包人。发包人未能在前述时间内完成审批或不予答复的，视为发包人同意进度付款申请。发包人不按期支付的，按专用合同条款的约定支付逾期付款违约金。

（3）监理人出具进度付款证书，不应视为监理人已同意、批准或接受了承包人完成的该部分工作。

（4）进度付款涉及政府投资资金的，按照国库集中支付等国家相关规定和专用合同条款的约定执行。

17.3.5　工程进度付款的修正

在对以往历次已签发的进度付款证书进行汇总和复核中发现错、漏或重复的，监理人有权予以修正，承包人也有权提出修正申请。经监理人、承包人复核同意的修正，应在本次进度付款中支付或扣除。

17.4　质量保证金

17.4.1　监理人应从发包人的每笔进度付款中，按专用合同条款的约定扣留质量保证金，直至扣留的质量保证金总额达到专用合同条款约定的金额或比例为止。质量保证金的计算额度不包括预付款的支付、扣回以及价格调整的金额。

17.4.2　在第1.1.4.5目约定的缺陷责任期满时，承包人向发包人申请到期应返还承包人剩余的质量保证金，发包人应在14天内会同承包人按照合同约定的内容核实承包人是否完成缺陷责任。如无异议，发包人应当在核实后将剩余质量保证金返还承包人。

17.4.3　在第1.1.4.5目约定的缺陷责任期满时，承包人没有完成缺陷责任的，发包人有权扣留与未履行责任剩余工作所需金额相应的质量保证金余额，并有权根据第19.3款约定要求延长缺陷责任期，直至完成剩余工作为止。

17.5　竣工结算

17.5.1　竣工付款申请单

（1）工程接收证书颁发后，承包人应按专用合同条款约定的份数和期限向监理人提交竣工付款申请单，并提供相关证明材料。除专用合同条款另有约定外，竣工付款申请单应包括下列内容：竣工结算合同总价、发包人已支付承包人的工程价款、应扣留的质量保证金、应支付的竣工付款金额。

（2）监理人对竣工付款申请单有异议的，有权要求承包人进行修正和提供补充资料。经监理人和承包人协商后，由承包人向监理人提交修正后的竣工付款申请单。

17.5.2　竣工付款证书及支付时间

（1）监理人在收到承包人提交的竣工付款申请单后的14天内完成核查，提出发包人到期应支付给承包人的价款送发包人审核并抄送承包人。发包人应在收到后14天内审核完毕，由监理人向承包人出具经发包人签认的竣工付款证书。监理人未在约定时间内核查，又未提出具体意见的，视为承包人提交的竣工付款申请单已经监理人核查同意；发包人未在约定时间内审核又未提出具体意见的，监理人提出发包人到期应支付给承包人的价款视为已经发包人同意。

（2）发包人应在监理人出具竣工付款证书后的14天内，将应支付款支付给承包人。发包人不按期支付的，按第17.3.4（2）目的约定，将逾期付款违约金支付给承包人。

（3）承包人对发包人签认的竣工付款证书有异议的，发包人可出具竣工付款申请单中承包人已同意部分的临时付款证书。存在争议的部分，按第24条的约定执行。

（4）竣工付款涉及政府投资资金的，按第17.3.4（4）目的约定执行。

17.6　最终结清

17.6.1　最终结清申请单

（1）缺陷责任期终止证书签发后，承包人可按专用合同条款约定的份数和期限向监理人提交最终结清申请单，并提供相关证明材料。

（2）发包人对最终结清申请单内容有异议的，有权要求承包人进行修正和提供补充资料，由承包人向监理人提交修正后的最终结清申请单。

17.6.2　最终结清证书和支付时间

（1）监理人收到承包人提交的最终结清申请单后的14天内，提出发包人应支付给承包人的价款送发包人审核并抄送承包人。发包人应在收到后14天内审核完毕，由监理人向承包人出具经发包人签认的最终结清证书。监理人未在约定时间内核查，又未提出具体意见的，视为承包人提交的最终结清申请已经监理人核查同意；发包人未在约定时间内审核又未提出具体意见的，监理人提出应支付给承包人的价款视为已经发包人同意。

（2）发包人应在监理人出具最终结清证书后的14天内，将应支付款支付给承包人。

发包人不按期支付的，按第17.3.4（2）目的约定，将逾期付款违约金支付给承包人。

（3）承包人对发包人签认的最终结清证书有异议的，按第24条的约定执行。

（4）最终结清付款涉及政府投资资金的，按第17.3.4（4）目的约定执行。

18.　竣工试验和竣工验收

18.1　竣工试验

18.1.1　承包人按照第5.5款和第5.6款提交文件后，进行竣工试验。

18.1.2　承包人应提前21天将可以开始进行竣工试验的日期通知监理人，监理人应在该日期后14天内，确定竣工试验具体时间。除专用合同条款中另有约定外，竣工试验应按下述顺序进行：

（1）第一阶段，承包人进行适当的检查和功能性试验，保证每一项工程设备都满足合同要求，并能安全地进入下一阶段试验；

（2）第二阶段，承包人进行试验，保证工程或区段工程满足合同要求，在所有可利用的操作条件下安全运行；

（3）第三阶段，当工程能安全运行时，承包人应通知监理人，可以进行其他竣工试验，包括各种性能测试，以证明工程符合发包人要求中列明的性能保证指标。

18.1.3　承包人应按合同约定进行工程及工程设备试运行。试运行所需人员、设备、材料、燃料、电力、消耗品、工具等必要的条件以及试运行费用等由专用合同条款规定。

18.1.4　某项竣工试验未能通过的，承包人应按照监理人的指示限期改正，并承担合同约定的相应责任。

18.2　竣工验收申请报告

当工程具备以下条件时，承包人即可向监理人报送竣工验收申请报告：

（1）除监理人同意列入缺陷责任期内完成的尾工（甩项）工程和缺陷修补工作外，合同范围内的全部区段工程以及有关工作，包括合同要求的试验和竣工试验均已完成，并符合合同要求；

（2）已按合同约定的内容和份数备齐了符合要求的竣工文件；

（3）已按监理人的要求编制了在缺陷责任期内完成的尾工（甩项）工程和缺陷修补工作清单以及相应施工计划；

（4）监理人要求在竣工验收前应完成的其他工作；

（5）监理人要求提交的竣工验收资料清单。

18.3　竣工验收

监理人收到承包人按第18.2款约定提交的竣工验收申请报告后，应审查申请报告的各项内容，并按以下不同情况进行处理。

18.3.1　监理人审查后认为尚不具备竣工验收条件的，应在收到竣工验收申请报告后的28天内通知承包人，指出在颁发接收证书前承包人还需进行的工作内容。承包人完成监理人通知的全部工作内容后，应再次提交竣工验收申请报告，直至监理人同意为止。监理人收到竣工验收申请报告后28天内不予答复的，视为同意承包人的竣工验收申请，并应在收到该竣工验收申请报告后28天内提请发包人进行竣工验收。

18.3.2　监理人同意承包人提交的竣工验收申请报告的，应在收到该竣工验收申请报告后的28天内提请发包人进行工程验收。

18.3.3　发包人经过验收后同意接受工程的，应在监理人收到竣工验收申请报告后的56天内，由监理人向承包人出具经发包人签认的工程接收证书。发包人验收后同意接收工程但提出整修和完善要求的，限期修好，并缓发工程接收证书。整修和完善工作完成后，监理人复查达到要求的，经发包人同意后，再向承包人出具工程接收证书。

18.3.4　发包人验收后不同意接收工程的，监理人应按照发包人的验收意见发出指示，要求承包人对不合格工程认真返工重作或进行补救处理，并承担由此产生的费用。承包人在完成不合格工程的返工重作或补救工作后，应重新提交竣工验收申请报告，按第18.3.1项、第18.3.2项和第18.3.3项的约定进行。

18.3.5　除专用合同条款另有约定外，经验收合格工程的实际竣工日期，以提交竣工验收申请报告的日期为准，并在工程接收证书中写明。

18.3.6　发包人在收到承包人竣工验收申请报告56天后未进行验收的，视为验收合格，实际竣工日期以提交竣工验收申请报告的日期为准，但发包人由于不可抗力不能进行验收的除外。

18.4　国家验收

需要进行国家验收的，竣工验收是国家验收的一部分。竣工验收所采用的各项验收和评定标准应符合国家验收标准。发包人和承包人为竣工验收提供的各项竣工验收资料应符合国家验收的要求。

18.5　区段工程验收

18.5.1　发包人根据合同进度计划安排，在全部工程竣工前需要使用已经竣工的区段工程时，或承包人提出经发包人同意时，可进行区段工程验收。验收的程序可参照第18.2款与第18.3款的约定进行。验收合格后，由监理人向承包人出具经发包人签认的区段工程验收证书。已签发区段工程接收证书的区段工程由发包人负责照管。区段工程的验收成果和结论作为全部工程竣工验收申请报告的附件。

18.5.2　发包人在全部工程竣工前，使用已接收的区段工程导致承包人费用增加的，发包人应承担由此增加的费用和（或）工期延误，并支付承包人合理利润。

18.6　施工期运行

18.6.1　施工期运行是指合同工程尚未全部竣工，其中某项或某几项区段工程或工程设备安装已竣工，根据专用合同条款约定，需要投入施工期运行的，经发包人按第18.5款的约定验收合格，证明能确保安全后，才能在施工期投入运行。

18.6.2　在施工期运行中发现工程或工程设备损坏或存在缺陷的，由承包人按第19.2款约定进行修复。

18.7　竣工清场

18.7.1　除合同另有约定外，工程接收证书颁发后，承包人应按以下要求对施工场地进行清理，直至监理人检验合格为止。竣工清场费用由承包人承担。

（1）施工场地内残留的垃圾已全部清除出场；

（2）临时工程已拆除，场地已按合同要求进行清理、平整或复原；

（3）按合同约定应撤离的承包人设备和剩余的材料，包括废弃的施工设备和材料，已按计划撤离施工场地；

（4）工程建筑物周边及其附近道路、河道的施工堆积物，已按监理人指示全部清理；

（5）监理人指示的其他场地清理工作已全部完成。

18.7.2　承包人未按监理人的要求恢复临时占地，或者场地清理未达到合同约定的，发包人有权委托其他人恢复或清理，所发生的金额从拟支付给承包人的款项中扣除。

18.8　施工队伍的撤离

工程接收证书颁发后的56天内，除了经监理人同意需在缺陷责任期内继续工作和使用的人员、施工设备和临时工程外，其余的人员、施工设备和临时工程均应撤离施工场地或拆除。除合同另有约定外，缺陷责任期满时，承包人的人员和施工设备应全部撤离施工场地。

18.9　竣工后试验（A）

除专用合同条款另有约定外，发包人应：

（1）为竣工后试验提供必要的电力、设备、燃料、仪器、劳力、材料，以及具有适当资质和经验的工作人员；

（2）根据承包商按照第5.6款提供的手册，以及承包人给予的指导进行竣工后试验。

发包人应提前21天将竣工后试验的日期通知承包人。如果承包人未能在该日期出席竣工后试验，发包人可自行进行，承包人应对检验数据予以认可。

因承包人原因造成某项竣工后试验未能通过的，承包人应按照合同的约定进行赔偿，或者承包人提出修复建议，按照发包人指示的合理期限内改正，并承担合同约定的相应责任。

18.9　竣工后试验（B）

除专用合同条款另有约定外：

（1）发包人为竣工后试验提供必要的电力、材料、燃料、发包人人员和工程设备；

（2）承包人应提供竣工后试验所需要的所有其他设备、仪器，以及有资格和经验的工作人员；

（3）承包人应在发包人在场的情况下，进行竣工后试验。发包人应提前21天将竣工后试验的日期通知承包人。因承包人原因造成某项竣工后试验未能通过的，承包人应按照合同的约定进行赔偿，或者承包人提出修复建议，按照发包人指示的合理期限内改正，并承担合同约定的相应责任。

19. 缺陷责任与保修责任

19.1　缺陷责任期的起算时间

缺陷责任期自实际竣工日期起计算。在全部工程竣工验收前，已经发包人提前验收的区段工程或进入施工期运行的工程，其缺陷责任期的起算日期相应提前到相应工程竣工日。

19.2　缺陷责任

19.2.1　承包人应在缺陷责任期内对已交付使用的工程承担缺陷责任。

19.2.2　缺陷责任期内，发包人对已接收使用的工程负责日常维护工作。发包人在使用过程中，发现已接收的工程存在新的缺陷或已修复的缺陷部位或部件又遭损坏的，承包人应负责修复，直至检验合格为止。

19.2.3　监理人和承包人应共同查清缺陷和(或)损坏的原因。经查明属承包人原因造成的，应由承包人承担修复和查验的费用。经查验属发包人原因造成的，发包人应承担修复和查验的费用，并支付承包人合理利润。

19.2.4　承包人不能在合理时间内修复缺陷的，发包人可自行修复或委托其他人修复，所需费用和利润的承担，按第19.2.3项约定执行。

19.3　缺陷责任期的延长

由于承包人原因造成某项缺陷或损坏使某项工程或工程设备不能按原定目标使用而需要再次检查、检验和修复的，发包人有权要求承包人相应延长缺陷责任期，但缺陷责任期最长不超过2年。

19.4　进一步试验和试运行

任何一项缺陷或损坏修复后，经检查证明其影响了工程或工程设备的使用性能，承包人应重新进行合同约定的试验和试运行，试验和试运行的全部费用应由责任方承担。

19.5　承包人的进入权

缺陷责任期内承包人为缺陷修复工作需要，有权进入工程现场，但应遵守发包人的保安和保密规定。

19.6 缺陷责任期终止证书

在第1.1.4.5目约定的缺陷责任期，包括根据第19.3款延长的期限终止后14天内，由监理人向承包人出具经发包人签认的缺陷责任期终止证书，并退还剩余的质量保证金。

19.7 保修责任

合同当事人根据有关法律规定，在专用合同条款中约定工程质量保修范围、期限和责任。保修期自实际竣工日期起计算。在全部工程竣工验收前，已经发包人提前验收的区段工程，其保修期的起算日期相应提前。

20. 保险

20.1 设计和工程保险

20.1.1 承包人按照专用合同条款的约定向双方同意的保险人投保建设工程设计责任险、建筑工程一切险或安装工程一切险等保险。具体的投保险种、保险范围、保险金额、保险费率、保险期限等有关内容应当在专用合同条款中明确约定。

20.1.2 在缺陷责任期终止证书颁发前，承包人应按照专用合同条款的约定投保第三者责任险。

20.2 工伤保险

20.2.1 承包人员工伤保险

承包人应依照有关法律规定，为其履行合同所雇佣的全部人员投保工伤保险，缴纳工伤保险费，并要求其分包人也投保此项保险。

20.2.2 发包人员工伤保险

发包人应依照有关法律规定，为其现场机构雇佣的全部人员投保工伤保险，缴纳工伤保险费，并要求其监理人也进行此项保险。

20.3 人身意外伤害险

20.3.1 发包人应在整个施工期间为其现场机构雇用的全部人员，投保人身意外伤害险，缴纳保险费，并要求其监理人也进行此项保险。

20.3.2　承包人应在整个施工期间为其现场机构雇用的全部人员，投保人身意外伤害险，缴纳保险费，并要求其分包人也进行此项保险。

20.4　其他保险

除专用合同条款另有约定外，承包人应为其施工设备、进场的材料和工程设备等办理保险。

20.5　对各项保险的一般要求

20.5.1　保险凭证

承包人应在专用合同条款约定的期限内向发包人提交各项保险生效的证据和保险单副本，保险单必须与专用合同条款约定的条件保持一致。

20.5.2　保险合同条款的变动

承包人需要变动保险合同条款时，应事先征得发包人同意，并通知监理人。保险人作出变动的，承包人应在收到保险人通知后立即通知发包人和监理人。

20.5.3　持续保险

承包人应与保险人保持联系，使保险人能够随时了解工程实施中的变动，并确保按保险合同条款要求持续保险。

20.5.4　保险金不足的补偿

保险金不足以补偿损失的，应由承包人和（或）发包人按合同约定负责补偿。

20.5.5　未按约定投保的补救

（1）由于负有投保义务的一方当事人未按合同约定办理保险，或未能使保险持续有效的，另一方当事人可代为办理，所需费用由对方当事人承担。

（2）由于负有投保义务的一方当事人未按合同约定办理某项保险，导致受益人未能得到保险人的赔偿，原应从该项保险得到的保险金应由负有投保义务的一方当事人支付。

20.5.6　报告义务

当保险事故发生时，投保人应按照保险单规定的条件和期限及时向保险人报告。

21.　不可抗力

21.1　不可抗力的确认

21.1.1　不可抗力是指承包人和发包人在订立合同时不可预见，在履行合同过程中不可避免发生并不能克服的自然灾害和社会性突发事件，如地震、海啸、瘟疫、水灾、骚乱、暴动、战争和专用合同条款约定的其他情形。

21.1.2　不可抗力发生后，发包人和承包人应及时认真统计所造成的损失，收集不可抗力造成损失的证据。合同双方对是否属于不可抗力或其损失的意见不一致的，由监理人按第3.5款商定或确定。发生争议时，按第24条的约定执行。

21.2　不可抗力的通知

21.2.1　合同一方当事人遇到不可抗力事件，使其履行合同义务受到阻碍时，应立即通知合同另一方当事人和监理人，书面说明不可抗力和受阻碍的详细情况，并提供必要的证明。

21.2.2　如不可抗力持续发生，合同一方当事人应及时向合同另一方当事人和监理人提交中间报告，说明不可抗力和履行合同受阻的情况，并于不可抗力事件结束后28天内提交最终报告及有关资料。

21.3　不可抗力后果及其处理

21.3.1　不可抗力造成损害的责任

除专用合同条款另有约定外，不可抗力导致的人员伤亡、财产损失、费用增加和（或）工期延误等后果，由合同双方按以下原则承担：

（1）永久工程，包括已运至施工场地的材料和工程设备的损害，以及因工程损害造成的第三者人员伤亡和财产损失由发包人承担；

（2）承包人设备的损坏由承包人承担；

（3）发包人和承包人各自承担其人员伤亡和其他财产损失及其相关费用；

（4）承包人的停工损失由承包人承担，但停工期间应监理人要求照管工程和清理、修复工程的金额由发包人承担；

（5）不能按期竣工的，应合理延长工期，承包人不需支付逾期竣工违约金。发包人要求赶工的，承包人应采取赶工措施，赶工费用由发包人承担。

21.3.2 延迟履行期间发生的不可抗力

合同一方当事人延迟履行，在延迟履行期间发生不可抗力的，不免除其责任。

21.3.3 避免和减少不可抗力损失

不可抗力发生后，发包人和承包人均应采取措施尽量避免和减少损失的扩大，任何一方没有采取有效措施导致损失扩大的，应对扩大的损失承担责任。

21.3.4 因不可抗力解除合同

合同一方当事人因不可抗力不能履行合同的，应当及时通知对方解除合同。合同解除后，承包人应按照第22.2.4项约定撤离施工场地。已经订货的材料、设备由订货方负责退货或解除订货合同，不能退还的货款和因退货、解除订货合同发生的费用，由发包人承担，因未及时退货造成的损失由责任方承担。合同解除后的付款，参照第22.2.3项约定，由监理人按第3.5款商定或确定。

22. 违约

22.1 承包人违约

22.1.1 承包人违约的情形

在履行合同过程中发生的下列情况之一的，属承包人违约：

（1）承包人的设计、承包人文件、实施和竣工的工程不符合法律以及合同约定；

（2）承包人违反第1.8款或第4.3款的约定，私自将合同的全部或部分权利转让给其他人，或私自将合同的全部或部分义务转移给其他人；

（3）承包人违反第6.3款或第7.4款的约定，未经监理人批准，私自将已按合同约定进入施工场地的施工设备、临时设施或材料撤离施工场地；

（4）承包人违反第6.5款的约定使用了不合格材料或工程设备，工程质量达不到标准要求，又拒绝清除不合格工程；

（5）承包人未能按合同进度计划及时完成合同约定的工作，造成工期延误；

（6）由于承包人原因未能通过竣工试验或竣工后试验的；

（7）承包人在缺陷责任期内，未能对工程接收证书所列的缺陷清单的内容或缺陷责任期内发生的缺陷进行修复，而又拒绝按监理人指示再进行修补；

（8）承包人无法继续履行或明确表示不履行或实质上已停止履行合同；

（9）承包人不按合同约定履行义务的其他情况。

22.1.2　对承包人违约的处理

（1）承包人发生第22.1.1（6）目约定的违约情况时，按照发包人要求中的未能通过竣工/竣工后试验的损害进行赔偿。发生延期的，承包人应承担延期责任。

（2）承包人发生第22.1.1（8）目约定的违约情况时，发包人可通知承包人立即解除合同，并按第22.1.3项、第22.1.4项、第22.1.5项约定处理。

（3）承包人发生除第22.1.1（6）目和第22.1.1（8）目约定以外的其他违约情况时，监理人可向承包人发出整改通知，要求其在指定的期限内纠正。除合同条款另有约定外，承包人应承担其违约所引起的费用增加和（或）工期延误。

22.1.3　因承包人违约解除合同

监理人发出整改通知28天后，承包人仍不纠正违约行为的，发包人有权解除合同并向承包人发出解除合同通知。承包人收到发包人解除合同通知后14天内，承包人应撤离现场，发包人派员进驻施工场地完成现场交接手续，发包人有权另行组织人员或委托其他承包人。发包人因继续完成该工程的需要，有权扣留使用承包人在现场的材料、设备和临时设施。但发包人的这一行动不免除承包人应承担的违约责任，也不影响发包人根据合同约定享有的索赔权利。

22.1.4　发包人发出合同解除通知后的估价、付款和结清

（1）承包人收到发包人解除合同通知后28天内，监理人按第3.5款商定或确定承包人实际完成工作的价值，包括发包人扣留承包人的材料、设备及临时设施和承包人已提供的设计、材料、施工设备、工程设备、临时工程等的价值。

（2）发包人发出解除合同通知后，发包人有权暂停对承包人的一切付款，查清各项付款和已扣款金额，包括承包人应支付的违约金。

（3）发包人发出解除合同通知后，发包人有权按第23.4款的约定向承包人索赔由于解除合同给发包人造成的损失。

（4）合同双方确认合同价款后，发包人颁发最终结清付款证书，并结清全部合同款项。

（5）发包人和承包人未能就解除合同后的结清达成一致而形成争议的，按第24条的约定执行。

22.1.5　协议利益的转让

因承包人违约解除合同的，发包人有权要求承包人将其为实施合同而签订的材料和设备的订货协议或任何服务协议利益转让给发包人，并在承包人收到解除合同通知后的14天内，依法办理转让手续。发包人有权使用承包人文件和由承包人或以其名义编制的其他设计文件。

22.1.6　紧急情况下无能力或不愿进行抢救

在工程实施期间或缺陷责任期内发生危及工程安全的事件，监理人通知承包人进行抢救，承包人声明无能力或不愿立即执行的，发包人有权雇佣其他人员进行抢救。此类抢救按合同约定属于承包人义务的，由此发生

的金额和(或)工期延误由承包人承担。

22.2 发包人违约

22.2.1 发包人违约的情形

在履行合同过程中发生下列情形之一的，属发包人违约：

(1)发包人未能按合同约定支付价款，或拖延、拒绝批准付款申请和支付凭证，导致付款延误；

(2)发包人原因造成停工；

(3)监理人无正当理由没有在约定期限内发出复工指示，导致承包人无法复工；

(4)发包人无法继续履行或明确表示不履行或实质上已停止履行合同；

(5)发包人不履行合同约定其他义务。

22.2.2 因发包人违约解除合同

(1)发生第22.2.1(4)目的违约情况时，承包人可书面通知发包人解除合同。

(2)承包人按12.2.1项约定暂停施工28天后，发包人仍不纠正违约行为的，承包人可向发包人发出解除合同通知。但承包人的这一行为不免除发包人承担的违约责任，也不影响承包人根据合同约定享有的索赔权利。

22.2.3 解除合同后的付款

因发包人违约解除合同的，发包人应在解除合同后28天内向承包人支付下列款项，承包人应在此期限内及时向发包人提交要求支付下列金额的有关资料和凭证：

(1)承包人发出解除合同通知前所完成工作的价款；

(2)承包人为该工程施工订购并已付款的材料、工程设备和其他物品的金额。发包人付款后，该材料、工程设备和其他物品归发包人所有；

(3)承包人为完成工程所发生的，而发包人未支付的金额；

(4)承包人撤离施工场地以及遣散承包人人员的金额；

(5)因解除合同造成的承包人损失；

(6)按合同约定在承包人发出解除合同通知前应支付给承包人的其他金额。

发包人应按本项约定支付上述金额并退还质量保证金和履约担保，但有权要求承包人支付应偿还给发包人的各项金额。

22.2.4　解除合同后的承包人撤离

因发包人违约而解除合同后，承包人应妥善处理正在施工的工程和已购材料、设备的保护和移交工作，并按发包人的要求将承包人设备和人员撤出施工场地。承包人撤出施工场地应遵守第18.7.1项的约定，发包人应为承包人撤出提供必要条件并办理移交手续。

22.3　第三人造成的违约

在履行合同过程中，一方当事人因第三人的原因造成违约的，应当向对方当事人承担违约责任。一方当事人和第三人之间的纠纷，依照法律规定或者按照约定解决。

23.　索赔

23.1　承包人索赔的提出

根据合同约定，承包人认为有权得到追加付款和(或)延长工期的，应按以下程序向发包人提出索赔：

(1)承包人应在知道或应当知道索赔事件发生后28天内，向监理人递交索赔意向通知书，并说明发生索赔事件的事由。承包人未在前述28天内发出索赔意向通知书的，工期不予顺延，且承包人无权获得追加付款；

(2)承包人应在发出索赔意向通知书后28天内，向监理人正式递交索赔通知书。索赔通知书应详细说明索赔理由以及要求追加的付款金额和(或)延长的工期，并附必要的记录和证明材料；

(3)索赔事件具有连续影响的，承包人应按合理时间间隔继续递交延续索赔通知，说明连续影响的实际情况和记录，列出累计的追加付款金额和(或)工期延长天数；

（4）在索赔事件影响结束后的28天内，承包人应向监理人递交最终索赔通知书，说明最终要求索赔的追加付款金额和延长的工期，并附必要的记录和证明材料。

23.2 承包人索赔处理程序

（1）监理人收到承包人提交的索赔通知书后，应及时审查索赔通知书的内容、查验承包人的记录和证明材料，必要时监理人可要求承包人提交全部原始记录副本。

（2）监理人应按第3.5款商定或确定追加的付款和（或）延长的工期，并在收到上述索赔通知书或有关索赔的进一步证明材料后的42天内，将索赔处理结果答复承包人。监理人应当在收到索赔通知书或有关索赔的进一步证明材料后的42天内不予答复的，视为认可索赔。

（3）承包人接受索赔处理结果的，发包人应在作出索赔处理结果答复后28天内完成赔付。承包人不接受索赔处理结果的，按第24条的约定执行。

23.3 承包人提出索赔的期限

23.3.1 承包人按第17.5款的约定接受了竣工付款证书后，应被认为已无权再提出在合同工程接收证书颁发前所发生的任何索赔。

23.3.2 承包人按第17.6款的约定提交的最终结清申请单中，只限于提出工程接收证书颁发后发生的索赔。提出索赔的期限自接受最终结清证书时终止。

23.4 发包人的索赔

23.4.1 发包人应在知道或应当知道索赔事件发生后28天内，向承包人发出索赔通知，并说明发包人有权扣减的付款和（或）延长缺陷责任期的细节和依据。发包人未在前述28天内发出索赔通知的，丧失要求扣减付款和（或）延长缺陷责任期的权利。发包人提出索赔的期限和要求与第23.3款的约定相同，要求延长缺陷责任期的通知应在缺陷责任期届满前发出。

23.4.2　发包人按第3.5款商定或确定发包人从承包人处得到赔付的金额和（或）缺陷责任期的延长期。承包人应付给发包人的金额可从拟支付给承包人的合同价款中扣除，或由承包人以其他方式支付给发包人。

24.　争议的解决

24.1　争议的解决方式

发包人和承包人在履行合同中发生争议的，可以友好协商解决或者提请争议评审组评审。合同当事人友好协商解决不成、不愿提请争议评审或者不接受争议评审组意见的，可在专用合同条款中约定下列一种方式解决：

（1）向约定的仲裁委员会申请仲裁；

（2）向有管辖权的人民法院提起诉讼。

24.2　友好解决

在提请争议评审、仲裁或者诉讼前，以及在争议评审、仲裁或诉讼过程中，发包人和承包人均可共同努力友好协商解决争议。

24.3　争议评审

24.3.1　采用争议评审的，发包人和承包人应在开工日后的28天内或在争议发生后，协商成立争议评审组。争议评审组由有合同管理和工程实践经验的专家组成。

24.3.2　合同双方的争议，应首先由申请人向争议评审组提交一份详细的评审申请报告，并附必要的文件、图纸和证明材料，申请人还应将上述报告的副本同时提交给被申请人和监理人。

24.3.3　被申请人在收到申请人评审申请报告副本后的28天内，向争议评审组提交一份答辩报告，并附证明材料。被申请人应将答辩报告的副本同时提交给申请人和监理人。

24.3.4　除专用合同条款另有约定外，争议评审组在收到合同双方报告后的14天内，邀请双方代表和有关人员举行调查会，向双方调查争议细节；必要时争议评审组可要求双方进一步提供补充材料。

24.3.5　除专用合同条款另有约定外，在调查会结束后的14天内，争议评审组应在不受任何干扰的情况下进行独立、公正的评审，作出书面评审意见，并说明理由。在争议评审期间，争议双方暂按总监理工程师的确定执行。

24.3.6　发包人和承包人接受评审意见的，由监理人根据评审意见拟定执行协议，经争议双方签字后作为合同的补充文件，并遵照执行。

24.3.7　发包人或承包人不接受评审意见，并要求提交仲裁或提起诉讼的，应在收到评审意见后的14天内将仲裁或起诉意向书面通知另一方，并抄送监理人，但在仲裁或诉讼结束前应暂按总监理工程师的确定执行。

5. 建设项目工程总承包合同（示范文本）（GF-2020-0216）

第二部分　通用合同条件

第1条　一般约定

1.1　词语定义和解释

合同协议书、通用合同条件、专用合同条件中的下列词语应具有本款所赋予的含义：

1.1.1　合同

1.1.1.1　合同：是指根据法律规定和合同当事人约定具有约束力的文件，构成合同的文件包括合同协议书、中标通知书（如果有）、投标函及其附录（如果有）、专用合同条件及其附件、通用合同条件、《发包人要求》、承包人建议书、价格清单以及双方约定的其他合同文件。

1.1.1.2　合同协议书：是指构成合同的由发包人和承包人共同签署的称为“合同协议书”的书面文件。

1.1.1.3　中标通知书：是指构成合同的由发包人通知承包人中标的书面文件。中标通知书随附的澄清、说明、补正事项纪要等，是中标通知书的组成部分。

1.1.1.4　投标函：是指构成合同的由承包人填写并签署的用于投标的称为“投标函”的文件。

1.1.1.5　投标函附录：是指构成合同的附在投标函后的称为“投标函

附录”的文件。

1.1.1.6 《发包人要求》：指构成合同文件组成部分的名为《发包人要求》的文件，其中列明工程的目的、范围、设计与其他技术标准和要求，以及合同双方当事人约定对其所作的修改或补充。

1.1.1.7 项目清单：是指发包人提供的载明工程总承包项目勘察费（如果有）、设计费、建筑安装工程费、设备购置费、暂估价、暂列金额和双方约定的其他费用的名称和相应数量等内容的项目明细。

1.1.1.8 价格清单：指构成合同文件组成部分的由承包人按发包人提供的项目清单规定的格式和要求填写并标明价格的清单。

1.1.1.9 承包人建议书：指构成合同文件组成部分的名为承包人建议书的文件。承包人建议书由承包人随投标函一起提交。

1.1.1.10 其他合同文件：是指经合同当事人约定的与工程实施有关的具有合同约束力的文件或书面协议。合同当事人可以在专用合同条件中进行约定。

1.1.2 合同当事人及其他相关方

1.1.2.1 合同当事人：是指发包人和（或）承包人。

1.1.2.2 发包人：是指与承包人订立合同协议书的当事人及取得该当事人资格的合法继受人。本合同中“因发包人原因”里的“发包人”包括发包人及所有发包人人员。

1.1.2.3 承包人：是指与发包人订立合同协议书的当事人及取得该当事人资格的合法继受人。

1.1.2.4 联合体：是指经发包人同意由两个或两个以上法人或者其他组织组成的，作为承包人的临时机构。

1.1.2.5 发包人代表：是指由发包人任命并派驻工作现场，在发包人授权范围内行使发包人权利和履行发包人义务的人。

1.1.2.6 工程师：是指在专用合同条件中指明的，受发包人委托按照法律规定和发包人的授权进行合同履行管理、工程监督管理等工作的法人或其他组织；该法人或其他组织应雇用一名具有相应执业资格和职业能力的自然人作为工程师代表，并授予其根据本合同代表工程师行事的权利。

1.1.2.7　工程总承包项目经理：是指由承包人任命的，在承包人授权范围内负责合同履行的管理，且按照法律规定具有相应资格的项目负责人。

1.1.2.8　设计负责人：是指承包人指定负责组织、指导、协调设计工作并具有相应资格的人员。

1.1.2.9　采购负责人：是指承包人指定负责组织、指导、协调采购工作的人员。

1.1.2.10　施工负责人：是指承包人指定负责组织、指导、协调施工工作并具有相应资格的人员。

1.1.2.11　分包人：是指按照法律规定和合同约定，分包部分工程或工作，并与承包人订立分包合同的具有相应资质或资格的法人或其他组织。

1.1.3　工程和设备

1.1.3.1　工程：是指与合同协议书中工程承包范围对应的永久工程和（或）临时工程。

1.1.3.2　工程实施：是指进行工程的设计、采购、施工和竣工以及对工程任何缺陷的修复。

1.1.3.3　永久工程：是指按合同约定建造并移交给发包人的工程，包括工程设备。

1.1.3.4　临时工程：是指为完成合同约定的永久工程所修建的各类临时性工程，不包括施工设备。

1.1.3.5　单位/区段工程：是指在专用合同条件中指明特定范围的，能单独接收并使用的永久工程。

1.1.3.6　工程设备：指构成永久工程的机电设备、仪器装置、运载工具及其他类似的设备和装置，包括其配件及备品、备件、易损易耗件等。

1.1.3.7　施工设备：指为完成合同约定的各项工作所需的设备、器具和其他物品，不包括工程设备、临时工程和材料。

1.1.3.8 临时设施：指为完成合同约定的各项工作所服务的临时性生产和生活设施。

1.1.3.9 施工现场：是指用于工程施工的场所，以及在专用合同条件中指明作为施工场所组成部分的其他场所，包括永久占地和临时占地。

1.1.3.10 永久占地：是指专用合同条件中指明为实施工程需永久占用的土地。

1.1.3.11 临时占地：是指专用合同条件中指明为实施工程需临时占用的土地。

1.1.4 日期和期限

1.1.4.1 开始工作通知：指工程师按第8.1.2项［开始工作通知］的约定通知承包人开始工作的函件。

1.1.4.2 开始工作日期：包括计划开始工作日期和实际开始工作日期。计划开始工作日期是指合同协议书约定的开始工作日期；实际开始工作日期是指工程师按照第8.1款［开始工作］约定发出的符合法律规定的开始工作通知中载明的开始工作日期。

1.1.4.3 开始现场施工日期：包括计划开始现场施工日期和实际开始现场施工日期。计划开始现场施工日期是指合同协议书约定的开始现场施工日期；实际开始现场施工日期是指工程师发出的符合法律规定的开工通知中载明的开始现场施工日期。

1.1.4.4 竣工日期：包括计划竣工日期和实际竣工日期。计划竣工日期是指合同协议书约定的竣工日期；实际竣工日期按照第8.2款［竣工日期］的约定确定。

1.1.4.5 工期：是指在合同协议书约定的承包人完成合同工作所需的期限，包括按照合同约定所作的期限变更及按合同约定承包人有权取得的工期延长。

1.1.4.6 缺陷责任期：是指发包人预留工程质量保证金以保证承包人

履行第11.3款［缺陷调查］下质量缺陷责任的期限。

1.1.4.7　保修期：是指承包人按照合同约定和法律规定对工程质量承担保修责任的期限，该期限自缺陷责任期起算之日起计算。

1.1.4.8　基准日期：招标发包的工程以投标截止日前28天的日期为基准日期，直接发包的工程以合同订立日前28天的日期为基准日期。

1.1.4.9　天：除特别指明外，均指日历天。合同中按天计算时间的，开始当天不计入，从次日开始计算。期限最后一天的截止时间为当天24：00。

1.1.4.10　竣工试验：是指在工程竣工验收前，根据第9条［竣工试验］要求进行的试验。

1.1.4.11　竣工验收：是指承包人完成了合同约定的各项内容后，发包人按合同要求进行的验收。

1.1.4.12　竣工后试验：是指在工程竣工验收后，根据第12条［竣工后试验］约定进行的试验。

1.1.5　合同价格和费用

1.1.5.1　签约合同价：是指发包人和承包人在合同协议书中确定的总金额，包括暂估价及暂列金额等。

1.1.5.2　合同价格：是指发包人用于支付承包人按照合同约定完成承包范围内全部工作的金额，包括合同履行过程中按合同约定发生的价格变化。

1.1.5.3　费用：是指为履行合同所发生的或将要发生的所有合理开支，包括管理费和应分摊的其他费用，但不包括利润。

1.1.5.4　人工费：是指支付给直接从事建筑安装工程施工作业的建筑工人的各项费用。

1.1.5.5　暂估价：是指发包人在项目清单中给定的，用于支付必然发生但暂时不能确定价格的专业服务、材料、设备、专业工程的金额。

1.1.5.6　暂列金额：是指发包人在项目清单中给定的，用于在订立协议书时尚未确定或不可预见变更的设计、施工及其所需材料、工程设备、服务等的金额，包括以计日工方式支付的金额。

1.1.5.7　计日工：是指合同履行过程中，承包人完成发包人提出的零星工作或需要采用计日工计价的变更工作时，按合同中约定的单价计价的一种方式。

1.1.5.8　质量保证金：是指按第14.6款［质量保证金］约定承包人用于保证其在缺陷责任期内履行缺陷修复义务的担保。

1.1.6　其他

1.1.6.1　书面形式：指合同文件、信函、电报、传真、数据电文、电子邮件、会议纪要等可以有形地表现所载内容的形式。

1.1.6.2　承包人文件：指由承包人根据合同约定应提交的所有图纸、手册、模型、计算书、软件、函件、洽商性文件和其他技术性文件。

1.1.6.3　变更：指根据第13条［变更与调整］的约定，经指示或批准对《发包人要求》或工程所做的改变。

1.2　语言文字

合同文件以中国的汉语简体语言文字编写、解释和说明。专用术语使用外文的，应附有中文注释。合同当事人在专用合同条件约定使用两种及以上语言时，汉语为优先解释和说明合同的语言。

与合同有关的联络应使用专用合同条件约定的语言。如没有约定，则应使用中国的汉语简体语言文字。

1.3　法律

合同所称法律是指中华人民共和国法律、行政法规、部门规章，以及工程所在地的地方法规、自治条例、单行条例和地方政府规章等。

合同当事人可以在专用合同条件中约定合同适用的其他规范性文件。

1.4　标准和规范

1.4.1　适用于工程的国家标准、行业标准、工程所在地的地方性标准，以及相应的规范、规程等，合同当事人有特别要求的，应在专用合同条件中约定。

1.4.2　发包人要求使用国外标准、规范的，发包人负责提供原文版本和中文译本，并在专用合同条件中约定提供标准规范的名称、份数和时间。

1.4.3　没有相应成文规定的标准、规范时，由发包人在专用合同条件中约定的时间向承包人列明技术要求，承包人按约定的时间和技术要求提出实施方法，经发包人认可后执行。承包人需要对实施方法进行研发试验的，或须对项目人员进行特殊培训及其有特殊要求的，除签约合同价已包含此项费用外，双方应另行订立协议作为合同附件，其费用由发包人承担。

1.4.4　发包人对于工程的技术标准、功能要求高于或严于现行国家、行业或地方标准的，应当在《发包人要求》中予以明确。除专用合同条件另有约定外，应视为承包人在订立合同前已充分预见前述技术标准和功能要求的复杂程度，签约合同价中已包含由此产生的费用。

1.5　合同文件的优先顺序

组成合同的各项文件应互相解释，互为说明。除专用合同条件另有约定外，解释合同文件的优先顺序如下：

（1）合同协议书；

（2）中标通知书（如果有）；

（3）投标函及投标函附录（如果有）；

（4）专用合同条件及《发包人要求》等附件；

（5）通用合同条件；

（6）承包人建议书；

（7）价格清单；

（8）双方约定的其他合同文件。

上述各项合同文件包括合同当事人就该项合同文件所作出的补充和修改，属于同一类内容的文件，应以最新签署的为准。

在合同订立及履行过程中形成的与合同有关的文件均构成合同文件组成部分，并根据其性质确定优先解释顺序。

1.6　文件的提供和照管

1.6.1　发包人文件的提供

发包人应按照专用合同条件约定的期限、数量和形式向承包人免费提供前期工作相关资料、环境保护、气象水文、地质条件进行工程设计、现场施工等工程实施所需的文件。因发包人未按合同约定提供文件造成工期延误的，按照第8.7.1项［因发包人原因导致工期延误］约定办理。

1.6.2　承包人文件的提供

除专用合同条件另有约定外，承包人文件应包含下列内容，并用第1.2款［语言文字］约定的语言制作：

（1）《发包人要求》中规定的相关文件；

（2）满足工程相关行政审批手续所必须的应由承包人负责的相关文件；

（3）第5.4款［竣工文件］与第5.5款［操作和维修手册］中要求的相关文件。

承包人应按照专用合同条件约定的期限、名称、数量和形式向工程师提供应当由承包人编制的与工程设计、现场施工等工程实施有关的承包人文件。工程师对承包人文件有异议的，承包人应予以修改，并重新报送工程师。合同约定承包人文件应经审查的，工程师应在合同约定的期限内审查完毕，但工程师的审查并不减轻或免除承包人根据合同约定应当承担的责任。承包人文件的提供和审查还应遵守第5.2款［承包人文件审查］和第5.4款［竣工文件］的约定。

1.6.3　文件错误的通知

任何一方发现文件中存在明显的错误或疏忽，应及时通知另一方。

1.6.4　文件的照管

除专用合同条件另有约定外，承包人应在现场保留一份合同、《发包人要求》中列出的所有文件、承包人文件、变更以及其他根据合同收发的往来信函。发包人和工程师有权在任何合理的时间查阅和使用上述所有文件。

1.7　联络

1.7.1　与合同有关的通知、批准、证明、证书、指示、指令、要求、请求、同意、意见、确定和决定等，均应采用书面形式，并应在合同约定的期限内（如无约定，应在合理期限内）通过特快专递或专人、挂号信、传真或双方商定的电子传输方式送达收件地址。

1.7.2　发包人和承包人应在专用合同条件中约定各自的送达方式和收件地址。任何一方合同当事人指定的送达方式或收件地址发生变动的，应提前3天以书面形式通知对方。

1.7.3　发包人和承包人应当及时签收另一方通过约定的送达方式送达至收件地址的来往文件。拒不签收的，由此增加的费用和（或）延误的工期由拒绝接收一方承担。

1.7.4　对于工程师向承包人发出的任何通知，均应以书面形式由工程师或其代表签认后送交承包人实施，并抄送发包人；对于合同一方向另一方发出的任何通知，均应抄送工程师。对于由工程师审查后报发包人批准的事项，应由工程师向承包人出具经发包人签认的批准文件。

1.8　严禁贿赂

合同当事人不得以贿赂或变相贿赂的方式，谋取非法利益或损害对方权益。因一方合同当事人的贿赂造成对方损失的，应赔偿损失，并承担相应的法律责任。

承包人不得与工程师或发包人聘请的第三方串通损害发包人利益。未经发包人书面同意，承包人不得为工程师提供合同约定以外的通讯设备、交通工具及其他任何形式的利益，不得向工程师支付报酬。

1.9　化石、文物

在施工现场发掘的所有文物、古迹以及具有地质研究或考古价值的其他遗迹、化石、钱币或物品属于国家所有。一旦发现上述文物，承包人应采取合理有效的保护措施，防止任何人员移动或损坏上述物品，并立即报告有关政府行政管理部门，同时通知工程师。

发包人、工程师和承包人应按有关政府行政管理部门要求采取妥善的保护措施，由此增加的费用和（或）延误的工期由发包人承担。

承包人发现文物后不及时报告或隐瞒不报，致使文物丢失或损坏的，应赔偿损失，并承担相应的法律责任。

1.10 知识产权

1.10.1 除专用合同条件另有约定外，由发包人（或以发包人名义）编制的《发包人要求》和其他文件，就合同当事人之间而言，其著作权和其他知识产权应归发包人所有。承包人可以为实现合同目的而复制、使用此类文件，但不能用于与合同无关的其他事项。未经发包人书面同意，承包人不得为了合同以外的目的而复制、使用上述文件或将之提供给任何第三方。

1.10.2 除专用合同条件另有约定外，由承包人（或以承包人名义）为实施工程所编制的文件、承包人完成的设计工作成果和建造完成的建筑物，就合同当事人之间而言，其著作权和其他知识产权应归承包人享有。发包人可因实施工程的运行、调试、维修、改造等目的而复制、使用此类文件，但不能用于与合同无关的其他事项。未经承包人书面同意，发包人不得为了合同以外的目的而复制、使用上述文件或将之提供给任何第三方。

1.10.3 合同当事人保证在履行合同过程中不侵犯对方及第三方的知识产权。承包人在工程设计、使用材料、施工设备、工程设备或采用施工工艺时，因侵犯他人的专利权或其他知识产权所引起的责任，由承包人承担；因发包人提供的材料、施工设备、工程设备或施工工艺导致侵权的，由发包人承担责任。

1.10.4 除专用合同条件另有约定外，承包人在投标文件中采用的专利、专有技术、商业软件、技术秘密的使用费已包含在签约合同价中。

1.10.5 合同当事人可就本合同涉及的合同一方、或合同双方（含一方或双方相关的专利商或第三方设计单位）的技术专利、建筑设计方案、专有技术、设计文件著作权等知识产权，订立知识产权及保密协议，作为本合同的组成部分。

1.11　保密

合同当事人一方对在订立和履行合同过程中知悉的另一方的商业秘密、技术秘密，以及任何一方明确要求保密的其它信息，负有保密责任。

除法律规定或合同另有约定外，未经对方同意，任何一方当事人不得将对方提供的文件、技术秘密以及声明需要保密的资料信息等商业秘密泄露给第三方或者用于本合同以外的目的。

一方泄露或者在本合同以外使用该商业秘密、技术秘密等保密信息给另一方造成损失的，应承担损害赔偿责任。当事人为履行合同所需要的信息，另一方应予以提供。当事人认为必要时，可订立保密协议，作为合同附件。

1.12　《发包人要求》和基础资料中的错误

承包人应尽早认真阅读、复核《发包人要求》以及其提供的基础资料，发现错误的，应及时书面通知发包人补正。发包人作相应修改的，按照第13条[变更与调整]的约定处理。

《发包人要求》或其提供的基础资料中的错误导致承包人增加费用和(或)工期延误的，发包人应承担由此增加的费用和(或)工期延误，并向承包人支付合理利润。

1.13　责任限制

承包人对发包人的赔偿责任不应超过专用合同条件约定的赔偿最高限额。若专用合同条件未约定，则承包人对发包人的赔偿责任不应超过签约合同价。但对于因欺诈、犯罪、故意、重大过失、人身伤害等不当行为造成的损失，赔偿的责任限度不受上述最高限额的限制。

1.14　建筑信息模型技术的应用

如果项目中拟采用建筑信息模型技术，合同双方应遵守国家现行相关标准的规定，并符合项目所在地的相关地方标准或指南。合同双方应在专用合同条件中就建筑信息模型的开发、使用、存储、传输、交付及费用等相关内容进行约定。除专用合同条件另有约定外，承包人应负责与本项目中其他使用方协商。

第2条　发包人

2.1　遵守法律

发包人在履行合同过程中应遵守法律，并承担因发包人违反法律给承包人造成的任何费用和损失。发包人不得以任何理由，要求承包人在工程实施过程中违反法律、行政法规以及建设工程质量、安全、环保标准，任意压缩合理工期或者降低工程质量。

2.2　提供施工现场和工作条件

2.2.1　提供施工现场

发包人应按专用合同条件约定向承包人移交施工现场，给承包人进入和占用施工现场各部分的权利，并明确与承包人的交接界面，上述进入和占用权可不为承包人独享。如专用合同条件没有约定移交时间的，则发包人应最迟于计划开始现场施工日期7天前向承包人移交施工现场，但承包人未能按照第4.2款［履约担保］提供履约担保的除外。

2.2.2　提供工作条件

发包人应按专用合同条件约定向承包人提供工作条件。专用合同条件对此没有约定的，发包人应负责提供开展本合同相关工作所需要的条件，包括：

（1）将施工用水、电力、通讯线路等施工所必需的条件接至施工现场内；

（2）保证向承包人提供正常施工所需要的进入施工现场的交通条件；

（3）协调处理施工现场周围地下管线和邻近建筑物、构筑物、古树名木、文物、化石及坟墓等的保护工作，并承担相关费用；

（4）对工程现场临近发包人正在使用、运行、或由发包人用于生产的建筑物、构筑物、生产装置、设施、设备等，设置隔离设施，竖立禁止入内、禁止动火的明显标志，并以书面形式通知承包人须遵守的安全规定和位置范围；

(5)按照专用合同条件约定应提供的其他设施和条件。

2.2.3　逾期提供的责任

因发包人原因未能按合同约定及时向承包人提供施工现场和施工条件的，由发包人承担由此增加的费用和(或)延误的工期。

2.3　提供基础资料

发包人应按专用合同条件和《发包人要求》中的约定向承包人提供施工现场及工程实施所必需的毗邻区域内的供水、排水、供电、供气、供热、通信、广播电视等地上、地下管线和设施资料，气象和水文观测资料，地质勘察资料，相邻建筑物、构筑物和地下工程等有关基础资料，并根据第1.12款[《发包人要求》和基础资料中的错误]承担基础资料错误造成的责任。按照法律规定确需在开工后方能提供的基础资料，发包人应尽其努力及时地在相应工程实施前的合理期限内提供，合理期限应以不影响承包人的正常履约为限。因发包人原因未能在合理期限内提供相应基础资料的，由发包人承担由此增加的费用和延误的工期。

2.4　办理许可和批准

2.4.1　发包人在履行合同过程中应遵守法律，并办理法律规定或合同约定由其办理的许可、批准或备案，包括但不限于建设用地规划许可证、建设工程规划许可证、建设工程施工许可证等许可和批准。对于法律规定或合同约定由承包人负责的有关设计、施工证件、批件或备案，发包人应给予必要的协助。

2.4.2　因发包人原因未能及时办理完毕前述许可、批准或备案，由发包人承担由此增加的费用和(或)延误的工期，并支付承包人合理的利润。

2.5　支付合同价款

2.5.1　发包人应按合同约定向承包人及时支付合同价款。

2.5.2　发包人应当制定资金安排计划，除专用合同条件另有约定外，如发包人拟对资金安排做任何重要变更，应将变更的详细情况通知承包人。如发生承包人收到价格大于签约合同价10%的变更指示或累计变更的总价超过签约合同价30%；或承包人未能根据第14条［合同价格与支付］收到付款，或承包人得知发包人的资金安排发生重要变更但并未收到发包人上述重要变更通知的情况，则承包人可随时要求发包人在28天内补充提供能够按照合同约定支付合同价款的相应资金来源证明。

2.5.3　发包人应当向承包人提供支付担保。支付担保可以采用银行保函或担保公司担保等形式，具体由合同当事人在专用合同条件中约定。

2.6　现场管理配合

发包人应负责保证在现场或现场附近的发包人人员和发包人的其他承包人（如有）：

（1）根据第7.3款［现场合作］的约定，与承包人进行合作；

（2）遵守第7.5款［现场劳动用工］、第7.6款［安全文明施工］、第7.7款［职业健康］和第7.8款［环境保护］的相关约定。

发包人应与承包人、由发包人直接发包的其他承包人（如有）订立施工现场统一管理协议，明确各方的权利义务。

2.7　其他义务

发包人应履行合同约定的其他义务，双方可在专用合同条件内对发包人应履行的其他义务进行补充约定。

第3条　发包人的管理

3.1　发包人代表

发包人应任命发包人代表，并在专用合同条件中明确发包人代表的姓名、职务、联系方式及授权范围等事项。发包人代表应在发包人的授权范围内，负责处理合同履行过程中与发包人有关的具体事宜。发包人代表在授权范围内的行为由发包人承担法律责任。

除非发包人另行通知承包人，发包人代表应被授予并且被认为具有发包人在授权范围内享有的相应权利，涉及第16.1款［由发包人解除合同］

的权利除外。

发包人代表（或者在其为法人的情况下，被任命代表其行事的自然人）应：

（1）履行指派给其的职责，行使发包人托付给的权利；

（2）具备履行这些职责、行使这些权利的能力；

（3）作为熟练的专业人员行事。

如果发包人代表为法人且在签订本合同时未能确定授权代表的，发包人代表应在本合同签订之日起3日内向双方发出书面通知，告知被任命和授权的自然人以及任何替代人员。此授权在双方收到本通知后生效。发包人代表撤销该授权或者变更授权代表时也应同样发出该通知。

发包人更换发包人代表的，应提前14天将更换人的姓名、地址、任务和权利、以及任命的日期书面通知承包人。发包人不得将发包人代表更换为承包人根据本款发出通知提出合理反对意见的人员，不论是法人还是自然人。

发包人代表不能按照合同约定履行其职责及义务，并导致合同无法继续正常履行的，承包人可以要求发包人撤换发包人代表。

3.2　发包人人员

发包人人员包括发包人代表、工程师及其他由发包人派驻施工现场的人员，发包人可以在专用合同条件中明确发包人人员的姓名、职务及职责等事项。发包人或发包人代表可随时对一些助手指派和托付一定的任务和权利，也可撤销这些指派和托付。这些助手可包括驻地工程师或担任检验、试验各项工程设备和材料的独立检查员。这些助手应具有适当的资质、履行其任务和权利的能力。以上指派、托付或撤销，在承包人收到通知后生效。承包人对于可能影响正常履约或工程安全质量的发包人人员保有随时提出沟通的权利。

发包人应要求在施工现场的发包人人员遵守法律及有关安全、质量、环境保护、文明施工等规定，因发包人人员未遵守上述要求给承包人造成的损失和责任由发包人承担。

3.3 工程师

3.3.1 发包人需对承包人的设计、采购、施工、服务等工作过程或过程节点实施监督管理的，有权委任工程师。工程师的名称、监督管理范围、内容和权限在专用合同条件中写明。根据国家相关法律法规规定，如本合同工程属于强制监理项目的，由工程师履行法定的监理相关职责，但发包人另行授权第三方进行监理的除外。

3.3.2 工程师按发包人委托的范围、内容、职权和权限，代表发包人对承包人实施监督管理。若承包人认为工程师行使的职权不在发包人委托的授权范围之内的，则其有权拒绝执行工程师的相关指示，同时应及时通知发包人，发包人书面确认工程师相关指示的，承包人应遵照执行。

3.3.3 在发包人和承包人之间提供证明、行使决定权或处理权时，工程师应作为独立专业的第三方，根据自己的专业技能和判断进行工作。但工程师或其人员均无权修改合同，且无权减轻或免除合同当事人的任何责任与义务。

3.3.4 通用合同条件中约定由工程师行使的职权如不在发包人对工程师的授权范围内的，则视为没有取得授权，该职权应由发包人或发包人指定的其他人员行使。若承包人认为工程师的职权与发包人（包括其人员）的职权相重叠或不明确时，应及时通知发包人，由发包人予以协调和明确并以书面形式通知承包人。

3.4 任命和授权

3.4.1 发包人应在发出开始工作通知前将工程师的任命通知承包人。更换工程师的，发包人应提前7天以书面形式通知承包人，并在通知中写明替换者的姓名、职务、职权、权限和任命时间。工程师超过2天不能履行职责的，应委派代表代行其职责，并通知承包人。

3.4.2 工程师可以授权其他人员负责执行其指派的一项或多项工作，但第3.6款［商定或确定］下的权利除外。工程师应将被授权人员的姓名及其授权范围通知承包人。被授权的人员在授权范围内发出的指示视为已得到工程师的同意，与工程师发出的指示具有同等效力。工程师撤销某项授权时，应将撤销授权的决定及时通知承包人。

3.5　指示

3.5.1　工程师应按照发包人的授权发出指示。工程师的指示应采用书面形式，盖有工程师授权的项目管理机构章，并由工程师的授权人员签字。在紧急情况下，工程师的授权人员可以口头形式发出指示或当场签发临时书面指示，承包人应遵照执行。工程师应在授权人员发出口头指示或临时书面指示后24小时内发出书面确认函，在24小时内未发出书面确认函的，该口头指示或临时书面指示应被视为工程师的正式指示。

3.5.2　承包人收到工程师作出的指示后应遵照执行。如果任何此类指示构成一项变更时，应按照第13条[变更与调整]的约定办理。

3.5.3　由于工程师未能按合同约定发出指示、指示延误或指示错误而导致承包人费用增加和（或）工期延误的，发包人应承担由此增加的费用和（或）工期延误，并向承包人支付合理利润。

3.6　商定或确定

3.6.1　合同约定工程师应按照本款对任何事项进行商定或确定时，工程师应及时与合同当事人协商，尽量达成一致。工程师应将商定的结果以书面形式通知发包人和承包人，并由双方签署确认。

3.6.2　除专用合同条件另有约定外，商定的期限应为工程师收到任何一方就商定事由发出的通知后42天内或工程师提出并经双方同意的其他期限。未能在该期限内达成一致的，由工程师按照合同约定审慎做出公正的确定。确定的期限应为商定的期限届满后42天内或工程师提出并经双方同意的其他期限。工程师应将确定的结果以书面形式通知发包人和承包人，并附详细依据。

3.6.3　任何一方对工程师的确定有异议的，应在收到确定的结果后28天内向另一方发出书面异议通知并抄送工程师。除第19.2款[承包人索赔的处理程序］另有约定外，工程师未能在确定的期限内发出确定的结果通知的，或者任何一方发出对确定的结果有异议的通知的，则构成争议并应按照第20条［争议解决］的约定处理。如未在28天内发出上述通知的，工程师的确定应被视为已被双方接受并对双方具有约束力，但专用合同条件另有约定的除外。

3.6.4　在该争议解决前，双方应暂按工程师的确定执行。按照第20条［争议解决］的约定对工程师的确定作出修改的，按修改后的结果执行，由此导致承包人增加的费用和延误的工期由责任方承担。

3.7　会议

3.7.1　除专用合同条件另有约定外，任何一方可向另一方发出通知，要求另一方出席会议，讨论工程的实施安排或与本合同履行有关的其他事项。发包人的其他承包人、承包人的分包人和其他第三方可应任何一方的请求出席任何此类会议。

3.7.2　除专用合同条件另有约定外，发包人应保存每次会议参加人签名的记录，并将会议纪要提供给出席会议的人员。任何根据此类会议以及会议纪要采取的行动应符合本合同的约定。

第4条　承包人

4.1　承包人的一般义务

除专用合同条件另有约定外，承包人在履行合同过程中应遵守法律和工程建设标准规范，并履行以下义务：

（1）办理法律规定和合同约定由承包人办理的许可和批准，将办理结果书面报送发包人留存，并承担因承包人违反法律或合同约定给发包人造成的任何费用和损失；

（2）按合同约定完成全部工作并在缺陷责任期和保修期内承担缺陷保证责任和保修义务，对工作中的任何缺陷进行整改、完善和修补，使其满足合同约定的目的；

（3）提供合同约定的工程设备和承包人文件，以及为完成合同工作所需的劳务、材料、施工设备和其他物品，并按合同约定负责临时设施的设计、施工、运行、维护、管理和拆除；

（4）按合同约定的工作内容和进度要求，编制设计、施工的组织和实施计划，保证项目进度计划的实现，并对所有设计、施工作业和施工方法，以及全部工程的完备性和安全可靠性负责；

（5）按法律规定和合同约定采取安全文明施工、职业健康和环境保护措施，办理员工工伤保险等相关保险，确保工程及人员、材料、设备和设施的安全，防止因工程实施造成的人身伤害和财产损失；

（6）将发包人按合同约定支付的各项价款专用于合同工程，且应及时支付其雇用人员（包括建筑工人）工资，并及时向分包人支付合同价款；

（7）在进行合同约定的各项工作时，不得侵害发包人与他人使用公用道路、水源、市政管网等公共设施的权利，避免对邻近的公共设施产生干扰。

4.2　履约担保

发包人需要承包人提供履约担保的，由合同当事人在专用合同条件中约定履约担保的方式、金额及提交的时间等，并应符合第2.5款［支付合同价款］的规定。履约担保可以采用银行保函或担保公司担保等形式，承包人为联合体的，其履约担保由联合体各方或者联合体中牵头人的名义代表联合体提交，具体由合同当事人在专用合同条件中约定。

承包人应保证其履约担保在发包人竣工验收前一直有效，发包人应在竣工验收合格后7天内将履约担保款项退还给承包人或者解除履约担保。

因承包人原因导致工期延长的，继续提供履约担保所增加的费用由承包人承担；非因承包人原因导致工期延长的，继续提供履约担保所增加的费用由发包人承担。

4.3　工程总承包项目经理

4.3.1　工程总承包项目经理应为合同当事人所确认的人选，并在专用合同条件中明确工程总承包项目经理的姓名、注册执业资格或职称、联系方式及授权范围等事项。工程总承包项目经理应具备履行其职责所需的资格、经验和能力，并为承包人正式聘用的员工，承包人应向发包人提交工程总承包项目经理与承包人之间的劳动合同，以及承包人为工程总承包项目经理缴纳社会保险的有效证明。承包人不提交上述文件的，工程总承包项目经理无权履行职责，发包人有权要求更换工程总承包项目经理，由此增加的费用和（或）延误的工期由承包人承担。同时，发包人有权根据专用合同条件约定要求承包人承担违约责任。

4.3.2　承包人应按合同协议书的约定指派工程总承包项目经理，并在约定的期限内到职。工程总承包项目经理不得同时担任其他工程项目的工程总承包项目经理或施工工程总承包项目经理（含施工总承包工程、专业承包工程）。工程在现场实施的全部时间内，工程总承包项目经理每月在施工现场时间不得少于专用合同条件约定的天数。工程总承包项目经理确需离开施工现场时，应事先通知工程师，并取得发包人的书面同意。工程总承包项目经理未经批准擅自离开施工现场的，承包人应按照专用合同条件的约定承担违约责任。工程总承包项目经理的通知中应当载明临时代行其职责的人员的注册执业资格、管理经验等资料，该人员应具备履行相应职责的资格、经验和能力。

4.3.3　承包人应根据本合同的约定授予工程总承包项目经理代表承包人履行合同所需的权利，工程总承包项目经理权限以专用合同条件中约定的权限为准。经承包人授权后，工程总承包项目经理应按合同约定以及工程师按第3.5款［指示］作出的指示，代表承包人负责组织合同的实施。在紧急情况下，且无法与发包人和工程师取得联系时，工程总承包项目经理有权采取必要的措施保证人身、工程和财产的安全，但须在事后48小时内向工程师送交书面报告。

4.3.4　承包人需要更换工程总承包项目经理的，应提前14天书面通知发包人并抄送工程师，征得发包人书面同意。通知中应当载明继任工程总承包项目经理的注册执业资格、管理经验等资料，继任工程总承包项目经理继续履行本合同约定的职责。未经发包人书面同意，承包人不得擅自更换工程总承包项目经理，在发包人未予以书面回复期间内，工程总承包项目经理将继续履行其职责。工程总承包项目经理突发丧失履行职务能力的，承包人应当及时委派一位具有相应资格能力的人员担任临时工程总承包项目经理，履行工程总承包项目经理的职责，临时工程总承包项目经理将履行职责直至发包人同意新的工程总承包项目经理的任命之日止。承包人擅自更换工程总承包项目经理的，应按照专用合同条件的约定承担违约责任。

4.3.5　发包人有权书面通知承包人要求更换其认为不称职的工程总承包项目经理，通知中应当载明要求更换的理由。承包人应在接到更换通知后14天内向发包人提出书面的改进报告。如承包人没有提出改进报告，应在收到更换通知后28天内更换项目经理。发包人收到改进报告后仍要求更换的，承包人应在接到第二次更换通知的28天内进行更换，并将新任命的工程总承包项目经理的注册执业资格、管理经验等资料书面通知发包人。继任工程总承包项目经理继续履行本合同约定的职责。承包人无正当理由拒绝更换工程总承包项目经理的，应按照专用合同条件的约定承担违约责任。

4.3.6　工程总承包项目经理因特殊情况授权其下属人员履行其某项工作职责的，该下属人员应具备履行相应职责的能力，并应事先将上述人员的姓名、注册执业资格、管理经验等信息和授权范围书面通知发包人并抄送工程师，征得发包人书面同意。

4.4　承包人人员

4.4.1　人员安排

承包人人员的资质、数量、配置和管理应能满足工程实施的需要。除专用合同条件另有约定外，承包人应在接到开始工作通知之日起14天内，向工程师提交承包人的项目管理机构以及人员安排的报告，其内容应包括管理机构的设置、各主要岗位的关键人员名单及注册执业资格等证明其具备担任关键人员能力的相关文件，以及设计人员和各工种技术负责人的安排状况。

关键人员是发包人及承包人一致认为对工程建设起重要作用的承包人主要管理人员或技术人员。关键人员的具体范围由发包人及承包人在附件5［承包人主要管理人员表］中另行约定。

4.4.2　关键人员更换

承包人派驻到施工现场的关键人员应相对稳定。承包人更换关键人员时，应提前14天将继任关键人员信息及相关证明文件提交给工程师，并由工程师报发包人征求同意。在发包人未予以书面回复期间内，关键人员将继续履行其职务。关键人员突发丧失履行职务能力的，承包人应当及时委派一位具有相应资格能力的人员临时继任该关键人员职位，履行该关键人员职责，临时继任关键人员将履行职责直至发包人同意新的关键人员任命之日止。承包人擅自更换关键人员，应按照专用合同条件约定承担违约责任。

工程师对于承包人关键人员的资格或能力有异议的，承包人应提供资料证明被质疑人员有能力完成其岗位工作或不存在工程师所质疑的情形。工程师指示撤换不能按照合同约定履行职责及义务的主要施工管理人员的，承包人应当撤换。承包人无正当理由拒绝撤换的，应按照专用合同条件的约定承担违约责任。

4.4.3　现场管理关键人员在岗要求

除专用合同条件另有约定外，承包人的现场管理关键人员离开施工现场每月累计不超过7天的，应报工程师同意；离开施工现场每月累计超过7天的，应书面通知发包人并抄送工程师，征得发包人书面同意。现场管理关键人员因故离开施工现场的，可授权有经验的人员临时代行其职责，但承包人应将被授权人员信息及授权范围书面通知发包人并取得其同意。现场管理关键人员未经工程师或发包人同意擅自离开施工现场的，应按照专用合同条件约定承担违约责任。

4.5　分包

4.5.1　一般约定

承包人不得将其承包的全部工程转包给第三人，或将其承包的全部工程支解后以分包的名义转包给第三人。承包人不得将法律或专用合同条件中禁止分包的工作事项分包给第三人，不得以劳务分包的名义转包或违法分包工程。

4.5.2　分包的确定

承包人应按照专用合同条件约定对工作事项进行分包，确定分包人。

专用合同条件未列出的分包事项，承包人可在工程实施阶段分批分期就分包事项向发包人提交申请，发包人在接到分包事项申请后的14天内，予以批准或提出意见。未经发包人同意，承包人不得将提出的拟分包事项对外分包。发包人未能在14天内批准亦未提出意见的，承包人有权将提出的拟分包事项对外分包，但应在分包人确定后通知发包人。

4.5.3　分包人资质

分包人应符合国家法律规定的资质等级，否则不能作为分包人。承包人有义务对分包人的资质进行审查。

4.5.4　分包管理

承包人应当对分包人的工作进行必要的协调与管理，确保分包人严格执行国家有关分包事项的管理规定。承包人应向工程师提交分包人的主要管理人员表，并对分包人的工作人员进行实名制管理，包括但不限于进出场管理、登记造册以及各种证照的办理。

4.5.5　分包合同价款支付

（1）除本项第（2）目约定的情况或专用合同条件另有约定外，分包合同价款由承包人与分包人结算，未经承包人同意，发包人不得向分包人支付分包合同价款；

（2）生效法律文书要求发包人向分包人支付分包合同价款的，发包人有权从应付承包人工程款中扣除该部分款项，将扣款直接支付给分包人，并书面通知承包人。

4.5.6 责任承担

承包人对分包人的行为向发包人负责，承包人和分包人就分包工作向发包人承担连带责任。

4.6 联合体

4.6.1 经发包人同意，以联合体方式承包工程的，联合体各方应共同与发包人订立合同协议书。联合体各方应为履行合同向发包人承担连带责任。

4.6.2 承包人应在专用合同条件中明确联合体各成员的分工、费用收取、发票开具等事项。联合体各成员分工承担的工作内容必须与适用法律规定的该成员的资质资格相适应，并应具有相应的项目管理体系和项目管理能力，且不应根据其就承包工作的分工而减免对发包人的任何合同责任。

4.6.3 联合体协议经发包人确认后作为合同附件。在履行合同过程中，未经发包人同意，不得变更联合体成员和其负责的工作范围，或者修改联合体协议中与本合同履行相关的内容。

4.7 承包人现场查勘

4.7.1 除专用合同条件另有约定外，承包人应对基于发包人提交的基础资料所做出的解释和推断负责，因基础资料存在错误、遗漏导致承包人解释或推断失实的，按照第2.3项［提供基础资料］的规定承担责任。承包人发现基础资料中存在明显错误或疏忽的，应及时书面通知发包人。

4.7.2 承包人应对现场和工程实施条件进行查勘，并充分了解工程所在地的气象条件、交通条件、风俗习惯以及其他与完成合同工作有关的其他资料。承包人提交投标文件，视为承包人已对施工现场及周围环境进行了踏勘，并已充分了解评估施工现场及周围环境对工程可能产生的影响，自愿承担相应风险与责任。在全部合同工作中，视为承包人已充分估计了应承担的责任和风险，但属于4.8款［不可预见的困难］约定的情形除外。

4.8　不可预见的困难

不可预见的困难是指有经验的承包人在施工现场遇到的不可预见的自然物质条件、非自然的物质障碍和污染物，包括地表以下物质条件和水文条件以及专用合同条件约定的其他情形，但不包括气候条件。

承包人遇到不可预见的困难时，应采取克服不可预见的困难的合理措施继续施工，并及时通知工程师并抄送发包人。通知应载明不可预见的困难的内容、承包人认为不可预见的理由以及承包人制定的处理方案。工程师应当及时发出指示，指示构成变更的，按第13条［变更与调整］约定执行。承包人因采取合理措施而增加的费用和（或）延误的工期由发包人承担。

4.9　工程质量管理

4.9.1　承包人应按合同约定的质量标准规范，建立有效的质量管理系统，确保设计、采购、加工制造、施工、竣工试验等各项工作的质量，并按照国家有关规定，通过质量保修责任书的形式约定保修范围、保修期限和保修责任。

4.9.2　承包人按照第8.4款［项目进度计划］约定向工程师提交工程质量保证体系及措施文件，建立完善的质量检查制度，并提交相应的工程质量文件。对于发包人和工程师违反法律规定和合同约定的错误指示，承包人有权拒绝实施。

4.9.3　承包人应对其人员进行质量教育和技术培训，定期考核人员的劳动技能，严格执行相关规范和操作规程。

4.9.4　承包人应按照法律规定和合同约定，对设计、材料、工程设备以及全部工程内容及其施工工艺进行全过程的质量检查和检验，并作详细记录，编制工程质量报表，报送工程师审查。此外，承包人还应按照法律规定和合同约定，进行施工现场取样试验、工程复核测量和设备性能检测，提供试验样品、提交试验报告和测量成果以及其他工作。

第5条　设计

5.1　承包人的设计义务

5.1.1　设计义务的一般要求

承包人应当按照法律规定，国家、行业和地方的规范和标准，以及《发包人要求》和合同约定完成设计工作和设计相关的其他服务，并对工程的设计负责。承包人应根据工程实施的需要及时向发包人和工程师说明设计文件的意图，解释设计文件。

5.1.2　对设计人员的要求

承包人应保证其或其设计分包人的设计资质在合同有效期内满足法律法规、行业标准或合同约定的相关要求，并指派符合法律法规、行业标准或合同约定的资质要求并具有从事设计所必需的经验与能力的设计人员完成设计工作。承包人应保证其设计人员（包括分包人的设计人员）在合同期限内，都能按时参加发包人或工程师组织的工作会议。

5.1.3　法律和标准的变化

除合同另有约定外，承包人完成设计工作所应遵守的法律规定，以及国家、行业和地方的规范和标准，均应视为在基准日期适用的版本。基准日期之后，前述版本发生重大变化，或者有新的法律，以及国家、行业和地方的规范和标准实施的，承包人应向工程师提出遵守新规定的建议。发包人或其委托的工程师应在收到建议后7天内发出是否遵守新规定的指示。如果该项建议构成变更的，按照第13.2款［承包人的合理化建议］的约定执行。

在基准日期之后，因国家颁布新的强制性规范、标准导致承包人的费用变化的，发包人应合理调整合同价格；导致工期延误的，发包人应合理延长工期。

5.2　承包人文件审查

5.2.1　根据《发包人要求》应当通过工程师报发包人审查同意的承包人文件，承包人应当按照《发包人要求》约定的范围和内容及时报送审查。

除专用合同条件另有约定外，自工程师收到承包人文件以及承包人的通知之日起，发包人对承包人文件审查期不超过21天。承包人的设计文件对于合同约定有偏离的，应在通知中说明。承包人需要修改已提交的承包人文件的，应立即通知工程师，并向工程师提交修改后的承包人文件，审查期重新起算。

发包人同意承包人文件的，应及时通知承包人，发包人不同意承包人文件的，应在审查期限内通过工程师以书面形式通知承包人，并说明不同意的具体内容和理由。

承包人对发包人的意见按以下方式处理：

（1）发包人的意见构成变更的，承包人应在7天内通知发包人按照第13条［变更与调整］中关于发包人指示变更的约定执行，双方对是否构成变更无法达成一致的，按照第20条［争议解决］的约定执行；

（2）因承包人原因导致无法通过审查的，承包人应根据发包人的书面说明，对承包人文件进行修改后重新报送发包人审查，审查期重新起算。因此引起的工期延长和必要的工程费用增加，由承包人负责。

合同约定的审查期满，发包人没有做出审查结论也没有提出异议的，视为承包人文件已获发包人同意。

发包人对承包人文件的审查和同意不得被理解为对合同的修改或改变，也并不减轻或免除承包人任何的责任和义务。

5.2.2　承包人文件不需要政府有关部门或专用合同条件约定的第三方审查单位审查或批准的，承包人应当严格按照经发包人审查同意的承包人文件设计和实施工程。

发包人需要组织审查会议对承包人文件进行审查的，审查会议的审查形式、时间安排、费用承担，在专用合同条件中约定。发包人负责组织承包人文件审查会议，承包人有义务参加发包人组织的审查会议，向审查者介绍、解答、解释承包人文件，并提供有关补充资料。

发包人有义务向承包人提供审查会议的批准文件和纪要。承包人有义务按照相关审查会议批准的文件和纪要，并依据合同约定及相关技术标准，对承包人文件进行修改、补充和完善。

5.2.3 承包人文件需政府有关部门或专用合同条件约定的第三方审查单位审查或批准的，发包人应在发包人审查同意承包人文件后7天内，向政府有关部门或第三方报送承包人文件，承包人应予以协助。

对于政府有关部门或第三方审查单位的审查意见，不需要修改《发包人要求》的，承包人需按该审查意见修改承包人的设计文件；需要修改《发包人要求》的，承包人应按第13.2款［承包人的合理化建议］的约定执行。上述情形还应适用第5.1款［承包人的设计义务］和第13条［变更与调整］的有关约定。

政府有关部门或第三方审查单位审查批准后，承包人应当严格按照批准后的承包人文件实施工程。政府有关部门或第三方审查单位批准时间较合同约定时间延长的，竣工日期相应顺延。因此给双方带来的费用增加，由双方在负责的范围内各自承担。

5.3 培训

承包人应按照《发包人要求》，对发包人的雇员或其它发包人指定的人员进行工程操作、维修或其它合同中约定的培训。合同约定接收之前进行培训的，应在第10.1款［竣工验收］约定的竣工验收前或试运行结束前完成培训。

培训的时长应由双方在专用合同条件中约定，承包人应为培训提供有经验的人员、设施和其它必要条件。

5.4 竣工文件

5.4.1 承包人应编制并及时更新反映工程实施结果的竣工记录，如实记载竣工工程的确切位置、尺寸和已实施工作的详细说明。竣工文件的形式、技术标准以及其它相关内容应按照相关法律法规、行业标准与《发包人要求》执行。竣工记录应保存在施工现场，并在竣工试验开始前，按照专用合同条件约定的份数提交给工程师。

5.4.2　在颁发工程接收证书之前，承包人应按照《发包人要求》的份数和形式向工程师提交相应竣工图纸，并取得工程师对尺寸、参照系统及其他有关细节的认可。工程师应按照第5.2款［承包人文件审查］的约定进行审查。

5.4.3　除专用合同条件另有约定外，在工程师收到本款下的文件前，不应认为工程已根据第10.1款［竣工验收］和第10.2款［单位/区段工程的验收］的约定完成验收。

5.5　操作和维修手册

5.5.1　在竣工试验开始前，承包人应向工程师提交暂行的操作和维修手册并负责及时更新，该手册应足够详细，以便发包人能够对工程设备进行操作、维修、拆卸、重新安装、调整及修理，以及实现《发包人要求》。同时，手册还应包含发包人未来可能需要的备品备件清单。

5.5.2　工程师收到承包人提交的文件后，应依据第5.2款［承包人文件审查］的约定对操作和维修手册进行审查，竣工试验工程中，承包人应为任何因操作和维修手册错误或遗漏引起的风险或损失承担责任。

5.5.3　除专用合同条件另有约定外，承包人应提交足够详细的最终操作和维修手册，以及在《发包人要求》中明确的相关操作和维修手册。除专用合同条件另有约定外，在工程师收到上述文件前，不应认为工程已根据第10.1款［竣工验收］和第10.2款［单位/区段工程的验收］的约定完成验收。

5.6　承包人文件错误

承包人文件存在错误、遗漏、含混、矛盾、不充分之处或其他缺陷，无论承包人是否根据本款获得了同意，承包人均应自费对前述问题带来的缺陷和工程问题进行改正，并按照第5.2款［承包人文件审查］的要求，重新送工程师审查，审查日期从工程师收到文件开始重新计算。因此款原因重新提交审查文件导致的工程延误和必要费用增加由承包人承担。《发包人要求》的错误导致承包人文件错误、遗漏、含混、矛盾、不充分或其他缺陷的除外。

第6条 材料、工程设备

6.1 实施方法

承包人应按以下方法进行材料的加工、工程设备的采购、制造和安装、以及工程的所有其他实施作业：

（1）按照法律规定和合同约定的方法；

（2）按照公认的良好行业习惯，使用恰当、审慎、先进的方法；

（3）除专用合同条件另有规定外，应使用适当配备的实施方法、设备、设施和无危险的材料。

6.2 材料和工程设备

6.2.1 发包人提供的材料和工程设备

发包人自行供应材料、工程设备的，应在订立合同时在专用合同条件的附件《发包人供应材料设备一览表》中明确材料、工程设备的品种、规格、型号、主要参数、数量、单价、质量等级和交接地点等。

承包人应根据项目进度计划的安排，提前28天以书面形式通知工程师供应材料与工程设备的进场计划。承包人按照第8.4款［项目进度计划］约定修订项目进度计划时，需同时提交经修订后的发包人供应材料与工程设备的进场计划。发包人应按照上述进场计划，向承包人提交材料和工程设备。

发包人应在材料和工程设备到货7天前通知承包人，承包人应会同工程师在约定的时间内，赴交货地点共同进行验收。除专用合同条件另有约定外，发包人提供的材料和工程设备验收后，由承包人负责接收、运输和保管。

发包人需要对进场计划进行变更的，承包人不得拒绝，应根据第13条［变更与调整］的规定执行，并由发包人承担承包人由此增加的费用，以及引起的工期延误。承包人需要对进场计划进行变更的，应事先报请工程师批准，由此增加的费用和（或）工期延误由承包人承担。

发包人提供的材料和工程设备的规格、数量或质量不符合合同要求，或由于发包人原因发生交货日期延误及交货地点变更等情况的，发包人应承担由此增加的费用和（或）工期延误，并向承包人支付合理利润。

6.2.2　承包人提供的材料和工程设备

承包人应按照专用合同条件的约定，将各项材料和工程设备的供货人及品种、技术要求、规格、数量和供货时间等报送工程师批准。承包人应向工程师提交其负责提供的材料和工程设备的质量证明文件，并根据合同约定的质量标准，对材料、工程设备质量负责。

承包人应按照已被批准的第8.4款［项目进度计划］规定的数量要求及时间要求，负责组织材料和工程设备采购（包括备品备件、专用工具及厂商提供的技术文件），负责运抵现场。合同约定由承包人采购的材料、工程设备，除专用合同条件另有约定外，发包人不得指定生产厂家或供应商，发包人违反本款约定指定生产厂家或供应商的，承包人有权拒绝，并由发包人承担相应责任。

对承包人提供的材料和工程设备，承包人应会同工程师进行检验和交货验收，查验材料合格证明和产品合格证书，并按合同约定和工程师指示，进行材料的抽样检验和工程设备的检验测试，检验和测试结果应提交工程师，所需费用由承包人承担。

因承包人提供的材料和工程设备不符合国家强制性标准、规范的规定或合同约定的标准、规范，所造成的质量缺陷，由承包人自费修复，竣工日期不予延长。在履行合同过程中，由于国家新颁布的强制性标准、规范，造成承包人负责提供的材料和工程设备，虽符合合同约定的标准，但不符合新颁布的强制性标准时，由承包人负责修复或重新订货，相关费用支出及导致的工期延长由发包人负责。

6.2.3　材料和工程设备的保管

（1）发包人供应材料与工程设备的保管与使用

发包人供应的材料和工程设备，承包人清点并接收后由承包人妥善保管，保管费用由承包人承担，但专用合同条件另有约定除外。因承包人原因发生丢失毁损的，由承包人负责赔偿。

发包人供应的材料和工程设备使用前，由承包人负责必要的检验，检验费用由发包人承担，不合格的不得使用。

（2）承包人采购材料与工程设备的保管与使用

承包人采购的材料和工程设备由承包人妥善保管，保管费用由承包人承担。合同约定或法律规定材料和工程设备使用前必须进行检验或试验的，承包人应按工程师的指示进行检验或试验，检验或试验费用由承包人承担，不合格的不得使用。

工程师发现承包人使用不符合设计或有关标准要求的材料和工程设备时，有权要求承包人进行修复、拆除或重新采购，由此增加的费用和（或）延误的工期，由承包人承担。

6.2.4 材料和工程设备的所有权

除本合同另有约定外，承包人根据第6.2.2项［承包人提供的材料和工程设备］约定提供的材料和工程设备后，材料及工程设备的价款应列入第14.3.1项第（2）目的进度款金额中，发包人支付当期进度款之后，其所有权转为发包人所有（周转性材料除外）；在发包人接收工程前，承包人有义务对材料和工程设备进行保管、维护和保养，未经发包人批准不得运出现场。

承包人按第6.2.2项提供的材料和工程设备，承包人应确保发包人取得无权利负担的材料及工程设备所有权，因承包人与第三人的物权争议导致的增加的费用和（或）延误的工期，由承包人承担。

6.3 样品

6.3.1 样品的报送与封存

需要承包人报送样品的材料或工程设备，样品的种类、名称、规格、数量等要求均应在专用合同条件中约定。样品的报送程序如下：

（1）承包人应在计划采购前28天向工程师报送样品。承包人报送的样品均应来自供应材料的实际生产地，且提供的样品的规格、数量足以表明材料或工程设备的质量、型号、颜色、表面处理、质地、误差和其他要求的特征。

（2）承包人每次报送样品时应随附申报单，申报单应载明报送样品的相关数据和资料，并标明每件样品对应的图纸号，预留工程师审批意见栏。工程师应在收到承包人报送的样品后7天向承包人回复经发包人签认的样品审批意见。

（3）经工程师审批确认的样品应按约定的方法封样，封存的样品作为检验工程相关部分的标准之一。承包人在施工过程中不得使用与样品不符的材料或工程设备。

（4）工程师对样品的审批确认仅为确认相关材料或工程设备的特征或用途，不得被理解为对合同的修改或改变，也并不减轻或免除承包人任何的责任和义务。如果封存的样品修改或改变了合同约定，合同当事人应当以书面协议予以确认。

6.3.2　样品的保管

经批准的样品应由工程师负责封存于现场，承包人应在现场为保存样品提供适当和固定的场所并保持适当和良好的存储环境条件。

6.4　质量检查

6.4.1　工程质量要求

工程质量标准必须符合现行国家有关工程施工质量验收规范和标准的要求。有关工程质量的特殊标准或要求由合同当事人在专用合同条件中约定。

因承包人原因造成工程质量未达到合同约定标准的，发包人有权要求承包人返工直至工程质量达到合同约定的标准为止，并由承包人承担由此增加的费用和（或）延误的工期。因发包人原因造成工程质量未达到合同约定标准的，由发包人承担由此增加的费用和（或）延误的工期，并支付承包人合理的利润。

6.4.2 质量检查

发包人有权通过工程师或自行对全部工程内容及其施工工艺、材料和工程设备进行检查和检验。承包人应为工程师或发包人的检查和检验提供方便，包括到施工现场，或制造、加工地点，或专用合同条件约定的其他地方进行察看和查阅施工原始记录。承包人还应按工程师或发包人指示，进行施工现场的取样试验，工程复核测量和设备性能检测，提供试验样品、提交试验报告和测量成果以及工程师或发包人指示进行的其他工作。工程师或发包人的检查和检验，不免除承包人按合同约定应负的责任。

6.4.3 隐蔽工程检查

除专用合同条件另有约定外，工程隐蔽部位经承包人自检确认具备覆盖条件的，承包人应书面通知工程师在约定的期限内检查，通知中应载明隐蔽检查的内容、时间和地点，并应附有自检记录和必要的检查资料。

工程师应按时到场并对隐蔽工程及其施工工艺、材料和工程设备进行检查。经工程师检查确认质量符合隐蔽要求，并在验收记录上签字后，承包人才能进行覆盖。经工程师检查质量不合格的，承包人应在工程师指示的时间内完成修复，并由工程师重新检查，由此增加的费用和（或）延误的工期由承包人承担。

除专用合同条件另有约定外，工程师不能按时进行检查的，应提前向承包人提交书面延期要求，顺延时间不得超过48小时，由此导致工期延误的，工期应予以顺延，顺延超过48小时的，由此导致的工期延误及费用增加由发包人承担。工程师未按时进行检查，也未提出延期要求的，视为隐蔽工程检查合格，承包人可自行完成覆盖工作，并作相应记录报送工程师，工程师应签字确认。工程师事后对检查记录有疑问的，可按下列约定重新检查。

承包人覆盖工程隐蔽部位后，工程师对质量有疑问的，可要求承包人对已覆盖的部位进行钻孔探测或揭开重新检查，承包人应遵照执行，并在检查后重新覆盖恢复原状。经检查证明工程质量符合合同要求的，由发包人承担由此增加的费用和（或）延误的工期，并支付承包人合理的利润；经检查证明工程质量不符合合同要求的，由此增加的费用和（或）延误的工期由承包人承担。

承包人未通知工程师到场检查，私自将工程隐蔽部位覆盖的，工程师有权指示承包人钻孔探测或揭开检查，无论工程隐蔽部位质量是否合格，由此增加的费用和（或）延误的工期均由承包人承担。

6.5　由承包人试验和检验

6.5.1　试验设备与试验人员

（1）承包人根据合同约定或工程师指示进行的现场材料试验，应由承包人提供试验场所、试验人员、试验设备以及其他必要的试验条件。工程师在必要时可以使用承包人提供的试验场所、试验设备以及其他试验条件，进行以工程质量检查为目的的材料复核试验，承包人应予以协助。

（2）承包人应按专用合同条件约定的试验内容、时间和地点提供试验设备、取样装置、试验场所和试验条件，并向工程师提交相应进场计划表。

承包人配置的试验设备要符合相应试验规程的要求并经过具有资质的检测单位检测，且在正式使用该试验设备前，需要经过工程师与承包人共同校定。

（3）承包人应向工程师提交试验人员的名单及其岗位、资格等证明资料，试验人员必须能够熟练进行相应的检测试验，承包人对试验人员的试验程序和试验结果的正确性负责。

6.5.2　取样

试验属于自检性质的，承包人可以单独取样。试验属于工程师抽检性质的，可由工程师取样，也可由承包人的试验人员在工程师的监督下取样。

6.5.3　材料、工程设备和工程的试验和检验

（1）承包人应按合同约定进行材料和工程设备的试验和检验，并为工程师对上述材料、工程设备和工程的质量检查提供必要的试验资料和原始记录。按合同约定应由工程师与承包人共同进行试验和检验的，由承包人

负责提供必要的试验资料和原始记录。

（2）试验属于自检性质的，承包人可以单独进行试验。试验属于工程师抽检性质的，工程师可以单独进行试验，也可由承包人与工程师共同进行。承包人对由工程师单独进行的试验结果有异议的，可以申请重新共同进行试验。约定共同进行试验的，工程师未按照约定参加试验的，承包人可自行试验，并将试验结果报送工程师，工程师应承认该试验结果。

（3）工程师对承包人的试验和检验结果有异议的，或为查清承包人试验和检验成果的可靠性要求承包人重新试验和检验的，可由工程师与承包人共同进行。重新试验和检验的结果证明该项材料、工程设备或工程的质量不符合合同要求的，由此增加的费用和（或）延误的工期由承包人承担；重新试验和检验结果证明该项材料、工程设备和工程符合合同要求的，由此增加的费用和（或）延误的工期由发包人承担。

6.5.4　现场工艺试验

承包人应按合同约定进行现场工艺试验。对大型的现场工艺试验，发包人认为必要时，承包人应根据发包人提出的工艺试验要求，编制工艺试验措施计划，报送发包人审查。

6.6　缺陷和修补

6.6.1　发包人可在颁发接收证书前随时指示承包人：

（1）对不符合合同要求的任何工程设备或材料进行修补，或者将其移出现场并进行更换；

（2）对不符合合同的其他工作进行修补，或者将其去除并重新实施；

（3）实施因意外、不可预见的事件或其他原因引起的、为工程的安全迫切需要的任何修补工作。

6.6.2　承包人应遵守第6.6.1项下指示，并在合理可行的情况下，根据上述指示中规定的时间完成修补工作。除因下列原因引起的第6.6.1项第（3）目下的情形外，承包人应承担所有修补工作的费用：

（1）因发包人或其人员的任何行为导致的情形，且在此情况下发包人应承担因此引起的工期延误和承包人费用损失，并向承包人支付合理的利润。

（2）第17.4款［不可抗力后果的承担］中适用的不可抗力事件的情形。

6.6.3　如果承包人未能遵守发包人的指示，发包人可以自行决定请第三方完成上述修补工作，并有权要求承包人支付因未履行指示而产生的所有费用，但承包人根据第6.6.2项有权就修补工作获得支付的情况除外。

第7条　施工

7.1　交通运输

7.1.1　出入现场的权利

除专用合同条件另有约定外，发包人应根据工程实施需要，负责取得出入施工现场所需的批准手续和全部权利，以及取得因工程实施所需修建道路、桥梁以及其他基础设施的权利，并承担相关手续费用和建设费用。承包人应协助发包人办理修建场内外道路、桥梁以及其他基础设施的手续。

7.1.2　场外交通

除专用合同条件另有约定外，发包人应提供场外交通设施的技术参数和具体条件，场外交通设施无法满足工程施工需要的，由发包人负责承担由此产生的相关费用。承包人应遵守有关交通法规，严格按照道路和桥梁的限制荷载行驶，执行有关道路限速、限行、禁止超载的规定，并配合交通管理部门的监督和检查。承包人车辆外出行驶所需的场外公共道路的通行费、养路费和税款等由承包人承担。

7.1.3　场内交通

除专用合同条件另有约定外，承包人应负责修建、维修、养护和管理施工所需的临时道路和交通设施，包括维修、养护和管理发包人提供的道路和交通设施，并承担相应费用。承包人修建的临时道路和交通设施应免费提供发包人和工程师为实现合同目的使用。场内交通与场外交通的边界由合同当事人在专用合同条件中约定。

7.1.4　超大件和超重件的运输

由承包人负责运输的超大件或超重件，应由承包人负责向交通管理部门办理申请手续，发包人给予协助。运输超大件或超重件所需的道路和桥梁临时加固改造费用和其他有关费用，由承包人承担，但专用合同条件另有约定的除外。

7.1.5　道路和桥梁的损坏责任

因承包人运输造成施工现场内外公共道路和桥梁损坏的，由承包人承担修复损坏的全部费用和可能引起的赔偿。

7.1.6　水路和航空运输

本条上述各款的内容适用于水路运输和航空运输，其中“道路”一词的涵义包括河道、航线、船闸、机场、码头、堤防以及水路或航空运输中其他相似结构物；“车辆”一词的涵义包括船舶和飞机等。

7.2　施工设备和临时设施

7.2.1　承包人提供的施工设备和临时设施

承包人应按项目进度计划的要求，及时配置施工设备和修建临时设施。进入施工现场的承包人提供的施工设备需经工程师核查后才能投入使用。承包人更换合同约定由承包人提供的施工设备的，应报工程师批准。

除专用合同条件另有约定外，承包人应自行承担修建临时设施的费用，需要临时占地的，应由发包人办理申请手续并承担相应费用。承包人应在专用合同条件7.2款约定的时间内向发包人提交临时占地资料，因承包人未能按时提交资料，导致工期延误的，由此增加的费用和（或）竣工日期延误，由承包人负责。

7.2.2　发包人提供的施工设备和临时设施

发包人提供的施工设备或临时设施在专用合同条件中约定。

7.2.3　要求承包人增加或更换施工设备

承包人使用的施工设备不能满足项目进度计划和（或）质量要求时，

工程师有权要求承包人增加或更换施工设备，承包人应及时增加或更换，由此增加的费用和（或）延误的工期由承包人承担。

7.2.4 施工设备和临时设施专用于合同工程

承包人运入施工现场的施工设备以及在施工现场建设的临时设施必须专用于工程。未经发包人批准，承包人不得运出施工现场或挪作他用；经发包人批准，承包人可以根据施工进度计划撤走闲置的施工设备和其他物品。

7.3 现场合作

承包人应按合同约定或发包人的指示，与发包人人员、发包人的其他承包人等人员就在现场或附近实施与工程有关的各项工作进行合作并提供适当条件，包括使用承包人设备、临时工程或进入现场等。

承包人应对其在现场的施工活动负责，并应尽合理努力按合同约定或发包人的指示，协调自身与发包人人员、发包人的其他承包人等人员的活动。

除专用合同条件另有约定外，如果承包人提供上述合作、条件或协调在考虑到《发包人要求》所列内容的情况下是不可预见的，则承包人有权就额外费用和合理利润从发包人处获得支付，且因此延误的工期应相应顺延。

7.4 测量放线

7.4.1 除专用合同条件另有约定外，承包人应根据国家测绘基准、测绘系统和工程测量技术规范，按基准点（线）以及合同工程精度要求，测设施工控制网，并在专用合同条件约定的期限内，将施工控制网资料报送工程师。

7.4.2 承包人应负责管理施工控制网点。施工控制网点丢失或损坏的，承包人应及时修复。承包人应承担施工控制网点的管理与修复费用，并在工程竣工后将施工控制网点移交发包人。承包人负责对工程、单位/区段工程、施工部位放线，并对放线的准确性负责。

7.4.3　承包人负责施工过程中的全部施工测量放线工作，并配置具有相应资质的人员、合格的仪器、设备和其他物品。承包人应矫正工程的位置、标高、尺寸或基准线中出现的任何差错，并对工程各部分的定位负责。施工过程中对施工现场内水准点等测量标志物的保护工作由承包人负责。

7.5　现场劳动用工

7.5.1　承包人及其分包人招用建筑工人的，应当依法与所招用的建筑工人订立劳动合同，实行建筑工人劳动用工实名制管理，承包人应当按照有关规定开设建筑工人工资专用账户、存储工资保证金，专项用于支付和保障该工程建设项目建筑工人工资。

7.5.2　承包人应当在工程项目部配备劳资专管员，对分包单位劳动用工及工资发放实施监督管理。承包人拖欠建筑工人工资的，应当依法予以清偿。分包人拖欠建筑工人工资的，由承包人先行清偿，再依法进行追偿。因发包人未按照合同约定及时拨付工程款导致建筑工人工资拖欠的，发包人应当以未结清的工程款为限先行垫付被拖欠的建筑工人工资。合同当事人可在专用合同条件中约定具体的清偿事宜和违约责任。

7.5.3　承包人应当按照相关法律法规的要求，进行劳动用工管理和建筑工人工资支付。

7.6　安全文明施工

7.6.1　安全生产要求

合同履行期间，合同当事人均应当遵守国家和工程所在地有关安全生产的要求，合同当事人有特别要求的，应在专用合同条件中明确安全生产标准化目标及相应事项。承包人有权拒绝发包人及工程师强令承包人违章作业、冒险施工的任何指示。

在工程实施过程中，如遇到突发的地质变动、事先未知的地下施工障碍等影响施工安全的紧急情况，承包人应及时报告工程师和发包人，发包人应当及时下令停工并采取应急措施，按照相关法律法规的要求需上报政府有关行政管理部门的，应依法上报。

因安全生产需要暂停施工的，按照第8.9款［暂停工作］的约定执行。

7.6.2　安全生产保证措施

承包人应当按照法律、法规和工程建设强制性标准进行设计、在设计文件中注明涉及施工安全的重点部位和环节，提出保障施工作业人员和预防安全事故的措施建议，防止因设计不合理导致生产安全事故的发生。

承包人应当按照有关规定编制安全技术措施或者专项施工方案，建立安全生产责任制度、治安保卫制度及安全生产教育培训制度，并按安全生产法律规定及合同约定履行安全职责，如实编制工程安全生产的有关记录，接受发包人、工程师及政府安全监督部门的检查与监督。

承包人应按照法律规定进行施工，开工前做好安全技术交底工作，施工过程中做好各项安全防护措施。承包人为实施合同而雇用的特殊工种的人员应受过专门的培训并已取得政府有关管理机构颁发的上岗证书。承包人应加强施工作业安全管理，特别应加强对于易燃、易爆材料、火工器材、有毒与腐蚀性材料和其他危险品的管理，以及对爆破作业和地下工程施工等危险作业的管理。

7.6.3　文明施工

承包人在工程施工期间，应当采取措施保持施工现场平整，物料堆放整齐。工程所在地有关政府行政管理部门有特殊要求的，按照其要求执行。合同当事人对文明施工有其他要求的，可以在专用合同条件中明确。

在工程移交之前，承包人应当从施工现场清除承包人的全部工程设备、多余材料、垃圾和各种临时工程，并保持施工现场清洁整齐。经发包人书面同意，承包人可在发包人指定的地点保留承包人履行保修期内的各项义务所需要的材料、施工设备和临时工程。

7.6.4　事故处理

工程实施过程中发生事故的，承包人应立即通知工程师。发包人和承包人应立即组织人员和设备进行紧急抢救和抢修，减少人员伤亡和财产损失，防止事故扩大，并保护事故现场。需要移动现场物品时，应作出标记和书面记录，妥善保管有关证据。发包人和承包人应按国家有关规定，及时如实地向有关部门报告事故发生的情况，以及正在采取的紧急措施等。

在工程实施期间或缺陷责任期内发生危及工程安全的事件，工程师通知承包人进行抢救和抢修，承包人声明无能力或不愿立即执行的，发包人有权雇佣其他人员进行抢救和抢修。此类抢救和抢修按合同约定属于承包人义务的，由此增加的费用和（或）延误的工期由承包人承担。

7.6.5　安全生产责任

发包人应负责赔偿以下各种情况造成的损失：

（1）工程或工程的任何部分对土地的占用所造成的第三者财产损失；

（2）由于发包人原因在施工现场及其毗邻地带、履行合同工作中造成的第三者人身伤亡和财产损失；

（3）由于发包人原因对发包人自身、承包人、工程师造成的人身伤害和财产损失。

承包人应负责赔偿由于承包人原因在施工现场及其毗邻地带、履行合同工作中造成的第三者人身伤亡和财产损失。

如果上述损失是由于发包人和承包人共同原因导致的，则双方应根据过错情况按比例承担。

7.7　职业健康

承包人应遵守适用的职业健康的法律和合同约定（包括对雇用、职业健康、安全、福利等方面的规定），负责现场实施过程中其人员的职业健康和保护，包括：

（1）承包人应遵守适用的劳动法规，保护承包人员工及承包人聘用的第三方人员的合法休假权等合法权益，按照法律规定安排现场施工人员的劳动和休息时间，保障劳动者的休息时间，并支付合理的报酬和费用。因工程施工的特殊需要占用休假日或延长工作时间的，应不超过法律规定的限度，并按法律规定给予补休或酬劳。

（2）承包人应依法为承包人员工及承包人聘用的第三方人员办理必要

的证件、许可、保险和注册等，承包人应督促其分包人为分包人员工及分包人聘用的第三方人员办理必要的证件、许可、保险和注册等。承包人应为其履行合同所雇用的人员提供必要的膳宿条件和生活环境，必要的现场食宿条件。

(3)承包人应对其施工人员进行相关作业的职业健康知识培训、危险及危害因素交底、安全操作规程交底、采取有效措施，按有关规定为其现场人员提供劳动保护用品、防护器具、防暑降温用品和安全生产设施。采取有效的防止粉尘、降低噪声、控制有害气体和保障高温、高寒、高空作业安全等劳动保护措施。

(4)承包人应在有毒有害作业区域设置警示标志和说明，对有毒有害岗位进行防治检查，对不合格的防护设施、器具、搭设等及时整改，消除危害职业健康的隐患。发包人人员和工程师人员未经承包人允许、未配备相关保护器具，进入该作业区域所造成的伤害，由发包人承担责任和费用。

(5)承包人应采取有效措施预防传染病，保持食堂的饮食卫生，保证施工人员的健康，并定期对施工现场、施工人员生活基地和工程进行防疫和卫生的专业检查和处理，在远离城镇的施工现场，还应配备必要的伤病防治和急救的医务人员与医疗设施。承包人雇佣人员在施工中受到伤害的，承包人应立即采取有效措施进行抢救和治疗。

7.8　环境保护

7.8.1　承包人负责在现场施工过程中对现场周围的建筑物、构筑物、文物建筑、古树、名木，及地下管线、线缆、构筑物、文物、化石和坟墓等进行保护。因承包人未能通知发包人，并在未能得到发包人进一步指示的情况下，所造成的损害、损失、赔偿等费用增加，和(或)竣工日期延误，由承包人负责。如承包人已及时通知发包人，发包人未能及时作出指示的，所造成的损害、损失、赔偿等费用增加，和(或)竣工日期延误，由发包人负责。

7.8.2　承包人应采取措施，并负责控制和(或)处理现场的粉尘、废气、废水、固体废物和噪声对环境的污染和危害。因此发生的伤害、赔偿、罚款等费用增加，和（或）竣工日期延误，由承包人负责。

7.8.3 承包人及时或定期将施工现场残留、废弃的垃圾分类后运到发包人或当地有关行政部门指定的地点，防止对周围环境的污染及对作业的影响。承包人应当承担因其原因引起的环境污染侵权损害赔偿责任，因违反上述约定导致当地行政部门的罚款、赔偿等增加的费用，由承包人承担；因上述环境污染引起纠纷而导致暂停施工的，由此增加的费用和（或）延误的工期由承包人承担。

7.9 临时性公用设施

7.9.1 提供临时用水、用电等和节点铺设

除专用合同条件另有约定外，发包人应在承包人进场前将施工临时用水、用电等接至约定的节点位置，并保证其需要。上述临时使用的水、电等的类别、取费单价在专用合同条件中约定，发包人按实际计量结果收费。发包人无法提供的水、电等在专用合同条件中约定，相关费用由承包人纳入报价并承担相关责任。

发包人未能按约定的类别和时间完成节点铺设，使开工时间延误，竣工日期相应顺延。未能按约定的品质、数量和时间提供水、电等，给承包人造成的损失由发包人承担，导致工程关键路径延误的，竣工日期相应顺延。

7.9.2 临时用水、用电等

承包人应在计划开始现场施工日期28天前或双方约定的其它时间，按专用合同条件中约定的发包人能够提供的临时用水、用电等类别，向发包人提交施工（含工程物资保管）所需的临时用水、用电等的品质、正常用量、高峰用量、使用时间和节点位置等资料。承包人自费负责计量仪器的购买、安装和维护，并依据专用合同条件中约定的单价向发包人交费，合同当事人另有约定时除外。

因承包人未能按合同约定提交上述资料，造成发包人费用增加和竣工日期延误时，由承包人负责。

7.10　现场安保

承包人承担自发包人向其移交施工现场、进入占有施工现场至发包人接收单位/区段工程或(和)工程之前的现场安保责任,并负责编制相关的安保制度、责任制度和报告制度,提交给发包人。除专用合同条件另有约定外,承包人的该等义务不因其与他人共同合法占有施工现场而减免。承包人有权要求发包人负责协调他人就共同合法占有现场的安保事宜接受承包人的管理。

承包人应将其作业限制在现场区域、合同约定的区域或为履行合同所需的区域内。承包人应采取一切必要的预防措施,以保持承包人的设备和人员处于现场区域内,避免其进入邻近地区。

承包人为履行合同义务而占用的其他场所(如预制加工场所、办公及生活营区)的安保适用本款前述关于现场安保的规定。

7.11　工程照管

自开始现场施工日期起至发包人应当接收工程之日止,承包人应承担工程现场、材料、设备及承包人文件的照管和维护工作。

如部分工程于竣工验收前提前交付发包人的,则自交付之日起,该部分工程照管及维护职责由发包人承担。

如发包人及承包人进行竣工验收时尚有部分未竣工工程的,承包人应负责该未竣工工程的照管和维护工作,直至竣工后移交给发包人。

如合同解除或终止的,承包人自合同解除或终止之日起不再对工程承担照管和维护义务。

第8条　工期和进度

8.1　开始工作

8.1.1　开始工作准备

合同当事人应按专用合同条件约定完成开始工作准备工作。

8.1.2　开始工作通知

经发包人同意后,工程师应提前7天向承包人发出经发包人签认的开始工作通知，工期自开始工作通知中载明的开始工作日期起算。

除专用合同条件另有约定外，因发包人原因造成实际开始现场施工日期迟于计划开始现场施工日期后第84天的，承包人有权提出价格调整要求，或者解除合同。发包人应当承担由此增加的费用和（或）延误的工期，并向承包人支付合理利润。

8.2　竣工日期

承包人应在合同协议书约定的工期内完成合同工作。除专用合同条件另有约定外，工程的竣工日期以第10.1条［竣工验收］的约定为准，并在工程接收证书中写明。

因发包人原因，在工程师收到承包人竣工验收申请报告42天后未进行验收的，视为验收合格，实际竣工日期以提交竣工验收申请报告的日期为准，但发包人由于不可抗力不能进行验收的除外。

8.3　项目实施计划

8.3.1　项目实施计划的内容

项目实施计划是依据合同和经批准的项目管理计划进行编制并用于对项目实施进行管理和控制的文件，应包含概述、总体实施方案、项目实施要点、项目初步进度计划以及合同当事人在专用合同条件中约定的其他内容。

8.3.2　项目实施计划的提交和修改

除专用合同条件另有约定外，承包人应在合同订立后14天内，向工程师提交项目实施计划，工程师应在收到项目实施计划后21天内确认或提出修改意见。对工程师提出的合理意见和要求，承包人应自费修改完善。根据工程实施的实际情况需要修改项目实施计划的，承包人应向工程师提交修改后的项目实施计划。

项目进度计划的编制和修改按照第8.4款［项目进度计划］执行。

8.4　项目进度计划

8.4.1　项目进度计划的提交和修改

承包人应按照第8.3款［项目实施计划］约定编制并向工程师提交项目

初步进度计划，经工程师批准后实施。除专用合同条件另有约定外，工程师应在21天内批复或提出修改意见，否则该项目初步进度计划视为已得到批准。对工程师提出的合理意见和要求，承包人应自费修改完善。

经工程师批准的项目初步进度计划称为项目进度计划，是控制合同工程进度的依据，工程师有权按照进度计划检查工程进度情况。承包人还应根据项目进度计划，编制更为详细的分阶段或分项的进度计划，由工程师批准。

8.4.2　项目进度计划的内容

项目进度计划应当包括设计、承包人文件提交、采购、制造、检验、运达现场、施工、安装、试验的各个阶段的预期时间以及设计和施工组织方案说明等，其编制应当符合国家法律规定和一般工程实践惯例。项目进度计划的具体要求、关键路径及关键路径变化的确定原则、承包人提交的份数和时间等，在专用合同条件约定。

8.4.3　项目进度计划的修订

项目进度计划不符合合同要求或与工程的实际进度不一致的，承包人应向工程师提交修订的项目进度计划，并附具有关措施和相关资料。工程师也可以直接向承包人发出修订项目进度计划的通知，承包人如接受，应按该通知修订项目进度计划，报工程师批准。承包人如不接受，应当在14天内答复，如未按时答复视作已接受修订项目进度计划通知中的内容。

除专用合同条件另有约定外，工程师应在收到修订的项目进度计划后14天内完成审批或提出修改意见，如未按时答复视作已批准承包人修订后的项目进度计划。工程师对承包人提交的项目进度计划的确认，不能减轻或免除承包人根据法律规定和合同约定应承担的任何责任或义务。

除合同当事人另有约定外，项目进度计划的修订并不能减轻或者免除双方按第8.7款［工期延误］、第8.8款［工期提前］、第8.9款［暂停工作］应承担的合同责任。

8.5　进度报告

项目实施过程中，承包人应进行实际进度记录，并根据工程师的要求编制月进度报告，并提交给工程师。进度报告应包含以下主要内容：

（1）工程设计、采购、施工等各个工作内容的进展报告；

（2）工程施工方法的一般说明；

（3）当月工程实施介入的项目人员、设备和材料的预估明细报告；

（4）当月实际进度与进度计划对比分析，以及提出未来可能引起工期延误的情形，同时提出应对措施；需要修订项目进度计划的，应对项目进度计划的修订部分进行说明；

（5）承包人对于解决工期延误所提出的建议；

（6）其他与工程有关的重大事项。

进度报告的具体要求等，在专用合同条件约定。

8.6　提前预警

任何一方应当在下列情形发生时尽快书面通知另一方：

（1）该情形可能对合同的履行或实现合同目的产生不利影响；

（2）该情形可能对工程完成后的使用产生不利影响；

（3）该情形可能导致合同价款增加；

（4）该情形可能导致整个工程或单位/区段工程的工期延长。

发包人有权要求承包人根据第13.2款［承包人的合理化建议］的约定提交变更建议，采取措施尽量避免或最小化上述情形的发生或影响。

8.7　工期延误

8.7.1　因发包人原因导致工期延误

在合同履行过程中，因下列情况导致工期延误和（或）费用增加的，由发包人承担由此延误的工期和（或）增加的费用，且发包人应支付承包人合理的利润：

（1）根据第13条［变更与调整］的约定构成一项变更的；

（2）发包人违反本合同约定，导致工期延误和（或）费用增加的；

（3）发包人、发包人代表、工程师或发包人聘请的任意第三方造成或引起的任何延误、妨碍和阻碍；

（4）发包人未能依据第6.2.1项［发包人提供的材料和工程设备］的约定提供材料和工程设备导致工期延误和（或）费用增加的；

（5）因发包人原因导致的暂停施工；

（6）发包人未及时履行相关合同义务，造成工期延误的其他原因。

8.7.2　因承包人原因导致工期延误

由于承包人的原因，未能按项目进度计划完成工作，承包人应采取措施加快进度，并承担加快进度所增加的费用。

由于承包人原因造成工期延误并导致逾期竣工的，承包人应支付逾期竣工违约金。逾期竣工违约金的计算方法和最高限额在专用合同条件中约定。承包人支付逾期竣工违约金，不免除承包人完成工作及修补缺陷的义务，且发包人有权从工程进度款、竣工结算款或约定提交的履约担保中扣除相当于逾期竣工违约金的金额。

8.7.3　行政审批迟延

合同约定范围内的工作需国家有关部门审批的，发包人和（或）承包人应按照专用合同条件约定的职责分工完成行政审批报送。因国家有关部门审批迟延造成工期延误的，竣工日期相应顺延。造成费用增加的，由双方在负责的范围内各自承担。

8.7.4　异常恶劣的气候条件

异常恶劣的气候条件是指在施工过程中遇到的，有经验的承包人在订立合同时不可预见的，对合同履行造成实质性影响的，但尚未构成不可抗力事件的恶劣气候条件。合同当事人可以在专用合同条件中约定异常恶劣的气候条件的具体情形。

承包人应采取克服异常恶劣的气候条件的合理措施继续施工，并及时通知工程师。工程师应当及时发出指示，指示构成变更的，按第13条［变更与调整］约定办理。承包人因采取合理措施而延误的工期由发包人承担。

8.8　工期提前

8.8.1　发包人指示承包人提前竣工且被承包人接受的，应与承包人共同协商采取加快工程进度的措施和修订项目进度计划。发包人应承担承包人由此增加的费用，增加的费用按第13条［变更与调整］的约定执行；发包人不得以任何理由要求承包人超过合理限度压缩工期。承包人有权不接受提前竣工的指示，工期按照合同约定执行。

8.8.2　承包人提出提前竣工的建议且发包人接受的，应与发包人共同协商采取加快工程进度的措施和修订项目进度计划。发包人应承担承包人由此增加的费用，增加的费用按第13条［变更与调整］的约定执行，并向承包人支付专用合同条件约定的相应奖励金。

8.9　暂停工作

8.9.1　由发包人暂停工作

发包人认为必要时，可通过工程师向承包人发出经发包人签认的暂停工作通知，应列明暂停原因、暂停的日期及预计暂停的期限。承包人应按该通知暂停工作。

承包人因执行暂停工作通知而造成费用的增加和（或）工期延误由发包人承担，并有权要求发包人支付合理利润，但由于承包人原因造成发包人暂停工作的除外。

8.9.2　由承包人暂停工作

因承包人原因所造成部分或全部工程的暂停，承包人应采取措施尽快复工并赶上进度，由此造成费用的增加或工期延误由承包人承担。因此造成逾期竣工的，承包人应按第8.7.2项［因承包人原因导致工期延误］承担逾期竣工违约责任。

合同履行过程中发生下列情形之一的，承包人可向发包人发出通知，要求发包人采取有效措施予以纠正。发包人收到承包人通知后的28天内仍不予以纠正，承包人有权暂停施工，并通知工程师。承包人有权要求发包人延长工期和（或）增加费用，并支付合理利润：

（1）发包人拖延、拒绝批准付款申请和支付证书，或未能按合同约定支付价款，导致付款延误的；

（2）发包人未按约定履行合同其他义务导致承包人无法继续履行合同的，或者发包人明确表示暂停或实质上已暂停履行合同的。

8.9.3　除上述原因以外的暂停工作，双方应遵守第17条［不可抗力］的相关约定。

8.9.4　暂停工作期间的工程照管

不论由于何种原因引起暂停工作的，暂停工作期间，承包人应负责对工程、工程物资及文件等进行照管和保护，并提供安全保障，由此增加的费用按第8.9.1项［由发包人暂停工作］和第8.9.2项［由承包人暂停工作］的约定承担。

因承包人未能尽到照管、保护的责任造成损失的，使发包人的费用增加，（或）竣工日期延误的，由承包人按本合同约定承担责任。

8.9.5　拖长的暂停

根据第8.9.1项［由发包人暂停工作］暂停工作持续超过56天的，承包人可向发包人发出要求复工的通知。如果发包人没有在收到书面通知后28天内准许已暂停工作的全部或部分继续工作，承包人有权根据第13条［变更与调整］的约定，要求以变更方式调减受暂停影响的部分工程。发包人的暂停超过56天且暂停影响到整个工程的，承包人有权根据第16.2款［由承包人解除合同］的约定，发出解除合同的通知。

8.10　复工

8.10.1　收到发包人的复工通知后，承包人应按通知时间复工；发包人通知的复工时间应当给予承包人必要的准备复工时间。

8.10.2　不论由于何种原因引起暂停工作，双方均可要求对方一同对受暂停影响的工程、工程设备和工程物资进行检查，承包人应将检查结果及需要恢复、修复的内容和估算通知发包人。

8.10.3　除第17条［不可抗力］另有约定外，发生的恢复、修复价款及工期延误的后果由责任方承担。

第9条　竣工试验

9.1　竣工试验的义务

9.1.1　承包人完成工程或区段工程进行竣工试验所需的作业，并根据第5.4款［竣工文件］和第5.5款［操作和维修手册］提交文件后，进行竣工试验。

9.1.2　承包人应在进行竣工试验之前，至少提前42天向工程师提交详细的竣工试验计划，该计划应载明竣工试验的内容、地点、拟开展时间和需要发包人提供的资源条件。工程师应在收到计划后的14天内进行审查，并就该计划不符合合同的部分提出意见，承包人应在收到意见后的14天内自费对计划进行修正。工程师逾期未提出意见的，视为竣工试验计划已得到确认。除提交竣工试验计划外，承包人还应提前21天将可以开始进行各项竣工试验的日期通知工程师，并在该日期后的14天内或工程师指示的日期进行竣工试验。

9.1.3　承包人应根据经确认的竣工试验计划以及第6.5款［由承包人试验和检验］进行竣工试验。除《发包人要求》中另有说明外，竣工试验应按以下顺序分阶段进行，即只有在工程或区段工程已通过上一阶段试验的情况下，才可进行下一阶段试验：

（1）承包人进行启动前试验，包括适当的检查和功能性试验，以证明工程或区段工程的每一部分均能够安全地承受下一阶段试验；

（2）承包人进行启动试验，以证明工程或区段工程能够在所有可利用的操作条件下安全运行，并按照专用合同条件和《发包人要求》中的规定操作；

（3）承包人进行试运行试验。当工程或区段工程能稳定安全运行时，承包人应通知工程师，可以进行其他竣工试验，包括各种性能测试，以证明工程或区段工程符合《发包人要求》中列明的性能保证指标。

进行上述试验不应构成第10条[验收和工程接收]规定的接收，但试验所产生的任何产品或其他收益均应归属于发包人。

9.1.4　完成上述各阶段竣工试验后，承包人应向工程师提交试验结果报告，试验结果须符合约定的标准、规范和数据。工程师应在收到报告后14天内予以回复，逾期未回复的，视为认可竣工试验结果。但在考虑工程或区段工程是否通过竣工试验时，应适当考虑发包人对工程或其任何部分的使用，对工程或区段工程的性能、特性和试验结果产生的影响。

9.2　延误的试验

9.2.1　如果承包人已根据第9.1款[竣工试验的义务]就可以开始进行各项竣工试验的日期通知工程师，但该等试验因发包人原因被延误14天以上的，发包人应承担由此增加的费用和工期延误，并支付承包人合理利润。同时，承包人应在合理可行的情况下尽快进行竣工试验。

9.2.2　承包人无正当理由延误进行竣工试验的，工程师可向其发出通知，要求其在收到通知后的21天内进行该项竣工试验。承包人应在该21天的期限内确定进行试验的日期，并至少提前7天通知工程师。

9.2.3　如果承包人未在该期限内进行竣工试验，则发包人有权自行组织该项竣工试验，由此产生的合理费用由承包人承担。发包人应在试验完成后28天内向承包人发送试验结果。

9.3　重新试验

如果工程或区段工程未能通过竣工试验，则承包人应根据第6.6款[缺陷和修补]修补缺陷。发包人或承包人可要求按相同的条件，重新进行未通过的试验以及相关工程或区段工程的竣工试验。该等重新进行的试验仍应适用本条对于竣工试验的规定。

9.4　未能通过竣工试验

9.4.1　因发包人原因导致竣工试验未能通过的，承包人进行竣工试验的费用由发包人承担，竣工日期相应顺延。

9.4.2　如果工程或区段工程未能通过根据第9.3款[重新试验]重新

进行的竣工试验的，则：

（1）发包人有权要求承包人根据第6.6款［缺陷和修补］继续进行修补和改正，并根据第9.3款［重新试验］再次进行竣工试验；

（2）未能通过竣工试验，对工程或区段工程的操作或使用未产生实质性影响的，发包人有权要求承包人自费修复，承担因此增加的费用和误期损害赔偿责任，并赔偿发包人的相应损失；无法修复时，发包人有权扣减该部分的相应付款，同时视为通过竣工验收；

（3）未能通过竣工试验，使工程或区段工程的任何主要部分丧失了生产、使用功能时，发包人有权指令承包人更换相关部分，承包人应承担因此增加的费用和误期损害赔偿责任，并赔偿发包人的相应损失；

（4）未能通过竣工试验，使整个工程或区段工程丧失了生产、使用功能时，发包人可拒收工程或区段工程，或指令承包人重新设计、重置相关部分，承包人应承担因此增加的费用和误期损害赔偿责任，并赔偿发包人的相应损失。同时发包人有权根据第16.1款［由发包人解除合同］的约定解除合同。

第10条　验收和工程接收

10.1　竣工验收

10.1.1　竣工验收条件

工程具备以下条件的，承包人可以申请竣工验收：

（1）除因第13条［变更与调整］导致的工程量删减和第14.5.3项［扫尾工作清单］列入缺陷责任期内完成的扫尾工程和缺陷修补工作外，合同范围内的全部单位/区段工程以及有关工作，包括合同要求的试验和竣工试验均已完成，并符合合同要求；

（2）已按合同约定编制了扫尾工作和缺陷修补工作清单以及相应实施计划；

（3）已按合同约定的内容和份数备齐竣工资料；

（4）合同约定要求在竣工验收前应完成的其他工作。

10.1.2　竣工验收程序

除专用合同条件另有约定外，承包人申请竣工验收的，应当按照以下程序进行：

（1）承包人向工程师报送竣工验收申请报告，工程师应在收到竣工验收申请报告后14天内完成审查并报送发包人。工程师审查后认为尚不具备竣工验收条件的，应在收到竣工验收申请报告后的14天内通知承包人，指出在颁发接收证书前承包人还需进行的工作内容。承包人完成工程师通知的全部工作内容后，应再次提交竣工验收申请报告，直至工程师同意为止。

（2）工程师同意承包人提交的竣工验收申请报告的，或工程师收到竣工验收申请报告后14天内不予答复的，视为发包人收到并同意承包人的竣工验收申请，发包人应在收到该竣工验收申请报告后的28天内进行竣工验收。工程经竣工验收合格的，以竣工验收合格之日为实际竣工日期，并在工程接收证书中载明；完成竣工验收但发包人不予签发工程接收证书的，视为竣工验收合格，以完成竣工验收之日为实际竣工日期。

（3）竣工验收不合格的，工程师应按照验收意见发出指示，要求承包人对不合格工程返工、修复或采取其他补救措施，由此增加的费用和（或）延误的工期由承包人承担。承包人在完成不合格工程的返工、修复或采取其他补救措施后，应重新提交竣工验收申请报告，并按本项约定的程序重新进行验收。

（4）因发包人原因，未在工程师收到承包人竣工验收申请报告之日起42天内完成竣工验收的，以承包人提交竣工验收申请报告之日作为工程实际竣工日期。

（5）工程未经竣工验收，发包人擅自使用的，以转移占有工程之日为实际竣工日期。

除专用合同条件另有约定外，发包人不按照本项和第10.4款［接收证书］约定组织竣工验收、颁发工程接收证书的，每逾期一天，应以签约合同价为基数，按照贷款市场报价利率（LPR）支付违约金。

10.2　单位/区段工程的验收

10.2.1　发包人根据项目进度计划安排，在全部工程竣工前需要使用已经竣工的单位/区段工程时，或承包人提出经发包人同意时，可进行单位/区段工程验收。验收的程序可参照第10.1款［竣工验收］的约定进行。验收合格后，由工程师向承包人出具经发包人签认的单位/区段工程验收证书。单位/区段工程的验收成果和结论作为全部工程竣工验收申请报告的附件。

10.2.2　发包人在全部工程竣工前，使用已接收的单位/区段工程导致承包人费用增加的，发包人应承担由此增加的费用和（或）工期延误，并支付承包人合理利润。

10.3　工程的接收

10.3.1　根据工程项目的具体情况和特点，可按工程或单位/区段工程进行接收，并在专用合同条件约定接收的先后顺序、时间安排和其他要求。

10.3.2　除按本条约定已经提交的资料外，接收工程时承包人需提交竣工验收资料的类别、内容、份数和提交时间，在专用合同条件中约定。

10.3.3　发包人无正当理由不接收工程的，发包人自应当接收工程之日起，承担工程照管、成品保护、保管等与工程有关的各项费用，合同当事人可以在专用合同条件中另行约定发包人逾期接收工程的违约责任。

10.3.4　承包人无正当理由不移交工程的，承包人应承担工程照管、成品保护、保管等与工程有关的各项费用，合同当事人可以在专用合同条件中另行约定承包人无正当理由不移交工程的违约责任。

10.4　接收证书

10.4.1　除专用合同条件另有约定外，承包人应在竣工验收合格后向发包人提交第14.6款［质量保证金］约定的质量保证金，发包人应在竣工验收合格且工程具备接收条件后的14天内向承包人颁发工程接收证书，但承包人未提交质量保证金的，发包人有权拒绝颁发。发包人拒绝颁发工程接收证书的，应向承包人发出通知，说明理由并指出在颁发接收证书前承包人需要做的工作，需要修补的缺陷和承包人需要提供的文件。

10.4.2　发包人向承包人颁发的接收证书，应注明工程或单位/区段工程经验收合格的实际竣工日期，并列明不在接收范围内的，在收尾工作和缺陷修补完成之前对工程或单位/区段工程预期使用目的没有实质影响的少量收尾工作和缺陷。

10.4.3　竣工验收合格而发包人无正当理由逾期不颁发工程接收证书的，自验收合格后第15天起视为已颁发工程接收证书。

10.4.4　工程未经验收或验收不合格，发包人擅自使用的，应在转移占有工程后7天内向承包人颁发工程接收证书；发包人无正当理由逾期不颁发工程接收证书的，自转移占有后第15天起视为已颁发工程接收证书。

10.4.5　存在扫尾工作的，工程接收证书中应当将第14.5.3项［扫尾工作清单］中约定的扫尾工作清单作为工程接收证书附件。

10.5　竣工退场

10.5.1　竣工退场

颁发工程接收证书后，承包人应对施工现场进行清理，并撤离相关人员，使得施工现场处于以下状态，直至工程师检验合格为止：

（1）施工现场内残留的垃圾已全部清除出场；

（2）临时工程已拆除，场地已按合同约定进行清理、平整或复原；

（3）按合同约定应撤离的人员、承包人提供的施工设备和剩余的材料，包括废弃的施工设备和材料，已按计划撤离施工现场；

（4）施工现场周边及其附近道路、河道的施工堆积物，已全部清理；

（5）施工现场其他竣工退场工作已全部完成。

施工现场的竣工退场费用由承包人承担。承包人应在专用合同条件约定的期限内完成竣工退场，逾期未完成的，发包人有权出售或另行处理承包人遗留的物品，由此支出的费用由承包人承担，发包人出售承包人遗留物品所得款项在扣除必要费用后应返还承包人。

10.5.2　地表还原

承包人应按合同约定和工程师的要求恢复临时占地及清理场地，否则发包人有权委托其他人恢复或清理，所发生的费用由承包人承担。

10.5.3　人员撤离

除了经工程师同意需在缺陷责任期内继续工作和使用的人员、施工设备和临时工程外，承包人应按专用合同条件约定和工程师的要求将其余的人员、施工设备和临时工程撤离施工现场或拆除。除专用合同条件另有约定外，缺陷责任期满时，承包人的人员和施工设备应全部撤离施工现场。

第11条　缺陷责任与保修

11.1　工程保修的原则

在工程移交发包人后，因承包人原因产生的质量缺陷，承包人应承担质量缺陷责任和保修义务。缺陷责任期届满，承包人仍应按合同约定的工程各部位保修年限承担保修义务。

11.2　缺陷责任期

缺陷责任期原则上从工程竣工验收合格之日起计算，合同当事人应在专用合同条件约定缺陷责任期的具体期限，但该期限最长不超过24个月。

单位/区段工程先于全部工程进行验收，经验收合格并交付使用的，该单位/区段工程缺陷责任期自单位/区段工程验收合格之日起算。因发包人原因导致工程未在合同约定期限进行验收，但工程经验收合格的，以承包人提交竣工验收报告之日起算；因发包人原因导致工程未能进行竣工验收的，在承包人提交竣工验收报告90天后，工程自动进入缺陷责任期；发包人未经竣工验收擅自使用工程的，缺陷责任期自工程转移占有之日起开始计算。

由于承包人原因造成某项缺陷或损坏使某项工程或工程设备不能按原定目标使用而需要再次检查、检验和修复的，发包人有权要求承包人延长该项工程或工程设备的缺陷责任期，并应在原缺陷责任期届满前发出延长通知。但缺陷责任期最长不超过24个月。

11.3　缺陷调查

11.3.1　承包人缺陷调查

如果发包人指示承包人调查任何缺陷的原因，承包人应在发包人的指导下进行调查。承包人应在发包人指示中说明的日期或与发包人达成一致的其他日期开展调查。除非该缺陷应由承包人负责自费进行修补，承包人有权就调查的成本和利润获得支付。

如果承包人未能根据本款开展调查，该调查可由发包人开展。但应将上述调查开展的日期通知承包人，承包人可自费参加调查。如果该缺陷应由承包人自费进行修补，则发包人有权要求承包人支付发包人因调查产生的合理费用。

11.3.2　缺陷责任

缺陷责任期内，由承包人原因造成的缺陷，承包人应负责维修，并承担鉴定及维修费用。如承包人不维修也不承担费用，发包人可按合同约定从质量保证金中扣除，费用超出质量保证金金额的，发包人可按合同约定向承包人进行索赔。承包人维修并承担相应费用后，不免除对工程的损失赔偿责任。发包人在使用过程中，发现已修补的缺陷部位或部件还存在质量缺陷的，承包人应负责修复，直至检验合格为止。

11.3.3　修复费用

发包人和承包人应共同查清缺陷或损坏的原因。经查明属承包人原因造成的，应由承包人承担修复的费用。经查验非承包人原因造成的，发包人应承担修复的费用，并支付承包人合理利润。

11.3.4　修复通知

在缺陷责任期内，发包人在使用过程中，发现已接收的工程存在缺陷或损坏的，应书面通知承包人予以修复，但情况紧急必须立即修复缺陷或损坏的，发包人可以口头通知承包人并在口头通知后48小时内书面确认，承包人应在专用合同条件约定的合理期限内到达工程现场并修复缺陷或损坏。

11.3.5　在现场外修复

在缺陷责任期内，承包人认为设备中的缺陷或损害不能在现场得到迅速修复，承包人应当向发包人发出通知，请求发包人同意把这些有缺陷或者损害的设备移出现场进行修复，通知应当注明有缺陷或者损害的设备及维修的相关内容，发包人可要求承包人按移出设备的全部重置成本增加质量保证金的数额。

11.3.6　未能修复

因承包人原因造成工程的缺陷或损坏，承包人拒绝维修或未能在合理期限内修复缺陷或损坏，且经发包人书面催告后仍未修复的，发包人有权自行修复或委托第三方修复，所需费用由承包人承担。但修复范围超出缺陷或损坏范围的，超出范围部分的修复费用由发包人承担。

如果工程或工程设备的缺陷或损害使发包人实质上失去了工程的整体功能，发包人有权向承包人追回已支付的工程款项，并要求其赔偿发包人相应损失。

11.4　缺陷修复后的进一步试验

任何一项缺陷修补后的7天内，承包人应向发包人发出通知，告知已修补的情况。如根据第9条［竣工试验］或第12条［竣工后试验］的规定适用重新试验的，还应建议重新试验。发包人应在收到重新试验的通知后14天内答复，逾期未进行答复的视为同意重新试验。承包人未建议重新试验的，发包人也可在缺陷修补后的14天内指示进行必要的重新试验，以证明已修复的部分符合合同要求。

所有的重复试验应按照适用于先前试验的条款进行，但应由责任方承担修补工作的成本和重新试验的风险和费用。

11.5　承包人出入权

在缺陷责任期内，为了修复缺陷或损坏，承包人有权出入工程现场，除情况紧急必须立即修复缺陷或损坏外，承包人应提前24小时通知发包人进场修复的时间。承包人进入工程现场前应获得发包人同意，且不应影响发包人正常的生产经营，并应遵守发包人有关安保和保密等规定。

11.6　缺陷责任期终止证书

除专用合同条件另有约定外，承包人应于缺陷责任期届满前7天内向发包人发出缺陷责任期即将届满通知，发包人应在收到通知后7天内核实承包人是否履行缺陷修复义务，承包人未能履行缺陷修复义务的，发包人有权扣除相应金额的维修费用。发包人应在缺陷责任期届满之日，向承包人颁发缺陷责任期终止证书，并按第14.6.3项［质量保证金的返还］返还质量保证金。

如根据第10.5.3项［人员撤离］承包人在施工现场还留有人员、施工设备和临时工程的，承包人应当在收到缺陷责任期终止证书后28天内，将上述人员、施工设备和临时工程撤离施工现场。

11.7　保修责任

因承包人原因导致的质量缺陷责任，由合同当事人根据有关法律规定，在专用合同条件和工程质量保修书中约定工程质量保修范围、期限和责任。

第12条　竣工后试验

本合同工程包含竣工后试验的，遵守本条约定。

12.1　竣工后试验的程序

12.1.1　工程或区段工程被发包人接收后，在合理可行的情况下应根据合同约定尽早进行竣工后试验。

12.1.2　除专用合同条件另有约定外，发包人应提供全部电力、水、污水处理、燃料、消耗品和材料，以及全部其他仪器、协助、文件或其他信息、设备、工具、劳力，启动工程设备，并组织安排有适当资质、经验和能力的工作人员实施竣工后试验。

12.1.3　除《发包人要求》另有约定外，发包人应在合理可行的情况下尽快进行每项竣工后试验，并至少提前21天将该项竣工后试验的内容、地点和时间，以及显示其他竣工后试验拟开展时间的竣工后试验计划通知承包人。

12.1.4 发包人应根据《发包人要求》、承包人按照第5.5款[操作和维修手册]提交的文件，以及承包人被要求提供的指导进行竣工后试验。如承包人未在发包人通知的时间和地点参加竣工后试验，发包人可自行进行，该试验应被视为是承包人在场的情况下进行的，且承包人应视为认可试验数据。

12.1.5 竣工后试验的结果应由双方进行整理和评价，并应适当考虑发包人对工程或其任何部分的使用，对工程或区段工程的性能、特性和试验结果产生的影响。

12.2 延误的试验

12.2.1 如果竣工后试验因发包人原因被延误的，发包人应承担承包人由此增加的费用并支付承包人合理利润。

12.2.2 如果因承包人以外的原因，导致竣工后试验未能在缺陷责任期或双方另行同意的其他期限内完成，则相关工程或区段工程应视为已通过该竣工后试验。

12.3 重新试验

如工程或区段工程未能通过竣工后试验，则承包人应根据第11.3款[缺陷调查]的规定修补缺陷，以达到合同约定的要求；并按照第11.4款[缺陷修复后的进一步试验]重新进行竣工后试验以及承担风险和费用。如未通过试验和重新试验是承包人原因造成的，则承包人还应承担发包人因此增加的费用。

12.4 未能通过竣工后试验

12.4.1 工程或区段工程未能通过竣工后试验，且合同中就该项未通过的试验约定了性能损害赔偿违约金及其计算方法的，或者就该项未通过的试验另行达成补充协议的，承包人在缺陷责任期内向发包人支付相应违约金或按补充协议履行后，视为通过竣工后试验。

12.4.2 对未能通过竣工后试验的工程或区段工程，承包人可向发包人建议，由承包人对该工程或区段工程进行调整或修补。发包人收到建议后，可向承包人发出通知，指示其在发包人方便的合理时间进入工程或区段工程进行调查、调整或修补，并为承包人的进入提供方便。承包人提出建议，但未在缺陷责任期内收到上述发包人通知的，相关工程或区段工程应视为已通过该竣工后试验。

12.4.3　发包人无故拖延给予承包人进行调查、调整或修补所需的进入工程或区段工程的许可，并造成承包人费用增加的，应承担由此增加的费用并支付承包人合理利润。

第13条　变更与调整

13.1　发包人变更权

13.1.1　变更指示应经发包人同意，并由工程师发出经发包人签认的变更指示。除第11.3.6项［未能修复］约定的情况外，变更不应包括准备将任何工作删减并交由他人或发包人自行实施的情况。承包人收到变更指示后，方可实施变更。未经许可，承包人不得擅自对工程的任何部分进行变更。发包人与承包人对某项指示或批准是否构成变更产生争议的，按第20条［争议解决］处理。

13.1.2　承包人应按照变更指示执行，除非承包人及时向工程师发出通知，说明该项变更指示将降低工程的安全性、稳定性或适用性；涉及的工作内容和范围不可预见；所涉设备难以采购；导致承包人无法执行第7.5款［现场劳动用工］、第7.6款［安全文明施工］、第7.7款［职业健康］或第7.8款［环境保护］内容；将造成工期延误；与第4.1款［承包人的一般义务］相冲突等无法执行的理由。工程师接到承包人的通知后，应作出经发包人签认的取消、确认或改变原指示的书面回复。

13.2　承包人的合理化建议

13.2.1　承包人提出合理化建议的，应向工程师提交合理化建议说明，说明建议的内容、理由以及实施该建议对合同价格和工期的影响。

13.2.2　除专用合同条件另有约定外，工程师应在收到承包人提交的合理化建议后7天内审查完毕并报送发包人，发现其中存在技术上的缺陷，应通知承包人修改。发包人应在收到工程师报送的合理化建议后7天内审批完毕。合理化建议经发包人批准的，工程师应及时发出变更指示，由此引起的合同价格调整按照第13.3.3项［变更估价］约定执行。发包人不同意变更的，工程师应书面通知承包人。

13.2.3　合理化建议降低了合同价格、缩短了工期或者提高了工程经济效益的，双方可以按照专用合同条件的约定进行利益分享。

13.3　变更程序

13.3.1　发包人提出变更

发包人提出变更的，应通过工程师向承包人发出书面形式的变更指示，变更指示应说明计划变更的工程范围和变更的内容。

13.3.2　变更执行

承包人收到工程师下达的变更指示后，认为不能执行，应在合理期限内提出不能执行该变更指示的理由。承包人认为可以执行变更的，应当书面说明实施该变更指示需要采取的具体措施及对合同价格和工期的影响，且合同当事人应当按照第13.3.3项［变更估价］约定确定变更估价。

13.3.3　变更估价

13.3.3.1　变更估价原则

除专用合同条件另有约定外，变更估价按照本款约定处理：

（1）合同中未包含价格清单，合同价格应按照所执行的变更工程的成本加利润调整；

（2）合同中包含价格清单，合同价格按照如下规则调整：

1）价格清单中有适用于变更工程项目的，应采用该项目的费率和价格；

2）价格清单中没有适用但有类似于变更工程项目的，可在合理范围内参照类似项目的费率或价格；

3）价格清单中没有适用也没有类似于变更工程项目的，该工程项目应按成本加利润原则调整适用新的费率或价格。

13.3.3.2 变更估价程序

承包人应在收到变更指示后14天内，向工程师提交变更估价申请。工程师应在收到承包人提交的变更估价申请后7天内审查完毕并报送发包人，工程师对变更估价申请有异议，通知承包人修改后重新提交。发包人应在承包人提交变更估价申请后14天内审批完毕。发包人逾期未完成审批或未提出异议的，视为认可承包人提交的变更估价申请。

因变更引起的价格调整应计入最近一期的进度款中支付。

13.3.4 变更引起的工期调整

因变更引起工期变化的，合同当事人均可要求调整合同工期，由合同当事人按照第3.6款［商定或确定］并参考工程所在地的工期定额标准确定增减工期天数。

13.4 暂估价

13.4.1 依法必须招标的暂估价项目

对于依法必须招标的暂估价项目，专用合同条件约定由承包人作为招标人的，招标文件、评标方案、评标结果应报送发包人批准。与组织招标工作有关的费用应当被认为已经包括在承包人的签约合同价中。

专用合同条件约定由发包人和承包人共同作为招标人的，与组织招标工作有关的费用在专用合同条件中约定。

具体的招标程序以及发包人和承包人权利义务关系可在专用合同条件中约定。暂估价项目的中标金额与价格清单中所列暂估价的金额差以及相应的税金等其他费用应列入合同价格。

13.4.2 不属于依法必须招标的暂估价项目

对于不属于依法必须招标的暂估价项目，承包人具备实施暂估价项目的资格和条件的，经发包人和承包人协商一致后，可由承包人自行实施暂估价项目，具体的协商和估价程序以及发包人和承包人权利义务关系可在专用合同条件中约定。确定后的暂估价项目金额与价格清单中所列暂估价的金额差以及相应的税金等其他费用应列入合同价格。

因发包人原因导致暂估价合同订立和履行迟延的，由此增加的费用和（或）延误的工期由发包人承担，并支付承包人合理的利润。因承包人原因导致暂估价合同订立和履行迟延的，由此增加的费用和（或）延误的工期由承包人承担。

13.5　暂列金额

除专用合同条件另有约定外，每一笔暂列金额只能按照发包人的指示全部或部分使用，并对合同价格进行相应调整。付给承包人的总金额应仅包括发包人已指示的，与暂列金额相关的工作、货物或服务的应付款项。

对于每笔暂列金额，发包人可以指示用于下列支付：

（1）发包人根据第13.1款［发包人变更权］指示变更，决定对合同价格和付款计划表（如有）进行调整的、由承包人实施的工作（包括要提供的工程设备、材料和服务）；

（2）承包人购买的工程设备、材料、工作或服务，应支付包括承包人已付（或应付）的实际金额以及相应的管理费等费用和利润［管理费和利润应以实际金额为基数根据合同约定的费率（如有）或百分比计算］。

发包人根据上述（1）和（或）（2）指示支付暂列金额的，可以要求承包人提交其供应商提供的全部或部分要实施的工程或拟购买的工程设备、材料、工作或服务的项目报价单。发包人可以发出通知指示承包人接受其中的一个报价或指示撤销支付，发包人在收到项目报价单的7天内未作回应的，承包人应有权自行接受其中任何一个报价。

每份包含暂列金额的文件还应包括用以证明暂列金额的所有有效的发票、凭证和账户或收据。

13.6　计日工

13.6.1　需要采用计日工方式的，经发包人同意后，由工程师通知承包人以计日工计价方式实施相应的工作，其价款按列入价格清单或预算书中的计日工计价项目及其单价进行计算；价格清单或预算书中无相应的计日工单价的，按照合理的成本与利润构成的原则，由工程师按照第3.6款［商定或确定］确定计日工的单价。

13.6.2　采用计日工计价的任何一项工作，承包人应在该项工作实施过程中，每天提交以下报表和有关凭证报送工程师审查：

（1）工作名称、内容和数量；

（2）投入该工作的所有人员的姓名、专业、工种、级别和耗用工时；

（3）投入该工作的材料类别和数量；

（4）投入该工作的施工设备型号、台数和耗用台时；

（5）其他有关资料和凭证。

计日工由承包人汇总后，列入最近一期进度付款申请单，由工程师审查并经发包人批准后列入进度付款。

13.7　法律变化引起的调整

13.7.1　基准日期后，法律变化导致承包人在合同履行过程中所需要的费用发生除第13.8款［市场价格波动引起的调整］约定以外的增加时，由发包人承担由此增加的费用；减少时，应从合同价格中予以扣减。基准日期后，因法律变化造成工期延误时，工期应予以顺延。

13.7.2　因法律变化引起的合同价格和工期调整，合同当事人无法达成一致的，由工程师按第3.6款［商定或确定］的约定处理。

13.7.3　因承包人原因造成工期延误，在工期延误期间出现法律变化的，由此增加的费用和（或）延误的工期由承包人承担。

13.7.4　因法律变化而需要对工程的实施进行任何调整的，承包人应迅速通知发包人，或者发包人应迅速通知承包人，并附上详细的辅助资料。发包人接到通知后，应根据第13.3款［变更程序］发出变更指示。

13.8　市场价格波动引起的调整

13.8.1　主要工程材料、设备、人工价格与招标时基期价相比，波动幅度超过合同约定幅度的，双方按照合同约定的价格调整方式调整。

13.8.2　发包人与承包人在专用合同条件中约定采用《价格指数权重

表》的，适用本项约定。

13.8.2.1　双方当事人可以将部分主要工程材料、工程设备、人工价格及其他双方认为应当根据市场价格调整的费用列入附件6［价格指数权重表］，并根据以下公式计算差额并调整合同价格：

（1）价格调整公式

$$\Delta P = P_0\left[A + \left(B_1 \times \frac{F_{t1}}{F_{01}} + B_2 \times \frac{F_{t2}}{F_{02}} + B_3 \times \frac{F_{t3}}{F_{03}} + \cdots + B_n \times \frac{F_{tn}}{F_{0n}}\right) - 1\right]$$

公式中：ΔP——需调整的价格差额；

P_0——付款证书中承包人应得到的已完成工作量的金额。此项金额应不包括价格调整、不计质量保证金的预留和支付、预付款的支付和扣回。第13条［变更与调整］约定的变更及其他金额已按当期价格计价的，也不计在内；

A——定值权重（即不调部分的权重）；

B_1；B_2；B_3；……B_n——各可调因子的变值权重（即可调部分的权重）为各可调因子在投标函投标总报价中所占的比例，且$A+B_1+B_2+B_3+\cdots\cdots+B_n=1$；

F_{t1}；F_{t2}；F_{t3}；……F_{tn}——各可调因子的当期价格指数，指付款证书相关周期最后一天的前42天的各可调因子的价格指数；

F_{01}；F_{02}；F_{03}；……F_{0n}——各可调因子的基本价格指数，指基准日期的各可调因子的价格指数。

以上价格调整公式中的各可调因子、定值和变值权重，以及基本价格指数及其来源在投标函附录价格指数和权重表中约定。价格指数应首先采用投标函附录中载明的有关部门提供的价格指数，缺乏上述价格指数时，可采用有关部门提供的价格代替。

（2）暂时确定调整差额

在计算调整差额时得不到当期价格指数的，可暂用上一次价格指数计算，并在以后的付款中再按实际价格指数进行调整。

（3）权重的调整

按第13.1款［发包人变更权］约定的变更导致原定合同中的权重不合理的，由工程师与承包人和发包人协商后进行调整。

（4）承包人原因工期延误后的价格调整

因承包人原因未在约定的工期内竣工的，则对原约定竣工日期后继续施工的工程，在使用本款第（1）项价格调整公式时，应采用原约定竣工日期与实际竣工日期的两个价格指数中较低的一个作为当期价格指数。

（5）发包人引起的工期延误后的价格调整

由于发包人原因未在约定的工期内竣工的，则对原约定竣工日期后继续施工的工程，在使用本款第（1）目价格调整公式时，应采用原约定竣工日期与实际竣工日期的两个价格指数中较高的一个作为当期价格指数。

13.8.2.2　未列入《价格指数权重表》的费用不因市场变化而调整。

13.8.3　双方约定采用其他方式调整合同价款的，以专用合同条件约定为准。

第14条　合同价格与支付

14.1　合同价格形式

14.1.1　除专用合同条件中另有约定外，本合同为总价合同，除根据第13条［变更与调整］，以及合同中其它相关增减金额的约定进行调整外，合同价格不做调整。

14.1.2　除专用合同条件另有约定外：

（1）工程款的支付应以合同协议书约定的签约合同价格为基础，按照合同约定进行调整；

（2）承包人应支付根据法律规定或合同约定应由其支付的各项税费，除第13.7款［法律变化引起的调整］约定外，合同价格不应因任何这些税费进行调整；

（3）价格清单列出的任何数量仅为估算的工作量，不得将其视为要求承包人实施的工程的实际或准确的工作量。在价格清单中列出的任何工作量和价格数据应仅限用于变更和支付的参考资料，而不能用于其他目的。

14.1.3　合同约定工程的某部分按照实际完成的工程量进行支付的，应按照专用合同条件的约定进行计量和估价，并据此调整合同价格。

14.2　预付款

14.2.1　预付款支付

预付款的额度和支付按照专用合同条件约定执行。预付款应当专用于承包人为合同工程的设计和工程实施购置材料、工程设备、施工设备、修建临时设施以及组织施工队伍进场等合同工作。

除专用合同条件另有约定外，预付款在进度付款中同比例扣回。在颁发工程接收证书前，提前解除合同的，尚未扣完的预付款应与合同价款一并结算。

发包人逾期支付预付款超过7天的，承包人有权向发包人发出要求预付的催告通知，发包人收到通知后7天内仍未支付的，承包人有权暂停施工，并按第15.1.1项［发包人违约的情形］执行。

14.2.2　预付款担保

发包人指示承包人提供预付款担保的，承包人应在发包人支付预付款7天前提供预付款担保，专用合同条件另有约定除外。预付款担保可采用银行保函、担保公司担保等形式，具体由合同当事人在专用合同条件中约定。在预付款完全扣回之前，承包人应保证预付款担保持续有效。

发包人在工程款中逐期扣回预付款后，预付款担保额度应相应减少，但剩余的预付款担保金额不得低于未被扣回的预付款金额。

14.3　工程进度款

14.3.1　工程进度付款申请

（1）人工费的申请

人工费应按月支付，工程师应在收到承包人人工费付款申请单以及相关资料后7天内完成审查并报送发包人，发包人应在收到后7天内完成审批并向承包人签发人工费支付证书，发包人应在人工费支付证书签发后7天内完成支付。已支付的人工费部分，发包人支付进度款时予以相应扣除。

（2）除专用合同条件另有约定外，承包人应在每月月末向工程师提交进度付款申请单，该进度付款申请单应包括下列内容：

1）截至本次付款周期内已完成工作对应的金额；

2）扣除依据本款第（1）目约定中已扣除的人工费金额；

3）根据第13条［变更与调整］应增加和扣减的变更金额；

4）根据第14.2款［预付款］约定应支付的预付款和扣减的返还预付款；

5）根据第14.6.2项［质量保证金的预留］约定应预留的质量保证金金额；

6）根据第19条［索赔］应增加和扣减的索赔金额；

7）对已签发的进度款支付证书中出现错误的修正，应在本次进度付款中支付或扣除的金额；

8）根据合同约定应增加和扣减的其他金额。

14.3.2　进度付款审核和支付

除专用合同条件另有约定外，工程师应在收到承包人进度付款申请单以及相关资料后7天内完成审查并报送发包人，发包人应在收到后7天内完成审批并向承包人签发进度款支付证书。发包人逾期（包括因工程师原因延误报送的时间）未完成审批且未提出异议的，视为已签发进度款支付证书。

工程师对承包人的进度付款申请单有异议的，有权要求承包人修正和提供补充资料，承包人应提交修正后的进度付款申请单。工程师应在收到承包人修正后的进度付款申请单及相关资料后7天内完成审查并报送发包人，发包人应在收到工程师报送的进度付款申请单及相关资料后7天内，向承包人签发无异议部分的进度款支付证书。存在争议的部分，按照第20条［争议解决］的约定处理。

除专用合同条件另有约定外，发包人应在进度款支付证书签发后14天内完成支付，发包人逾期支付进度款的，按照贷款市场报价利率（LPR）支付利息；逾期支付超过56天的，按照贷款市场报价利率（LPR）的两倍支付利息。

发包人签发进度款支付证书，不表明发包人已同意、批准或接受了承包人完成的相应部分的工作。

14.3.3　进度付款的修正

在对已签发的进度款支付证书进行阶段汇总和复核中发现错误、遗漏或重复的，发包人和承包人均有权提出修正申请。经发包人和承包人同意的修正，应在下期进度付款中支付或扣除。

14.4　付款计划表

14.4.1　付款计划表的编制要求

除专用合同条件另有约定外，付款计划表按如下要求编制：

（1）付款计划表中所列的每期付款金额，应为第14.3.1项［工程进度付款申请］每期进度款的估算金额；

（2）实际进度与项目进度计划不一致的，合同当事人可按照第3.6款［商定或确定］修改付款计划表；

（3）不采用付款计划表的，承包人应向工程师提交按季度编制的支付估算付款计划表，用于支付参考。

14.4.2　付款计划表的编制与审批

（1）除专用合同条件另有约定外，承包人应根据第8.4款［项目进度计划］约定的项目进度计划、签约合同价和工程量等因素对总价合同进行分解，确定付款期数、计划每期达到的主要形象进度和（或）完成的主要计划工程量（含设计、采购、施工、竣工试验和竣工后试验等）等目标任务，编制付款计划表。其中人工费应按月确定付款期和付款计划。承包人应当在收到工程师和发包人批准的项目进度计划后7天内，将付款计划表及编制付款计划表的支持性资料报送工程师。

（2）工程师应在收到付款计划表后7天内完成审核并报送发包人。发包人应在收到经工程师审核的付款计划表后7天内完成审批，经发包人批准的付款计划表为有约束力的付款计划表。

（3）发包人逾期未完成付款计划表审批的，也未及时要求承包人进行修正和提供补充资料的，则承包人提交的付款计划表视为已经获得发包人批准。

14.5　竣工结算

14.5.1　竣工结算申请

除专用合同条件另有约定外，承包人应在工程竣工验收合格后42天内向工程师提交竣工结算申请单，并提交完整的结算资料，有关竣工结算申请单的资料清单和份数等要求由合同当事人在专用合同条件中约定。

除专用合同条件另有约定外，竣工结算申请单应包括以下内容：

（1）竣工结算合同价格；

（2）发包人已支付承包人的款项；

（3）采用第14.6.1项［承包人提供质量保证金的方式］第（2）种方式提供质量保证金的，应当列明应预留的质量保证金金额；采用第14.6.1项［承包人提供质量保证金的方式］中其他方式提供质量保证金的，应当按第14.6款［质量保证金］提供相关文件作为附件；

（4）发包人应支付承包人的合同价款。

14.5.2　竣工结算审核

（1）除专用合同条件另有约定外，工程师应在收到竣工结算申请单后14天内完成核查并报送发包人。发包人应在收到工程师提交的经审核的竣工结算申请单后14天内完成审批，并由工程师向承包人签发经发包人签认的竣工付款证书。工程师或发包人对竣工结算申请单有异议的，有权要求承包人进行修正和提供补充资料，承包人应提交修正后的竣工结算申请单。

发包人在收到承包人提交竣工结算申请书后28天内未完成审批且未

提出异议的，视为发包人认可承包人提交的竣工结算申请单，并自发包人收到承包人提交的竣工结算申请单后第29天起视为已签发竣工付款证书。

（2）除专用合同条件另有约定外，发包人应在签发竣工付款证书后的14天内，完成对承包人的竣工付款。发包人逾期支付的，按照贷款市场报价利率（LPR）支付违约金；逾期支付超过56天的，按照贷款市场报价利率（LPR）的两倍支付违约金。

（3）承包人对发包人签认的竣工付款证书有异议的，对于有异议部分应在收到发包人签认的竣工付款证书后7天内提出异议，并由合同当事人按照专用合同条件约定的方式和程序进行复核，或按照第20条［争议解决］约定处理。对于无异议部分，发包人应签发临时竣工付款证书，并按本款第（2）项完成付款。承包人逾期未提出异议的，视为认可发包人的审批结果。

14.5.3　扫尾工作清单

经双方协商，部分工作在工程竣工验收后进行的，承包人应当编制扫尾工作清单，扫尾工作清单中应当列明承包人应当完成的扫尾工作的内容及完成时间。

承包人完成扫尾工作清单中的内容应取得的费用包含在第14.5.1项［竣工结算申请］及第14.5.2项［竣工结算审核］中一并结算。

扫尾工作的缺陷责任期按第11条［缺陷责任与保修］处理。承包人未能按照扫尾工作清单约定的完成时间完成扫尾工作的，视为承包人原因导致的工程质量缺陷按照第11.3款［缺陷调查］处理。

14.6　质量保证金

经合同当事人协商一致提供质量保证金的，应在专用合同条件中予以明确。在工程项目竣工前，承包人已经提供履约担保的，发包人不得同时要求承包人提供质量保证金。

14.6.1　承包人提供质量保证金的方式

承包人提供质量保证金有以下三种方式：

（1）提交工程质量保证担保；

（2）预留相应比例的工程款；

（3）双方约定的其他方式。

除专用合同条件另有约定外，质量保证金原则上采用上述第（1）种方式，且承包人应在工程竣工验收合格后7天内，向发包人提交工程质量保证担保。承包人提交工程质量保证担保时，发包人应同时返还预留的作为质量保证金的工程价款（如有）。但不论承包人以何种方式提供质量保证金，累计金额均不得高于工程价款结算总额的3%。

14.6.2　质量保证金的预留

双方约定采用预留相应比例的工程款方式提供质量保证金的，质量保证金的预留有以下三种方式：

（1）按专用合同条件的约定在支付工程进度款时逐次预留，直至预留的质量保证金总额达到专用合同条件约定的金额或比例为止。在此情形下，质量保证金的计算基数不包括预付款的支付、扣回以及价格调整的金额；

（2）工程竣工结算时一次性预留质量保证金；

（3）双方约定的其他预留方式。

除专用合同条件另有约定外，质量保证金的预留原则上采用上述第（1）种方式。如承包人在发包人签发竣工付款证书后28天内提交工程质量保证担保，发包人应同时返还预留的作为质量保证金的工程价款。发包人在返还本条款项下的质量保证金的同时，按照中国人民银行同期同类存款基准利率支付利息。

14.6.3　质量保证金的返还

缺陷责任期内，承包人认真履行合同约定的责任，缺陷责任期满，发包人根据第11.6款［缺陷责任期终止证书］向承包人颁发缺陷责任期终止证书后，承包人可向发包人申请返还质量保证金。

发包人在接到承包人返还质量保证金申请后，应于7天内将质量保证金返还承包人，逾期未返还的，应承担违约责任。发包人在接到承包人返还质量保证金申请后7天内不予答复，视同认可承包人的返还质量保证金申请。

发包人和承包人对质量保证金预留、返还以及工程维修质量、费用有争议的，按本合同第20条［争议解决］约定的争议和纠纷解决程序处理。

14.7 最终结清

14.7.1 最终结清申请单

（1）除专用合同条件另有约定外，承包人应在缺陷责任期终止证书颁发后7天内，按专用合同条件约定的份数向发包人提交最终结清申请单，并提供相关证明材料。

除专用合同条件另有约定外，最终结清申请单应列明质量保证金、应扣除的质量保证金、缺陷责任期内发生的增减费用。

（2）发包人对最终结清申请单内容有异议的，有权要求承包人进行修正和提供补充资料，承包人应向发包人提交修正后的最终结清申请单。

14.7.2 最终结清证书和支付

（1）除专用合同条件另有约定外，发包人应在收到承包人提交的最终结清申请单后14天内完成审批并向承包人颁发最终结清证书。发包人逾期未完成审批，又未提出修改意见的，视为发包人同意承包人提交的最终结清申请单，且自发包人收到承包人提交的最终结清申请单后15天起视为已颁发最终结清证书。

（2）除专用合同条件另有约定外，发包人应在颁发最终结清证书后7天内完成支付。发包人逾期支付的，按照贷款市场报价利率（LPR）支付利息；逾期支付超过56天的，按照贷款市场报价利率（LPR）的两倍支付利息。

（3）承包人对发包人颁发的最终结清证书有异议的，按第20条［争议解决］的约定办理。

第15条　违约

15.1　发包人违约

15.1.1　发包人违约的情形

除专用合同条件另有约定外，在合同履行过程中发生的下列情形，属于发包人违约：

（1）因发包人原因导致开始工作日期延误的；

（2）因发包人原因未能按合同约定支付合同价款的；

（3）发包人违反第13.1.1项约定，自行实施被取消的工作或转由他人实施的；

（4）因发包人违反合同约定造成工程暂停施工的；

（5）工程师无正当理由没有在约定期限内发出复工指示，导致承包人无法复工的；

（6）发包人明确表示或者以其行为表明不履行合同主要义务的；

（7）发包人未能按照合同约定履行其他义务的。

15.1.2　通知改正

发包人发生除第15.1.1项第（6）目以外的违约情况时，承包人可向发包人发出通知，要求发包人采取有效措施纠正违约行为。发包人收到承包人通知后28天内仍不纠正违约行为的，承包人有权暂停相应部位工程实施，并通知工程师。

15.1.3　发包人违约的责任

发包人应承担因其违约给承包人增加的费用和（或）延误的工期，并支付承包人合理的利润。此外，合同当事人可在专用合同条件中另行约定发包人违约责任的承担方式和计算方法。

15.2　承包人违约

15.2.1　承包人违约的情形

除专用合同条件另有约定外，在履行合同过程中发生的下列情况之一的，属于承包人违约：

（1）承包人的原因导致的承包人文件、实施和竣工的工程不符合法律法规、工程质量验收标准以及合同约定；

（2）承包人违反合同约定进行转包或违法分包的；

（3）承包人违反约定采购和使用不合格材料或工程设备；

（4）因承包人原因导致工程质量不符合合同要求的；

（5）承包人未经工程师批准，擅自将已按合同约定进入施工现场的施工设备、临时设施或材料撤离施工现场；

（6）承包人未能按项目进度计划及时完成合同约定的工作，造成工期延误；

（7）由于承包人原因未能通过竣工试验或竣工后试验的；

（8）承包人在缺陷责任期及保修期内，未能在合理期限对工程缺陷进行修复，或拒绝按发包人指示进行修复的；

（9）承包人明确表示或者以其行为表明不履行合同主要义务的；

（10）承包人未能按照合同约定履行其他义务的。

15.2.2　通知改正

承包人发生除第15.2.1项第（7）目、第（9）目约定以外的其他违约情况时，工程师可在专用合同条件约定的合理期限内向承包人发出整改通知，要求其在指定的期限内改正。

15.2.3　承包人违约的责任

承包人应承担因其违约行为而增加的费用和（或）延误的工期。此外，合同当事人可在专用合同条件中另行约定承包人违约责任的承担方式和计算方法。

15.3　第三人造成的违约

在履行合同过程中，一方当事人因第三人的原因造成违约的，应当向对方当事人承担违约责任。一方当事人和第三人之间的纠纷，依照法律规定或者按照约定解决。

第16条　合同解除

16.1　由发包人解除合同

16.1.1　因承包人违约解除合同

除专用合同条件另有约定外，发包人有权基于下列原因，以书面形式通知承包人解除合同，解除通知中应注明是根据第16.1.1项发出的，发包人应在发出正式解除合同通知14天前告知承包人其解除合同意向，除非承包人在收到该解除合同意向通知后14天内采取了补救措施，否则发包人可向承包人发出正式解除合同通知立即解除合同。解除日期应为承包人收到正式解除合同通知的日期，但在第（5）目的情况下，发包人无须提前告知承包人其解除合同意向，可直接发出正式解除合同通知立即解除合同：

（1）承包人未能遵守第4.2款[履约担保]的约定；

（2）承包人未能遵守第4.5款[分包]有关分包和转包的约定；

（3）承包人实际进度明显落后于进度计划，并且未按发包人的指令采取措施并修正进度计划；

（4）工程质量有严重缺陷，承包人无正当理由使修复开始日期拖延达28天以上；

（5）承包人破产、停业清理或进入清算程序，或情况表明承包人将进入破产和（或）清算程序，已有对其财产的接管令或管理令，与债权人达成和解，或为其债权人的利益在财产接管人、受托人或管理人的监督下营业，或采取了任何行动或发生任何事件（根据有关适用法律）具有与前述行动或事件相似的效果；

（6）承包人明确表示或以自己的行为表明不履行合同、或经发包人以书面形式通知其履约后仍未能依约履行合同、或以不适当的方式履行合同；

（7）未能通过的竣工试验、未能通过的竣工后试验，使工程的任何部分和（或）整个工程丧失了主要使用功能、生产功能；

（8）因承包人的原因暂停工作超过56天且暂停影响到整个工程，或因承包人的原因暂停工作超过182天；

（9）承包人未能遵守第8.2款［竣工日期］规定，延误超过182天；

（10）工程师根据第15.2.2项［通知改正］发出整改通知后，承包人在指定的合理期限内仍不纠正违约行为并致使合同目的不能实现的。

16.1.2　因承包人违约解除合同后承包人的义务

合同解除后，承包人应按以下约定执行：

（1）除了为保护生命、财产或工程安全、清理和必须执行的工作外，停止执行所有被通知解除的工作，并将相关人员撤离现场；

（2）经发包人批准，承包人应将与被解除合同相关的和正在执行的分包合同及相关的责任和义务转让至发包人和（或）发包人指定方的名下，包括永久性工程及工程物资，以及相关工作；

（3）移交已完成的永久性工程及负责已运抵现场的工程物资。在移交前，妥善做好已完工程和已运抵现场的工程物资的保管、维护和保养；

（4）将发包人提供的所有信息及承包人为本工程编制的设计文件、技术资料及其它文件移交给发包人。在承包人留有的资料文件中，销毁与发包人提供的所有信息相关的数据及资料的备份；

（5）移交相应实施阶段已经付款的并已完成的和尚待完成的设计文件、图纸、资料、操作维修手册、施工组织设计、质检资料、竣工资料等。

16.1.3　因承包人违约解除合同后的估价、付款和结算

因承包人原因导致合同解除的，则合同当事人应在合同解除后28天内完成估价、付款和清算，并按以下约定执行：

（1）合同解除后，按第3.6款［商定或确定］商定或确定承包人实际完成工作对应的合同价款，以及承包人已提供的材料、工程设备、施工设备和临时工程等的价值；

（2）合同解除后，承包人应支付的违约金；

（3）合同解除后，因解除合同给发包人造成的损失；

（4）合同解除后，承包人应按照发包人的指示完成现场的清理和撤离；

（5）发包人和承包人应在合同解除后进行清算，出具最终结清付款证书，结清全部款项。

因承包人违约解除合同的，发包人有权暂停对承包人的付款，查清各项付款和已扣款项，发包人和承包人未能就合同解除后的清算和款项支付达成一致的，按照第20条［争议解决］的约定处理。

16.1.4　因承包人违约解除合同的合同权益转让

合同解除后，发包人可以继续完成工程，和（或）安排第三人完成。发包人有权要求承包人将其为实施合同而订立的材料和设备的订货合同或任何服务合同利益转让给发包人，并在承包人收到解除合同通知后的14天内，依法办理转让手续。发包人和（或）第三人有权使用承包人在施工现场的材料、设备、临时工程、承包人文件和由承包人或以其名义编制的其他文件。

16.2　由承包人解除合同

16.2.1　因发包人违约解除合同

除专用合同条件另有约定外，承包人有权基于下列原因，以书面形式通知发包人解除合同，解除通知中应注明是根据第16.2.1项发出的，承包人应在发出正式解除合同通知14天前告知发包人其解除合同意向，除非发包人在收到该解除合同意向通知后14天内采取了补救措施，否则承包人可向发包人发出正式解除合同通知立即解除合同。解除日期应为发包人收到正式解除合同通知的日期，但在第（5）目的情况下，承包人无须提前告知发包人其解除合同意向，可直接发出正式解除合同通知立即解除合同：

（1）承包人就发包人未能遵守第2.5.2项关于发包人的资金安排发出通知后42天内，仍未收到合理的证明；

（2）在第14条规定的付款时间到期后42天内，承包人仍未收到应付款项；

（3）发包人实质上未能根据合同约定履行其义务，构成根本性违约；

（4）发承包双方订立本合同协议书后的84天内，承包人未收到根据第

8.1款［开始工作］的开始工作通知；

（5）发包人破产、停业清理或进入清算程序，或情况表明发包人将进入破产和（或）清算程序或发包人资信严重恶化，已有对其财产的接管令或管理令，与债权人达成和解，或为其债权人的利益在财产接管人、受托人或管理人的监督下营业，或采取了任何行动或发生任何事件（根据有关适用法律）具有与前述行动或事件相似的效果；

（6）发包人未能遵守第2.5.3项的约定提交支付担保；

（7）发包人未能执行第15.1.2项［通知改正］的约定，致使合同目的不能实现的；

（8）因发包人的原因暂停工作超过56天且暂停影响到整个工程，或因发包人的原因暂停工作超过182天的；

（9）因发包人原因造成开始工作日期迟于承包人收到中标通知书（或在无中标通知书的情况下，订立本合同之日）后第84天的。

发包人接到承包人解除合同意向通知后14天内，发包人随后给予了付款，或同意复工、或继续履行其义务、或提供了支付担保等，承包人应尽快安排并恢复正常工作；因此造成工期延误的，竣工日期顺延；承包人因此增加的费用，由发包人承担。

16.2.2　因发包人违约解除合同后承包人的义务

合同解除后，承包人应按以下约定执行：

（1）除为保护生命、财产、工程安全的工作外，停止所有进一步的工作；承包人因执行该保护工作而产生费用的，由发包人承担；

（2）向发包人移交承包人已获得支付的承包人文件、生产设备、材料和其他工作；

（3）从现场运走除为了安全需要以外的所有属于承包人的其他货物，并撤离现场。

16.2.3　因发包人违约解除合同后的付款

承包人按照本款约定解除合同的，发包人应在解除合同后28天内支付下列款项，并退还履约担保：

（1）合同解除前所完成工作的价款；

（2）承包人为工程施工订购并已付款的材料、工程设备和其他物品的价款；发包人付款后，该材料、工程设备和其他物品归发包人所有；

（3）承包人为完成工程所发生的，而发包人未支付的金额；

（4）承包人撤离施工现场以及遣散承包人人员的款项；

（5）按照合同约定在合同解除前应支付的违约金；

（6）按照合同约定应当支付给承包人的其他款项；

（7）按照合同约定应返还的质量保证金；

（8）因解除合同给承包人造成的损失。

承包人应妥善做好已完工程和与工程有关的已购材料、工程设备的保护和移交工作，并将施工设备和人员撤出施工现场，发包人应为承包人撤出提供必要条件。

16.3　合同解除后的事项

16.3.1　结算约定依然有效

合同解除后，由发包人或由承包人解除合同的结算及结算后的付款约定仍然有效，直至解除合同的结算工作结清。

16.3.2　解除合同的争议

双方对解除合同或解除合同后的结算有争议的，按照第20条［争议解决］的约定处理。

第17条　不可抗力

17.1　不可抗力的定义

不可抗力是指合同当事人在订立合同时不可预见，在合同履行过程中不可避免、不能克服且不能提前防备的自然灾害和社会性突发事件，如地震、海啸、瘟疫、骚乱、戒严、暴动、战争和专用合同条件中约定的其他情形。

17.2　不可抗力的通知

合同一方当事人觉察或发现不可抗力事件发生，使其履行合同义务受到阻碍时，有义务立即通知合同另一方当事人和工程师，书面说明不可抗力和受阻碍的详细情况，并提供必要的证明。

不可抗力持续发生的，合同一方当事人应每隔28天向合同另一方当事人和工程师提交中间报告，说明不可抗力和履行合同受阻的情况，并于不可抗力事件结束后28天内提交最终报告及有关资料。

17.3　将损失减至最小的义务

不可抗力发生后，合同当事人均应采取措施尽量避免和减少损失的扩大，使不可抗力对履行合同造成的损失减至最小。另一方全力协助并采取措施，需暂停实施的工作，立即停止。任何一方当事人没有采取有效措施导致损失扩大的，应对扩大的损失承担责任。

17.4　不可抗力后果的承担

不可抗力导致的人员伤亡、财产损失、费用增加和（或）工期延误等后果，由合同当事人按以下原则承担：

（1）永久工程，包括已运至施工现场的材料和工程设备的损害，以及因工程损害造成的第三人人员伤亡和财产损失由发包人承担；

（2）承包人提供的施工设备的损坏由承包人承担；

（3）发包人和承包人各自承担其人员伤亡及其他财产损失；

（4）因不可抗力影响承包人履行合同约定的义务，已经引起或将引起工期延误的，应当顺延工期，由此导致承包人停工的费用损失由发包人和承包人合理分担，停工期间必须支付的现场必要的工人工资由发包人承担；

（5）因不可抗力引起或将引起工期延误，发包人指示赶工的，由此增加的赶工费用由发包人承担；

（6）承包人在停工期间按照工程师或发包人要求照管、清理和修复工程的费用由发包人承担。

不可抗力引起的后果及造成的损失由合同当事人按照法律规定及合

同约定各自承担。不可抗力发生前已完成的工程应当按照合同约定进行支付。

17.5　不可抗力影响分包人

分包人根据分包合同的约定，有权获得更多或者更广的不可抗力而免除某些义务时，承包人不得以分包合同中不可抗力约定向发包人抗辩免除其义务。

17.6　因不可抗力解除合同

因单次不可抗力导致合同无法履行连续超过84天或累计超过140天的，发包人和承包人均有权解除合同。合同解除后，承包人应按照第10.5款［竣工退场］的规定进行。由双方当事人按照第3.6款［商定或确定］商定或确定发包人应支付的款项，该款项包括：

（1）合同解除前承包人已完成工作的价款；

（2）承包人为工程订购的并已交付给承包人，或承包人有责任接受交付的材料、工程设备和其他物品的价款；当发包人支付上述费用后，此项材料、工程设备与其他物品应成为发包人的财产，承包人应将其交由发包人处理；

（3）发包人指示承包人退货或解除订货合同而产生的费用，或因不能退货或解除合同而产生的损失；

（4）承包人撤离施工现场以及遣散承包人人员的费用；

（5）按照合同约定在合同解除前应支付给承包人的其他款项；

（6）扣减承包人按照合同约定应向发包人支付的款项；

（7）双方商定或确定的其他款项。

除专用合同条件另有约定外，合同解除后，发包人应当在商定或确定上述款项后28天内完成上述款项的支付。

第18条　保险

18.1　设计和工程保险

18.1.1　双方应按照专用合同条件的约定向双方同意的保险人投保建

设工程设计责任险、建筑安装工程一切险等保险。具体的投保险种、保险范围、保险金额、保险费率、保险期限等有关内容应当在专用合同条件中明确约定。

18.1.2 双方应按照专用合同条件的约定投保第三者责任险，并在缺陷责任期终止证书颁发前维持其持续有效。第三者责任险最低投保额应在专用合同条件内约定。

18.2 工伤和意外伤害保险

18.2.1 发包人应依照法律规定为其在施工现场的雇用人员办理工伤保险，缴纳工伤保险费；并要求工程师及由发包人为履行合同聘请的第三方在施工现场的雇用人员依法办理工伤保险。

18.2.2 承包人应依照法律规定为其履行合同雇用的全部人员办理工伤保险，缴纳工伤保险费，并要求分包人及由承包人为履行合同聘请的第三方雇用的全部人员依法办理工伤保险。

18.2.3 发包人和承包人可以为其施工现场的全部人员办理意外伤害保险并支付保险费，包括其员工及为履行合同聘请的第三方的人员，具体事项由合同当事人在专用合同条件约定。

18.3 货物保险

承包人应按照专用合同条件的约定为运抵现场的施工设备、材料、工程设备和临时工程等办理财产保险，保险期限自上述货物运抵现场至其不再为工程所需要为止。

18.4 其他保险

发包人应按照工程总承包模式所适用的法律法规和专用合同条件约定，投保其他保险并保持保险有效，其投保费用发包人自行承担。承包人应按照工程总承包模式所适用法律法规和专用合同条件约定投保相应保险并保持保险有效，其投保费用包含在合同价格中，但在合同执行过程中，新颁布适用的法律法规规定由承包人投保的强制保险，应根据本合同第13条[变更与调整]的约定增加合同价款。

18.5　对各项保险的一般要求

18.5.1　持续保险

合同当事人应与保险人保持联系，使保险人能够随时了解工程实施中的变动，并确保按保险合同条款要求持续保险。

18.5.2　保险凭证

合同当事人应及时向另一方当事人提交其已投保的各项保险的凭证和保险单复印件，保险单必须与专用合同条件约定的条件保持一致。

18.5.3　未按约定投保的补救

负有投保义务的一方当事人未按合同约定办理保险，或未能使保险持续有效的，则另一方当事人可代为办理，所需费用由负有投保义务的一方当事人承担。

负有投保义务的一方当事人未按合同约定办理某项保险，导致受益人未能得到足额赔偿的，由负有投保义务的一方当事人负责按照原应从该项保险得到的保险金数额进行补足。

18.5.4　通知义务

除专用合同条件另有约定外，任何一方当事人变更除工伤保险之外的保险合同时，应事先征得另一方当事人同意，并通知工程师。

保险事故发生时，投保人应按照保险合同规定的条件和期限及时向保险人报告。发包人和承包人应当在知道保险事故发生后及时通知对方。

双方按本条规定投保不减少双方在合同下的其他义务。

第19条　索赔

19.1　索赔的提出

根据合同约定，任意一方认为有权得到追加/减少付款、延长缺陷责任期和(或)延长工期的，应按以下程序向对方提出索赔：

(1)索赔方应在知道或应当知道索赔事件发生后28天内，向对方递交索赔意向通知书，并说明发生索赔事件的事由；索赔方未在前述28天内发出索赔意向通知书的，丧失要求追加/减少付款、延长缺陷责任期和(或)

延长工期的权利；

（2）索赔方应在发出索赔意向通知书后28天内，向对方正式递交索赔报告；索赔报告应详细说明索赔理由以及要求追加的付款金额、延长缺陷责任期和（或）延长的工期，并附必要的记录和证明材料；

（3）索赔事件具有持续影响的，索赔方应每月递交延续索赔通知，说明持续影响的实际情况和记录，列出累计的追加付款金额、延长缺陷责任期和（或）工期延长天数；

（4）在索赔事件影响结束后28天内，索赔方应向对方递交最终索赔报告，说明最终要求索赔的追加付款金额、延长缺陷责任期和（或）延长的工期，并附必要的记录和证明材料。

（5）承包人作为索赔方时，其索赔意向通知书、索赔报告及相关索赔文件应向工程师提出；发包人作为索赔方时，其索赔意向通知书、索赔报告及相关索赔文件可自行向承包人提出或由工程师向承包人提出。

19.2　承包人索赔的处理程序

（1）工程师收到承包人提交的索赔报告后，应及时审查索赔报告的内容、查验承包人的记录和证明材料，必要时工程师可要求承包人提交全部原始记录副本。

（2）工程师应按第3.6款［商定或确定］商定或确定追加的付款和（或）延长的工期，并在收到上述索赔报告或有关索赔的进一步证明材料后及时书面告知发包人，并在42天内，将发包人书面认可的索赔处理结果答复承包人。工程师在收到索赔报告或有关索赔的进一步证明材料后的42天内不予答复的，视为认可索赔。

（3）承包人接受索赔处理结果的，发包人应在作出索赔处理结果答复后28天内完成支付。承包人不接受索赔处理结果的，按照第20条［争议解决］约定处理。

19.3　发包人索赔的处理程序

（1）承包人收到发包人提交的索赔报告后，应及时审查索赔报告的内容、查验发包人证明材料。

（2）承包人应在收到上述索赔报告或有关索赔的进一步证明材料后42天内，将索赔处理结果答复发包人。承包人在收到索赔通知书或有关索赔的进一步证明材料后的42天内不予答复的，视为认可索赔。

（3）发包人接受索赔处理结果的，发包人可从应支付给承包人的合同价款中扣除赔付的金额或延长缺陷责任期；发包人不接受索赔处理结果的，按第20条［争议解决］约定处理。

19.4　提出索赔的期限

（1）承包人按第14.5款［竣工结算］约定接收竣工付款证书后，应被认为已无权再提出在合同工程接收证书颁发前所发生的任何索赔。

（2）承包人按第14.7款［最终结清］提交的最终结清申请单中，只限于提出工程接收证书颁发后发生的索赔。提出索赔的期限均自接受最终结清证书时终止。

第20条　争议解决

20.1　和解

合同当事人可以就争议自行和解，自行和解达成协议的经双方签字并盖章后作为合同补充文件，双方均应遵照执行。

20.2　调解

合同当事人可以就争议请求建设行政主管部门、行业协会或其他第三方进行调解，调解达成协议的，经双方签字盖章后作为合同补充文件，双方均应遵照执行。

20.3　争议评审

合同当事人在专用合同条件中约定采取争议评审方式及评审规则解决争议的，按下列约定执行：

20.3.1　争议评审小组的确定

合同当事人可以共同选择一名或三名争议评审员，组成争议评审小组。如专用合同条件未对成员人数进行约定，则应由三名成员组成。除专用合同条件另有约定外，合同当事人应当自合同订立后28天内，或者争议发生后14天内，选定争议评审员。

选择一名争议评审员的，由合同当事人共同确定；选择三名争议评审员的，各自选定一名，第三名成员由合同当事人共同确定或由合同当事人委托已选定的争议评审员共同确定，为首席争议评审员。争议评审员为一人且合同当事人未能达成一致的，或争议评审员为三人且合同当事人就首席争议评审员未能达成一致的，由专用合同条件约定的评审机构指定。

除专用合同条件另有约定外，争议评审员报酬由发包人和承包人各承担一半。

20.3.2　争议的避免

合同当事人协商一致，可以共同书面请求争议评审小组，就合同履行过程中可能出现争议的情况提供协助或进行非正式讨论，争议评审小组应给出公正的意见或建议。

此类协助或非正式讨论可在任何会议、施工现场视察或其他场合进行，并且除专用合同条件另有约定外，发包人和承包人均应出席。

争议评审小组在此类非正式讨论上给出的任何意见或建议，无论是口头还是书面的，对发包人和承包人不具有约束力，争议评审小组在之后的争议评审程序或决定中也不受此类意见或建议的约束。

20.3.3　争议评审小组的决定

合同当事人可在任何时间将与合同有关的任何争议共同提请争议评审小组进行评审。争议评审小组应秉持客观、公正原则，充分听取合同当事人的意见，依据相关法律、规范、标准、案例经验及商业惯例等，自收到争议评审申请报告后14天或争议评审小组建议并经双方同意的其他期限内作出书面决定，并说明理由。合同当事人可以在专用合同条件中对本项事项另行约定。

20.3.4　争议评审小组决定的效力

争议评审小组作出的书面决定经合同当事人签字确认后，对双方具有约束力，双方应遵照执行。

任何一方当事人不接受争议评审小组决定或不履行争议评审小组决定的，双方可选择采用其他争议解决方式。

任何一方当事人不接受争议评审小组的决定，并不影响暂时执行争议评审小组的决定，直到在后续的采用其他争议解决方式中对争议评审小组的决定进行了改变。

20.4　仲裁或诉讼

因合同及合同有关事项产生的争议，合同当事人可以在专用合同条件中约定以下一种方式解决争议：

（1）向约定的仲裁委员会申请仲裁；

（2）向有管辖权的人民法院起诉。

20.5　争议解决条款效力

合同有关争议解决的条款独立存在，合同的不生效、无效、被撤销或者终止的，不影响合同中有关争议解决条款的效力。